S&M 페미니스트

클라리스 쏜 지음
송경아 옮김

S&M 페미니스트

지은이
클라리스 쏜

옮긴이
송경아

발행
고갑희

주간
임옥희

편집 · 제작
사미숙 · 홍보람 · 장미현

펴낸곳
여이연

주소
서울시 마포구 월드컵로 8길 72-5, 4층

전화
(02) 763-2825

팩스
(02) 764-2825

등록
1998년 4월 24일(제22-1307호)

홈페이지
http://www.gofeminist.org

전자우편
alterity@gofeminist.org

초판 1쇄 인쇄 2020년 5월 11일   초판 1쇄 발행 2020년 5월 14일
값 23,000원   ISBN 978-89-91729-39-1 03330

잘못된 책은 바꿔 드립니다.

SADISTAND

SOT

MASO

CHIST

S & M 페미니스트

클라리스 손 지음
송경아 옮김

도서출판 여이연

한국 독자들에게

2008년 클라리스 쏜이라는 필명을 만들었을 때, 나는 그 전의 어떤 것보다도 BDSM을 원했다. 하지만 마음속은 의문과 공포로 가득 차 있었다. 나는 진짜 비디에세머들, 나와 같은 의문과 공포를 느끼는 현실의 사람들이 쓴 사적인 이야기를 본 적이 없었다. 내가 자신에 대한 글을 쓰게 된 것은 나의 투쟁에서 길을 찾기 위함이고, 또한 내가 쓰고 싶었던 글과 같은 것을 어디에서도 볼 수 없었기 때문이다.

나는 에로티카가 아니라 에로틱한 것과 얽혀 있는 글을 쓰고 싶었다. 가르침을 줄 수 있지만, 딱딱한 지시 매뉴얼은 아닌 글을. BDSM과 아주 밀접하지만 동료 비디에세머들은 의식하지 못하는 경우가 많은 특권과 권력, 젠더와 사회적 정의의 문제들을 진지하게 받아들이는 글.

나를 괴롭힌 문제들에 깊이 뛰어들고 싶었고, 내가 가진 욕망의 면도 날 위에서 춤추고 싶었다. 나는 출판사도 향후 계획도 없이 악마에 홀린 것처럼 어쩔 수 없이 썼다. 나는 투쟁하고 있었기 때문이다.

나는 BDSM과 페미니즘에 대한 심도 깊고, 지적이고, 활력이 넘치는 글들이 있는 장소를 발견했다. 대체로 나와 같은 외로운 별종들이 운영하는 2008년의 독립 블로그들이었다. 그래서 클라리스를 창조했을 때 나는 내가 쓴 BDSM 관련 글들을 필명 블로그에 올렸고, 일상생활에서 만나는 사람들 대부분에게는 비밀로 했다.

그때는 진짜 이름을 쓰지 않는 블로거들이 많았다. 그렇게 규제 없는 온라인 대화에 섞여 들어가자 안도와 기쁨이 느껴졌다. 얼마 후, 내가 유명해지고 있다는 것을 알게 되었지만 나는 여전히 인터넷 필명 뒤에 머물러 있을 것이고, 이 대화들은 서브컬처에 남아있을 것이라고 생각했다. '진짜' 출판사가 내 글을 출판하는 일이 생기고, 우리의 소수자적 생각에 대해 주류가 관심을 가질 거라는 생각은 전혀 없었다.

결국, 모든 것이 바뀌었다.

나는 『S&M 페미니스트』의 새 한국어 번역판에 붙이기 위해 이 서문을 쓰고 있다. 그래서 이 글을 쓰기 전에 한국에 대해 조사해 보려고 했지만, 결국 나는 한국인들에게 무엇이 필요한지 모른다는 결론을 내렸다. (<알함브라 궁전의 추억>을 재미있게 보기는 했지만!) 하지만 이 책을 쓰기 시작한 후부터 내게 무슨 일이 일어났는지 이야기하는 것이 쓸모가 있으리라는 생각이 들었다. 그 후 미국의 변화상은 한국의 변화상을 반영할 수 있을 것이다.

***

『50가지 그림자』, #Metoo, 클라리스 쏜이 인터넷을 하다 :
BDSM, 페미니즘, 나, 모두 뉴미디어와 함께 어떻게 변했나

나는 2012년 초에 이 책『S&M 페미니스트』를 엮었다. 이 책은 2008년 쓰기 시작한 에세이들의 모음집이었다. 내가 이 글을 쓰고 있는 오늘날은 2020년이다. 어떤 글들은 십 년이 넘었다!

그 동안 많은 것이 바뀌었다. 우선, 『그레이의 50가지 그림자』가 주류에서 크게 인기를 끌었다. 『50가지 그림자』의 처음 버전은 뱀파이어 시리즈『트와일라잇』에 바탕을 두고 BDSM을 곁들인 팬 픽션이었다. 그 소설은 2010년 팬 픽션 웹사이트들에 단편들로 실렸다. 곧, 저자 E.L. 제임스는『트와일라잇』에 대한 언급을 빼고『50가지 그림자』를 독립적인 시리즈로 만들었다. 그 글은 자가 출판되어 인터넷의 센세

이션이 되고 대규모 현상으로 폭발해, 2012년 제임스는 주류 출판사에 판권을 팔아 억만장자가 되었다.

갑자기 모든 사람들이 BDSM에 대해 듣고 싶어 했다. 나는 <버즈피드Buzzfeed>, <더 데일리 비스트The Daily Beast>, <코스모폴리탄>에 『50가지 그림자』에 대한 인터뷰를 했다. 몇 년 후, 섹스 전문가들이 그 트렌드를 활용하기 위해 몰려들었다. 그러나 그때 나는 성교육과 페미니즘에 거의 번아웃되어 있었다. 나는 샌프란시스코에 숨었다. 거기서 나는 이른바 '제대로 된' 직업, 미디어와 테크놀로지 스타트업에서 일하고 있었다. 사람들이 내게 연락하지 않으면 눈에 띄지 않도록 엎드려 있었다.

곧 다른 인터넷 현상이 주류로 떠올랐다. #metoo였다. 원래는 2006년 타라나 버크라는 활동가가 성학대 생존자들을 결집하기 위해 소셜 네트워크 '마이스페이스'에 "Me Too"라는 구절을 썼다. 그러나 그 해시태그는 2017년 배우 알리사 밀라노가 트윗하면서 엄청나게 퍼져나갔다.

#Metoo는 성폭행에 대한 의식이 새롭게 고양되는 폭풍을 낳았다 ― 적어도 그 중 하나였다. 소셜 미디어들이 전통적인 미디어와 뒤얽혔고, 한 폭행범에 대한 여러 가지 증언을 모았던 기자들은 연쇄 성폭행범들을 드러내는 '공론화' 전략을 적용했다.

그 전에 이 전술을 쓰려고 했던 미국 기자들도 있었다. 그들은 여러 증언을 모아 출판하려고 했었다. 예를 들어, 2015년 <뉴욕 매거진>은 배우 빌 코스비를 폭력으로 고발한 여성 35명의 이름, 사진, 전기가 들어간 기사를 실었다. 그러나 이 기사가 나왔을 때 코스비는 이런 폭로로 어떤 현실적, 사회적 죄값도 치르지 않았다. 나중까지도.

사실, 운동에 경험이 있는 많은 사람들이 그가 죄값을 전혀 치르지 않을 거라고 예상했다. 우리는 모두 연쇄 성폭행범 이야기를 많이 알고 있었지만, 그 중 누구도 죄값을 치르는 것을 거의 보지 못했다. 2012년, 클리프 퍼보크라시라는 블로거는 이런 사람들을 묘사하기 위해 '없어진 계단missing stair'이라는 문구를 만들어냈다. 클리프의 은유는 계단 한 칸이 없어진 채 오랫동안 수리하지 않은 집에 대한 이야기였다. 그런 집에서는 사람들이 없어진 계단을 건너뛰는 일에 익숙해질 때가 많다. 그들은 너무나 익숙해진 나머지 그곳에 계단이 있어야 한다는 것을 잊어버린다. 어떤 사람들은 새로 오는 사람들에게 계단을 조심하라는 경고를 하지만, 대부분은 그냥 잊어버린다. 때때로 계단에서 굴러 떨어져 다리가 부러지는 사람들이 있지만, 그건 원래 그런 거고…….

이 은유는 성폭력 대항 운동을 하는 사람들 사이에 퍼졌다. 우리는 모두 빌 코스비 같은 '없어진 계단'을 매우 잘 알고 있었다. 심지어 연쇄 폭행범 문제를 분명히 기록한 데이터도 있었다. 2009년, 페미니스트 블로거 토마스 매컬레이 밀러는 들키지 않은 강간범들에 대한 데이터를 요약한 포스트 "포식자를 만나라"를 썼고, 거기서 데이비드 리삭과 폴 M. 밀러의 "들키지 않은 강간범들의 반복 강간과 여러 번의 공격"이나 스테파니 K. 매커터 등의 "해군 신입직원이 저지른 강간 피해 사례 보고" 같은 연구를 인용했다. 2015년, 제시카 래드라는 페미니스트 강간 생존자는 성폭행 사례 수집과 상호 참조하기를 쉽게 만드는 '칼리스토 Callisto'라는 앱을 시작했다. 간단히 말해서, 운동권에서는 코스비나 와인스타인 같은 위계적인 공격자들이 존재한다는 것을 알고 있었고, 우리는 그 문제를 풀기 위해 매우 열심히 일하고 있었다. 생존자들과 상담하거나 피해를 해결할 방법들을 찾아냈고, 때때로 그들에게 저항할 수 있는 이론들을 제시했다. 그러나 우리는—적어도 나는—이렇게 견고해진 문제가 직접 공격받으리라는 상상은 하기 힘들다고 확신했다. 우리 중에서도 우리가 할 수 있는 일은 없어진 계단을 고치는 것이 아니라 건너뛰는 것뿐이라고 생각한 사람들이 많았다.

그래서 저널리스트들이 이 문제를 기사화하려고 할 때, 우리는 대부분 그 이야기들이 흔적 없이 가라앉아 버릴 것이라고 예상했다. 그러나 세상이 변했다.

처음에는 효과가 없었다. '공론화' 전략은 #metoo가 폭발하고 있던 2017년 말까지는 완전히 자리 잡지 못했다. 그때 <뉴욕 타임즈>와 <뉴요커>가 영화 제작자 하비 와인스타인이 십여 명 남짓을 공격했다는 이야기를 기사화해 실었다. 그 다음에 —갑자기! — 부유한 백인 남성인 와인스타인은 현실 생활에서 죄값을 체험했다.

마치 도미노가 무너지는 모습을 지켜보는 것 같았다. 와인스타인은 죄값을 치렀다. 갑자기, 빌 코스비도 죄값을 치르고 있었다. 그 다음에 더 많은 이야기들이 나왔다.

2008년 누군가가 노골적인 BDSM 중편소설이 주류 출판사에서 출판될 정도로 사회적으로 받아들여지는 것을 상상할 수 있겠냐고 내게 물었다면, 나는 눈을 굴렸을 것이다. 이와 비슷하게, 연쇄 성폭행범이 죄값을 치르는 경험을 할 것 같냐고 물었다면 똑같이 눈을 굴렸을 것이다.

그러나 세상이 바뀌었다. 우리가 바꾸었다. 우리는 세상을 바꾸었고, 인터넷 미디어가 그것을 도왔다.

2018년, <뉴욕 타임즈>에서 다른 연쇄 성폭행범에 대한 인터뷰를 하겠느냐는 연락이 왔다. 그는 자기가 합의에 따른 BDSM을 하고 있었다고 주장 —'사실은' 사람들을 학대한 것이 아니라고 주장 —했다. 그래서 그 기자는 BDSM의 합의에 대한 기사를 쓰고 싶어 했다. 기사가 실린 후, 나는 경이감을 느끼며 그 글을 읽었다. 기사에 나온 BDSM과 페미니즘 사이의 교차점에 대한 묘사는 존경스러웠고, 뉘앙스가 풍부했고, 정확했다. 나는 주류 출판계에서 그럴 수 있을 거라고는 한 번도 예상하지 못했다. 나는 클라리스 쏜으로 글을 쓰기 시작했을 때의 세상과 지금의 세상이 매우 다른 장소라는 것을 깨달았고, 벽장에서 나와 태어날 때 받은 이름 리디아 로렌슨Lydia Laurenson을 공공연히 밝힐 힘을 얻었다.

시대정신을 포착하기는 힘들다. 그러나 11년 전 내가 참여하기 시작한 운동이 궁극적으로 나를 벽장에서 나오게 만들었다는 것은 분명해 보였다. 내가 운동에 대한 믿음을 잃고 참여를 그만둔 후에도 운동은 계속 전진했고, 결국 변화가 일어났다. 예를 들어, '열성적인 동의'라는 개념은 한때 페미니스트 재클린 프리드먼과 제시카 발렌티가 쓴, 인터넷과 밀접하게 연결된 2008년 책 『예스 민스 예스!』나 내 2011년 블로그 포스트 "나의 섹스긍정적 페미니즘 수업 기초반"(이 책에도 다시 실렸다) 같은 서브컬처 매체에서만 홍보되었다. 이제는 '열성적인 동의'라는 개념이 널리 퍼졌다. 오늘날 그 표현으로 구글링을 하면 MTV나 ABC 같은 거대한 주류 미디어를 만나게 된다.

물론, 사회운동과 문화적 아이콘들에는 언제나 문제가 있다는 것을 인정할 수밖에 없다. 열성적 동의, #metoo, 『50가지 그림자』도 예외는 아니다. "나의 섹스긍정적 페미니즘 수업 기초반"을 쓰고 있던 2011년, 나는 페미니스트 성노동자들이 '열성적 동의' 개념에 대해 한 비판을 인정했다. 에이섹슈얼 커뮤니티 사람들이 한 비판도, 내 기혼여성 친구 한 명의 비판도 인정했다. 이와 비슷하게, #metoo와 『50가지 그림자』에 대한 비판도 매우 많고, 어떤 것은 옳기까지 하다!

이런 문제들에 영향을 받지 않을 수는 없다. 이 책의 마지막 에세이인 "우리 엄마의 강간 이야기와, 페미니즘과 맺은 혼란스러운 관계"를 실었던 2012년 무렵, 나는 페미니즘에 번아웃되었다. 그러나 놀랍게도, 운동에서 떨어져 있던 시간은 내게 선물을 주었다. 그 후 몇 년 동안, 나는 가까이에서 운동이 점점 세를 불려가는 모습을 보는 것이 아니라, 멀리서 운동이 거대한 도약을 하며 전진하는 모습을 목격했다.

운동이 진보하면서 만들어내는 문제들에 사로잡히기는 쉽다. 그러나 오늘날 이 서문을 쓰면서, 나는 페미니스트와 섹스긍정적 조직들이 이루어낸 성과에 경외감과 감사를 느낀다. 이런 승리는 많은 요인들이 작용한 결과이다 ―대부분은 아주 많은 사람들이 힘들게 일한 결과이다. 그러나 디지털 미디어를 포함해 문화에서 일어난 커다란 변화들 덕분에 모든 것이 가능해졌다.

그리고 내게 가장 놀라운 일은, 이 핵심 아이디어들 중 많은 것(그것을 만들어내기 위해 협력한 나 같은 사람들의 경력도)이 오픈 인터넷에서 육성되고 원형이 잡혔다는 것이다.

이런 것은 모두 예전에는 목소리를 갖지 못했던 사람과 집단들이 참을성 있게 연대자들을 모으고, 함께 변화를 만들어낸 예이다. 우리가 오늘날 인터넷에서 보는 모든 문제들에도 불구하고, 여전히 디지털 연결로 지탱되고 있는 것들이 많다. 민주화 운동, 노동조직, 가짜 뉴스의 팩트를 체크하고 주변화된 목소리를 홍보하는 풀뿌리 집단들, 기후 변화 저항운동 등.

서문을 끝맺으면서, 이 서문을 쓰는 일이 내게 희망을 주었다는 것을 깨닫고 약간 놀라고 있다. 아무리 극복할 수 없는 문제가 있어도, 문제의 해법이 아무리 믿을 수 없어도, 아무리 우리가 온 마음을 다해 헌신한 운동 때문에 개인적인 상처를 입었다고 느낀다 해도, 이런 진보는 언제나 희망이 있다는 증거이다. 언제나 장기적으로는 근본적인 성공을 이룰 잠재력이 있다.

『S&M 페미니스트』를 출간한 후 몇 년 동안 나는 많이 성장했다. 개인적으로는 내가 꿈꾸었던 것보다 BDSM에 훨씬 더 깊이 들어갔다. 언젠가 이 과정을 다 겪고 나면 거기에 대해 쓰고 싶다. 나는 신앙인이 되었고, 이제 BDSM과 사회적 정의 양쪽에 대한 감정에 영향을 미치는 방식으로 영성과 관계를 맺게 되었다. 어린이 양육과 가족을 급진적으로 다시 상상하기 위한 일을 하기 시작했다. 직업적으로는 미디어와 테크놀로지 분야에서 많은 일을 했다. 그리고 올해 나는 이 모든 아이디어와 더 많은 것을 담기 위해 새 출판사를 시작했다. 샌프란시스코 만 연안지역에 바탕을 둔 커뮤니티이자 잡지인 <새로운 양식 The New Modality>이다.

여러분도 <새로운 양식>에서 우리와 함께 하기를 바란다. 사실, 여러분이 아이디어를 갖고 있다면 우리에게 보내주었으면 한다! 여러분이 작가나 예술가라면, 기꺼이 협력을 받고 싶다! thenewmodality. com에서 우리를 살펴보시라.

이 책을 읽는 법

이 책은 내가 특정한 시간과 장소에서 했던 생각들의 스냅사진이다. 『S&M 페미니스트』가 출판된 지 오랜 시간이 지난 것 같은 느낌이지만, 여전히 내가 어떻게 생각하고 있었는지 기억이 난다. 이 에세이들을 쓸 때 나를 사로잡고 있었던 질문에는 이런 것들이 있다.

• BDSM으로 정체화한 개인들은 어떻게 그들의 경험에서 길을 찾을

수 있는가? 그것은 어떤 느낌이고, 우리는 거기서 무엇을 얻는가?

이 질문에 관심이 있다면, 이 책에서 먼저 읽어야 할 다섯 가지 에세이는

"사랑은 아프다"

"BDSM도 '사랑의 섹스'가 될 수 있다"

"오르가즘의 통일장이론"

"BDSM 대 섹스"

"아슬아슬한 본디지"

• BDSM이 전형적인 젠더 역할과 전통적 섹슈얼리티 지식에 대해 질문을 던지거나 탐구하게 하는 시각을 줄 수 있는가?

이 질문에 관심이 있다면, 이 책에서 먼저 읽어야 할 다섯 가지 에세이는

"'복종은 여성의 역할': 잘못된 질문"

"『그레이의 50가지 그림자』, <파이트 클럽>, 남성 지배의 복잡성"

"BDSM 역할, '바텀에서 탑 노릇'과 '서비스 탑'"

"성적 지향으로서의 BDSM과 지향 모델의 복잡성"

"지배와 복종이라는 이상한 이진법"

• 어떤 BDSM 실천을 해야 엄청난 동의를 얻고 즐거운 섹스를 할 수 있는 새로운 전략을 짤 수 있을까? 더 넓은 '동의 얻기' 패러다임에서 그런 전략이 어떻게 적용될 수 있는가?

"SM에서 유래한 성적 의사소통 전술: 주석이 달린 세이프워드"

"SM에서 유래한 성적 의사소통 전술: 검토 목록"

"SM에서 유래한 성적 의사소통 전술: 일기 쓰기"

"성적 의사소통의 사례 연구"

"SM 만남이 '잘못되면' 일어나는 일들"

• BDSM 경험과 이론(혹은 다른 '아웃사이더' 사상)이 페미니즘 경험과 이론에 어떻게 새로운 빛을 던질 수 있는가?

"나의 섹스긍정적 페미니즘 수업 기초반"
"대안적 반_反성학대 드림 팀"
"BDSM과 학대에 대해 더 분명히 사고하기"
"픽업 아티스트 공동체에서 받은 페미니스트 SM 수업"
"애프터케어일까 세뇌일까?"

이 책에 있는 모든 글들을 되돌아보며 내가 쓴 것 중 가장 중요한 에세이 하나를 꼽는다면, 대화를 더욱 전진시킬 수 있는 잠재력을 가장 크게 갖고 있는 "애프터케어일까 세뇌일까?"일 거라고 생각한다.

그 글은 내가 최근의 경험을 더 많이 겪고 소화한 다음 언젠가 더 탐구해 보고 싶은 주제들을 다루고 있다. 언젠가!

그 동안 읽어주신 것에 감사한다. 이 에세이들이 당신에게 도움이 되기를 바란다.

2020년 3월
리디아 로렌슨 a.k.a. 클라리스 쏜

나는 특권적인 양육을 받았다. 내가 지금 하는 일을 할 수 있게 된 가장 큰 이유는 내가 받았던 교육을 포함한 사회적 안전망 덕분이고, 나는 그것을 잊지 않고 있다. 부모님과 친구들, 나를 감정적으로 지적으로 지원해 준 연인들도 내가 받은 축복이었다. 이 책은 내 블로그에서 '최고의 글들'로 이루어져 있기에, 내 블로그에 자신들의 관점을 밝혀 주고 내게 반응을 보이고 내 글을 재게시해준 네티즌들에게 특히 감사한다. 하나하나 이름을 들 수 없을 정도로 많은 모든 분들에게 매우 감사드린다.

게릴라 외주 편집자인 브렌다 에리치엘로에게 특별히 감사드린다. 브렌다는 매우 너그럽고 협조적이었다. 이 책에 오류나 이상한 부분이 있다면 브렌다 탓이 아니라 내 탓이다. 브렌다가 한참 동안 고치라고 나를 설득하려고 해도, 내가 작가적 자존심 때문에 그것을 거부했기 때문이다. 여러분이 자가출판할 책을 편집해야 한다면(자가출판을 한다면 그래야 한다), 반드시 브렌다에게 연락해야 한다.

나는 최대한 글을 쉽게 읽히게 쓰려고 한다. 그렇게 하기 위해 전문

용어를 피하고 대부분의 사람들이 알 수 있는 용어를 쓴다. 예를 들면, 나는 'BDSM' 대신 'SM'이라는 용어를 자주 쓰고, '탑'이나 '바텀'이나 '씬scene'처럼 엄밀한 SM 용어를 사용할 때는 글 안에서 그 용어를 설명 하려고 한다. 하지만 어쩌다 전문용어를 쓰게 될 때가 있다. 또, 엄청나 게 쓸모 있는 SM 용어들이 많고, SM 용어에 대해 짧게 개괄하면 SM 문화를 설명하는 데 큰 도움이 된다. 그래서 이 책 마지막에는 '용어사 전'을 달았다. '용어사전'에는 이 책에 사용하지 않은 용어들이 많지만, 어쨌든 쓸모가 있거나 흥미로울 것이다(폴리아모리나 퀴어이론 같은 다른 서브컬처들에서 나온 용어도 몇 가지 포함되어 있다).

오랜 기간에 걸쳐 내 글이 어떤 독자들에게 페미니즘 입문서 역할을 한다는 피드백을 아주 많이 받았다. 멋진 일이지만, 만약 페미니즘에 갓 입문했다면 어떤 결론을 내리기 전에 당신이 알아야 할 것들이 아주 많다는 점은 분명히 해 두고 싶다. 페미니즘은 거대하고 다채롭고 풍부 한 운동이며, 그 안에는 여러 가지 역사와 분파와 불만이 있다. 또, 말 할 필요도 없지만 SM을 하는 페미니스트는 나 혼자만 있는 것이 아니 다. SM을 하는 다른 페미니스트들이 있고, 그 중에는 내 글을 좋아하 는 사람도 있고 나와 의견이 잘 맞지 않는 사람도 있다.

블로그는 기존의 (출판)형식과는 달리 포스트마다 하이퍼링크를 아주 많이 달 수 있다는 이점을 갖고 있다. 글마다 댓글을 달 수 있는 공간이 있기 때문에 주제를 하나하나 더 깊이 탐구하는 매력적인 논의가 벌어질 수 있기도 하다. (물론 어리석고 지루하고 공격적인 토론들도 벌어질 수 있다.) 블로그라는 매체가 어느 정도 성공을 거두면 정기적으로 댓글을 달던 네티즌들이 스스로 커뮤니티를 만든다. 내 블로그도 예외가 아니 었다. 이런 토론의 물꼬를 터주고 조율하는 것은 놀랄 정도로 재미있고 흥미로울 수 있지만, 스트레스를 주고 사람을 지치게 만들 수도 있다. 댓글 네티즌 커뮤니티가 발전하면 다른 사람들이 그 블로그의 글을 읽고 댓글을 다는 방식들이 생겨난다. 그런 커뮤니티는 어떤 사람들에게는 더 편안하고, 어떤 사람들에게는 더 불편한 규범이나 경향을 만들어내기도 한다. 대부분의 네티즌들을 환영하는 환경이 되도록 내 블로그에서는 그런 경향을 통제해보려고 했지만, 내게 댓글을 달아주는 네티즌들은 매우 다양하기 때문에 그러기 힘들 때가 많았다.

이런 이야기를 하는 이유는, 이 책에서 읽은 글 중에서 어떤 글에 흥미를 느낀다면 기존 블로그 포스트를 살펴보라고 권하고 싶기 때문이다. 이 책의 전자책 주석에 하이퍼링크를 많이 달아놓았지만, 전부 다 달지는 못했다. 그러나 기존 블로그 포스트를 보면 댓글들을 읽을 수 있다는 것이 더 중요하다. 내 댓글 커뮤니티는 시간이 흐르면서 변화했다. 예를 들자면, 어떤 때는 페미니즘적이고 어떤 때는 페미니즘적인 면이 약하다. 그러므로, 댓글을 읽을 때면 그 댓글들이 담은 의견의 범위는 지구상에 존재하는 어떤 모임의 의견도 반영하지 않았을 수도 있고, 다른 모임(커뮤니티)이었다면 전혀 다른 댓글이 달렸을수도 있고, 또 다른 글들은 전혀 다른 논의를 일으킬 수도 있다는 것을 알아두었으면 한다.

여러분이 나의 훌륭한 책 『픽업 아티스트 체이서의 고백』을 이미 읽었다면 감사를 보낸다! (이 책에 실은 글들에서 가져오다시피 한 『고백』 부분을 전부 골라낼 수 있다면 120점짜리 독자다) 아직 『고백』을 읽지 않았다면, 그 책도 보아 주십사고 부탁드린다.

이 책은 『SM 페미니스트』 버전 2.0으로, 참고 자료 출처를 업데이트하고 새로운 서문을 붙였다.

BDSM 정보 출처

본디지, 훈육, 지배, 복종, 사디즘, 마조히즘Bondage, Discipline, Dominance, Submission, Sadism, Masochism을 매우 좋아하는 사람들 전체를 위한 커뮤니티가 있다. 그런 사람들이 아주 많기 때문이다.

BDSM은 사람들마다 매우 다른 뜻으로 생각할 수 있고, BDSM이라는 말로 포괄할 수 있는 활동은 아주 많다. 스팽킹, 주인/노예 역할극, 수갑이나 우리를 이용한 플레이, 강간 판타지, 블러드 플레이 등 온갖 종류를 들 수 있다.

BDSM 서브컬처는 그 자체의 사회적 관습과 이상, 위험을 가진 흥미로운 장소이다. 만약 당신이 처음이라면, 듣거나 읽는 말을 전부 믿지 말라. 최대한 모든 것에 대해서 두 번째, 세 번째, 네 번째 의견을 살펴보라.

BDSM은 구어로 S&M이라고 불릴 때가 많다. 어떤 사람들은 본디지, 레더leather, 페티시, 킨크라고 부르기도 한다.

무엇보다 우선,

BDSM 관련 문제로 의학이나 법, 다른 전문적 분야의 도움이 필요하다면 '성적 자유 전국 연합The National Coalition for Sexual Freedom'의 웹사이트에 호스트된 '킨크 어웨어 프로페셔널스Kink Aware Professionals' 목록을 훑어보라고 추천한다. 나도 복잡하고 힘든 BDSM 커밍아웃 과정을 겪고 있을 때 KAP 목록에서 찾은 상담치료사 두 명을 만나보았다. 한 명은 나를 별로 도와주지 못했지만, 두 번째 치료사는 매우 큰 도움을 주었다. 그러니 상담치료사를 찾고 있다면, 꼭 맞는 사람을 찾을 때까지 두려움 없이 여기저기 둘러보았으면 좋겠다. https://www.kapprofessionals.org

BDSM이 정신보건기관과 어떻게 서로 연결되어 있는지 더 많은 정보를 얻고 싶은가? 나의 조사결과를 이 글에 엮어 놓았다.

http://clarissethorn.com/blog/2012/05/07/the-psychology-of-sm

• 책

2012년, 매우 유명한 성교육자 트리스탄 타오미노Tristan Taormino는 2012년『킨크 최종 안내서 : BDSM과 역할극, 첨단의 에로틱』을 출간했다. 2012년에는 몰레나 윌리엄스와 리 해링턴Mollena Williams and Lee Harrington이 쓴 『타인과 잘 플레이하기: 킨크, 레더, BDSM 커뮤니티를 발견하고, 탐구하고, 길을 찾아가기 위한 현장 안내서』도 나왔다. 둘다 훌륭한 자료들이다.

그러나 내가 가장 좋아하는 책들은 어쩔 수 없이 내가 커뮤니티에 들어왔을 때 발견한 것에 영향을 받는다. 그래서 내가 가장 좋아하는 초보자용 BDSM 책은 도시 이스턴과 재닛 W. 하디Dossie Easton and Janet W. Hardy가 쓴 『새로운 탑The New Topping Book』과 『새로운 바텀The New Bottoming Book』이다. 아마존에서 그 책을 찾아보면 '이 상품을 산 구매자들이 산 책'에서 흥미로운 관련 도서를 여러 권 보게 될 것이다.

제이 와이스먼Jay Wiseman의 『SM101』에 대해 복잡한 감정을 느끼는 사람들이 있지만, 나는 그 책을 좋아한다. 필립 밀러와 몰리 데번Philip Miller and Molly Devon이 쓴 『장미를 짓밟고 가시를 박아 줘Screw The Roses, Send Me The Thorns』를 추천하는 사람들도 많지만 나는 읽어본 적이 없다.

사랑하는 사람에게 커밍아웃을 할 생각이라면 도시 이스턴과 캐서린 W. 리스트Catherine A. Liszt가 쓴 『킨크를 사랑할 때When Someone You Love Is Kinky』를 추천한다. (주: 리스트는 재닛 W. 하디의 옛 필명이다)

나처럼 바늘 피어싱에 특히 끌리는 사람에게는, 데버러 애딩턴Deborah Addington의 『피어싱 플레이Play Piercing』라는 훌륭한 책이 나와 있다.

BDSM의 일반적 철학과 BDSM 커뮤니티의 모습(인류학적 관점이라고 말해도 좋다)에 더 흥미를 느낀다면, 마크 톰슨Mark Thompson이 쓴 『가죽 문화 : 급진적 섹스, 사람들, 정치, 실천Leatherfolk : Radical Sex, People, Politics, and Practice』라는 책이 있고, 더 최근에 나온 스테이시 뉴마어Staci Newmahr의 『벼랑 끝 플레이: 사도마조히즘, 위험, 친밀감Playing at the Edge : Sadomasochism, Risk, and Intimacy』이라는 책도 있다.

블로고스피어가 더 유대감 강한 커뮤니티이던 시절 내가 아주 좋아하는 BDSM 블로그를 운영했던 피터 터퍼Peter Tupper가 2018년 책을 출판했다. 그 책은 『연인의 꼬집기: 사도마조히즘의 문화사A Lover's Pinch: A Cultural History of Sadomasochism』이다. 그 책은 매우 재미있었지만, 솔직히 그가 블로고스피어가 BDSM의 역사를 어떻게 바꾸었는지 더 썼으면 좋았을 것이라고 생각한다.

내 윗세대의 유명한 페미니스트 BDSM 이론가로는 팻 캘리피아와 게일 루빈이 있는데, 둘 다 탁월한 이론가들이다.

그리고 시카고 활동가 사이먼 스트라이크백Simon Strikeback이 운영하는 정말 멋진 잡지 『투쟁할 수밖에: 킹크와 급진적 정치가 만나는 곳Bound To Struggle: Where Kink And Radical Politics Meet』이 있다. 오래 전에 발행을 멈추긴 했지만, 예전 호들을 무료로 온라인에서 다운로드할 수 있다!

내가 가장 좋아하는 BDSM 소설에 대해 묻는 사람들이 많은데, 그건 당연히 엘리사 왈드Elissa Wald의 『주인을 만나기Meeting the Master』다.

·영화

BDSM에 대한 모든 극 영화들을 열거하고 싶지는 않다. 그러나 '시네킨크CineKink'라는 굉장한 연례 영화제가 있다. 그것은 많은 BDSM 영화들을 포함해 전 세계의 성긍정적 영화들을 모아 보여준다. 시네킨크는 모든 영화 장르를 포괄한다. 내가 거기서 보는 영화들을 늘 아주 좋아하는 것은 아니지만, 매해 적어도 나를 웃게 만드는 영화 한 편과, 생각을 하게 만드는 영화 한 편이 나온다. 시네킨크는 뉴욕 시티에 기반을 두고 있지만 순회도 한다(시카고를 방문했을 때는 <레더 문화 문서관/박물관Leather Archives & Museum>에서 상영을 했다). 웹사이트는 CineKink.com이다.

그러나, 섹스긍정적 다큐멘터리 영화제를 큐레이트했기 때문에, 최고의 BDSM 다큐멘터리에 대해서는 내 나름대로 의견이 있다. 내 영화제 첫 해에, 우리는 <BDSM: 당신 생각과는 다르다!BDSM: It's Not What You Think!>를 상영했다. 그것은 몇 가지 기본적인 BDSM의 전형과 맞서는 매력적인 반 시간짜리 2008년 다큐멘터리였다.

나는 2003년 다큐멘터리 <O의 작가Writer Of O>도 좋아한다. 그것은 유명한 프랑스 BDSM 소설 <O의 이야기>의 작가인 안느 데클로스Anne Desclos의 삶을 다룬다. <O의 이야기>는 BDSM에서의 안전이나 좋은 의사소통을 잘 나타낸 표현물은 아니다. 또 나는 개인적으로 데클로스의 관계를 모델로 한 관계를 좋아하지 않는다. 하지만 그 책은 강렬하게 쓰인 고전이고, 저자의 생각은 어느 정도 나와 공명한다.

내가 가장 좋아하는 영화 중 하나는 2009년 다큐멘터리 <그래픽 섹슈얼 호러Graphic Sexual Horror>이다. 이것은 극단적인 BDSM 포르노 사이트의 발전을 연대순으로 기록한다. 그 사이트가 결국 폐쇄된 것(당신이 생각할 만한 이유 때문은 아니었다)에 대한 연대기적 기록 뿐 아니라 매우 나쁜 경험을 했던 사람들과 매우 좋은 경험을 했던 사람들의 증언도 담고 있다.

나의 섹스긍정적 영화제 영화 리스트는 여기서 볼 수 있다. 그것은 2012년 끝났지만, 그 영화 중 많은 것들이 시간이 지나도 굳게 자리잡고 있다. http://www.clarissethorn.com/2011/03/17/the-sex-positive-documentary-film-list-2011-2012/

• 온라인 포럼들

BDSM에 대한 웹사이트는 아주 많다―매일 더 생겨나는 것 같다! 하지만 그런 사이트가 전부 조심스러운 편집이나 조율을 거치는 것은 아니다. 그러므로 가능하면 온라인의 입문글보다는 위에 소개한 입문서들을 찾아보기를 권한다.

그렇지만…전체적으로 볼 때 온라인 BDSM 정보 출처 중 가장 좋은 곳은 킹크들의 SNS인 FetLife.com이다. 회원가입을 하면 엄청나게 다양한 BDSM 토론 그룹과 만날 수 있다. FetLife는 회원 만남 사이트가 아니라, 오히려 킹크들의 페이스북 같다(정말이다). 그 사이트가 어떻게 행동하는가에 대한 여러 가지 논쟁들이 있었으니, 그것을 유념해 두기 바란다. 또, 그 사이트는 그냥 소셜 네트워킹 사이트이지 무엇을 가르치는 장소가 아니라는 것도 유념하라. FetLife는 열린 대화의 장이지, 믿을 만한 전문 지식의 출처가 아니다. 그렇지만 그곳은 매우 많은 여러 가지 시각을 볼 수 있는 거대한 모임 장소가 되었다.

또 하나의 좋은 온라인 정보 출처는 성교육 사이트 Scarleteen.com이다. Scarleteen은 성 관련 주제에 대해 엄청나게 많은 조언을 해 줄 뿐 아니라 자기 게시판도 있다.

KinkAcademy.com 사이트는 리뷰에서 높은 점수를 받았고, 그 커뮤니티에서 매우 유명한 사람들이 만든 비디오 튜토리얼이 있다. 하지만 유료로 가입해야 한다.

독일의 BDSM 저술가 라나이는 심혈을 기울여 놀랄 정도로 포괄적인 킹크 정보 다국어 국제 안내 목록을 만들었다. 그것을 전부 다 훑어보지는 못했지만, 라나이는 내 블로그에 늘 매우 뛰어난 댓글을 달아 주기 때문에, 그 안내 목록 사이트도 뛰어날 것이라고 생각한다. 안내 사이트의 주소는 여기에 있다. http://ranai.wordpress.com/kink-resources/

2012년, <빗치 매거진Bitch Magazine>은 캐서린 스콧Catherine Scott의 <킹크를 생각한다Thinking Kink> 연작을 연재했다. 페미니즘의 시각에서 SM과 문화를 조사한 글이다. (다 밝히자면, 캐서린은 연재 중에 나와 의논을 했고 내 책도 홍보해 주었다) http://www.bitchmedia.org/profile/catherinescott24

• 직접 만나기

당신이 워크샵, 토론 그룹, 모임이나 다른 BDSM 행사에 직접 참석하기로 했다면, 모두 자기 지역의 BDSM 그룹과 잘 어울리지는 않는다는 사실을 유념하기 바란다. 당신 지역의 BDSM 그룹을 좋아하지 않는다면 억지로 참여할 필요는 없다! 하지만 보통 나는 사람들에게 지역 커뮤니티에 가입하라고 권유한다. 그곳은 파트너를 만나는 장소에 그치지 않고, 놀라운 정보 출처가 될 수 있기 때문이다.

FetLife.com에 계정을 갖고 있다면 지역 모임에 가입할 수 있을 것이다(예를 들어 시카고에 산다면 시카고의 모임들을 찾아야 한다). 그런 모임에서는 각 지역의 문제가 논의되거나 지역 행사를 홍보한다.

18세에서 35세 사이의 사람들을 위해서는, 여러 주요 도시들에 '미래 세대The Next Generation', 즉 지역 '킹키 청년 모임'의 지부가 있다.

아니면 그냥 근처를 구글링해 보자. 요즘은 우리 부모 세대보다 훨씬 더 편해졌다. "BDSM 만남munch*[도시 이름]"과 "BDSM 던전dungeon [도시 이름]" 같은 구절로 구글링해보면 좋다. 어떤 사람은 최선을 다해 먼저 안내 사이트 FindAMunch.com을 엮었다.

• 블로그

내가 모아둔 곳은 이미 다 읽었고 더 많은 BDSM 블로그를 보고 싶은가? 아이고, 아주 많이 있다.

하지만 나는 예전만큼 블로고스피어에서 많이 활동하지 않는다. 그곳은 이제 많이 달라졌고, 내가 아주 좋아하던 곳들이 많이 사라졌다. 그래서 솔직히, 내 책이나 다른 책들을 사라고 추천한다. 오랜 시간 인터넷을 하면서 내가 알게 된 것은 책은 인터넷처럼 사라지지 않는다는 것이다.

***

이 출처 목록들은 인터넷 사이트 http://clarissethorn.com/blog/bdsm-resources/ 에서 찾을 수 있다.

---

* 만남(munch): BDSM에 관심이 있는 사람들끼리 플레이 없이 만나는 일. 주로 식당에서 만난다.

목차

마지막 페이지에 용어사전이 있다는 걸 잊지 않기를!

나는 개인적 서사와 문화적 분석 양쪽을 다 글에 담는다. 내 글에는 거의 전부 그 두 가지가 섞여 있지만, 한 편 한 편 보면 어느 한쪽에 치우친 것이 많다. 그래서 나는 이 책의 모든 글에 '이야기 시간'이나 '이론'이라는 태그를 붙였다.

1부   SM, 페미니즘, 섹스긍정적 페미니즘의 기초

2부

활동과 연대자들 SM 페미니즘 활동과, 조금 관련이 있는 다른 주제
들에 대한 탐색. 성노동에서 커뮤니티 조직, 남성성의 본성에 이르기까지

3
부 우리가 정말 깊이 들어갈 때 복잡해지는 것

1부

SADISTAND
MASO
CHIST

SM, 페미니즘,
섹스긍정적 페미니즘의 기초

여기서 우리는 SM, 페미니즘, 그리고 섹스긍정적인 페미니즘의 기반을 탐험한다.

1부를 떠올리면 이런 생각이 든다.

고통을 두려워한다면, 고통이 무엇인지 깨달아야 한다.

-마리나 아브라모비치

BDSM 커뮤니티의 모든 용감한 개척자들에게 감사를 표하고 싶다.

그들은 인간의 섹슈얼리티의 경계를 탐험한 후 지도를 갖고 돌아왔기 때문이다.

- 클라리스의 블로그 댓글에 나온 출처모를 인용

사랑은 아프다: 어느 SM 커밍아웃 이야기

이 이야기에 나오는 사건은 2005년부터 2008년 사이에 일어났다. 2006년부터 2008년에 걸쳐 이 이야기를 간간이 썼다. 2008년 클라리스 쏜이라는 이름으로 블로그를 시작했지만, 이 커밍아웃 이야기는 2010년 초 『타임 아웃 시카고』지에 실리면서 처음 발표되었다. 이제 2012년 이 글을 다시 살펴보자니, 지금처럼 예민한 페미니즘 성교육자의 직관을 갖고 있었다면 달리 썼을 것 같은 부분들이 있다. 동의에 대한 부분과, 나의 동의에 대해 파트너들과 나누었던 의사소통 부분은 다르게 썼을 것이다. SM 서브컬처가 나를 환영해준다고 느꼈지만, 모든 사람을 늘 환영하지는 않는다고 말했을 것이다. 게다가 나는 이제 일대 일 연애를 하지 않고 폴리아모리를 한다.

하지만 당시 내가 이 글을 쓴 목표는 두 가지였다. (1)젊은 페미니스트였던 내게 SM이라는 낙인이 어떻게 느껴졌는지, 내가 그걸 어떻게 극복했는지 말하고 (2) 때때로 자기가 정말로 원하는 특성이 파트너에게 있다고 해도 그 사람과 그냥 맞지 않을 수 있고, 그러면 언제나 헤어질 수 있다는 것을 알리고 싶었다.

매우 취했다. 기억이 뚝뚝 끊겼고, 그날 저녁 일은 선명하지 않았다. 조각난 기억은 서로 들어맞지 않고 꿈처럼 일관성이 없었다. 팔을 매우 세게 물렸다. 다음 날이면 멍이 들 것이다.

여러 가지 일들이 너무 혼란스러웠기 때문에 지금도 내가 그 순간 어떤 기분이었는지 정리가 되지 않는다. 리처드가 손톱으로 내 피부를 그을 때 나는 헐떡였지만, 그에게 그만두라고 하지는 않았다. 움찔하며 몸을 빼려고 했지만 그가 나를 계속 꽉 잡고 있었다.

"용서해 달라고 빌어."

그가 부드럽게 말했다.

장면 전환. 우리 둘 다 아는 친구 한 명이 잔디밭에 앉아있는 우리를 보고 멈춰서 리처드의 맞은편에 앉았다.

"야, 그러면 안 되지."

그가 말했다.

"괜찮아. 얘는 이거 좋아해."

리처드는 그렇게 말하면서 내 머리카락을 세게 잡아당겨 머리를 숙이게 만들었다.

'내가 이런 걸 좋아한다고?'

간신히 그런 생각을 했지만, 다음 순간 모든 생각이 다시 알코올과 고통 속으로 흐릿하게 사라져 버렸다. 걱정 가득한 그 친구의 얼굴이 떠올랐다.

나는 눈을 감았다.

"나를 용서해."

나는 속삭였다.

***

　나중에, 리처드는 그날 밤 내가 한 말을 다시 알려 주었다. "널 오래 전에 만났으면 좋았을 거야."라고 말했다고 한다. 열심히 생각했지만, 그날 저녁 일의 커다란 윤곽만 기억이 났다. 야외 파티에서 우리는 취했다. 그는 나를 약간 아프게 했다. 그래서 나는 아프다고 말했다. 그 다음 나는 비틀거리며 정리를 도우러 나갔다.

　"이런 일을 하면 온갖 헛소리가 나오는 법이야."

　그가 말했다. 몇 주가 지난 다음이었고, 나는 그의 침대 발치에 배를 대고 누워 있었다. 그는 나와 수직 각도로 앉아, 뒤로 몸을 기대고 발을 내 허리의 가는 부분에 얹었다. 그는 마르고 창백했고, 검은 옷을 좋아했고, 눈도 검고 강렬했다. 2005년 여름이었다. 나는 스무 살이었다.

　그는 내게 왜 피학적이냐고 물었다. 대답할 말이 생각나지 않았다. 그 질문이 제대로 된 질문인지도 알 수 없었다. 그래서 나는 그에게 당신은 왜 가학적이냐고 물었다. 그는 내가 무슨 뜻인지 알 수 없는 목소리로 반쯤 웃었다. 후회하는 걸까?

　"이 길은 길고 어두워."

　그가 말했다.

　"네가 어떻게 알아?"

　나는 그의 건방진 태도에 화가 났지만 호기심 때문에 안달하며 물었다. 나는 그가 생각하는 내 모습이 진짜 나인지 잘 알 수 없었다. 알코올 때문에 반응과 감정이 둔해진 다음에는 그날 밤 **무슨** 일이 있었는지도 제대로 기억나지 않았다. 하지만 내가 학대당하거나 강간당하지 않았다는 것은 확실했다. 나는 그때 그에게 그만두라고 하지 않았고,

이제 내가 왜 그랬는지 알고 싶었다.

"나에 대해 어떻게 알았어?"

그는 웃었다.

"알 수 있어. 넌 뻔히 보이던 걸."

그는 잠시 말을 멈추었다가 조용히 덧붙였다.

"넌 간절히 바라고 있었어."

두어 시간 후 우리는 여전히 옷을 다 입고 있었다. 나는 그의 베개에 얼굴을 파묻고 울고 있었다. 그가 내리누르는 바람에 움직일 수 없었고, 그는 탱크탑을 입은 내 등의 맨살 부분을 손톱으로 마구 긁고 있었다. 처음 내 눈물을 보았을 때, 리처드는 잠깐 쉬고 싶으냐고 물었다. 나는 괜찮다고 말했다. 계속하라고, 난 좋다고.

산산이 부서지는 것 같은 느낌이었다. 절망과 공포와 고통이 참을 수 없지만 꼭 필요한 급류가 되어 온 몸에 쏟아지는 것 같았다. 나는 마음속으로 계속 되풀이해, 그렇게 아프지는 않다고 말했다. 그러나 긴장하고 비명이 나오는 것은 어쩔 수가 없었다. 잠시 후 나도 모르게 "그만."이라고 말하고 있었다.

그가 자제심을 발휘해 내 등에서 몸을 들어 올리는 것이 느껴졌다.

"우리 뭐 하나 분명히 해 두어도 될까?"

그가 부드럽게 물었다.

"'그만'이라고 말할 때 정말로 내가 그만하기를 바란 거니?"

'아니야. 그렇지 않아.'

그것을 깨닫는 순간 내 정신에서 무언가 중요한 것이 부러지는 것 같았다. 나는 눈물에 휩싸였다. 흐느끼느라 아무 대답도 할 수 없었다. 하지만 대답할 수 있었다고 해도, 무슨 말을 해야 좋을지 전혀 몰랐을 것이다.

"우리 좀 쉬자."

그가 결정하고 내 몸에서 내려왔다. 그 순간 느꼈던 안도감과 황량한 외로움을 나는 절대 잊지 못할 것이다.

**

한참 후에 기억이 났다. 몇 년 전에도 리처드 같은 사람을 만난 적이 있었다. 2003년 봄이었다. 그 남자는 마르고 창백했고, 주로 검은 옷을 입었다. 나는 한 번도 그를 로맨틱한 관계의 대상으로 생각해 본 적이 없었다.

나는 그를 친구로 생각했다. 하지만 한번은 그와 둘만 있었던 적이 있다. 우리는 그의 거실에 깔린 회갈색 카펫에 나란히 앉아 있었다. 어쩌다 그렇게 되었는지는 기억이 나지 않는다. 둘이 앉아 비디오 게임을 하고 있었던가? 내가 화면을 보고 큰 소리로 욕을 하자 그가 나를 간지럽혔던가? 하지만 결국 그는 손목을 잡아 나를 마루에 눕혔고, 나는 등을 대고 누운 채 그를 어떻게 떨쳐낼지 생각하고 있었다.

그가 키스할지도 모른다는 생각이 들어 나는 고개를 돌렸다. 그러나 키스를 하는 대신 그는 내 목을 물었다.

"하지 마."

깜짝 놀라서 나는 큰 소리로 말했다. 그는 내가 진심으로 말하는 건지 잘 모르겠다는 듯이 나를 살펴보았다. "나 좀 일어나게 해 줘." 하고 내가 말하자 그는 "왜?" 하고 물었다.

겁에 질린 건 아니었지만 이상하게 당혹스러웠다. 그는 내 거부 의사를 심각하게 받아들이지 않는 것 같았다. 하지만 딱히 나를 위협하지는 않았고, 나도 그가 두렵지 않았다. 나는 일대일 연애 관계를 충실히 하고 있고 그 관계를 망치고 싶지 않다고 설명했다. 그가 나를 다시 깨물었을 때도 아팠지만 일부러 아무 반응도 보이지 않았다.

내가 느낀 무력감이나 나를 아프게 하려는 그의 욕망을 볼 때 아무렇지도 않았던 것은 아니다. 그래서 나는 계속 냉정하게 굴었다. 하지만 그 태도를 그가 받아들일 거라는 자신은 없었다. 처음에 날 일어나게 해 달라고 말했을 때, 그는 내 말을 **믿는** 것 같지 않았다. 그러자 마음속 한구석에서 그런 반응은 옳지 않다는 생각이 들었다.

결국 나는 그에게서 빠져나왔다. 멍청하게도, 혼란에 빠져 나는 남자친구에게 그 사건을 이야기했다. 물론 그는 맹렬히 화를 냈기 때문에 오히려 내가 그를 진정시켜야 했다. 나한테는 미칠 정도로 화가 나는 사건은 아니었다. 말로 전하는 것만큼 이상하지는 않았고, 어떤 면에서는 모든 것이 합리적이라고 느껴질 정도였다. 결국 내가 그러고 싶지 않았다는 걸 알게 되었지만.

그 때, 는 아니었고

그와, 그러고 싶지 않았다.

***

리처드의 침대에서 가슴이 터질 정도로 울었을 때, 그는 매우 상냥하게 굴었다. 내게 물을 한 잔 갖다 주더니 내가 두서없이 길게 쏟아내는 말들을 귀 기울여 들어주었다. 마침내 내가 이야기를 끝내고 나자 시간은 이미 늦어 있었다. 그는 내게 자고 가라고 했지만 나를 건드리지는 않았다. 다음 날 아침, 자기는 할 일이 있다고 했다. 나는 단도직입적으로, 언제 다시 볼 수 있겠냐고 물었다. 그는 미소를 지으며, 자기에게 이메일을 보내라고 했다. 우리가 함께 풀어야 할 일이 있다고.

그 후 며칠인지 몇 주인지 시간이 흘러갔다. 얼마나 오랜 시간이었는지는 모르지만 그동안 강판에 몸이 갈리는 것 같았다. 그날 밤 생각밖에 나지 않았고, 혼란으로 눈물을 흘리면서도 내가 커다란 즐거움을 발견했다는 생각만 들었다. 나는 제정신이었고, 각오가 되어 있었고 정신도 멀쩡했다. 나는 분명히 복종하고, 지배당하고, 상처받고 싶다는 그 단호하고 잔인하게 드러난 진실을 무시할 수 없었다. 나는 정말로 희생자가 되고 **싶었다.**

누군가에게 털어놓고 싶었지만, 누구에게 어떻게 말을 해야 할지 몰랐다. 리처드와 이야기하면 도움이 될 것 같았다. 그러나 그는 바쁘고 바쁘고 또 바빴다. 내 친구들 중에는 하드코어 BDSM을 하는 것 같은 사람들도 여럿 있었다. 그런 친구들에게 연락해볼 수도 있었다. 그러나 다른 사람이 그런 일을 해도 괜찮은 것과, 그런 욕망이 내 내면에 있다는 깨달음은 완전히 다른 문제였다. 다른 상황이었다면 나는 뻔히 보이는 내 이중 잣대를 산산이 해체했을 것이다. 그러나 그때만은, 그런 이중성이 거대한 광기 위에 놓인 사소한 부조리에 지나지 않았다.

내가 사랑하는 진보적 부모님께 조언을 부탁하면 어떨까 하는 생각도 해 보았다.

'엄마, 아빠, 사랑해요. 그런데 정말 미안해요. 엄마 아빠가 저한테 자긍심과 전인적인 인격뿐만 아니라 독립적이고 이성적이며 페미니즘적인 인생관을 갖게 해 주려고 했다는 걸 알아요. 슬프게도, 전 그런 걸 하나도 물려받지 못한 것 같아요. 나는 아빠 엄마가 넣어주려던 모든 것을 망가뜨린 엉터리 작품 같아요. 아빠 엄마가 걱정하거나 자책하시지 않으면 좋겠어요. 하지만 이제 제가 어떻게 해야 할지 조언해 주실 수 있나요?'

그럴 수는 없었다.

***

그해 여름의 이미지는 분노의 기억으로 흐릿하다. 리처드는 계속 정신없이 바빴기 때문에, 나는 그에게 매혹되면서도 마음속에 분노가 쌓였다. 나는 실연당한 여자의 전형이 된 기분이었다. 말할 사람이 필요하면 자기한테 이야기하라고 말했을 때 그는 아주 친절했다. 그러나 현실은 그의 말과 정반대였다. 그날 밤 이후 몇 주 동안, 그를 보려고 할 때마다 그는 시간이 없다고 했다.

내가 그를 공격적으로 쫓아다닐 때 그가 안 좋은 반응을 보였던 것도 내게 전혀 도움이 되지 않았다. 그때는 내가 너무 공격적이었다. 나도 안다. 하지만 어쩔 수가 없었다. 내가 얼마나 상처받기 쉬운지 그에게 솔직하게 말하자, 그는 나를 혼자 남겨두고 재빨리 물러났다. 그래서 더 혼란스러워졌다(하지만 '정말 전형적이잖아'라는 생각을 하지 못할 정도로 혼란에 빠지지는 않았다).

그러나 그건 실연당한 여자의 처지보다 더 지독했다. 머리로는 그가 내게 시간을 내 줄 의무가 없다고 생각했기 때문에 더욱 그랬다. 그와 나는 정리를 할 만한 관계도 없었다. 나는 고통을 추구하는 것 같았지만, 그가 내게 계속 고통을 줄 의무는 없었다. 결국, 우리는 어쩌다 한 번 만난 사이였을 뿐이다.

내가 얼마나 필사적으로 고통받고 싶은가 하는 생각에 화가 나고, 누군가가, 아니 **누구라도** 내게 그런 힘을 행사할 수 있다는 것에 더욱 분노를 느꼈다. 나는 언제나 사랑의 열병에 나를 빠트렸다. 많은 사람들과 마찬가지로, 내 애정을 받는 사람에게 화를 내기도 했다. 그러나 이번 경우는 달랐다. 열렬한 감정 때문만이 아니라, 타협할 수 없는 어느 선 때문에 괴로웠다. 리처드가 내게 과분할 정도로 완벽한 상담사였다고 해도 나는 그를 증오했을 것이다. 하지만 그는 그런 상담사와 거리가 멀었기 때문에, 그가 나를 갖고 놀았다는 느낌이 들었다. 그를 미워할 이유를 최대한 많이 찾아내려고 했다. 분노에 집중하는 동안은 다른 감정들에 대해 생각하지 않을 수 있었다.

그래서 나는 무너져 내리지 않을 수 있었다.

그는 거의 여름 내내 나를 만나지 않았다. 나는 신뢰하는 친구들을 몇 명 만나 위로와 확인을 받으려고 했다. 자세하게 말하지는 않았지만 내 분노는 돌처럼 굳어져 갔다. 그러나 리처드는 결국 나를 놀라게 만들었다. 시카고에 방문해서 일주일 내내 매일 밤 나와 만난 것이다. 그가 남긴 상처가 사라지는 데 몇 주 정도 걸렸다. 그는 피가 나고 흉터가 남는 상처를 내기도 했다. 심한 상처를 감추면서 나는 매우 화가 났지만, 슬며시 만족감이 일기도 했다. 친한 친구 앤드류는 내 다리에 든 멍을 보고 걱정스러운 표정을 지었다.

"상처가 아주 심한 것 같은데."

그의 말에 나는 "맞아."라고 밖에 대답할 말이 없었다.

그즈음 나는 리처드가 감정적으로 약한 모습을 싫어한다고 진심으로 깊이 믿고 있었기 때문에, 계속 맹렬한 원한을 품고 있었다. 일반적으로 사회에서 이런 감정을 편들어주지는 않는다. '어차피 남자들은 감정적인 걸 싫어하잖아, 안 그래?' 같은 소리나 하겠지. 하지만 함께 있는 시간이 길어질수록 그가 나를 세심하게 대하려고 애쓴다는 것을 인정할 수밖에 없었다. 우리가 서로를 이해하지 못하는 경우는 대부분 관계에 대한 생각이 너무 다를 때였다. 내가 제대로 숨기지 못한 정체성 위기도 당연히 영향을 끼쳤다. 나는 내 마음을 잘 표현하지 못하며 생각이나 느낌, 믿음이 갑자기 변할지도 모르는 사람이라고 리처드에게 주의를 주려고 했다. 하지만 그에게 그것을 이해시키지는 못했던 것 같다.

그는 공공연히 자신을 비디에세머BDSMer라고 정체화했고, 내가 그렇게 할 자신이 없다고 하자, 그는 나를 피상적인 겁쟁이라고 생각한다는 것을 분명히 드러냈다. 그는 폴리아모리를 하기도 했는데, 나도 전에 그렇게 했던 경험이 있었다. 그 결과 다른 사람들이 폴리아모리를 선택하는 것은 존중하지만, 나 자신은 폴리아모리를 하지 않기로 했다. 여러 관계를 한꺼번에 이끌어나가는 것도 낯선데다가, 까다로운 남자친구를 대하는 기분이었기 때문이다. 나는 여전히 그를 믿지 않았고, 우리 관계에는 딱히 섹스가 끼어들지 않았다.

고통만 있었다.

어느 날 밤이 끝나가면서 커튼 사이로 약한 빛이 비쳐올 때 리처드가 불쑥 물었다.

"지금 이대로 행복해?"

"무슨 말이야?"

나는 속으로 한숨을 쉬며 시간을 끌었다. 지금 나는 그를 만족시킬 만한 합리적이고 정연한 대답을 해야 했다.

리처드는 떠나기 전, 나를 대하는 방식에 별로 만족하지 못했다, 그러나 더 나은 것을 시도해 볼 시간이 없었다고 설명했다. 이제는 그때보다 상황이 '더 낫다'고 생각한다는 것이다.

"넌 이 관계에서 뭘 원하지?"

그는 진지하게 물었다.

'너와 거리를 둘 힘이 있었으면 좋겠어. 네가 정말로 나를 배려해 주면 좋겠어. 널 다시는 보고 싶지 않아.'

나는 흐릿하게 생각하며 팔로 몸을 껴안았다. 부풀고 있는 피부의 상처 위를 손으로 조심스레 덮었다.

"음, 특별히 원하는 건 없어."

나는 천천히 말한 후 숨을 들이켜고 가장 중요한 한 가지 사실에 정신을 집중했다.

'계속 날 아프게 해 주면 좋겠어.'

"너한테 아무 것도 바라지 않아. 네가 나한테 뭘 기대하는 것도 바라지 않고."

나는 그에게 말했다.

그의 미소를 보자 내 답이 맞다는 것을 알 수 있었다. 정확한 답이기도 했으면 좋으련만.

***

여름이 지나갔다. 리처드는 여름 마지막 무렵 다시 떠났다가, 9월에 한 학년을 시작하기 위해 돌아왔다. 그러나 나는 그 도시를 곧 떠나 얼마 동안 자리를 비울 생각이었다. 그 즈음이 그를 볼 수 있는 마지막 기회였고, 나는 그가 근처에 있다는 것을 강렬히 의식했다. 내가 나침반이고 그가 북극인 것처럼 그를 향하고 있다고 느꼈다.

그러나 여전히 마음속에 웅크리고 숨어 있는 괴물 같은 분노가 느껴졌다. 폭력이라는 강렬한 생각을 하면 마음이 어지럽고 몸이 달았지만, 나는 리처드에게 거리를 두고 그를 정리하고 있는 것 같았다. 그러나 그때 나는 우연히 그와 마주쳤다. 그는 마침내 나를 마주보고, 자기를 피하고 있는 거냐고 여전히 무뚝뚝하게 물었다. 나는 반사적으로 부인했다. 내가 어떻게 북극을 피할 수 있단 말인가?

"아직 너에 대한 생각을 정리하고 있는 중이야."

어느 날 밤 늦은 시각 해안가를 함께 걸으며 나는 그에게 말했다.

나는 내가 마조히스트라는 것을 받아들이고 그 사실을 내 자아상에 통합시키기 시작했다. 그러나 그것만으로는 왜 내가 그것을 깨닫는 데 그가 있어야 했는지 설명할 수 없었다. 예를 들어, 2003년 내가 만난 남자는 내게 아무 인상도 주지 못했다. 그는 리처드가 내게서 본 면이 무엇인지 분명히 아는 것 같았고, 거의 똑같이 내게 접근했는데도. 그리고 나는 비디에세머로 정체화한 사람들을 오랫동안 여러 명 알고 지냈다. 심지어 그전 관계에서 부드럽게 묶이는 정도의 가벼운 본디지도 경험한 적이 있었다. 하지만 그 경험이 특별히 강렬하다고 느끼지는 못했다.

처음 리처드를 만났을 때 취해있었기 때문에 내 정신에서 신중과 이성을 담당한 부분이 꺼져 있었던 것일까? 그가 남긴 멍만큼 강렬한 자극을 받아야 내 정체성을 이해할 수 있었던 걸까? 아니면 그 당시 애정 관계에 불만이 있었기 때문에, 다른 남자가 나를 마루에 찍어 눌렀을 때 만족했던 것뿐일까? 끊임없는 혼란 속에 빠져 있으면서도, 나는 멈추지 못하고 전체 상황을 조각조각 분석했다. 이제 나는 나 자신의 근원을 파악하고 싶다면 리처드에 대해 어떻게 느끼는지 알아야만 한다는 결론을 내렸다.

나는 얼마간 미루다가, 정말로 내 정체성에 익숙해지기 시작할 무렵 이미 커밍아웃한 비디에세머 친구들의 충고를 얻기 위해 전화를 걸었다. 그들이 무뚝뚝하게 건넨 말 중 한 가지가 떠올랐다.

"네가 이걸 알아야 할 필요는 없겠지만, 애인과 고통을 줄 사람을 따로 두는 건 아주 흔한 일이야."

나는 그 말을 곱씹었고, "이런 일을 하면 온갖 헛소리가 나오는 법이야." 하던 리처드의 말에 대해서도 생각해 보았다. 사랑의 반대가 증오는 아니라는 격언들도, 얼마나 오랫동안 그를 미워하려고 애쓰면서 보냈는지도 생각해 보았다. 결국, 내가 느끼는 이 깊은 감정을 감당할 수 있는 유일한 말이 '사랑'이라는 것을 인정할 수밖에 없었지만… 그렇다고 그것이 딱 맞는 단어라고 **느껴지는** 것은 아니었다. 또 그렇다고 '미움'도 아니었다.

그는 악마이고 우상이었다. 내게는 사람처럼 여겨지지 않았다.

이런 마음 중 어떤 것도 말로 표현할 수 없었다. 해안가에서 돌아와, 리처드는 자기 아파트로 가고 나는 내 아파트로 돌아가야 하는 갈림길에 닿았다. 어색한 침묵이 흘렀다. 나는 며칠 후 떠날 것이고, 다시는 그와 둘이 있을 수 없을 것이다. 그가 나를 초대할 생각인지, 아니면 초대하지 않아도 될 변명거리를 찾고 있을지 생각하며 그를 지켜보다가 나는 눈길을 돌렸다.

"잘 가."

나는 말했다. 집으로 걸어가면서, 나는 내 마음이 강했으면 하고 생각했다.

***

시카고를 떠난 다음에야 나는 다시 내 상황을 종합하기 시작했다.

곪은 상처를 칼로 짼 것처럼 분노가 빠르게 흘러나갔다. 딱지 앉은 상처 속에서 새살처럼 힘이 솟아났다. 이런 모든 사건들이 내 개인적 성격의 어떤 면을 정체화하는 데 도움을 준 것 같기는 하지만, 내게 전체적인 것을 알려주지는 않았다. 지금도 나는 독립적이고, 합리적이고, 페미니스트이고, 자긍심과 전인적 인격을 갖고 있다. 그런가? 그렇다.

그 욕망이 진짜였다는 것을 부인할 수는 없었다. 그리고 그 욕망에 집중했을 때, 그것을 부인하려는 시도도 하지 않았다. 지난 일들을 곰곰이 생각하자, 가슴을 쥐어짤 듯한 다른 세세한 일들이 기억나면서 모든 것이 한 가지 맥락에 들어맞았다. 2003년에 나를 따라왔던 남자의 일만이 아니었다. 움찔거리면서도, 나는 어린 시절 판타지를 기억해 냈다. 나는 충동적으로 야만적인 꿈 이야기를 쓰고 그리다가, 중학교 시절에 혼란에 빠져 그런 환상의 공포를 뼈저리게 느끼고 그만둬 버렸다. 오랫동안 억압해 놓았던 노예와 고통의 이야기들 속에서, 내가 새로 인정한 욕망의 모습을 알아볼 수 있었다.

예전 남자친구와 나누었던 대화 하나가 머릿속에서 울렸다.

"내 내면에는 암흑이 흐르고 있어."

나는 그에게 그렇게 말하면서, 내가 만들어낸 멜로드라마에 의식적으로 빠져들었다.

"그 어둠을 느낄 때는 너와 어떻게 함께 있어야 할지 모르겠어."

딱히 그와 헤어지려고 하던 것은 아니었다. 하지만 뭔가 **더** 필요했다.

리처드가 나오는 것 중에서 마지막으로 기억나는 꿈에는 전혀 고통스러운 구석이 없었다. 그는 내게 키스만 했다. 그러나 꿈에서 깬 나는 우울하고 고통스러웠다. 리처드는 사디스트라는 정체성에 자아개념을 많이 할애했고, 나와는 너무나 달랐다. 그와 연인 관계를 맺는 것은 상상할 수도 없었다. 그리고 우리 관계는 BDSM이라는 교점이 없었다면 시작될 수도 없었다. 그날 밤 야외 파티 전에는 나는 그를 연애 대상으로 생각하지 않았고, 우리가 인간관계를 맺는 방식에도 별로 공통점이 없었다.

그래도, 말이 안 된다는 것을 알면서도, 나는 곧장 그와 사랑에 빠졌으면 좋았을 걸 하고 생각했다.

***

나는 여섯 달 동안 떠나 있다가, 상심에 빠져 돌아왔다. 오랫동안 시도해 보았지만, 말로 할 수 있는 것보다 더 중요한 관계는 맺을 수 없었다. 그건 남이 보기에도 분명했던 것 같다. 한 친구는 나한테 약해진 티가 온몸에서 풀풀 난다고 말했다. '향기처럼 나나.'하고 생각하면서, 리처드는 그 냄새를 맡을 수 있을까 궁금해졌다. 가장 형편없는 모습이었을 때 나는 리처드와 만났고 신경질적으로 웃었다. 순진한 표정을 지어 보였지만 애매하고 냉담한 어조로 그의 관심을 물리쳤다. 나는 그를 원했지만, 예전의 분노가 되돌아오는 것을 느꼈다. 그와 하는 애매한 말놀이가 지긋지긋하게 싫었지만 그 뒤에 숨어있는 것이 편하기도 했다. 분노하고 절망하며, 나는 그의 뒤를 좇아가지 않기로 했다. 그러나 여전히 그의 존재가 모든 곳에서 느껴졌다. 북극처럼.

어떻게든 해야 했다. 내 정체성은 꽤 견고해졌다. 나는 BDSM에 빠져들었다. 나는 그렇게 믿었고, 그것을 인정하기도 했다. 그러나 계속 이런 기분으로 살 수는 없었다.

인터넷을 둘러보다가 나는 '킨크 어웨어 프로페셔널스' 안내 목록과 우연히 마주쳤다. 거기에는 BDSM에 대해 털어놓을 필요는 있지만 사회적 시선은 두려운 사람들에게 자기 연락처를 알려주는 심리상담사들도 있었다.[1] 나는 두 사람을 찾아갔다. 한 사람은 애매하고 슬픈 표정을 지은 채 말없이 내 이야기를 귀 기울여 들었지만 아무 피드백도 주지 않았다. 그가 왜 거기에 이름을 올려놓았는지 알 수가 없었다. 그는 나를 어떻게 대해야 할지 몰랐고, 나는 오히려 그를 걱정하느라 불편했다. 당연히 그 상담은 전혀 도움이 되지 않았다.

다행히, 다른 한 사람은 내 기대치에 딱 맞았다. 마음이 열려 있고, 참을성이 있고, BDSM에 대해 매우 잘 알고 있었다. 그는 나를 똑바로 쳐다보았고, 내가 사건의 전말을 고백했을 때 이해심을 가지고 고개를 끄덕였다. 그는 내 경험이 얼마나 흔한 것인지 설명하고, 더 많은 정보를 얻으려면 어떻게 해야 할지 알려주었지만, 우리가 나눈 대화에 자신의 선호 취향 이야기를 섞으려고 하지 않았다. 그는 이렇게 말했다.

"당신 같은 상황에 놓인 사람들은 대부분 자기가 커다란 금기를 깨뜨렸다고 느낍니다. BDSM에서 도망치려고 하는 사람들이 많지요. 하지만 당신은 그런 말을 하지 않고 있어요. 당신은 도망치지 않고 적응하고 싶은 겁니다."

나는 고개를 끄덕였고, 그에게 정기적으로 상담을 받기로 했다.

하지만, 다른 두 사건이 없었다면 나 자신을 다시 가다듬을 수 없었을 것이다.

친한 친구인 앤드류는 어느 만취 파티에서 나를 따라왔다. '리처드의 그림자 같네.' 하고 생각했을 수도 있지만, 나는 절대 그렇게 생각하지 않았다. 앤드류는 나를 마루에 찍어 눌렀고, 내가 밀어내려고 발버둥치자 웃으면서 나를 아프게 하더니, 마침내 키스했다. 당황해서 왜 이러냐고 묻자 그는 고백했다.

"네가 떠나니까 그리웠어. 전에는 한 번도 사람을 그렇게 그리워해 본 적이 없었어."

그가 속삭였다. 그는 예전의 나만큼이나 BDSM의 어두운 면을 두려워했지만, 나를 생각하면서 자신이 BDSM을 공상하고 있다는 것을 깨달았다. 그는 나와 함께 BDSM을 해보고 싶었지만, 그보다 먼저 우리가 여전히 가까운 사이로 남아 있고, 지금 가지고 있는 관계를 잃지 않으리라는 것을 확인하고 싶어 했다.

우리는 서로 이야기하고, 웃고, 눈물을 흘리다시피 하고, 서로 포옹하고, 기분 좋게 취하고 아침에 현실로 돌아왔다. 그러면서 앤드류와 나눈 대화에서 나는 리처드에게서 빠져 있던 요소들을 발견했다. BDSM에 대해서 잘 모르고 둘 다 자아의 경계를 지키면서도, 앤드류는 내게 헌신하고 몰두하는 모노가미 관계를 맺고 싶어 했다. 내 마음속 한구석은 조심하라고, 그에게서 물러나라고 경고했다. 그러나 내 상담사가 웃으면서 말한 대로, 앤드류는 아이스크림만큼 매혹적이었다. 내가 곧장 사랑에 빠질 수 있는 기회였다.

곧, 나는 왜 내가 건강보험을 적용할 수 없는 상담치료사를 찾아갔는지 부모님에게 설명해야 했다. 왜 내게 이 전문가가 필요했는지, 그의 중심 분야는 무엇인지 아버지가 물었을 때 나는 눈을 감았다. 결국 간단히 말했다.

"SM이에요."

내가 왜 걱정했을까? 내 부모님이 내게 독립적이고 이성적이며 페미니즘적인 인생관을 갖게 해 주려고 했다는 걸 알고 있었는데. 자긍심과 전인적인 인격도. 아버지가 "그렇구나."하고만 말했을 때 나는 내가 아주 운이 좋다는 것을 깨달았다. 눈부신 깨달음이었다. 아버지는 내가 스스로에게 가져다 대었던 최악의 잣대들로 나를 심판할 수도 있었다. 그러나 그렇게 하는 대신 아버지는 내가 최선을 다했다고 믿었다.

아버지와 오래 전에 갈라섰던 어머니에게 전화했을 때, 실내에서 개인적인 전화를 하기에는 룸메이트들이 근처에 너무 많았다. 나는 비에 맞지 않도록 핸드폰을 조심해서 가린 다음 따뜻한 여름의 비바람 속으로 나갔다. 내가 그 운명적인 단어를 말하자 잠시 침묵이 흘렀다. 그 다음 어머니가 말했다.

"네 아버지한테는 이 일을 이야기했니?"

나는 머뭇거리며 말했다.

"네, 왜요?"

"음, 내가 그 사람보다 그쪽에 더 빠져있었다는 것도 우리 결혼생활의 한 가지 문제였다고 생각하거든."

커다란 빗방울이 머리를 적셨다. 그 말을 듣고 숨을 멈추었을 때, 거의 1년 동안 가슴 속에 뭉쳐 있던 덩어리가 느슨해졌다. 흔들거리는 세계를 바로잡기 위해 얼굴을 하늘로 쳐들었다. 멀리서 들리는 엄마의 목소리가 내 가슴을 찢어놓았던 수십 가지 일들을 견뎌내도록 도와주었다.

"넌 네 자유를 포기하고 있는 게 아니란다."

어머니는 내게 그렇게 일깨워주었고, 나를 존중하는 파트너에게 내 권리를 계속 행사할 수 있다고 강조했다. 어머니는 심지어 내가 어릴 때 내 아이는 '어떨까' 궁금해 했다고 가볍게 말하기도 했다.

나는 상처 입었을까봐, 내 내면이 크게 부서졌을까봐 두려워하고 있었다. 내가 무슨 트라우마를 겪고 기억을 억압하고 있을 거라고 제멋대로 추측했다. 그러나 내가 아는 사람들 중에서 가장 독립적이고 페미니스트인 우리 어머니가 BDSM을 받아들일 수 있었다면, 나도 그럴 수 있다고 확신했다. 어머니도 BDSM에 빠져 있었다면, 내 성향은 내 개성의 손상이 아니라 우리가 공유하는 타고난 특성이라고 볼 수 있었다.

그 다음 한 시간 넘게 어머니는 내가 합리성과 자긍심과 전인성을 간직할 수 있다고 말해 주었다. 나는 처음으로 그 말을 믿을 수 있다는 것을 깨달았다.

내 상담사는 이 이야기를 듣더니 웃으며 외쳤다.

"맹세해도 좋아요. 그건 유전적인 겁니다!"

***

동화 같은 결론이 났지만 한 가지 미진한 구석이 있었다. 어느 정도 편한 대화를 함께 나누기는 했지만, 나와 리처드 사이에는 긴장감이 남아 있었다. 어쩌면 더 심해졌는지도 모른다. 어느 시점에서인지, 우리를 지켜보고 있던 앤드류가 부드럽게 말했다.

"너희 둘 다 진정해."

더 나쁘게도, 앤드류와 나는 서로 다른 방향으로 가고 있었다. 나는 마침내 BDSM과 어느 정도 화해했다고 느꼈지만, 그는 그런 위안을 얻지 못하고 BDSM에서 물러나기 시작했다. 리처드를 생각하면 그가 얼마나 단호한 태도로 잔인하게 굴 수 있는지 떠올리며 전율할 수밖에 없었다. 일 년 후 앤드류와 깨졌을 때 나는 깨달았다.

'앤드류랑 만나지 말 걸 그랬어.'

내 상담치료사는 마음이 산산조각 났을 때면 BDSM을 조심하라고 경고했다.

물론 나는 그의 말을 듣지 않았다.

오래 전 어느날 리처드가 바쁘다고 하는데도 내가 대놓고 그를 따라간 것은 그때가 처음이었다. 나는 그에게 직접 이메일을 보냈고, 앤드류와 관계가 끝난 후 곧 그의 침대에 앉았다. 내 피부에 손톱을 박으면서 그는 "오랜만이야." 하고 중얼거렸다. 여기서 나를 다시 보게 되리라고 늘 알고 있었다는 것처럼. 예전보다 더 빨리 눈물이 흘러나왔다. 예전에는 그의 앞에서 무너지고 싶지 않아서 눈물을 참았고, 성공하기도 했다. 리처드가 전에 나를 울린 적은 한 번밖에 없었다.

리처드가 내 머리채에 손을 감고 머리를 뒤로 끌어당길 때, 나는 '이건 내가 원하는 거야.' 하고 다시금 생각했다. 어깨를 멍들도록 물고 있는 그의 이빨은 낯익으면서도 그러면 안 될 것 같이 느껴졌다. 그가 목에 키스를 하자 몸이 뻣뻣하게 굳었다. 흐느끼느라 숨이 막힐 것 같았다. 나는 마음속으로 외쳤다.

'왜 지금이야? 왜 내가 당신을 꿈꾸던 때가 아니고, 리처드?'

내 마음을 느꼈다고 그를 나무랄 수는 없다. 그는 뒤로 물러났다. 나는 머뭇거리며 말했다.

"아냐, 난 괜찮아."

그러나 그는 계속하려 들지 않았다. 불편해 하며 그는 내가 전에는 그렇게 반응했던 적이 한 번도 없다고 지적했다. 나는 그가 전에는 그렇게 키스했던 적이 한 번도 없다고 말했다. 그러자 그가 마치 놀라운 말을 들었다는 듯이 물었다.

"정말?"

'그래, 나는 간절히 바랐지. 나도 알아.'

나는 억지로 눈물을 누르며 생각했다.

그가 나를 계속 아프게 하도록 만들려면, 내가 괜찮다고 그에게 납득시켜야 했다.

'이건 내가 원하는 거야.'

나는 다짐했다. 리처드가 앤드류 이야기를 했을 때는 거의 침착을 지켰지만, 슬픔 때문에 마음이 찢어지는 것 같았다.

그는 내가 우는 것을 지켜보더니 물을 한 잔 갖다 주었다.

'2년 전의 그림자네.'

그렇게 생각했을 수도 있지만, 나는 절대 그런 생각은 하지 않았다. 내가 미안하다고 말하자, 그는 이렇게만 말했다.

"이런 일이 일어날지도 모른다고 생각했어."

괜찮을 거라고 안심하려고 매우 노력했지만, 어떤 면에서는 나도 그렇게 생각했다.

'내가 무슨 생각을 하고 있었지?'

나 자신에게 묻자 대답이 즉각 떠올랐다.

'난 확인해야 했어.'

리처드가 자고 가고 싶으냐고 물었을 때, 나는 아니라고 말했다.

"그럼 아직 가지 마."

그는 누워 있는 내게 팔을 두르며 부드럽게 말했다. 나는 그의 가슴에 머리를 기댔다.

'내가 이제 리처드를 원하지 않는다는 걸 확인했지만, 앤드류에게 이 일은 말하지 않을 거야.'

나는 그렇게 결심하면서 앤드류와 다시 함께 지낼 수 있을까 생각했다.

***

뒤돌아보면 내가 BDSM 지향에 그렇게 심한 반응을 보였다는 것이 사실 같지 않다. BDSM에 적응하던 고통스러운 기억들은 감정적인 생생함을 잃어버렸다. 나는 육체적으로, 감정적으로 BDSM을 안전하게 실천하는 법을 많이 알게 되었다. BDSM 파트너를 여러 명 만나보았고, 따뜻이 맞이해 주는 BDSM 서브컬처 안에서 긍정적인 경험들을 겪었다. 최근에는 스위치도 하기 시작했다. 즉 내 핵심적 성향은 복종적 마조히즘이라고 느끼지만, 때때로 돔이 되기도 한다.

그러나 나는 여전히 처음에 느꼈던 불안을 기억하고, 다른 사람이 더 불안해 하는 것을 알아보기도 한다. 나는 이 지향을, 예를 들어, 고용주에게는 절대로 말하지 않을 것이다. BDSM도 동성애와 마찬가지로 해방 운동이 필요하다고 믿지만, 내가 운동의 공적 대변인이 될 마음은 없다. 그리고 다른 사람들을 옷장 밖으로 끌어낼 생각도 전혀 없다. 나는 BDSM에 대해 가명으로 글을 쓰고, 리처드와 앤드류의 이름도 바꾸었다.

다른 사람들이 이 이야기를 폭행이나 준강간, 그리고 그런 체험을 합리화하려는 여성의 이야기로 읽을까봐 걱정이 된다. 그런 사건이 아니었다. 야외의 만취 파티에서 리처드가 처음 내 머리채를 뒤로 잡아당기고 나를 아프게 했을 때, 나는 싫다고 말할 수 있었다. 싫다는 말은 내 마음속에서 울려 퍼지고, 입술 위에서 맴돌고 있었다. 그러나 그가 거기서 멈추는 것을 바라지 않았기 때문에 말하지 않았다. 나는 확실히 취해 있었지만, 무력하지는 않았다. 협박을 당했지만 무섭지 않았다. 우리에 갇힌 짐승처럼 나의 지향과 싸울 수도 있었겠지만, 그것을 부인할 수는 없었다. 나는 언제나 그런 지향을 지니고 있었다.

정반대로, 어느 보수주의자가 이 글을 읽고 "페미니즘 운동이 우리를 어떻게 실망시키는지 봐라!" 하고 말할까봐 두렵기도 하다. 그런 사건도 아니었다. 나는 페미니스트로 정체화하고 있고, 그것이 내가 복종적인 마조히스트라는 것과 대립한다고 생각하지 않는다. 사실, 나는 페미니즘 운동이 내가 BDSM을 실행하도록 도와주었다고 믿는다. 페미니즘은 내 성적 욕구를 이해하고 논의하는 데 필요했던 힘과 자신감을 준 요인 중 하나였다.

앤드류와 나는 재결합했다가 또 깨졌다. 리처드와 나는 다른 밤도 여러 번 함께 보냈다. 나는 이 이야기가 깨끗이 끝났으면 좋겠다. 내가 동화 속 연인을 찾았다고 말할 수 있었으면 좋겠다. 이제 나를 아프게 하고 울리면서도 내가 원하는 관계를 주는 남자와 함께 있다고. (거기서 끝날 필요 없잖아? 그 남자가 부자고 잘생기고 엄청 요리를 잘하는 사람일 수도 있지!) 그러나 이것은 동화가 아니라 나의 이야기이다. 오히려 다행이다. 아직 내가 배울 것이 많다는 뜻이니까. 나는 의사소통을 더 분명히 잘하게 되었다고 생각한다. BDSM 때문에 생겨나는 강렬한 감정들을 더 잘 소화할 수 있게 되었다고 믿는다. 사랑의 관계라는 맥락 속에서 그런 감정들을 연구하고 즐기면서! 그리고 나는 이제 리처드를 대상화했던 것만큼 내 사디스트 파트너들을 대상화하지 않는다. 여전히 갈 길이 멀다는 것도 안다.

나는 동성애가 연속체라는 이론처럼 BDSM도 연속체라고 보고, 때로는 모든 사람이 어느 정도 연속체 위에 있다고 생각한다. 앤드류가 나나 리처드만큼 깊이 그 연속체 안으로 들어왔다고 생각하지는 않는다. 그러나 내가 앤드류와 거의 2년 동안 함께 한 이유, 리처드에게 완전히 빠지지 않을 만한 이유는 있었다.

나에게는 헌신적인 관계가 중요하다. 나는 리처드에게 강하게 끌렸고, 그는 BDSM에 잘 어울리는 사람이었다. 그러나 그는 내가 원하는 관계를 줄 수 없었다. 나는 앤드류에게로 돌아갔다. BDSM에는 훨씬 서툰 사람이지만 그를 사랑할 수 있었기 때문이다. 하지만 내가 완전한 바닐라 남자에게 빠질 수 있을까? 거기까지 타협할 수 있을까? 그럴 것 같지는 않다. 그런 일이 생긴다면 내 친구의 말을 떠올리고, 연인이 아니지만 고통을 줄 수 있는 다른 사람을 하나 찾아야 할 것이다.

그러지는 않을 테지만, BDSM을 포기한다는 건 상상도 할 수 없다. 내 상담치료사 말대로, 그런 생각은 순결 서약과 비슷하게 느껴진다. 나는 도망치지 않는다. 마침내 적응한 지금은 더더욱. 쉬운 일은 아니었지만 나는 이제 내가 승리했다고 느낀다. 그리고 내가 무엇을 원하는지 제대로 알아야 곧장 행복하게 사랑에 빠질 수 있다고 믿는다. 그러기를 바란다.

자유주의적, 섹스긍정적 성교육: 무엇을 놓치고 있는가

원래는 이 글을 2009년에 썼다가 섹스긍정적 블로거들이 벌인 스칼레틴 *Scarleteen.com* 기부 홍보 운동의 일환으로 2010년에 다시 올렸다. 스칼레틴은 훌륭한 성교육자 헤더 코리너가 운영하는 훌륭한 성교육 사이트이고, 언제든지 그곳에 기부할 수 있다! 그 사이트는 자세히 볼 만한 가치가 있다. 물론 내 글을 다 읽은 다음에.

처음 이 글을 발표했을 때, 섹스긍정적 영화감독인 토니 콤스톡이 트위터에 이렇게 말했다.

"당신의 포스트는 지난 10년간 섹스 긍정성에 대해서 나온 아주 중요한 글들에 들어갈 겁니다."

그의 작품들은 훌륭하기 때문에, 그 트윗을 보자 정말 뿌듯했다.

내 부모님은 때때로 내 블로그를 읽고, 어머니에게서 흥미로운 피드백을 받기도 했다. 어머니는 이렇게 썼다.

"네가 자라던 것을 지켜보는 입장에서 말하자면, 내가 너에게 가르쳐 줄 수 있었으면 했던 것을 너는 결국 스스로 배웠구나. 하지만 나는 맞설 수 없는 물결이 몰아치고 있다고 느꼈고, 그걸 버틸 수가 없었어. 내가 힘들게 배웠고, 여전히 필사적으로 배우고 있었던 그 길을 네가 혼자 배우도록 내버려 둔 것 같다고 계속 생각했어."

나는 이런 답장을 썼다.

"제 생각으로는, 엄마는 지나가는 말로라도 커다란 흐름을 막으려고 했다고 기억해요. 그리고 그런 말들이 맹목적으로 여러 사람과 자고 다니는 것보다 내가 중심을 잡고 스스로 결론을 내리는 데 나중에 더 도움을 준 것 같아요."

그 말에 어머니 기분이 좋아졌으면 좋겠다. 그 말은 사실이었으니까. 나는 엄마가 아니다. 언젠가는 엄마가 되고 싶지만… 하지만 부모 노릇에서 가장 어려운 일은 아이들이 주변 세계에서 끔찍한 일들을 배우게 될 것이고, 부모가 할 수 있는 최선이라고는, 아이들이 거기서 교훈을 배울 때 그곳에 함께 있으려고 애쓰는 것밖에 없다는 사실을 알고 있는 것일 테다.

나는 운이 좋은 사람이다. 80년대에 태어나 훌륭한 섹스긍정적 양육을 받았다. 내가 다닌 공립학교에서는 학생들에게 콘돔 쓰는 법을 가르쳤다. 중학교 보건교육에는 성병 부분이 포함되어 있었다. 내 부모님은 자신들의 섹슈얼리티를 내게 충격적인 방식으로 밝히지 않았다. 그러나 거의 언제나 사실을 이야기했고, 섹스에 대해 이야기할 때 이해와 수용적 태도를 보여주셨다. (열두 살 때쯤 엄마가 나를 앉혀두고 내가 동성애자여도 **전혀 문제없다**고 긴 연설을 했던 일은 절대 잊어버리지 못할 것이다.) 나는 유니테리언 유니버설리스트(미국의 자유주의적 종파 교인)로 자랐고, 유니테리언 일요학교의 10대 프로그램에는 '당신의 섹슈얼리티에 대하여'라는 훌륭한 성교육 커리큘럼이 들어 있었다. (성교육 커리큘럼이 계속 바뀌고 업데이트되어 이제는 '우리의 온전한 삶'[1] 프로그램으로 불린다고 들었다. '우리의 온전한 삶' 프로그램을 깊이 살펴보지는 않았지만, 아마 거기에도 내가 이야기하려는 쟁점들이 어느 정도 들어 있을 것이다.)

그래서 나는 우리가 자유주의적 성교육에서 직면하게 되는 문제 양상에 대해 말하기 유리한 입장에 있다고 생각한다. 그렇다. 나는 미국 전체를 흠뻑 적신 섹스부정적 메시지들을 경험했고, 그런 메시지들은 끔찍했다. 그러나 그런 주제에 대해서는 이미 이야기가 많이 나왔다. 또, 불완전하거나 문제적이거나 우리가 섹슈얼리티를 탐구하는 것을 별로 도와주지 못하는 섹스긍정적 이미지도 많이 받았다. 나는 섹스긍정적 운동이 그런 메시지들을 고치는 데 집중해야 한다고 생각한다.

나는 상대적으로 자유주의적이고 섹스긍정적이었던 나의 양육 과정에 깊이 고마워한다. 그것은 내게 매우 유익했다고 생각한다. 그러나 **내가 섹슈얼리티를 배운 방식의 다섯 가지 커다란 문제**를 여기서 짚어 보겠다.

1. "섹스는 쉽고 가벼운 마음으로 할 수 있는 일이고, 그렇지 않다면 당신이 섹스를 잘못하고 있다."는 메시지를 안 받았으면 좋았을 것이다.

섹스가 쉬운 일일 수 있다고 믿냐고? 그렇다. 가벼운 마음으로 할 수 있는 일이라고 믿냐고? 당연하다! 그러나 **언제나** 그런 일이라고 생각하냐고? 아니다. 그리고 '그래야 한다'고 생각하지도 않는다.

우리는 섹스가 엄청나게 어려울 수도 있다고 가르쳐야 한다고 생각한다. 파트너와 제대로 의사소통을 하는 일은 어려울 수 있다. 자신의 성적 욕구를 알고 그것과 타협하기는 어려울 수 있다. 그런 일이 힘들다고 해서 당신이 나쁜 파트너와 만나고 있다든가, 다른 사람들이 모두 갖고 있는 중요한 정보를 놓치고 있거나, 당신이 잘못하고 있다는 것은 아니다.

자, 가벼운 마음으로 섹스하는 문제에 대해 말하면, 그렇다. 섹스는 '구름 위에서 행복하게 즐겨 즐겨!'가 될 수도 있다. 하지만 심각하거나… 어두울 수도 있다. 그렇다고 잘못된 것은 하나도 없다!

최근에 비디에세머로 정체화한 친구와 BDSM을 어떻게 알게 되었는지 함께 이야기한 적이 있었다. 우리 둘 다 아주 어린 나이부터 사도마조히즘적 판타지를 갖고 있었다. (예를 들면, 나는 초등학교 때부터 SM 판타지를 품기 시작했다. 농담이 아니고, 실제로 내 바비 인형들을 묶어 보기도 했다.) 나는 언제나 이 강렬하고 어둡고 폭력적인 감정을 갖고 있었다고 친구에게 말했다. 그러나 중학교에 갔을 때 나는 변했다. 생생한 BDSM 꿈을 몇 번이나 연속으로 꾸고 질겁했기 때문이다. 나는 그런 생각을 그만두고, 그 판타지를 최대한 무자비하게 억압했다.

섹스 생각도 그 전에 시작했다. 나는 섹스를 자세히 상상했다. 섹스에 대한 글을 읽었다. 이미 오래 전에 부모님 몰래 『섹스의 즐거움The Joy of Sex』**2**을 슬쩍 훔쳐서 처음부터 끝까지 철저히 읽었다. 낸시 프라이데이Nanch Friday의 성적 판타지 전집 『비밀의 정원My Secret Garden』 같은 다른 훌륭한 섹슈얼리티 작품들도 물론이었다. 나는 섹스에 완전히 매료되었다. 내가 섹스 이야기를 어찌나 했던지 한 친구는 생일 선물로 아예 바이브레이터를 골라 주었다. 나는 처음으로 진지하게 사귀었던 **남자친구가** 마음의 준비를 하기도 전에 성적인 행동으로 몰아붙이기도 했다. 그건 스테레오타입의 흥미로운 전복*이었다고 생각한다(하지만 분명히 말하면, 내 그런 행동은 좋지 않았다). 섹스를 하기 시작하면서 내가 섹스를 좋아한다는 것을 깨달았지만, 많은 것이 빠져 허전하다는 것도 알았다. 하지만 그것이 무엇인지 알 수가 없었다.

내가 섹스와 BDSM을 연관짓고, 내게 허전했던 가장 큰 부분이 BDSM이었다는 것을 알아내기까지는 오랜 시간이 걸렸다. 왜? BDSM은 끔찍하고 잘못된 것이었기 때문에 나와 차단해 버리려고 했다. BDSM은 눈부시고 밝고 행복한 섹스와는 아무 관계도 맺을 수 없다(고 나는 생각했다)! 다른 사람들이 BDSM을 실천한다는 것은 알았지만, 거기에 대해 깊이 생각하지는 않았다. 어느 정도는 내가 그런 어두운 감정을 욕망한다는 사실이 너무 충격적이었기 때문에 BDSM을 시작한다는 것은 위험하게 느껴졌다. 이것은 내가 아니었다. 이것은 **건강한 섹스**가 아니었다. 섹스는 가벼운 마음으로, '구름 위에서 즐겨 즐겨!'여야 했다. …안 그런가?

---

* 지금이라면 '미러링'이라고 할 것이다.

대조적으로, 엄청나게 성적으로 억압된 양육을 받고 큰 내 친구는 BDSM을 자기 성생활에 통합하는 것이 전혀 어렵지 않았다. 그에게 섹스는 이미 잘못되고 나쁜 것이었기 때문이다. …자신의 섹슈얼리티와 접촉하고 섹스를 시작한 첫 순간부터 그는 BDSM과 관계를 맺었다. 결국 안 그래야 할 이유가 없었으니까.

내가 전형적이고 성적으로 억압된 양육을 받지 않은 것이 기쁜 만큼이나, 내 친구가 개인적으로 쉽게 해치운 BDSM의 통합이 부러웠다는 말을 할 수밖에 없다.

2. "섹스에 조심스럽게 다가가도 된다"는 점이 되풀이해서 강조되었으면 좋았을 것이다.

최근에 『섹스의 즐거움』 개정판에 대한 훌륭한 리뷰 기사를 『뉴요커』에서 읽었다. 그 기사에는 『섹스의 즐거움』이 페미니즘 서적 『우리 몸, 우리 자신Our Bodies, Ourselves』과 비슷한 시기에 나왔다는 것을 말하고, "두 권 다 섹스가 음식을 먹는 것만큼 자연스러운 가치중립적 경험이 될 수 있다는 관념을 옹호했다."고 지적했다.

'가치중립적'이라는 단어는 내가 받아들인, 섹스에 대한 전반적인 태도를 서술하는 멋진 방법이다. 그렇게 말하면 섹스가 재미와 일탈 삼아 언제든, 누구하고든 할 수 있는 일인 것 같다. 언제나 재미만 있는 것 같다! 매우 조심하거나 예민하게 굴 필요가 없는 것 같다. 스포츠처럼 내가 할 수 있는 놀이이고, 망쳐봤자 일어날 만한 가장 나쁜 일은 무릎 껍질이 까지는 정도일 것 같다.

섹스 문제에서 감정이 실제로 얼마나 **중요한지** 강조해 주었다면 좋앉을 것이다. 우리가 성에 대해 무신경하면 현실적으로 우리 자신과 다른 사람들을 해칠 수 있다는 사실을 인정했으면 좋았을 것이다(늘 그런 건 아니지만 그런 일은 일어날 수 있다). 섹스가 언제나 가치중립적인 것은 아니고, 모든 사람의 성적 욕구와 약점, 불안과 강한 감정이 전부 다 다르다는 것을 더 빨리 알았으면 좋았을 것이다. 어딘가에는 '가치중립적' 섹스를 할 수 있는 사람이 있을지도 모른다. 섹스가 전적으로 육체적인 것이고 다른 의미를 갖지 않는 곳. 그러나 내게 섹스는 그런 것이 아니고, 대부분의 사람들에게도 그렇지 않을 거라고 생각한다.

'가치중립적'인 섹스를 할 수 있는 사람들이 **잘못되었다는** 말은 아니다. ('가치중립적'이라는 말이 그런 섹스를 가리키는 데 썩 좋은 용어도 아닐 것이다. 그 용어를 사용하면 내가 남을 함부로 재단하고 있는 것 같아 불안하다.) 그것이 모든 사람에게 좋은 모델은 아닌데도 모든 사람이 섹스를 그렇게 해야 한다는 듯이 홍보된 부분이 있는 것 같다.

세상에는 섹스가 가치중립적이라고 믿었다가 상처받았기 때문에 성 해방 운동이 '실패했다'거나 자기들을 '배신했다'고 느끼는 사람들이 아주 많은 것 같다. 이와 비슷한 주장은 보수 언론에서 아주 많이 볼 수 있다. 예를 들면, 『현대의 섹스Modern Sex』라는 책의 시놉시스를 여기 인용해 보자.

1960년대의 성 혁명은 엄청난 것을 약속했다. 억압에서 해방되기만 하면 우리는 행복하고 만족할 것이라고. 그러나 성 해방으로 우리는 더 행복해지지 않았고, 오히려 불만족스러워졌다. 왜인가? …오늘날 섹스는 점점 더 기계적이고 마음 없는 관계가 되고 있다. 인간적 의미를 창조하기 위한 사적 영역이라기보다 오히려 배관이나 위생학, 육상 운동이 되어버렸다. 그 결과 어른들은 불행해지고, 십대들은 순수함을 잃고 성숙이 아니라 환멸로 가는 길 위에서 혼란에 빠져 있다…. TV 프로그램 <섹스 앤드 더 시티>부터 십대 섹스까지, 그리고 남성적 이상의 퇴색과 결혼에서 얻는 이익까지 여러 가지를 망라하는 주제들에 대해 아름답게 쓴 에세이들이 성 해방이 실패한 양상과 이유에 대해 아주 심원하고 유익한 평가를 보여주고 있다.[3]

나는 그런 사람들의 태도에 거의 동의하지 않는다. 우리에게는 순진성이 필요하지 않다. 성적 신비도 필요하지 않다. 십대의 섹스를 뿌리 뽑을 필요도 없다. 제한적이고 가부장적인 '남성적 이상'을 다시 확립할 필요가 없다. 그러나 그들의 말 중 한 가지는 옳다. 우리는 섹스를 주로 기계적이지 않은 것으로 이야기할 필요가 있다. 그렇다, '인간적 의미를 창조하기 위한 사적 영역'이 될 수 있는 섹스를.

3. **"섹스를 좋아하는 두 사람(더 많을 수도 있다)만 있다고 좋은 섹스가 이루어지는 것은 아니다. 좋은 섹스에는 욕망이 필요하다. 그리고 욕망은 절대 모든 사람에게 똑같은 방식으로 작용하지 않는다."**를 배웠으면 좋았을 것이다.

나는 처음 성에서 능동적으로 되어갈 때, 왜 내가 좋아하지 않는 사람들과 하는 성적 행동이 나를 전혀 흥분시키지 않았는지 **몰랐던** 시기를 겪었다고 전에 말한 적이 있다. 아니, 약간 흥분시키기는 했지만 썩… 별로였다. 섹스가 섹스하고 싶은 사람 둘만 있다고 되는 게 아님을 내가 이해하는 데 어느 정도 시간이 걸렸다. 섹스에는 매력과 욕망이 필요했다.

열다섯 살 때쯤 여름캠프에서 어떤 남자애와 섹스를 했던 기억이 난다. 사실은 그 애와 하고 싶지 않았지만, 어떻게 거부해야 할지 잘 몰랐다(여기에 대해서는 5번에 더 자세히 이야기하겠다). 그리고 그 애가 괜찮아 보이니까 같이 해도 될 거라고 생각했다. 나중에 나는 스스로에게 화가 났고, 시간 낭비를 했다는 느낌이 들면서 혼란스러워졌다. 좋게 말해도 지루했고 나쁘게 말하면 혐오스러웠는데 왜 그런 느낌이 들었는지, 아니면 왜 그런 느낌이 드는 일을 했는지 알 수가 없었다.

그러면 나는 왜 그렇게 **했을까**? 내가 "섹스는 가치중립적이야." 하고 생각했기 때문이다. "섹스는 재미있잖아, 그렇지? 그러면 기회가 있을 때 해야 하는 거야!" 하고 생각했기 때문이다. "그 애와 섹스하고 싶지 않은 건 아마 하찮은 억압이고 내가 극복해 내야 할 거야." 하고 생각했기 때문이다. 나는 그때 욕망은 복잡하다는 것을, 아무 때나 편할 때 욕망을 불러올릴 수 없다는 것을 이해하지 못했기 때문이다. 그리고 매력에는 ─ 매력이 없는 것에도 ─ 이유가 필요하지 않다는 것도. 그 다음에도 이런 상황을 오랫동안 여러 가지 형태로 반복한 후에야, 나는 마침내 사람은 그냥 무엇인가를 원하거나 원하지 않아도 되고, 자기 욕구를 정당화할 필요는 없다는 것을 알게 되었다.

4. "당신이 무엇에 흥분하는지 여기에서 알아보세요."를 열거한 목록을 받았다면 좋았을 것이다.

나는 섹스는 재미있다는 말을 들었다. 탐험해 보라는 말도 들었다! 하지만 내가 원하는 것이 무엇인지는 제대로 알지 못하고 오랜 시간을 흘려보냈다. 내 욕구들에 대해서 더 알려면 어디서 어떻게 해야 하는지, 아니면 내 욕구들을 탐험하는 것이 어떻게 보일지 내게 말해준 사람은 아무도 없었다. 그리고 사람들이 흥분하는 대상에는 여러 가지가 있다고, 어떤 사람들은 어떤 성적 행동을 좋아하고 다른 것은 좋아하지 않지만, 그래도 괜찮다고 설명해 준 사람은 아무도 없었다.

나는 당연히 모든 방식의 섹스를 똑같이 좋아할 것이라고 생각하며 섹스를 하게 되었다. 내가 어떤 체위를 다른 체위보다 더 좋아한다는 것을 알게 되었을 때, 깜짝 놀랐다! 펠라티오를 좋아하지 않는 남자와 연애했을 때 내가 얼마나 당황했는지, 얼마나 상처받았는지 떠오른다. 그가 좋아하지 않는 건 내가 제대로 못해서 그런 것 같았다. 왜냐하면 **모든 사람이** 오랄 섹스를 좋아하니까. 그렇잖아?

물론, 내가 실험해 볼 수 있는 바닐라의 성적 행동에 대해서는 매우 널리 알고 있었지만, 그밖에 다른 것은 거의 몰랐다. 뒤돌아보면 매우 재미있는 일이다. 그러나 내가 바닐라이던 시절에도 나를 묶었던 남자 친구가 두 명 있었다. 그들은 나를 묶고 내게 잘 대해 주었고, 그것도 충분히 재미있었지만 나를 미칠 듯한 욕망으로 몰아가지는 않았다. 그래서 나는 엉뚱한 결론을 내렸다. **BDSM에는 가벼운 본디지보다 훨씬 많은 플레이들이 있고, 사람들마다 즐기는 BDSM 행동들이 서로 다르고, 그것들을 음미하는 방식도 굉장히 많다는 것을 몰랐기 때문에,** 그런 경험 후에 내가 BDSM을 좋아하지 않는다고 생각했다. 며칠 전 옛날 일기장을 훑다가 한 권을 펼쳐보았다. 그 안에서 나는 혼란에 빠진 채 내 성생활에서 무엇이 부족한지 열심히 생각하고 있었다. 나는 이렇게 썼다.

"SM은 시도해 보았으니 그것 때문일 리는 없다."

그 전에 내가 밟은 학습 곡선이 어땠었나?

인간이 가진 페티쉬의 풍요로운 들판이 그곳에 펼쳐져 있다는 것을 누군가가 설명해주었으면 좋았을 것이다. 에로티카와 포르노그래피는 둘 다 흥분에 대해 배우기 좋은 방법들이지만, 더 중요한 것은 **모든 에로티카와 포르노그라피가 똑같지는 않다**, 그러니 내가 주류 에로티카나 포르노에 흥미가 없다고 해서 자동적으로 모든 에로티카나 포르노에 흥미를 못 느낀다는 건 사실이 아니라고 누군가가 말해 주었으면 좋았을 것이다. 내가 친구들과 섹스에 대해 대화를 아주 많이 했다고 말한 적이 있다. 그러나 최근까지 그런 대화는 절대로 '난 이런 거 좋아해.'나 '나 새로 흥분할 거리를 찾아냈어.' 같은 형식으로 이루어지지 않았다. 그런 대화가 얼마나 훌륭한 자산이 될 수 있는지 더 빨리 깨달았더라면 얼마나 좋았을까.

5. "파트너와 섹스에 관해 의사소통 할 때 시도할 수 있는 방법들"의 아이디어 목록이 있었다면 좋았을 것이다.

마지막으로, 하지만 마찬가지로 중요한 지점은, 내가 섹스에 관해 의사소통 하는 법을 한 번도 배운 적이 없다는 것이다. 실마리를 준 사람조차 없었다. 섹스긍정적, 자유주의적 성교육을 받으면서 "관계에는 의사소통이 필요하다"는 이야기를 되풀이해서 들었지만, 아무도 "파트너와 성적 의사소통을 하는 데는 이런저런 방법이 있다"고 말한 적이 없었다.

성적 의사소통 전략을 가르칠 때 얻는 커다란 이익 중 하나는 사람들이 어떤 행동을 하고 싶지 않을 때 "싫어." 하고 말하는 법을 가르쳐준다는 것이다. 경계선을 긋는 법을 가르치는 것은 엄청나게 중요하고,

나는 어떻게 하면 그럴 수 있는지 열심히 생각하고 있다. 최근에 '커들 파티'에 대한 비디오를 보고 큰 충격을 받았다. 그 사람들은 기본적으로 참가자들이 껴안기만 하지만, 그 안의 모든 사람들이 어떤 사람이나 어떤 행동에도 분명히 '싫다'고 말할 힘을 갖고 있는 파티를 창조했다.[4] 그 비디오를 만든 리포터는 마지막에서 그 경험이 자신을 임파워링했다는 것을 깨달았다고 말한다. 전에는 그러지 못했는데 '싫어'라고 말할 여유가 생겼다는 것이다. 경계선을 긋는 방법을 가르치는 데 이런 것들을 사용할 수 있지 않을까?

그러나 안타깝게도 커들 파티를 학교나 작업장에서 열 수는 없다. 내가 처음으로 성교육 워크샵을 열었을 때, 워크샵의 주제는 전부 의사소통을 잘 할 수 있는 전략에 대한 것이었다. 나는 모든 섹스 파트너들이 서로 물어보면 이익이 될 질문들을 목록으로 만들었다. 그 목록 안에는 "어떤 것을 좋아해요?"나 "당신의 판타지는 무엇인가요?", "내가 하면 당신이 정말로 싫어할 만한 행동이 있나요?" 같은 질문들이 들어 있었다.

그리고 두 파트너가 이런 대화를 하는 것이 불편할 때 쉽게 의사소통을 할 수 있는 방법들에 대해서도 이야기했다. BDSM 커뮤니티를 흉내 내어, 온갖 종류의 미친듯한 성적 행동과 이상한 페티쉬와 젠더 벤딩*의 검토목록을 만들고 전부 1부터 5까지 점수를 매겼다. (1은 '전혀 관심 없다'이고 5는 '매우 해보고 싶다'였다.) 그 다음 그 목록에 표시하고 파트너에게 줘 보라고 사람들에게 말했다. (훌륭한 성교육 사이트 스칼레틴은 나중에 비슷한 아이디어를 나보다 더 종합적으로 구현했

---

* 젠더 벤딩(gender-bending): 사회에서 기대하는 고정된 성역할을 어그러뜨리는 행동.

다!⁵⁾ 나는 파트너들에게 자기 판타지를 자세히 써서 서로 이메일로 보내든지, 아니면 자신들이 한 일을 상대방이 어떻게 보았는지 알 수 있도록, 함께 경험한 섹스를 — 모든 경험에 대해 어떻게 느꼈으며 마음속에 어떤 감정이 솟아올랐는지 길게 써서 — 자세히 묘사해서 서로에게 보내라고 제시했다.

(혹시 나를 부를 생각이 생긴다면, 나는 여전히 행사나 강연, 워크샵 등을 열 때 그 워크샵 버전에서 훨씬 발전시킨 검토목록을 쓴다는 이야기를 해 두고 싶다.)

정말이지, 우리가 무엇을 원하는지 이야기 하는 것은 어렵다. 우리가 무엇을 원하는지 이야기하는 것에 대해 이야기하기는 훨씬 더 어렵다. 그러니까, 우리가 애초에 무엇을 원하는지 이해하는 일만 해도 충분히 어려운데 그것을 의사소통하는 데까지 이르면… 으으윽! 그리고 이건 좋은 섹스에 대한 문제만이 아니라는 것은 말해둘 필요가 있다. 멋진 섹스긍정적 선집인 <예스 민스 예스Yes Means Yes!>의 블로그에도 최근에 그 문제가 지적되었다.

> 섹스에 관한 의사소통에서 신비와 낙인을 벗겨낼 필요[가 있다]. 우리가 무엇을 좋아하는지, 무엇을 원하는지 말할 수 없다면 우리가 무엇에 동의하고 있는지 분명히 밝히기 힘들 것이다. 우리가 원하는 것을 솔직하게 나타낼 수 없다면, 우리가 원하지 않는 것이 무엇인지 의사소통을 해야 할 필요가 매우 커진다.⁶

모든 사람이 훌륭한 성적 의사소통 기술을 갖게 되면 모든 사람이 더 나은 섹스를 하게 되는 것뿐만이 아니라, 강간을 물리칠 수 있다. 고귀

한 대의명분이 있는 것이다!

…그렇다, 나의 다섯 가지 분석은 이러하다. 내가 요구하는 것이기도 하다. 그저 사람들이 섹스는 멋지고 성적 자유는 중요하다고 생각하게 되는 것이 나의 목표는 아니다. 그것은 어렵고 힘든 싸움이 되겠지만, 나는 성 해방을 돕는 것으로 끝나고 싶지 않다. 성 해방을 발전시키고 싶다.

SM에서 유래한 성적 의사소통 전술: 주석이 달린 세이프워드

SM 연구를 시작하고 SM 커뮤니티에 퍼진 의사소통 전술에 대해 비판적으로 생각하자마자 나는 그 전술들 속에 정말로 중요한 교훈이 아주 많이 들어 있다는 것을 깨달았다. 그 교훈들은 탈구조화되어 모든 종류의 섹슈얼리티에 적용될 수 있었다. 나는 처음부터 'SM에서 유래한 성적 의사소통 전술'에 대한 포스트를 연재할 생각이었지만, 2010년이 되어서야 그 일에 손대게 되었다.

세이프워드에 대한 포스트가 페미니스트이자 에세머 블로거이자, 블로그 세계에서 나보다 더 선배이고 더 유명한 사람인 토머스 매컬레이 밀러의 주의를 끌었다. 토머스는 그 글에 자기가 주석을 달아 보통 때 쓰는 블로그— 섹스긍정적이고 강간반대적인 선집 <예스 민스 예스> 블로그이다— 에 올려도 되겠느냐고 물었다. 물론 나는 동의했다. 내가 먼저 포스트를 쓴 다음 그가 자신의 말을 덧붙였지만, 최종적으로 나온 글은 나와 토머스의 대화 형식이 되었다.

토머스 매컬레이 밀러: 클라리스 쏜이 세이프워드에 대해 쓴 글은 매우 훌륭하다. 그래서 그 글 전체를 올리면서 내 주석을 달려고 한다.

클라리스 쏜: 모든 사람이 BDSM 세이프워드에 대해서 알고 있다. …적어도 모두 자기가 세이프워드에 대해 알고 있다고 생각한다. 그러나 지금 내 남자친구에게서 정말로 깊은 인상을 받은 첫 순간은 몇 달 전 그에게 세이프워드에 대해서 아냐고 물었을 때였다. 그는 잠시 말문이 막혔다가 이렇게 대답했다.

"그 개념에는 익숙하지만, 수박겉핥기로만 아는 것 같아. 그래서 네가 세이프워드를 어떻게 정의하는지 듣고 싶어."

겸손함과 열린 마음과 호기심이라니, **믿을 수 없을 정도로** 멋지다!

그래. 멋진 남자친구 이야기는 제쳐두고, 여기서는 세이프워드와 체크인,* 그리고 이 개념들이, 성적으로 의사소통하는 법을 아무에게도 제대로 가르치지 않는 세상에서 에세머뿐만 아니라 모든 사람에게 성적 의사소통의 훌륭한 본보기가 될 수 있다는 것을 이야기하려고 한다.

두 사람(더 많을 수도 있다)이 BDSM 만남을 가질 때, 참여자들은 보통 세이프워드를 정한다. 세이프워드란 누구든지, 어떤 순간이든 하던 행동을 멈추기 위해 하는 말이다. (때때로 세이프워드를 사용하지 않는 사람들도 있다. 그것은 그들의 선택이고, 나는 전적으로 그 선택을 존중한다. 하지만 자기 파트너를 **엄청나게 잘 알고** 있는 사람이 아니라면 누구라도 세이프워드 없이 만남을 계속하라고 하지 않을 것이고, 파트너에게 세이프워드를 쓰지 말자고 압력을 가하는 사람이라면 모

---

* 체크인(check-in): 이 책에서는 '서로를 알아가는 과정'의 뜻으로 쓰인다.

두 경계할 것이다.)

토머스 매컬레이 밀러: 원글에 대해 한 마디 덧붙이자면, 세이프워드는 엄밀하게 말해 한 가지 상황에서만 필요하다. 참여자들이 '싫어'나 '그만' 같은 말을 일상적인 의미로 쓰지 않고 싶을 때이다. 일상적인 의미로 말을 사용한다면, 평생 세이프워드 없이 BDSM을 할 수도 있다. 전前 포르노 스타이자 킨키인 오나 지Ona Zee는 "우리의 세이프워드는 '아파'입니다."라고 하기도 했다(내가 기억하는 어느 인터뷰에서 인용한 것이다). 심지어 대상에 어떻게 반응하느냐에 따라 세이프워드 없이 '그만'이나 '너무 심해', '씹할, 더 못 견디겠어!' 같은 말만 가지고도 더 심한 플레이를 할 수도 있다. 일상적인 의미를 사용해서 SM 현장에서 의사소통을 한다고 '이건 잘못하는 거야'라고 말하는 에세머의 말은 들을 필요가 없다.

세이프워드는 "안 돼요, 하지 마세요, 뭐든지 할게요!"라는 말로 행동을 멈추어서는 안 되는 역할극에서 필수적이다. 실제로는 더 많은 것을 원하면서 자기도 모르게 "안 돼! 그만!"이라고 외치는 바텀에게도 필수적이다. 그 외에는 선택할 수도 안 할 수도 있는 도구이지만, 여러 가지 이유에서 매우 쓸모 있는 도구이다. 클라리스는 '세이프워드를 사용하지 않는 사람들도 있다'고 말했다. 그러나 맥락상 클라리스는 현장에서 '노 민스 노'를 고수할 수 있는 사람들이 아니라 바텀일 때 멈추라고 할 확실한 방법이 없는 사람들에 대해 말하고 있다. 그리고 클라리스의 어조에서 알 수 있듯이, 그것은 고급반에 해당하는 이야기다. 어느 BDSM 공간이나 커뮤니티에 가든 세이프워드가 없는 플레이에 손을 내젓는 안전 경찰들이 있고, 세이프워드 없는 플레이를 자랑하며 자기가 상변태라고 뻐기는 사람들도 있다. 하지만 세이프워드가 없는 플레이란 무엇을 뜻하는가?

나는 그것이 내게 어떤 의미인가 하는 것만 말할 수 있다. 나는 때때로 세이프워드를 포기할 때가 있지만, 내 배우자에게만이다. 우리는 근 15년 동안 함께 플레이를 해 왔다. 드문 일이지만 내가 세이프워드를 포기할 때 그것은 내가 할 수 있는 일에 한계가 없다는 뜻이 아니다. 내게는 한계가 있다! 당연하다! 정신적으로건 육체적으로건 내가 감당할 수 없는 일들이 있고, 절대 감당하고 싶지 않은 일들도 있다! 내가 전혀 하고 싶지 않은 '하드 리미트'*가 있고, 준비는 안 된 것 같지만 기꺼이 부딪쳐보고 그러면 무슨 일이 일어나는지 알고 싶은 '소프트 리미트'**가 있다. 내가 세이프워드를 포기한다는 것은, 나의 한계는 존재하지만 거기에 도달했을 때 파트너에게 말하는 대신 파트너가 눈과 귀를 열어놓고 나를 지켜보다가 그만둘지 말지 결정을 내릴 것이라는 믿음이다. 난 아마 "못해, 못해, 못하겠어."하고 말하겠지만, 내가 정말로 못하는지 내 생각보다 더 할 여지가 있는지는 파트너가 판단할 수 있을 것이다. 그런 상황에는 아주 많은 위험이 얽혀 있다. 그러나 그런 시간에는 신뢰와, 현장이 끝나도 남아 있는 ─사실은 절대로 사라지지 않는─ 친밀감이 존재한다. 위험이냐 보상이냐를 두고 우리는 스스로 허용 범위를 정한다.

어떤 사람들은 이미 '포괄적 합의consensual nonconsent'***라는 용어

---

* 하드 리미트(hard limit): 넘으면 안 되는 한계
** 소프트 리미트(soft limit): 넘어도 되는 한계. 노력하면 넘을 수 있는 한계
*** 포괄적 합의(consensual nonconsent): 세부적인 플레이에 대한 명백한 고지와 사전 협상. 혹은 동의 없이 탑의 재량에 맡겨 플레이를 하기로 동의하는 것.

를 접해보았을지도 모른다. 그 용어는 여러 가지 의미를 가지고 있다. 어떤 사람들은 바텀이 '안 돼요.' 하고 말하지만 아직 세이프워드를 외치지는 않은 모든 상황을 기술할 때 그 말을 사용하지만, 나는 그런 용법이 별로 쓸모없다고 생각한다. 다른 사람들은 동의하지 않는 상황을 가장하는 역할극*을 기술할 때 그 용어를 사용한다. 마지막 흔한 용법은 헌터 S. 톰슨의 문구를 써서 설명하고 싶다. '표를 샀으면 타야지.' 즉 바텀이 내가 말한 상황, 바텀이 중단해야 할 필요가 있는지 탑이 결정하는 상황에 들어가기로 동의한다는 뜻이다. 그런 상황에 들어가면 세세한 플레이를 두고 늘 명백한 동의를 구하지는 않으며, 보통은 (현명하게) 사전에 협상을 거친다.

클라리스 쏜: 세이프워드를 만드는 법에 대해서 나는 보통 다음과 같이 조언한다.

A) 어떤 사람들은 충격적이고 파트너에게 느끼는 섹시함을 깨 버릴 세이프워드를 쓰는 것이 좋다고 한다. <패밀리 가이>**에서도 로이스와 피터의 세이프워드가 '바나나' 같은 것이었던 에피소드가 하나 있지 않던가?

토머스 매컬레이 밀러: 크게 권장하고 싶지는 않다. 세이프워드가 모호할수록 엔돌핀에 취하거나 멍해진 바텀이 세이프워드를 쓰기가 어렵다. 폭풍 직전의 고요한 상태에서 '바나나'를 기억하기는 쉽지만, 제일 필요한 순간 '노란색? 과일이었는데? 아이 씨, 나 뭐 하는 거야?'

---

* 강간이나 여타 성희롱/추행 상황 역할극 등을 들 수 있다.
** 패밀리 가이(Family Guy): 1999년부터 방영된 미국 성인 애니메이션.

하고 머릿속에서 뒤죽박죽되기 쉽다. 바텀은 그런 상황을 겪고 싶지 않고, 탑은 그렇게 바텀이 한계에 왔는데도 의사소통을 할 수 없는 상황을 절대, 절대 원하지 않는다.

클라리스 쏜: B) 내 경험으로는, SM 커뮤니티에서 일반적으로 쓰는 세이프워드는 '세이프워드'이고, 더 흔한 것은 '빨간불'이다. '공인 표준 용어'를 쓰는 것은 쓸모 있는 일이라고 생각한다. 미래에 다른 파트너들과 BDSM을 실행할 때에도 잘못된 단어를 쓰지 않게 될 가능성이 높기 때문이다(던전 같은 공공장소에서 SM을 하다가 외치는 경우 그 장소에 있는 모든 사람이 당신의 세이프워드를 알아들을 수 있다는 뜻이기도 하다).

C) 처음에는 여기에 흥분하지 않았지만, 때때로 '빨간불' 세이프워드는 '초록불'이나 '노란불'을 또한 포괄한다는 점이 나는 점점 더 마음에 들었다. 즉, SM 만남을 갖다가 내가 '빨간불'이라고 말하면 파트너가 행동을 멈춘다. 그 다음 숨을 고르고 "계속해 줘!"라는 뜻으로 '초록불'이라고 말할 수 있다. 아니면 그 부분은 좀 자신이 없지만 파트너가 행동을 멈추게 하고 싶지는 않다면— 그냥 파트너가 약간 더 조심하면 좋겠다고 생각할 때— '노란불'이라고 말할 수도 있다(물론 그 상태에서 매우 흥분하면 '초록불'로 변경하고, 정말로 파트너가 그만두기를 바랄 때는 '빨간불'로 변경할 수 있다).

토머스 매컬레이 밀러: 내 배우자와 나는 '신호등 시스템'을 이용한다. 단순하고, 잘 통하고, 플레이를 점점 더 감당하기 힘들어질 때 '노란불'이라는 선택지가 매우 쓸모 있기 때문이다. 또, 자신들에게 알맞은 정도보다 더 자부심이 강하고 완고한 서브미시브나 마조히스트인 바텀들이 많다. 서브미시브인 경우 상대를 기쁘게 하려는 욕망이 지나칠 때가 있고, 마조히스트는 깊은 인상을 주고 싶은 욕망이나, 할 수 있는 한계까지 자신을 밀어붙이고 싶은 저돌적인 충동 때문에 그럴 때가 있다. 끝나고 무너져 수액을 맞는 한이 있어도 철인 연기를 완성하고 마는 사람들을 데려다가 스팽킹 벤치 위에 놓고 가죽 채찍으로 후려갈긴다면, 그들은 필요할 때에도 세이프워드를 말하지 않을 것이다. 그런 상황이나 다른 상황에서, 바텀이 자기가 물러난다는 느낌을 받지 않고 '지금 애쓰고 있어요.'하고 말할 수 있는 선택지를 갖는 것은 매우 유용하다.

클라리스 쏜: 이렇게 말하면 신호등 시스템이 전혀 섹시해 보이지 않겠지만, 실제로는 아주 섹시할 수 있다! 이런 예를 생각해 보라. 지난번 휴가에 미국에 갔을 때, 나는 어떤 남자와 SM 만남을 가졌다(그 남자를 '클라크'라고 부르겠다. 나 때문이 아니라, 그가 가명을 써 달라고 했다). 어떤 시점에 이르자, 클라크는 나를 아프게 하느라 이런저런 실험을 했고 나는 눈을 감은 채 흐느끼거나 아주 요란하게 비명을 지르고 있었다(우리에게서 두 층 아래에 있던 야간 데스크 담당자가 불쌍할 따름이다). 내가 즐거워하는 것인지 아닌지 클라크가 알아차리기 어려웠던 것은 이해할 수 있고 당연한 일이다. 그때 우리는 방금 만났을 뿐이고, 나는 드라마틱한 마조히즘적 불행에 빠지는 것을 좋아하기 때문이다. 그래서 그는 내 위에서 몸을 숙이고 낮고 어두운 목소리로 말했다. "빨간불? 노란불? 초록불?" 나는 헐떡이며 "초록불"이라고 대답했다. 그가 걸걸한 도미넌트적 음성으로 말했고 체크인이 빨랐기 때문

에, 우리는 그 분위기를 유지할 수 있었다. 그리고 그 사건 자체도 흥분을 돋우었다.

이 이야기를 하다 보니 '체크인' 이야기로 흘러간다. 파트너와 체크인을 하고 싶을 때가 있을 것이다. 쉬운 일이다. "자, 이건 느낌이 어때?" 하고 말하면 된다. 좀 더 정확한 예를 들면 "이게 얼마나 좋은지(아니면 얼마나 아픈지) 1부터 10 사이에서 점수를 매겨 봐."하고 말할 수 있다. 하지만 체크인을 빠르게 끝내고 분위기를 유지하고 싶다면, 내가 위에 든 클라크의 예에서 대강 이야기한 대로 하거나, 더 빠른 방법을 택할 수도 있다. 예를 들면 손을 꽉 쥐는 신호 시스템이 있다. 상대의 손을 두 번 꼭 쥐면 상대가 마주 두 번을 쥔다든지 하는 방식에 미리 동의해 둔다. 만약 두 번 손을 쥐었는데 상대가 마주잡지 않는다면 행동을 그만두고 무엇이 잘못되었는지 알아내야 한다(손 쥐기 시스템은 재갈을 물리는 플레이를 할 때도 매우 도움이 된다).

토머스 매컬레이 밀러: 언어 외의 의사소통이 필요할 때 쓸 수 있는 안전신호는 가지각색이다. 한 가지 방법은, 바텀에게 물건을 쥐어주고 한계에 달하면 그것을 떨어뜨리라고 하는 것이다. 이진법적 표현이라 신호등 시스템에 있는 중간 단계가 없는 불편함은 있다.

클라리스 쏜: 서브미시브는 자존심 때문이건, 경험 미숙이나 파트너를 기쁘게 하려는 욕심 때문이건 세이프워드를 말하기 힘들 때가 있다. 세이프워드를 미리 정해놓았더라도 체크인 과정이 유익한 이유이다. 파트너의 반응을 읽는 데 자신이 없기 때문에, 상대가 플레이하기 힘들 것 같다는 생각이 든다면, 상대가 세이프워드를 말하지 않았더라

도 당신의 생각이 맞을지도 모르니까 체크인을 해 보아야 한다.

토머스 매컬레이 밀러: 이 말은 아무리 강조해도 지나치지 않다. **탑은 절대로 자동주행을 하면 안 된다!** 세이프워드는 바텀이 의사소통할 수 있는 도구가 되지만 안전을 보장하지는 않는다. 탑은 적어도 바텀에게는 없는 정보를 갖고 있다. 바텀이 탑에게 없는 정보를 갖고 있는 것과 마찬가지다. 따라서 탑은 현장이 제대로 돌아가고 위험을 계속 제어하고 있다는 사실을 잘 확인하는 참여자여야 한다. 바텀에게는 세이프워드가 있으니 안전을 무시해도 된다고 생각하는 사람은 위험하다.

이 포스트에 다음 부분을 덧붙였다. 댓글에서 Dw3t-Hthr는 현장에서 세이프워드를 사용할 수 없는 사람들이 있다고 강하게 지적했다. 그녀의 말에 따르면,

내가 세이프워드가 필요할지도 모르는 곳에 있다[면]. 그럼 세이프워드는 불가능하다. 내가 말을 잘 하지 않는 사람일 뿐만 아니라, 변화한 의식 상태에 빠져 있을 때에는 그런 말을 하기 힘들거나, 최악의 경우 할 수 없기 때문이다….

하지만 나는 바텀이 아니다. 나는 서브미시브고, 이 문제는 '상대를 기쁘게 하고 싶은' 것과 관련이 없다. 내가 스스로에게 피해를 입히고 있을지도 모르는 상황에서 그것을 깨닫지 못하는 심리적 무능력의 문제다. 그런 상태에 빠져 있지 않다면 '아, 그건 그만둬. 어깨가 빠질 것 같아.'라든지 하여간 적절한 말을 할 수 있다. 하지만 그런 상태에 빠져 있다면 내 상태를 알려줄 수 없기 때문에 파트너의 판단을 전적으로 믿어야 한다.

나만 이렇지는 않다는 것도 알게 되었다. 누구든지 언제나 세이프워드를 쓸 수

는 없다는 것을 알고 있어야 한다. 두뇌 배선이 도덕적으로 잘못된 것은 아니지만, 자기가 '고급반'이라고 생각하고 자기가 맡은 일을 안전하게 해내기 위해 필요한 신뢰와 유능함을 증명한다는 맥락에서 그 일을 하려고 하는, 나와 비슷한 사람들과 의사소통을 해야 한다.

또, 전문용어에 대한 해석 한 가지를 덧붙인다. 클라리스는 '바텀'처럼 포괄적인 용어인지 정확한 용어인지 분명하지 않은 맥락에서 '서브미시브'라는 용어를 사용했다. '도미넌트'와 '서브미시브'라는 말을 사용하기 시작한 것은 90년대 중반인 것 같은데, 그런 용어는 부정확하기 때문에 전혀 마음에 들지 않았다. 바텀이라고 모두 서브미시브는 아니다. 어떤 사람들은 바텀 역할을 좋아하지만 서브미시브 기질은 전혀 없다. 어떤 바텀들은 고통 게임을 하면서 엔돌핀의 파도를 탈 생각만 하는 냉소적이고 우쭐하는 마조히스트들이다. 어떤 바텀들은 자기가 탑에게 어떤 식으로든 권력을 넘긴다고 생각하지 않는다. 나는 당연히 탑을 하지만 내가 도미넌트라고 생각하지는 않는다. 이런 용어 변화는 목소리 큰 소수의 킨키들 때문에 일어난 것 같다. 그들은 BDSM을 하는 사람들이 모두 깊은 수준에서의 권력 교환을 하려고 하고, 궁극적으로는 24/7* 관계마저도 맺으려 한다고 믿는다. 여전히 그런 주장을 하는 사람들이 보인다. 그들은 여전히 틀렸고, 여전히 수가 적다. 일반적인 탑과 바텀을 포괄하려고 '서브미시브'와 '도미넌트'를 사용하면 오해를 불러일으킬 수 있다. '탑'과 '바텀'은 포괄적인 용어로, 잘못 이해되는 일이 거의 없다('사디스트'나 '마조히스트'도 일반적으로 쓸 수 없는 정

---

* 24/7: 24시간(1일) 7일(1주일)이라는 뜻으로, 일상과 플레이를 구별하는 시간제한을 두지 않고 플레이를 계속한다는 의미이다.

해진 용어들이다. 고통을 전혀 좋아하지 않는 서브미시브들과, 고통을 전혀 가하고 싶지 않은 도미넌트들이 있기 때문이다).

클라리스 쏜: 내가 세이프워드와 체크인을 매우 좋아하는 이유는 다음과 같다. 우선, 이론적으로는 주류 사회에서도, 누구든지 섹스 도중 어떤 시점에서든지 싫다고 말할 수 있음을 인정한다. 그러나 현실에서는 정말 힘든 이야기다. '싫다'고 말할 수 있는 능력을 온갖 사회적 힘들이 억누른다. 소녀들은 소위 '어장관리녀'가 되지 말라는 사회적 압력을 받고, 소년들은 "남성성을 증명하라"는 사회적 압력을 받는 것 같다. '노 민스 노'에 대해서는 감을 잡기도 힘들다. '싫다'고 말하는 방법에 대한 실용적인 준거틀도 없고, 파트너가 '노'라고 말한 다음 그 만남(혹은 관계)을 어떻게 이어나가야 할지 이해하는 사람도 없다. 더 나쁜 지점은, 성 활동이 선형적 진행 과정인 것처럼 여겨진다는 점이다. 가장 좋은 예는 성적 상호작용을 야구 다이아몬드에 은유하는 '진루 시스템'이다. 거기서 1루는 스킨십이고 만루는 질 삽입성교이다. 내가 그 '진루 시스템'을 아주 싫어한다고 이야기한 적이 있는지?

하여간, 세이프워드와 체크인 이야기의 제일 큰 교훈은 동의가 단 한 번만 이루어지지 않는다는 것이다. **동의는 언제나 일어나고 있고, 늘 재협상되거나 철회할 수 있다.** 내가 섹슈얼리티를 이해할 때 이 사실을 반영하게 된 것은 내 성생활에서(비-BDSM 섹스까지 통틀어) 최고로 좋은 일이다.

토머스 매컬레이 밀러: 세이프워드는 킨키가 아닌 사람들에게 무엇을 해 줄 수 있는가? 허락에 대한 소통이다. 의사소통, 특히 성행위의 한계나 욕구에 대한 여성의 의사소통을 떳떳하지 못하게 느끼게 만드는 문화에서 이것은 **엄청난 일이다.** 세이프워드는 '싫어'를 허락한다. '싫어'를 자유롭게 말할 수 있게 되면 당연히 '좋아'도 자유롭게 말할 수 있는 공간이 생겨난다.

클라리스 쏜: 이와 관련해서. **좋은 섹스는 자격을 받아서 얻을 수 있는 것이 아니다.** 누구든지, 언제든지, 어떤 성적 행동에서든 세이프 워드를 쓸 수 있다는 것을 인정하면, 파트너가 당연히 해 주어야 하는 섹스는 없다는 것도 인정하게 된다. 파트너가 당신을 사랑하지만 당신과 섹스하고 싶지는 않다? 그 선택을 존중해야 한다. 당신은 정말로 흥분했는데 당신의 파트너는 지금 당장 섹스할 생각이 추호도 없다? 그 선택을 존중해야 한다. 이 두 가지는 이해하기 쉽다고 생각한다. 하지만 이런 것은 어떨까?

+ 당신의 파트너가 당신과 여러 가지 행위를 익숙하게 해 왔다. 하지만 더 이상은 그러고 싶어 하지 않는다면? 그 선택을 존중해야 한다.

+ 당신이 파트너와 결혼했는데, 파트너는 섹스를 원하지 않는다? 그 선택을 존중해야 한다.

+ 당신의 파트너가 다른 파트너와 어떤 성행동을 수행했지만 당신과는 그 행동을 하고 싶지 않다고 한다? 그 선택을 존중해야 한다.

+ 파트너가 어떤 종류의 성행동을 좋아한다는 것을 아는데, 그것을 당장 하고 싶어 하지는 않는다? 그 선택을 존중해야 한다.

+ 당신은 키스나 간지럽히기 같은 행동을 '온건하고 당연하다'고 생각하는데, 파트너는 그것을 하고 싶어 하지 않는다? 그 선택을 존중해야 한다.

하여간, 어떤 종류든 간에 파트너가 당신에게 이런저런 성적 행동을 할 자격을 가진 것처럼 느껴진다면(나도 예전에 그랬다), 그 느낌을 다시 검토해 보라고 권하고 싶다. 마음속의 작은 목소리가 당신이 섹스를 자주 하지 않는다는 이유만으로, 아니면 당신 파트너와 전에 섹스를 했다는 이유로… 뭐든지 간에 섹스를 '해야 한다'고 말한다면, 다시 생각해 보라. 내 성생활에서 최고로 좋았던 일 또 한 가지는 마침내, 마침내, 마침내 내 파트너들이 어떤 이유에서든지 나와 섹스를 '할 만한 권리'가 없다는 생각을 내면화시킨 것이다. 내게는 섹스를 '해야' 할 이유가 아무 것도 없고, 내가 섹슈얼한 일을 반드시 해야만 하는 이유는 내가 정말로 하고 싶기 때문이라는 것밖에 없다는 생각을.

물론 당신의 생활에 어떤 섹슈얼리티가 필요하다고 진심으로 믿는다면, 파트너에게 그것을 고려해 달라고 **부탁할** 자격은 당연히 있다. 그러나 이것은 당신이 그 사람과 그런 행동을 '할 권리가' 있거나 파트너가 당신에게 어떤 행동을 '해 주어야 한다'는 뜻은 아니다.

그리고 당신의 파트너가 어떤 특별한 성적 행동에 반대한다면, 당신에게는 온갖 다른 섹슈얼리티를 탐험할 기회가 있다는 뜻이다. 내 섹슈얼리티에서 최고로 좋았던 다른 일? 아마, 현재의 남자친구를 만난 것이리라. 그가 준수하는 종교적 규약들은 우리의 육체적 섹스 선택지를 엄청나게 제약한다는 사실을 포함해서.

토머스 매컬레이 밀러: 우리는 모두 자신의 정체성을 가질 자격이 있지만, 파트너에게 그것을 요구할 자격은 없다. 우리의 파트너는 자기 생각과 욕망과 한계를 가진 사람들이고, 우리가 그들에게서 무엇을 원한다고 그대로 해줄 필요가 없다. 탑도 마찬가지다! 탑도 한계가 있다!

배우자와 약속한 블로깅 원칙 때문에(내가 바텀으로 했던 일은 내 개인적인 일이고 그것을 얼마나 드러낼지 내가 정한다. 배우자가 바텀으로 했던 일은 그녀의 개인적인 일이고 그녀는 그 이야기들을 흥미로운 소재로 쓰고 싶어 하지 않는다.) 나는 탑으로 겪은 한계에 대해 이야기할 수 있는 것이 별로 없다. 그러나 그런 한계는 존재한다. 탑은 바텀이 하고 싶은 것을 전부 할 필요는 없지만, 바텀이 원한다는 이유만으로 자기들이 불편한 일을 할 필요는 없다고 짜증날 정도로 확신한다. 자기의 불편이 관용이나 이데올로기, 감수성 같은 것을 위험에 처하게 하건 아니건 간에. 탑들은 "싫어, 고리가 믿음직스럽지 않으니까 널 고리에 매달지 않을 거야.", "아니, 그 역할극에는 관심 없어. 그건 불편할 것 같으니까.", "피 보는 건 내 하드 리미트라서, 피어싱은 하지 않겠어." 하고 말할 수 있다. 우리는 모두 원치 않는 성적 행동에 대해 '싫다'고 말할 권리가 있다. 우리가 탑을 하고 있다고 해도 말이다.

SM에서 유래한 성적 의사소통 전술: 검토 목록

SM 검토 목록은 성적 파트너들이 여러 가지 행위를 논의하고 그런 행위들에 대한 흥미를 서로 측정하는 데 사용할 수 있는 갖가지 행동의 긴 목록이다.[1] 검토 목록에 오른 행동은 보통 이렇게 표시된다.

채찍질 – 하기 ____ 00000
채찍질 – 당하기 ____ 00000

파트너들은 항목마다 1에서 5까지 동그라미를 채워 자신의 선호 정도를 매긴다. 검은 동그라미 1개면 '흥미 없음'이라는 뜻이고 5개면 '간절하게 하고 싶어!'라는 뜻이다.

나는 이런 형식이 매우 훌륭하다고 생각한다. 왜냐하면,

1) '섹스'에는 어떤 종류의 행동들이 들어가 있고, 성관계에 흥미를 느끼면 그런 행동에 전부 흥미를 느껴야 한다고 가정하는 경우가 너무 많다. 아니면 '1루'가 스킨십이고 '만루'가 삽입성교인 '진루 시스템'을 예로 들었듯이, 섹스가 선형으로 진행된다고 가정하는 경우도 많다. 성적 행동을 하나하나 독립적 개념으로 이야기하면, 섹스에 대한 그런 문제 있는 생각들을 불식하고 섹스에 포함된다고 '가정하는' 행동 중에서 어떤 것들은 쉽게 거부할 수 있다. (예를 들어, 오럴 섹스는 원하지 않지만 삽입성교는 원할 수도 있다…)

2) 욕망에 대한 의사를 소통할 수 있는 쉬운 방법이 생긴다. 어떤 사람이 "저기, 당신을 채찍질해도 될까?" 하고 말하기 힘들다면, 그 커플은 당장 그런 이야기를 할 필요조차 없다. 어떤 욕망을 어떻게 말해야 할지 너무 걱정할 필요 없이, 그냥 앉아서 검토목록을 작성하고 결과를 비교하면 된다. 물론 어떤 시점에 가면 서로 그런 욕망에 대해 이야기

하는 게 바람직하지만, 검토 목록이라는 형식은 그런 의사소통을 더 쉽고 더 편안하게 만들어줄 것이다.

3) 동시에, 어떤 행위를 **거부할** 쉬운 방법이 생긴다. '채찍질-받기' 칸에서 동그라미를 하나만 채우는 것보다 애인이 "자기야, 당신을 채찍질해도 될까?" 하고 말할 때 거절하는 쪽이 훨씬 더 어렵다. 과거에는 확실히 파트너의 제안을 거부하고 싶을 때 매우 불안했고, 그럴 때 덜 불안해지는 형식이 있다는 것은 좋은 일이다.

사실, 나는 검토 목록 개념을 아주 좋아한다. 그래서 시카고의 일리노이 대학에서 내게 성적 의사소통 워크샵을 설계해달라고 했을 때, 나는 '오럴 섹스', '여러 사람 앞에서 섹스', '묶기/묶이기' 같은 항목까지 들어가는 '바닐라용' 검토 목록을 만들었다. (그래, **완전히** 바닐라용이라고 하기는 힘들다… 하지만 사람들이 확실히 알지 못하는 일들에 대해서도 목소리를 내도록 격려하고 싶었다!) 나중에 나는 성교육사이트 스칼레틴이 비-BDSM용 검토 목록을 독자적으로 만들었다는 것을 알게 되었고, 스칼레틴의 목록은 내 것보다 훨씬 낫다.[2]

나는 그것의 **원리**를 아주 좋아할 뿐이다. 그냥 앉아서 상상할 수 있는 온갖 종류의 성적 행동에 대해서 이야기하고, 전에는 생각해보지 못했을지도 모르는 선택지를 알게 되고, 각각의 아이디어에 얼마나 끌리는지 솔직하게 묘사하는 것만으로도 커플들이 아주 재미있게 지낼 수 있다는 원리 말이다.

SM에서 유래한 성적 의사소통 전술: 일기 쓰기

이 글도 앞의 두 편처럼 2010년 연작에 들어간다. 이 글에서 나는 그때 막 알게 되었던 24/7 주인/노예 관계에 대해 언급했다. 그 이후 그런 관계에 대해 훨씬 더 많은 것을 알게 되었다. 나는 때때로 장기간 내게 서브미시브를 시킨 파트너 들을 둔 적이 있지만, 24/7 관계는 한 번도 맺어본 적이 없다. 그러나 24/7 주종 관계에 대해서 읽고 들은 이야기는 아주 많다.

24/7 주인/노예 시나리오는 드물다… 그런 관계를 둘러싸고 떠도는 끔찍한 괴담 도 꽤 있다. 어떤 비디에세머들은 24/7 주인/노예 관계란 늘 끔찍한 일이고 절대 이루어져서는 안 된다고 말한다. 나는 그들을 그렇게 철저히 규탄하고 싶지는 않지만, 그런 관계를 맺기 위해서는 참여자들이 서로 엄청나게 존중하고 조심해 야 한다. 그런 관계에 흥미를 느끼는 사람이 있다면, 파트너를 아주 잘 알 때만 고려해 보라고, 압력을 받지 않는 의사소통 통로를 확립하고, 연관된 사람이 어 느 쪽이든 진심으로 그 관계를 끝내고 싶을 때 어떻게 그 관계를 매듭지을 것인 지 명백히 하라고 조언할 것이다.

어떤 비디에세머들은 정말로 강한 권력 역학 속에서 플레이를 한다. 이것의 좋은 예는 '24/7 활성화 관계'를 선택하는 커플들이다. 한쪽 파트너는 도미넌트고 다른 쪽은 서브미시브인데… **내내** 그렇게 한다. 나는 현명한 BDSM 교육자들인 탑 경과 노예 보니가 나오는 워크샵에 참석한 적이 있다. 거기서 나는 노예 보니가 거부할 수 있는 명령은 두 가지 뿐이라는 것을 알게 되었다.

– 자살하라는 명령

– 경제적 파탄을 야기할 명령

나머지 시간 동안, 보니는 탑에게 복종했다. 나머지 시간 **내내.**

분명히, 이런 관계는 ─ 함께 외쳐봅시다에는 ─ 매력이 없는 것에도에는 ─ 매력이 없는 것에도에는 ─ 매력이 없는 것에도에는 ─ 매력이 없는 것에도 ─ 이유가 이유가 이유가 이유가 **백퍼센트 합의**라면 아무 상관없다. 또, 이런 관계는 흥미로운 의사소통 전술을 사용하도록 장려할 수 있다. 왜냐하면 이 관계의 참여자들에게는 일반적인 전술이 많은 부분 잘 맞지 않기 때문이다. 예를 들어, 서브미시브가 세이프워드를 마음 편하게 말하기 힘들 정도로 ─ 그런 사람들에게 세이프워드는 반항의 형식처럼 느껴질 수 있다 ─ 권력 역학을 강하게 느끼는 사람들 사이에서 이런 관계가 자주 생겨난다.

이런 문제를 해결하는 방법 중 하나는, 양쪽 파트너가 둘 다 일기를 써서 상대에게 공개하는 것이다(어떤 커플들에서는 서브미시브만 공개 일기를 쓴다). 낭만적인 감정에 대해 이야기하고, 성적 만남을 분석하고, 불안을 솔직히 털어놓는 등등. 때로는 한쪽 파트너가 대답을 재촉하기 위해 상대에게 일기를 주기도 한다.[1] 일기 쓰기는 관계 바깥에 어떤 일들을 표현하기 위해 지정된 공간이 있다면, 표현이 더 쉬워진다는 발상에서 비롯된다. 일기 쓰기는 파트너들이(특히 서브미시브가) 권력 역학을 약화시킬까봐 두려워하지 않고도 필요한 이야기를 할 수 있다는 뜻이다.

그때그때 일기를 쓴다는 발상은 여러 가지 이유로 매우 흥미롭다. 한 가지 이유는 나도 비슷한 전술을 사용한 적이 있다는 것이다. 나는 오랫동안 개인 일기를 썼고, 한참 지난 뒤 한 번씩, 내 감정을 복잡하게 설명해야 할 필요가 있을 때 파트너들에게 보여주었다. 이런 일은 몇 번만 했을 뿐이지만, 일단 했을 때는 정말 효과적이었다.

나중에 연애편지를 쓰다가, 그 편지들은 내 일기 보여주기나 주인/노예 커플들에게 제안한 교환 일기와 매우 유사하다는 것을 깨달았다. 나는 내 욕망에 대해 글을 쓰는 편이 그것을 직접 이야기하는 것보다 더 편했기 때문에 편지를 쓰고 있었다. 지금은 그때보다 내 섹슈얼리티에 대해 수백 배는 더 부끄러움 없이 정직하게 말할 수 있게 되었지만, 그때는 분명히 소리 내어 말할 수 없었기 때문에 파트너에게 글로 쓴 것들이 있었다. 또, 주인/노예 커플들과 마찬가지로 '진지한 논의'나 잠자리 문제 등 불안을 불러일으키는 형식에서 벗어나 감정을 소통하고 싶었기 때문에 편지로 쓰기도 했다.

그래서 성적 의사소통 워크샵을 열 때 나는 연애편지를 쓰라고 독려하면서, 연애편지를 시작하는 지점으로 두 가지를 추천했다.

1) 당신들의 성적 만남 동안 일어난 일들을 서술하면서, 파트너가 한 행위 중 정말로 좋았던 것—거기서 무엇이 좋았는지를 특히 강조하라("당신이 박아주면 정말 좋아."는 멋진 말이지만, "당신이 뒤에서 박아줄 때 좋아."라고 말하면 파트너에게 훨씬 더 많은 정보를 줄 수 있다. "당신 불알이 내 클리토리스를 때릴 때면 기절할 듯이 좋아."는 더 좋

을 것이다. [이 블로그는 클라리스 쏜의 욕망이나 만남을 반드시 반영하는 것은 아니다]).

2) 당신이 가진 판타지를 서술하라. 그 안에 파트너를 또렷이 집어넣을 수 있다면 보너스 점수를 얻는다("내가 비명을 지를 때까지 당신이 이빨로 깨물어주는 상상을 하는 게 좋아." 이 블로그는 클라리스 쏜의 … 오, 농담이다).

추신: 이 글에 달린 댓글 중에서, 파트너가 특정한 행위를 하는 것을 묘사하면 그들은 불안해지고 압력을 받을 수도 있다고 지적한 독자가 있었다. 나는 그런 경우를 생각해본 적이 없지만, 그런 문제가 있을 수 있다고 믿는다. 나도 때때로 파트너에게 편지를 쓰면서 그가 어떤 행위를 하는 묘사를 했고 그는 그것이 매우 흥분된다고 생각했다… 하지만 그렇게 했을 때 싫어하는 파트너들도 있었다. 그래서 내 마지막 충고는 ― 모든 의사소통과 마찬가지로 ― 상대방을 고려하고, 문제가 생기면 기꺼이 사과하라는 것이다.

성적 의사소통의 사례 연구

내 커밍아웃 이야기에 나온 사건들보다 몇 년 후, 그리고 앞서 이야기한 의사소통 전략에 대한 연구를 끝내고 한참 지난 후인 2011년에 이 글을 썼다. 2011년 나는 여러 명의 파트너들과 성적·BDSM적 경험을 아주 많이 겪었다. 내가 겪은 가장 파괴적인 과거 관계를 포스팅한 직후였다. 그 포스트는 많은 독자를 얻었고 결국 <제제벨Jezebel>에도 실렸다.[1] 나는 그렇게 받은 관심을 긍정적인 일에 쏟고 싶었기 때문에, 결국 생산적인 응답을 하기로 결심했다.

나의 지난 포스트는 기본적으로 성적 의사소통이 형편없는 관계에 대한 성찰이었다. 그 뒤를 이어, 나는 내 인생에서 긍정적인 성적 의사소통을 했던 예를 몇 가지 들고 싶다.

1) 압박감을 완화하며 가죽 벨트를 쓰기

오래 전, 경험 없는 초심자로서 커뮤니티에 들어갔을 때, 나는 어떤 남자의 집에서 그와 BDSM 만남을 했다. 우리는 BDSM 토론그룹에서 만났고, 나중에 카페에서 만나기로 했다가, 그 다음에는 그의 집에 갔다. 카페에서 나올 때 나는 그의 운전면허증을 받아 그의 이름과 면허번호를 친구에게 문자로 보냈다. (솔직히 사람들이 더 많이 이렇게 해야 한다고 생각한다. 사실, 비디에세머가 아닌 사람들도 바에서 만난 모르는 사람과 집에 갈 때면 더 많이 이렇게 해야 한다.)

우리는 대중교통 안에 함께 앉아 앞으로 할 플레이들에 대해 조용히 논의했다. 그는 내가 무엇을 허용하고 무엇을 허용하지 않을지 아주 많이 질문했다. 이런 질문들이었다. "무슨 플레이를 경험해봤지요?" "그걸 좀 더 강하게 해볼 수 있어요?" "무엇을 좋아하나요?" "어떤 것이 즐거운가요?" "정말로 내가 하지 않았으면 하는 일이 있나요?" 두 번 질문한 것도 많았다. 그것은 아주 훌륭한 전술이라고 생각한다. 특히 파트너를 새로 맞을 때는. SM에 대한 질문을 한 번에 제대로 대답할 수 있을 정도로 사람들이 늘 제정신을 차리고 있는 것은 아니다. 특히 그런 질문이 "정말로 하기 싫은 일은 뭐죠?" 같이 광범위한 서술식 질문이라면.

나는 오럴 섹스나 삽입 섹스 같은 것을 할 생각은 전혀 없고, BDSM 만남만 원한다고 분명히 밝혔다. 그는 오르가즘에 오르지 않는 BDSM

만남은 한 번도 해 본 적이 없었기 때문에 그에게는 그것이 새로운 개념이었다. 하지만 그는 그렇게 해보자고 찬성했다.

경계와 한계에 대해서 길게 논의한 후, 우리는 그의 아파트로 가서 자리를 잡았다. 그는 여러 도구를 꺼냈는데, 그 중에는 목줄도 있었다.

"이걸 차고 있는 동안에는 내 말에 전부 복종해야 해요. 마지막으로 분명히 해 두어야 할 경계가 있어요? 내가 정말 해 주었으면 하는 것이나, 하지 않았으면 하는 것?"

내가 아니라고 말하자 그는 목줄을 잠갔다. (하지만 우리에게는 서로 동의한 세이프워드가 있었기 때문에 정말 필요하다면 플레이의 진행을 막을 방법이 있었다.)

흥미로운 만남이었다. 부분적으로는 그가 사디즘(고통 주기)보다 도미넌스(명령하기)를 더 좋아했고, 반면 나는 서브미션(명령 받기)보다 마조히즘(고통 받기)을 더 추구하고 있었다. 그래서 처음에는 그가 내게 여러 번 명령(주로 그의 킨크를 만족시키는 명령이었다)을 내렸고, 그 다음에는 결국 가죽 벨트로 나를 아주 많이 때렸다(나의 킨크를 만족시키기 위해서). 그때 나는 여전히 서브미시브로 정체화할지 마조히스트로 정체화할지, 서브미션과 마조히즘은 얼마나 많이 뒤얽혀 있는지 그 경계를 탐색하고 있었다. 잘 모르는 사람과 함께라도, 미리 정한 장소에서 어떻게 서브미시브의 에너지를 만들어낼 수 있는지 나는 그날 밤 많은 것을 알게 되었다.

그 다음 내가 울음을 터뜨리자 그는 목줄을 벗겼고, 우리는 자러 갔다. (밤늦은 시간이라서 그의 집에서 우리 집으로 갈 방법이 없었기 때문에, 거기서 자고 가야 했다.) 둘 다 졸릴 정도로 지치지는 않았기 때문에, 우리는 여러 가지 이야기를 나누었다. 반시간 정도 지나자 그는 오르가즘을 느끼지 않으면 잠을 이룰 수 없겠다고 생각했다. 하지만 내가 그와 섹스하고 싶지 않다는 것도 알고 있었기 때문에 내게 강요하려 들지 않았다. 대신 이렇게 말했다.

"잠을 자려면 반드시 오르가즘을 느껴야 하겠어요. 나는 화장실에서 해결해도 되고, 여기서 해도 돼요. 여기서 한다면 당신이 도와줘도 되고 안 도와줘도 돼요. 내가 자위를 하는 동안 당신이 지저분한 말을 해준다면 고맙겠어요. 하지만 당신이 선택할 일이에요."

압박감을 완화하는 말! 그렇다, 나는 그 남자에게 많은 것을 배웠다.

2) 대본과 목록

작년에 정말 멋진 남성과 잠깐 관계를 가진 적이 있다. 그러나 우리는 SM에 대한 접근법이 매우 달라서, 그 문제에 대해 의사소통을 제대로 하기 힘들었다… 솔직히 그가 그렇게 멋진 남자가 아니었다면 두어 밤 함께 잔 다음 관계를 끝냈을 것이다. 우리는 섹슈얼리티에 대해 이론적으로 광범위하고 훌륭한 대화를 나누었지만, 실제로 서로 섹스를 하는 상황에 오자 곤혹스러워졌다. 우리는 서로를 예측하고, 이해하고, 플레이를 시작하는 것이 힘들었다.

무엇 때문에 그렇게 힘들었는지 잘 모르겠다. 대체로 우리는 동상이몽을 하고 있었다는 생각이 든다. 나는 만남에서 '즉흥적인' 접근법을 선호한 반면, 그는 '대본이 있는' 접근법을 좋아했다. 즉 가구를 재배치하고, 정해진 역할(예를 들어 선생과 학생)을 맡고, 의상과 도구를 사용하고, 무슨 말을 해야 할지 미리 정해놓는 것을 좋아했다.

나는 자유로운 형식으로 진행하는 것을 좋아한다. 하드 리미트(절대로 하고 싶지 않은 것)에 대해 파트너에게 말하고, 정말 좋아하는 것에 대해서도 말한 다음 세이프워드를 정한다. 보통은 거기서부터 몰두하면 된다. 그가 더 짜임새 있는 대화를 하고 싶다면 그런 대화도 즐겁게 한다. (때때로 나 자신도, 특히 내가 도미넌트일 때 더 많이 대화하자고 한다.) 하지만 일반적으로 나는 아주 느슨한 가이드라인에 기대어 즉흥적으로 진행하고, 만남 동안 조금씩 조정을 한 다음 나중에 그 상황을 평가하는 쪽을 좋아한다.

내가 이쪽을 좋아하는 이유는 예상하지 못한 일들이 일어나기 때문이다. 그러나 썩 흥분할 수 없는 경험들이 일어날 여지가 더 많기도 하다. 나는 내가 아는 다른 많은 비디에세머들보다 더 일관성이 없고 혼란스러운 만남을 갖는 편인 것 같다. 다른 사람들이 나보다 더 잘나가고 있을 것 같다는 편견에 사로잡혀 있는 것일지도 모르지만. 하지만 '대본남'은 일관성이 없고 혼란스러운 상황을 정말로 좋아하지 않았다. 그는 앞으로 일어날 일을 알고 있는 쪽을 좋아했다.

관계 후반에, 나는 검토목록을 작성해보자고 제안했다. 검토목록을 사용할 때 사람들은 대부분 각 행위에 대해 자기들이 매긴 평점을 쓰고 읽으라고 서로 준다. 그러나 우리는 검토목록을 작성하며 어떤 것에 흥분했고, 어떤 것에 흥분하지 않았는지, 그리고 마음속에 떠오르는 생각들을 함께 논의했다.

이것은 놀랍도록 효과가 좋았다. 우리의 이론적인 간격에 다리가 놓였고, 흥분 스위치가 올라갔다! (정말이지, 목록을 다 작성할 때쯤에는 그 남자와 섹스하고 싶어서 '기다릴 수가 없었다'.) 그렇게 나는 대화 덕분에 나는 대본이 있고, 없는 우리의 차이를 더 잘 알 수 있었다.

곧 우리는 그 일과 관계없는 이유로 서로 그만 만나게 되었다. 충분히 그럴 만한 이유들이었지만 유감스러웠다. 겨우 문제를 풀어내기 시작한 것 같았는데. 우리의 SM 스타일이 궁극적으로 얼마나 잘 어울렸을지는 모르겠지만, 궁금해서 시도해 보고 싶었는데. 하지만 뭐… 얻는 것이 있으면 잃는 것도 있는 법이다.

3) 유리처럼 투명하게

신음이나 육체적인 동작, 얼굴 표정, 농담 같은 짧고 순간적인 의사소통이 아주 잘 통하는 BDSM 파트너를 만나는 일은 매우 드물다. 그러나 그런 사람을 만나면 우리는 어떤 면에서 거의 본능적으로 보일(나중에 그 일에 대해 대화를 나누고 우리가 한 일을 복기한다면 그 다음에도 만남을 갖는 데 도움이 되겠지만) 강렬하고 친밀한 SM을 할 수 있을 것이다. 그런 일은 정말로 흥분을 불러일으키지만, 그것은 드문 일이라는 것을 안다. 선물 같은 것이다.

지금 이야기하려는 사람은 내가 자기에 대해서 많이 쓴다고 자만심을 가질지도 모른다. 그러나 그는 아주 좋은 예이기 때문에 쓸 수밖에 없다. 처음에 그와 함께 집에 갔을 때, 나는 그가 공공 BDSM 커뮤니티에 가입하지 않았다는 것을 알았다. 우리는 그 전에 BDSM에 대해서 애매한 대화를 나눈 적이 딱 한 번 있었고, 그는 내 글을 견본처럼 약간 읽어보았다. 그래서 나는 그에게 많은 것을 기대하지 않았다.

그는 내게 키스했는데, 내 생각에는 그때 그가 내 어깨를 살짝 깨무는 약한 신호를 보낸 것 같다. 내 기준으로는 살짝 깨문 것이었다. 그래서 나는 주도적으로 셔츠를 벗으며 그에게 피드백을 줄 준비를 했다. 그는 뒤로 몸을 기대며 "우와"하고 말했고, 나는 '아 젠장. 내가 너무 빨리 진행하고 있어. 저 사람은 단순명쾌한 성적 신호에 익숙하지 않을지도 모르는데.' 하고 생각했다. 그래서 내가 "미안해요, 이래도 괜찮아요?" 하고 말하자 그는 웃으며 하늘로 손을 던져 올리듯이 펼쳤다.

"그럼요."

그 반응에 나는 약간 초조해졌다. 셔츠를 벗는 정도로 그가 놀란다면, 또 어떤 것에 놀랄까? 그러나 나는 끝까지 가서 어떻게 되나 보겠다고 생각했다. 그래서 내가 어떻게 깨무는 것을 좋아하는지 설명하고, 내 등과 팔에서 물리면 좋아하는 곳을 알려주었다. 다른 팁도 두어 가지 준 것 같지만 솔직히 기억이 나지 않는다. 설명은 5분을 넘지 않았다. 내가 좋아하는 것을 완전히 설명하지 못했지만 나는 "이제 다 알겠어요?" 하고 말했고, 그는 "그래요." 하더니 내게 손을 얹었다.

그 다음에 일어난 일이 놀라웠던 이유는 그래서이다. 잠시 후 우리는 둘 다 거칠게 숨 쉬며 혼란스럽고 약간 어지러운 채로 크게 눈을 뜨고 서로 바라보고 있었다. 그는 놀란 어조로 말했다.

"난 그냥… 약간 충격을 받았어요. **정말 좋았어요.**"

나도 "그래요. 좋았어요." 하고 말하고 있었다.

얼마 동안 그렇게 진행되었다. 그는 기운차게 덤비다가 몸을 뺐고, 나는 BDSM 상태에서 잠깐 빠져나와 한두 가지 착상을 더 설명하고, 내 상태는 괜찮다고 그를 안심시켰다. 그 다음 그는 다시 덤벼들었다. 마지막에, 나는 타오르고 있었다.

때때로 이런 일이 그냥 일어난다. 전에 한 번도 만난 적이 없는 사람이고, 예를 들면 과학 소설처럼, 전혀 관계없는 주제에 대해 반시간 정도 이야기를 나눈 것이 다다. 그러나 좋아하는 것을 설명하고 세이프 워드를 정하는 논의에 겨우 5분밖에 걸리지 않는다. 그런 다음 그 일은 그냥 **일어난다.** 왜인지 모르고, 어떻게 인지도 모르지만, 때때로 완전히 펼쳐진 책처럼 당신을 **읽을** 수 있거나 반대로 당신이 유리처럼 투명하게 볼 수 있는 파트너, 당신이 정말로 운이 좋다면 양쪽을 다 갖춘 파트너가 나타난다.

(하지만 나는 약간 머뭇거리며 이렇게 쓰고 있고, 두 가지 다른 예를 든 다음 이 포스트 마지막에 그 이야기를 할 것이다. 이유가 있다. 나는 그런 일이 표준이라고 생각하지 않고, 표준으로 간주되어야 한다고 생각하지도 않는다. 특히, 역설적으로 이런 본능적 연결은 때때로 내가 방심하도록 만들고 필요할 때 의사소통을 하지 못하게 만들기 때문이다. 왜냐하면 그가 나를 그렇게 잘 읽을 수 있다면 '그는 다 알고 있다'고 가정하고 싶은 유혹이 강해지기 때문이다. 그러나 물론 그가 나를 다 알지는 못한다. 나중에 그 남자와 격정적인 순간들을 두어 번 가진 적이 있지만, 그때 나는 사실 굉장히 중요한 경계선을 그에게 말하지 않았다. 그가 그냥 알 거라고 생각했기 때문이다. 하지만 물론 그가 언제나 '그냥 알' 수는 없다. 때로는 알 수 있지만, 때로는 알지 못한다.)

이 이야기의 교훈은 이런 것이다. 심지어 이 남자에게도, 나는 내가 원하는 것을 똑바로 이야기할 수 있어야 했다. 나를 거의 모르는데도 나를 읽어내는 능력으로 깜짝 놀라게 했던 사람이지만 그랬다. 내가 "좋아요, 그렇게 깨문 건 좀 약했어요. 여기가 내가 정말 좋아하는 곳이고, 여기가 이빨로 물지 말아야 할 곳이에요."라고 말할 수 있었기 때문에 우리는 연결되었다. **이런 성적 연결은 아주 드물게 일어났지만, 전부 자기 욕망을 지배하고 그 욕망에 대해 조금이라도 직접적으로 말할 수 있는 사람들과 맺은 것이었다.**

때때로, 파트너에게 직접 말하지 않고 파트너가 BDSM을 할 수 있게 만들 방법이 없냐고 묻는 사람들을 만나게 된다. 그들의 BDSM 욕구와 그에 대해 이야기하는 불안함 양쪽 다 매우 잘 알고 동정하지만, 나는 그 질문의 전제를 지지할 수 없다. 전적으로 본능적이고 아무 노력을 하지 않아도 완벽한 성적 관계라는 판타지는 판타지일 뿐이다. 게다가, 실제로 BDSM에 대한 대화를 하지 않더라도 BDSM 경험을 할 수는 있겠지만, 솔직하게 성적인 의사소통을 한다고 해서 당신의 성 경험이 위협받지는 않는다. 오히려 발전하면 했지.

사실, 상호합의에 기반해 있기만 하다면 원하는 대로 하라. 의사소통이 별로 없는 섹스를 원한다면, 합의가 되어 있는 한 그건 당신이 누려도 되는 권리이다. (하지만 이런 질문을 던질 만하다… 그 문제를 이야기하지 않아도 그것이 서로 합의되었다고 확신할 수 있는가?) 그래. 섹스 문제를 더 직접적이고 정확하게 이야기하는 법은 배우기 힘들고 당황스럽거나 복잡할지도 모른다. **그러나 정말이지 그럴 만한 가치가 있다.** BDSM뿐 아니라 모든 섹스에서.

그럴 만한 가치가 있다.

나의 섹스긍정적 페미니즘 수업 기초반

이것은 2011년, 인터넷 어디에서도 좋은 섹스긍정적 페미니즘 수업 기초반을 찾아낼 수 없다는 것을 깨닫고 쓴 글이다. 원글에는 훨씬 더 많은 링크가 달려 있고, 링크 목록은 계속 갱신되고 있다.

1900년대 초의 문학비평가 앙드레 모르와의 경구가 있다.

"논쟁에서 어려운 부분은 자기주장을 방어하는 것이 아니라 자기가 주장하는 것이 무엇인지 아는 것이다."

나는 활동가로 정체화했고, 내 신념에 의거해 세계에 진정한 영향을 주고 싶지만… 내 블로깅의 많은 부분은 내 신념을 사람들에게 말하려는 것보다는 내 신념이 무엇인지 알려는 시도가 아닐까 하는 생각이 자주 든다. 그리고 때때로 내 진짜 신념을 이해하고 싶은 마음보다, 다른 사람에게 공감하고 싶은 마음보다, 혹은 옳게 행동하고자 하는 마음보다는 일관성을 유지하고 싶은 유혹에 빠진다. 우리는 모두 그런 유혹에 주의해야 한다.

하지만 내가 여기서 너무 철학적으로 말하고 있나 보다(내가 그럴 리가?). 요점은, '섹스긍정적 수업 기초반' 같은 제목을 단 글을 쓰기가 머뭇거려진다는 것이다. 그런 제목은 오만해 보일 뿐 아니라(클라리스 쏜이 섹스긍정적 수업 기초를 정의할 수 있다고 누가 말하겠는가?) 섹스긍정성에 대한 내 생각이 일관성 있고 표준화된 결말을 가졌다는 뜻이다. 그렇지 않다! 다른 모든 사람과 마찬가지로, 나도 여전히 탐구 중이다.

하지만 최근 나는 섹스긍정적 페미니즘에 대한 내 기본적인 생각들을 알리는 글을 쓰고 싶다는 생각이 든다. 나는 내가 믿을 수 없을 정도로 큰 특권을 누리며(백인이고 중산층에, 헤테로플렉시블,* 시스젠더 등등[1]) 대체로 특별한 커뮤니티, 즉 BDSM 커뮤니티에 들어 있다는 것을 인정한다. 이 두 가지 요인 다 내 섹스긍정성을 뒷받침하는 원칙들

---

* 헤테로플렉시블(heteroflexible): 주로 헤테로섹슈얼적이지만, 상황에 따라 호모섹슈얼 행동이나 지향을 보이기도 하는 성적 지향을 일컫는다.

을 나타내고 제한한다. 섹스긍정적 페미니즘 수업 기초반에 대한 여러분의 아이디어나, 연관 정보 출처 링크 등을 모두 환영한다.

클라리스 쏜이 말하는 섹스긍정적 페미니즘의 몇 가지 중심개념

1) **욕망은 복잡하고, 사람들은 모두 다르다**: 내게는 기본적이고 당연한 것 같지만, 다른 사람들에게도 모두 쓸모 있는 기준점이 되리라고 생각하기 때문에 말해 놓고 싶다.

2) **젠더는 이분법적인 것이 아니고, 외모나 외적 행동에 따라 결정될 수 없다**: 사람들은 서로 다르고, 그들이 젠더를 경험하고 전시하는 방법은 엄청나게 많다. 서브미시브나 잘록한 몸매, 친절함과 상냥함 등이 흔히 여성의 스테레오타입으로 내세워지지만 세상의 어떤 여자도 완벽한 서브미시브가 아니고, 완벽한 모래시계형 몸매가 아니고, 완벽하게 친절할 수 없다. 세상의 어떤 남자도 완벽한 도미넌트거나, 완벽한 자신감을 갖고 있거나, 완벽한 근육질이거나 하지는 않다. 많은 사람들이 인간의 젠더라는 것을 페니스냐 질이냐의 문제로 축소시키는 반면, 트랜스피플과 인터섹스는 '상대' 젠더에 속하는 모든 특성을 갖고 있다… 그리고 '상대'(혹은 '반대') 젠더라는 개념 자체가 이상하다. 왜 한 젠더가 '상대' 쪽이 되어야 하는가? 그것은 무슨 뜻을 함축하고 있는가?

이런 말은 이미 다 나온 것이지만 젠더는 이분법적으로 여겨질 때가 많고, 현존하는 젠더의 독단적 시스템에 자신을 맞추는 사람들이 많다. '남자'와 '여자'라는 개념은 문화적으로 이해되고, 널리 사용되고, 사회적으로 강화된다. 페미니즘은 남자의 폭력적·사회적 지배에 저항하는 여성들, 전형적인 남성의 욕망에 대한 문화적 강조에 저항하는 여성들을 근원으로 삼고 있다.

3) 역사적으로, 섹스는 보통 a)재생산과 b)전형적인 남성의 성적 쾌락이라는 두 가지 관점에서 정의되었다. 문화적인 성 기준도 이런 것에 바탕을 둔다. 성적인 '진루 시스템'을 예로 들자. 전에 내 글을 읽은 적이 있다면 알겠지만, 나는 이 문제를 매우 완벽한 예로 많이 든다. 미국 학생들은 흔히 키스를 '1루', 스킨십을 '2루', 오럴 섹스는 '3루', 삽입섹스를 '만루'라고 이야기한다. 왜 이런 위계질서가 존재해야 할까? 재생산을 중심에 두고 섹스를 생각해야만 이해할 수 있다. 섹스가 쾌락이라든지, 모든 사람에게 서로 다른 식으로 이루어지는 열린 탐험이라고 생각한다면, '만루'라는 '표준 목표'를 갖는다는 건 터무니없는 일이다.

다른 예를 들면, 사람들은 삽입성교를 '진짜' 섹스나 '실제' 섹스라고 말할 때가 많다. 그러면 다른 섹스는 전부 '진짜가 아닌 것'으로 여겨진다. 오럴 섹스를 섹스로 '볼 수 있는가' 하는 문제로 평생 얼마나 많은 논쟁을 해 보았는가? (힌트: 그런 주제가 받아야 할 만한 관심보다는 훨씬 더 많다.) 최근의 예를 들면 Kink.com 처녀 사냥이 있었다. 한 포르노 모델은 그곳에서 공개적으로 '처녀성을 잃었다'. 이미 오럴과 애널 섹스를 오랫동안 카메라 앞에서 해 왔는데도 그렇다. 질 섹스를 한 번도 안 했다는 이유만으로.[2]

섹스가 틀에 박힌 남성의 쾌락으로 정의된다는 이야기를 해 보자. 한 가지 예는 사람들이 보통 오르가즘에 대해서 어떤 생각을 갖고 있느냐이다. 내 경험과 나와 이야기한 사람들의 경험, 그리고 대다수의 포르노에서 성행위는 남성의 오르가즘으로 끝난다는 사실이 널리 받아들여지는 것 같다. 반면 여성은 오르가즘을 느낀 다음에도 계속 섹스를 할 거라고들 생각한다… 실제로는 많은 여자들이 남자들과 마찬가지로 오르가즘 후에는 지치고 섹스에 별 관심이 없는데도. 부분적으로, 이것은 재생산의 관점에서 섹스를 정의하기 때문이라는 이유로 돌아간다. 남성은 재생산을 하기 위해 오르가즘을 느껴야 하므로, 남자의 오르가즘은 섹스의 중심이다(라고 추정된다). 질 삽입성교가 '진짜' 섹스고 '만루'라는 이런 해석은 모든 것에 영향을 미친다. 이미 '만루까지 갔는데' 성적인 노력을 (예를 들어) 더 기울여야 한다는 말에 당황할 사람이 많을 것이다. 하지만 그것도 틀에 박힌 남성의 욕망을 중심에 놓기 때문이다. 남성의 욕망을 여성의 것보다 더 중요하고, 더 강력하고, 더 필요하다고 일반적으로 생각하는 문화에서 나왔을 뿐이다. (대부분의 여성은 질 삽입성교만으로는 오르가즘을 느끼지 못한다는 것을 기억하라.)[3]

섹스가 재생산과 틀에 박힌 남성의 쾌락으로 정의될 때, 다음과 같은 결과가 나타난다.

+ 남자가 아닌 사람들은 자신의 섹슈얼리티를 이해하기 힘들다. 본보기가 적기 때문이다(예를 들어, 여성들이 오르가즘을 얻는 법을 깨닫는 시기는 보통 남성의 시기보다 훨씬 늦다. 깨닫게 된다 해도 20대나 30대이다.)

+ 남성의 전형에 맞지 않는 남자들은 자신의 섹슈얼리티를 이해하기 힘들다(예를 들어, 『2010년 최고의 섹스 글Best Sex Writing 2010』 선집에는 한 남성 잡지의 편집자였던 사람의 훌륭한 에세이가 실려 있다. 거기서 그는 뚱뚱한 여자를 원하는 자신의 욕망과 화해하기까지 얼마나 힘들었는지 이야기한다).

+ 심지어 남성적 전형에 맞는 남자들도 다른 종류의 탐험을 해서는

안 될 것 같이 느끼고, 이렇게 망가진 세계가 아니라면 누렸을 만한 섹스의 기쁨을 덜 느끼게 된다.

+ 재생산에 연관되지 않는 성 행위나 성적 관계는 평가절하되고, 이상한 것으로 간주되고, 섹스라고 정의되지도 않는다(예를 들어, 게이 섹스, 레즈비언 섹스, 여러 가지 페티쉬 등등에 찍힌 낙인을 보라).

4) 사회는 여성들이 남성의 지원이나 로맨스를 얻기 위해 성을 거래할 것이라고 생각한다. '좋은 거래'를 하지 않은 여성들(섹스와 '교환해서' 어느 수준의 재정적 지원이나 로맨스를 얻지 않는 여성들)은 값싼 여자로 여겨진다. '좋은 거래'를 하지 않은 남성들(관계와 '교환하는' 섹스를 하지 않는 남자들)은 '보지년'으로 여겨진다. (그렇다, '보지년'… 이른바 '약한' 남자들을 모욕하기 위해 여성 성기를 지칭하는 단어를 흔히들 사용하지 않는가?)

이것은 또한 많은 사람들이 이런 전형적 사고틀 바깥에 있는 동기를 살피기 어렵다는 뜻도 된다. 사회는 여성들은 언제나 남성으로부터 감정적이거나 재정적인 지원을 더 받으려고 하고, 남성들은 언제나 더 많은(혹은 이른바 더 '센') 섹스를 추구할 거라고 기대한다. 능동적으로 섹스를 추구하는 여성이나 능동적으로 친밀감을 추구하는 남성들은 그 때문에 수치심을 느끼고, 상처받고, 당황한다. 심지어 자기 마음속에서도 그렇다.

5) 역사적으로, 전형적인 남성들은 자기 섹슈얼리티를 탐구하는 데 다른 젠더의 사람들보다 훨씬 더 자유로웠다. 그래서 전형적인 남성의 욕망이 '해방된 섹슈얼리티'의 패턴을 형성했다. 행동하고 일하고 집 바깥을 탐험할 자유를 점점 더 얻으면서, 여성들은 대체로 남자들이 창조한 패턴을 따라왔다. 여성이 그 패턴을 창조했더라면 엄청나게 다

른 패턴이 생겨났을 것이다.

섹슈얼리티에 관해 대화를 하면 '해방된 섹슈얼리티'란 어떤 것인지 살펴보게 될 수밖에 없는 것 같다. '해방된 섹슈얼리티'는 난잡한 성생활로 전형화되는 경우가 많다. 또, 낭만적이지 않고, 귀찮고 성가신 연애 감정과는 관계없는 것으로 전형화되기도 한다. 나는 이 문제를 조심스럽게 다루고 있다. 나는 '진짜' 남자가 어떤 행동을 하고 무엇을 느끼는지, '진짜' 여자가 어떤 행동을 하고 무엇을 느끼든지 아무에게도 말할 생각이 없다. 그러나 호르몬의 영향 때문이라고 쳐도 일반적으로 남성들이 여성들보다 난잡하고 감정이 깃들지 않은 섹스를 즐길 가능성이 높다고 생각하기는 한다. 여기에 명민한 트랜스 남성 섹스 저술가 패트릭 캘리피아가 테스토스테론의 효과에 대해 쓴 글을 조금 인용한다.

테스토스테론을 섭취할 때 발생하는 육체적 차이보다 심리학적이고 감정적인 변화를 추적하는 것이 더 힘들다. 그러나 나는 심리적 변화가 육체적 변화보다 실제로 더 크다고 생각한다. 테스토스테론은 나를 다른 사람으로 만들지 않았다. 나의 성충동은 언제나 강했고, 나는 포르노와 원나잇을 좋아했고, 자위를 포기한다는 것은 상상도 할 수 없었다. 나는 분노를 표현할 수 있었고, 자율성과 자기주장 수준은 매우 높았다. 그러나 호르몬 요법을 받기 시작하면서 이런 특성들은 훨씬 더 격렬해졌다. T를 처음 6개월 동안 투여하면서, 모든 감각이 고통스러울 정도로 선명해졌다. 한 친구는 그 상태를 이렇게 표현했다. "먹어야겠다 싶을 때에는 씹할, 당장 처먹어야 했어. 흥분하면 곧장 사정을 해야 했고. 똥을 싸고 싶으면 참을 수가 없었어. 열 받으면 입에서 말이 마구 튀어나가고, 지루하면 떠나버려야 했지."
내 몸과 거기에 연결된 모든 육체적 감각에 얼얼할 정도로 직접성이 생겼는

데, 그것은 재미있었지만 때로 불편하기도 했다. 세상을 헤쳐 나가는 일이 훨씬 더 재미있었고, 예전보다 훨씬 더 자극적이었다. 삶은 더욱 '지금-여기'에 가까이 있었고, 육체와 대상에 대한 감각은 더 예민해지고 생각과 감정은 무뎌졌다.

…원나잇 섹스의 양상도 변했다. 누군가와 하루 자고 싶을 때 나는 최대한 효율적으로 섹스를 할 사람을 찾는 것을 우선순위에 두었다. 나는 확실히 그 사람과 나누는 상호작용이 즐거웠지만, 상대가 굴복할 때까지 어떻게 하는지, 그들이 일어나서 떠난 후 어떻게 느끼는지 별로 신경 쓰지 않았다. 그들의 욕구를 배려하기가 힘들었다. 상대가 원하는 것이 있으면, 그것을 얻기 위해 노력하는 건 자기 책임이라고 생각하는 편이 더 편했다. 나는 언제나 성적 주도권을 갖는 쪽이 좋았는데, [투여 후에는] 훨씬 더 자기중심적으로 변했다(『섹스에서 권력을 이야기하기Speaking Sex To Power』, 397-398쪽).

어느 트랜스 여성 친구는 자기가 트랜지션 전보다 더 자주 흥분할 뿐 아니라 이제는 섹스를 즐기려면 파트너와 감정적인 연결을 더 강하게 느껴야 한다고 말했다. 그리고 그녀는 이제 흥분하려면 자기가 '몸조심'을 더 해야 한다고 말했다. 그 순간뿐만이 아니라 생활 전체와 관계에서.

일반적으로 말하듯이 남성과 여성의 성적 욕망 사이에 차이가 있다(개개인은 언제나 독특하지만)는 것을 받아들인다면 새로운 질문이 이어지게 된다. 여성이 사회적·문화적으로 지배적이라면 소위 '해방된 섹슈얼리티'는 어떤 모습을 띨까? 모든 젠더의 사람들이 틀에 박힌 남성이 세운 패턴을 따르고 있다면, 이런 패턴을 피해 생각하려는 시도는 어떤 의미를 가질까?

6) 동의에 대한 의사소통은 복잡하고 힘들다. 그러나 섹스를 해도 되는 단 하나의 조건은 동의이다. 그러므로 우리는 동의를 존중하기 위해 온 힘을 다해야 한다. 나는 합의에 의한 섹스이기만 하면 뭐든지 괜찮다. 진심으로, 당신이 섹스에서 무슨 일을 하건 개의치 않는다. 합의에 의한 한. (합의 하의 성행동 중에 나를 놀라게 할 만한 것을 찾아보시라.)

그러나 동의에 대한 의사소통은 복잡하고 힘들고, 그런 의사소통에는 여러 가지 다른 방식이 있다. 많은 비디에세머들은 이것을 대단히 잘 알고 있다. BDSM 커뮤니티에서 동의에 대해 논의하는 전술을 매우 광범위하게 발전시켰다는 사실로도 알 수 있을 것이다. 예를 들어, BDSM 의사소통 전술 중에서 가장 유명한 것은 세이프워드이다. 세이프워드는 참여하는 모든 사람들에게 언제든 행동을 멈출 수 있는 확실한 단어를 정해준다.

사람들은 대부분의 문제에 대해 직접적으로 의사소통하지 않으며, 섹슈얼리티를 둘러싼 낙인과 강한 감정 때문에 대부분의 사람들은 섹스에 대해 직접적으로 의사소통하기가 훨씬 더 어려워진다. 그래서 성적 의사소통은 대부분 매우 간접적이다. 심지어 비디에세머처럼 직접적인 성적 의사소통에 익숙한 사람들 사이에서도 의사소통은 애매하고 본능적인 행동으로 빠져버린다. 있을 수 있는 모든 반응과 모든 욕망을 미리 하나하나 논의할 방법은 없다. 사람은 누구든 일을 망칠 때가 있다. 세상 그 누구도 자기 파트너가 원하는 것이 무엇인지 표현하게 한다거나… 파트너에게 무엇을 원하느냐고 묻거나… 애초에 그들이 무엇을 원하는지 깨닫기 위해 부담감 없는 환경을 만들어내는 데 늘 성공할 수는 없다.

그래, 그렇다. 섹스에 대한 의사소통과 당신이 원하는 것을 합의해서 얻는 일은 정말로 힘들 수 있다. 그러나 사람들의 경계선을 침해하지 않는 것이 가장 중요하다. 아무리 어려워도, 섹스를 할 때마다 파트너가 동의하는지 살펴보고 그 동의를 존중하려는 성실한 노력을 진심으로 해야 한다. 페미니즘의 '열성적인 동의'라는 개념은 그 과정을 돕기 위해 만들어져 있다.

여기에 열성적 동의를 나 나름대로 짧게 정의해 보려고 한다.

기본 개념은 간단하다: 파트너의 열성적 동의를 얻지 못했다면 섹스를 시작하지 마라. 능동적으로 '안 돼' 하고 말하지는 않지만 지루한 어조로 '그래, 괜찮겠지' 하고 말하는 파트너, 섹스를 시작했을 때 능동적으로 당신을 막지는 않지만 조용하고 반응을 보이지 않는 파트너, 머뭇거리거나 불안해하거나 당황한 파트너는 안 된다. 열성적 동의란 파트너가 열성적이라는 뜻이다. 정열적으로 반응하고, 당신에게 마주 키스하고, "그래"라든지 "세상에, 멈추지 마" 같은 말을 하는 파트너… 아니면 비디에세머나 성노동자들이 흔히 하는 것처럼 앞으로 무슨 일을 할지 미리 말하는 파트너라는 뜻이다. 그리고 세이프워드를 말하는 법을 알거나, 자신들이 좋아하지 않는 일을 상대가 할 때 그 상황에서 벗어나는 법을 아는 파트너여야 한다.

열성적 동의라는 개념에 대해 페미니즘 안에서도 비판자들이 있다는 것은 알아둘 만하다. 예를 들어, 어떤 페미니스트 성노동자들은 돈을 벌기 위해 섹스할 때 자신들이 '썩 열성적으로' 동의하지는 않는다고 지적한다. 그러나 그들은 여전히 자신들이 진짜 동의를 했으며, 자신의 선택은 존중받아야 한다고 느낀다. 에이섹슈얼 일부도 비슷한 상황을 겪는다. 에이섹슈얼리티는 보통 '다른 사람에게 성적 끌림을 느끼지 않음'으로 정의되지만, 어떤 에이섹슈얼들은 다른 사람들과 로맨틱한 관계를 갖고, 그 관계 속에서 전적으로 파트너를 만족시키기 위해 섹스를 한다. 그런 사람들 중에서는 페미니즘이 논의하는 열성적 동의 개념에 자신들은 포함되지 않는 느낌이라고 말하기도 했다.[4]

자, 나의 비-에이섹슈얼, 비-성노동자 친구들 중에도 그 개념에 문제를 제기하는 사람들이 있다. 그 개념에 따르면 그때그때 하는 성행위에 엄청나게 열정을 느끼지 않으면 '정말로' 동의하지 않는 것인데, 결혼한 친구 한 명은 거기에 대해 냉소적으로 이렇게 이야기한 적이 있다. 자기와 자기 남편이 늘 서로에게서 백퍼센트 열성적 동의를 얻으려고 한다면 그들의 결혼은 금방 깨져버리리라는 것이었다. 그러나 그 문제를 계속 논의해 보자 친구와 친구 남편은 둘 다 그 상황*에 아무런 문제를 느끼지 못한다는 데 동의했다.

나는 이런 비판자들을 마루 밑에 숨기고 싶지 않다. 모든 사람들이 상황에 대해 공개적으로 의사소통을 하고 상대적으로 압박을 받지 않도록 노력하는 한, 완벽하게 '열성적'인 동의가 아니라고 해도 동의가 이루어질 수 있을 것이라고 생각한다. 그러나 다른 페미니스트들과 그 문제에 대해 폭넓은 논쟁을 해 왔고, 더 많이 논쟁하려고 하기도 한다. 동의 이론을 연마하는 것은 내가 가장 좋아하는 일이기 때문이다!

이미 다 나온 말이지만, 열성적 동의 개념은 내 개인적으로 매우 도움이 되었다. 또한 성적 관계의 경계선을 알려고 하는 다른 엄청나게 많은 사람들에게도 도움이 되었을 것이라고 생각한다. 열성적 동의는

---

* 늘 백퍼센트 열성적인 동의를 얻을 수는 없는 상황을 뜻한다.

중요하고 쓸모 있는 기준이고, 나는 내가 맺는 관계에서 할 수 있는 만큼 최대한 그 기준을 관철하려고 최선을 다한다. 그래서 어떤 비판에는 일리가 있다고 생각하지만 열성적 동의 개념은 대화를 시작하기 위한… 혹은 끝내기 위한 기본선을 확인하는 데 제일 좋다고 생각한다.

7) 실행할 때 그에 연관된 모든 사람들이 서로 동의하며 즐거움을 느낀다면, 비판은 부차적인 것에 지나지 않는다. 실제로는 동의가 가장 중요하다. 실용적인 관점에서는 섹슈얼리티가 생물학에서 비롯되었는지 문화에서 비롯되었는지 하는 문제는 별로 중요하지 않다. (BDSM을 성적 지향으로 범주화할 수 있느냐는 질문은 실질적으로 중요하기보다는 정치적이고 이론적으로 더 흥미로운 문제라고 생각한다.)

성 생물학이나 문화를 이해하면 동의가 얼마나 복잡한지 파악하기 쉬워질 것이다. 예를 들어, 사람들은 어떤 것을 직접적으로 '싫다'고 말하기 힘들 때가 많다. 당신은 어떤 일을 하기 싫을 때 분명하게 '싫다'고 마지막으로 말해본 적이 언제인가? 다음 대화 중 어떤 것이 더 있을 법한가?

A : 저기, 오늘 밤에 올래요?
B : 그러고 싶지만 일 때문에 너무 힘들어요. 좀 자야겠어요.

A : 저기, 오늘 밤에 올래요?
B : 싫어요.

어떤 젠더이건 사람들은 '싫다'고 직접 말하는 것을 좋아하지 않는다. 이런 중요한 문화적 개념을 파악하면 동의 문제에 대해 효율적으로 의사소통을 하는 법을 배우는 데 한 걸음 더 나아갈 수 있다. 하지만 내 책에서는, 왜 사람들이 '싫다'고 직접 말하기 싫어하는지 이해하는 것보다는 사람들이 '싫다'고 직접 말하는 상황을 싫어한다는 것을 아는 쪽이 더 중요하다. '싫다'고 말할 때까지 사람을 압박하는 것은 그 사람이 가고 싶은 만큼보다 더 멀리까지 그들을 밀어붙이는 것이기 때문이다.

섹스긍정적 페미니즘을 포함해서, 사회적 비판의 가장 중요한 역할은 사람들에게 무슨 일을 해야 한다고 명령하지 않는 것이라고 나는 믿는다. 당신이 터무니없고 억압적인 전형과 일치하는 것 같은 섹스를 한다고 해도, 그에 참여하는 모든 사람들이 동의하고 즐거워하는 한 전혀 상관없다. 나는 남자친구가 관계 전 나를 때리는 섹스를 동의 하에 가끔 할 권리가 있다. 그것을 즐길 권리도.

그러나 사람들이 자기 자신과 자기의 욕망을 이해하기 위해, 또 자신의 파트너와 그들의 욕망을 이해하기 위해 섹스긍정적 페미니즘 분석을 받으라고 권하고 싶다. 나는 자기가 좋아하는 섹스에 노출되어 본 적이 없기 때문에 좋아하지 않는 섹스를 하는 사람들이 많다고 생각한다. 터무니없고 억압적인 전형에 일치하는 섹스가 자신들이 할 수 있는 최고의 섹스라고 생각하는 것이다. 자기 파트너가 원한다고 생각하기 때문에 자기가 좋아하지 않는 섹스를 하는 사람들도 많다고 생각한다. 그리고 그런 사람들은 대부분 틀렸다고도 생각한다. 파트너들은 대부분 섹스에 참여하는 모든 사람들이 즐거운 쪽을 훨씬 더 좋아할 것이다.

그래서 나는 성적 규범과 전형을 해체하려고 한다. 그래서 사람들에게 자기가 좋아하는 것을 찾아보라고 독려한다. 그래서 나는 언제나 섹스에 대해 이야기할 것을 강조한다.

8) **멋지고 예의바르고 즐거운 섹스란 서로 대립적이기보다 협력적으로 섹스에 접근할 때 이루어진다.** 1인 섹스(즉, 자위행위)를 제외하면 섹스는 언제나 다른 사람과 연관되어 있다. 최고의 섹스를 할 때면 다른 사람과 즐거운 시간을 갖게 된다. 상대의 현실을 이해하고, 받아들이고, 함께 즐기는 것. 내가 들어본 섹스에 대한 최고의 은유는 모두 공동창작이나, 즉흥 음악 공연 같은 것이었다. 여기 토머스 매컬레이 밀러의 아주 뛰어난 에세이 「섹스의 수행모델을 향하여 Towards a Performance Model of Sex」의 한 부분을 인용한다(독자가 언젠가는 이 글 전체를 다 읽어주었으면 좋겠다).

협상은 사용할 수 있는 요소의 집합을 가지고 무엇인가를 만들어가는 창조적 과정이다. 음악가들은 명쾌하게건 함축적으로건, 자신의 연주를 선택해야 한다. 장르, 노래, 키와 해석 같은 것을. 손에 쥔 팔레트는 그들이 가진 기교의 총집합이다. 그들이 연주할 줄 아는 모든 악기, 그들이 아는 연주 목록 전체, 상상력과 기술. 전체 산물은 각 개인이 그 공연에 기여하는 부분들에 달려 있다. 델타 블루스에 푹 빠진 음악가 두 명은, 소울과 펑크를 사랑하는 음악가나 힙합이나 1980년대 하드코어에 뿌리를 둔 음악가와 매우 다른 음악을 만들어 낼 것이다. 이 과정은 좋아하는 것, 싫어하는 것, 선호하는 것의 의사소통이지, 연속적으로 제안을 내놓고 수용할 것인지 거부할 것인지 묻는 과정이 아니다.

… 이런 모델에서, 아주 순간적인 관계에서도 성적 상호작용은 창조적이고 긍정적이고 예의 발라야 한다.

(「섹스의 수행모델을 향하여」는 제시카 발렌티Jessica Valenti와 재클린

프리드먼Jaclyn Frideman이 편집한 뛰어난 섹스긍정적 강간반대 선집 『예스 민스 예스』에 처음 실렸다. 전 세계의 모든 사람들이 그 책을 읽었으면 좋겠다. 그 책은 레이첼 크레이머 버셀이 편집한 『2010년 최고의 섹스 글』에 재수록되기도 했다.)

9) 성소수자를 포함한 모든 사람은 동등한 권리를 가질 자격이 있다. 사람들이 서로 동의하여 섹스하는 한, 그들은 자신의 섹슈얼리티 때문에 오명을 쓰거나 학대당하거나 다른 종류의 피해를 당해서는 안 된다. 절대로. 아무도 그들의 성적 정체성이나 젠더 정체성 때문에 해고되면 안 된다. 성노동자가 당한다고 해도 강간은 여전히 강간이다. 나는 여러 가지 이유에서 성노동의 비범죄화를 지지한다. 예를 들어, 상호 동의하의 섹스를 했다는 이유로 법으로 성노동자를 괴롭히고 교도소에 가두는 일이 중단된다면 매우 기뻐할 것이고, 성노동자들이 업무환경에서 더 나은 안전을 누릴 수 있는 체계가 잡힌다면 아주 좋아할 것이다. 가장 중요한 것은 사람들 ― 모든 사람들 ― 은 인권을 가지고 있다는 것이다. 이제는 인간을 그렇게 대우해야 한다.

일상생활에서 섹스긍정적으로 사는 방법이 있을까? 이것은 내가 보통 사람들에게 섹스긍정적 사랑을 전파하기 위해 권하는 세 가지 방법이다.

A) **재-중심화를 피하라.** 섹슈얼리티는 사회적으로 어떤 규범이나 아이디어, 전형(동의만 제외하고)을 중심으로 두어서는 안 된다. 우리가 규범과 다를 때, 섹슈얼리티에 대한 '객관적인' 관념을 우리에게, 혹은 우리가 존경하는 사람들에게 맞추어 재-중심화하자는 생각은 유혹

적일 때가 많다. 그러나 사실은 이러하다. 사회적 면에서 퀴어 섹스나 스트레이트 섹스나 마찬가지로 멋지다. BDSM 섹스나 바닐라 섹스나 똑같이 감탄할 만하다. 시스젠더 사람들이 트랜스젠더 사람들보다 더 놀랍거나 덜 놀라울 것은 없다. 섹스를 한다는 결정과 섹스를 피한다는 결정의 무게는 다를 바 없고, 에이섹슈얼 사람들은 하이퍼섹슈얼 사람들과 마찬가지로, 높건 낮건 어떤 수준의 성충동을 가진 어떤 사람과 마찬가지로 훌륭하다.

대안적 섹슈얼리티의 서브컬처에서는 우월감을 지닌 태도와 마주칠 때가 많다. 아마 우리가 규범에 아주 강하게 반발해야 하기 때문일 것이다. 예를 들면, 폴리아모리에서 어떤 사람들은 '폴리밴절리스트 Polyvangelists'라는 냉소적인 용어를 사용한다. '폴리밴절리스트'는 폴리아모리가 모든 사람에게, 모든 장소에서, 모노가미보다 더 낫고, 더 발달했고, 더 합리적이라고 주장하는 사람이다. 모노가미도 폴리아모리도 다른 편보다 더 낫지 않다. 그냥 서로 다를 뿐이다. 폴리밴절리스트들은 폴리아모리로 재-중심화하려고 한다. 좋지 않은 일이다.

B) **대화를 시작하라.** 섹슈얼리티에 대해서 가장 해로운 문제는 압도적이고 끊임없는 사회의 낙인이다. 그런 낙인은 어떤 종류의 성적 정체성, 성적 선호나 과거를 가진 사람들에게 상처를 입힌다. 영적으로 상처를 입히고, 사회적으로도 상처를 입힌다. LGBTQ인 사람들이 아이들을 입양할 때 어려움을 겪거나, 전직 성노동자가 다른 직장에서 일하지 못하는 것처럼. 심지어 육체적인 상처를 입힐 수도 있다. 의사들이 HIV 전염병을 알게 된 후 지난 40년 동안, 여전히 섹스에 대해 공개적으로 이야기하지 않고, HIV에 직접 감염된 성소수자들에게 의료 서비스를 제공하지 말자고 하고 있다. 성적 소수자이기 때문에 공격당하거나 살

해된 사람들은 말할 것도 없다. 거리에서 살해당하는 트랜스 사람들이나 섹슈얼리티를 '교정'하기 위해 강간당하는 레즈비언들처럼. 성적 낙인은 사람을 죽인다.

그래서 어떤 사람들이 성이나 젠더에 대해 어처구니없는 소리를 할 때, 아니면 어느 섹스나 성 정체성을 전형화할 때 그들에게 도전하는 것, 적어도 의문을 제기하는 것은 훌륭한 일이다. ("정말이에요? 어쩌다가 게이들은 모두 학대 생존자들이라고 생각하게 되었어요?") 가장 강력한 성 운동 중에는 토론 그룹을 만들고, 논의를 위한 장소를 만들고, 섹슈얼리티 연사나 섹스 관련 예술 전시를 초청하는 것 등이 포함되어 있다.

C) 도발적으로 굴지 말고 "아웃"하거나 밝혀라. 이것은 까다로운 일이다. 나는 부적절한 상황에서 섹스에 대해 공격적으로 말하라고 권하고 싶지 않기 때문이다. 또, 나는 재-중심화에 반대한다. 한편 퀴어건, BDSM이건, 무엇이건 섹슈얼리티에서 낙인을 벗겨내는 데 가장 강력한 도구는 벽장에서 나와 커밍아웃하는 것이다. 공개적으로 자신의 성적 선호를 알고, 인정하고, 논의하면 다른 사람들이 그런 선호를 존중하는 데 힘이 된다. 그런 선호를 공유하는 다른 사람들이 스스로를 존중하도록 도울 수도 있다. (영화 <밀크>를 보았을 때 나는 울었다.)

SM 초능력

이 포스트는 2011년에 썼지만, 페티쉬가 '초능력'이라는 개념틀은 블로깅을 시작하기 전 2008년에 생각하게 되었다. 그때 나는 초기 SM 파트너 한 명에게 내가 얼마나 망가졌고 불안하다고 느끼는지 이야기했다. 그러자 그는 "왜 그걸 그런 식으로 말해? 넌 아무 것도 잃은 게 없어. 초능력을 얻은 거지!"하고 말했다.

나는 SM에 대한 편견과 스테레오타입에 너무 질렸다. "그래, 상호합의 하에 SM을 하는 우리들이 모두 어릴 때 학대당했다고 넌지시 말하는 사람이 또 하나 나왔다고? 멋지네! 그 사람 말은 틀렸고, 그런 관점은 에세머에게 낙인을 찍고 때때로 큰 피해를 준다고 생각해. 그럼, 이제 수영하러 갈까?" 하고 무시하고 싶다.

(분명히 말해두지만, 잘 설계된 최대 규모의 연구에서 2만 명을 대상으로 이 주제에 대해 조사한 바로는, 에세머들이 일반적인 사람들보다 '성적 활동을 더 강요받은 것 같지는 않다'고 결론을 내렸다.[1] 그러나 또한 분명히 말해두자면, 학대받은 경험과 섹슈얼리티가 연관되어 있는 에세머라고 해도 상호합의적인 킨크를 행하는 한 다른 사람들보다 '덜 정당하다'고 느낄 이유가 없다. SM을 정당하게 만드는 것은 동의이기 때문이다. 그렇지 않은가? '근원'이 무엇이든 간에 SM은 그 '근원' 때문에 정당하거나 정당하지 않은 것이 아니라, 상호합의 하에 실행될 때 정당하다. 그렇지? 그렇다. 그래서 애초에 이런 대화는 사실 좀 바보 같다. 그렇지? 그렇다. 너무도 유감스럽게도, 낙인에는 아무 합리성이 없다. 안 그런가? 낙인은 사람을 속여 자기 식대로 주장하도록 만든다.)[2]

SM에 엄청난 낙인이 찍히지 않은 문화에 살고 있다면 사람들이 SM에 대해 어떻게 말할지 상상하는 쪽이 훨씬 즐겁다. **만약 SM이 존중받거나 멋진 일로 보인다면 어떨까?** 억압되고 지하에 묻혀 있고 어둡고, 악마적이고, 혐오스러운 것으로 여겨지는 대신? 이런 개념을 아이러니컬하게 비꼬아 SM이나 다른 페티쉬를 '초능력'이라고 부르는 사람들도 있다.

많은 사람들이 에세머들이 틀을 벗어난 관점에서 얻은 섹슈얼리티에 대한 교훈을 줄 수 있다는 글을 썼다. (임상의들이 이 주제에 대해 찾아볼 수 있는 논문이 있다. 심리학자인 페기 클라인플라츠가 쓴 『특별한 연인들에게서 배우다Learning from Extraordinary Lovers』라는 제목의 글이다.)[3] 나도 에세머들이 주류보다 훨씬 더 주의 깊고 정확한 성적 의사소통 전략을 쓰는 경향이 있다고 여러 번 이야기했다. (검토목록이나 세이프워드 같은 예.) 그러나 그런 교훈은 에세머들에게만 **국한되지** 않는다. 주의 깊고 정확한 성적 의사소통을 하는 바닐라들도 아주 많다.

초능력 개념틀은 약간 다르다….

+ 예를 들어, 에세머가 상호합의가 되지 않은 행동을 더 참는 경향이 없다는 것이 증명되어 있다는 말은 이미 했다. 그래서 우리는 프로이트가 무슨 믿음을 퍼뜨렸건 모든 SM이 어린 시절의 학대에서 나오지 않는다는 것을 알고 있다. 하지만 어린 시절의 경험에서 나왔을지도 모른다. …**굉장한** 어린 시절의 경험에서. SM 미싱 링크S&M Missing Link는 우리 에세머의 어린 시절에 엄청나게 훌륭한 일이 일어났다는 뜻일지도 모른다.

이봐요, 바닐라들? 여러분이 모두 그렇게 형편없는 어린 시절을 보내서 유감이에요. 정말 진심으로 동정해요.

+ 예를 들어, 내 전 남친 한 명은 라틴아메리카에서 매우 비참하게도 얼음 같이 차가운 샤워밖에 할 수 없었다는 이야기를 했다. 그래서 그는 이를 갈고 물줄기 속으로 걸어 들어가며, 여성 도미넌트가 그런 고행을 시키고 있다고 상상했다. 그는 나중에 이렇게 말했다.

"실제로 샤워가 백만 배 더 수월해졌어. 그리고 샤워 내내 맹렬하게 발기해 있었어."

서브미시브란 대단하지 않은가? 서브미시브 성향이 없는 당신들이 안됐다.

인터넷 상의 글은 무엇이든 오독될 수 있고 오독될 것이기 때문에, **이건 모두 사고실험이고 나는 바닐라들이 에세머 보다 조금도 뒤떨어진다고 생각하지 않는다**는 점을 강조하면서 이 포스트를 끝낼 것이다. 바닐라라도 괜찮다. 나는 당신들을 있는 그대로 사랑한다.

BDSM도 '사랑의 섹스'가 될 수 있다

2011년 초반, 동료 섹스 블로거인 레이첼 래빗 화이트는 자기가 주도하는 "여성 포르노의 날Lady Porn Day"[1]에 참가하겠냐고 내게 물었다. 이 글의 온라인 버전 마지막에는 관련 링크가 많이 달려 있다.

나는 대단한 포르노 소비자가 아니다. 그러나 포르노 자체에 어떤 문제의식을 느끼지는 않는다. 내가 포르노가 문제라고 느낄 때는, 포르노가 만들어지는 과정 때문이다. 노동 문제나 배우의 동의에 대한 문제가 있기 때문이다. 때때로, 포르노가 존재하는 맥락이나 포르노가 표현하는 스테레오타입에 실망한다. 하지만 여기서 문제는 포르노 자체보다 그 맥락과 스테레오타입에 있다. 나는 비이성적이고 역겨워하는 반응과 스테레오타입 때문에 생긴 공포가 반포르노적 불안을 대부분 일으킨다고 생각하기 때문에, 기회가 닿을 때마다 포르노 제작의 윤리에 관해 대화를 하고자 한다.

그렇다고 우리 사회의 많은 사람들이 그들에게 잘 맞지 않는 섹스를 하도록 압력을 받는 데 화가 나지 않는다는 말은 아니다. 그러나 그것은 포르노의 잘못이 아니다. 나는 분명히 성적 스테레오타입에 대해 화가 나지만, 포르노가 그런 스테레오타입을 만들어냈다고 생각하지는 않는다.

내가 최근에 여러 번 생각하고 있는 스테레오타입은 — BDSM 포르노에서 계속 되풀이해서 표현되었다 — 비디에세머들이 자기 파트너를 사랑하지 않거나, 사랑은 BDSM 관계 속에 들어갈 수 없다는 생각이다. 팻 캘리피아의 『섹스에서 권력을 이야기하기』에서 이 문제를 언급하는 부분을 인용해 보겠다. (주: 유명한 BDSM 소설 세 권의 결말에 대한 스포일러가 담겨 있다. 그 세 권은 『O의 이야기』, 『성으로 돌아오다Return to the Chateau』, 『나인 하프 윅스』이다.)

나는 『O의 이야기』와 『성으로 돌아오다』의 결말에 다가갔을 때 얼마나 속상했는지 아직도 기억난다. 스테판 경이 O에게 흥미를 잃고 자살하라고 말하는

곳이었다. 또, 『나인 하프 윅스』(영화가 아니라 책)가 끝나는 방식에 맹렬히
화가 났던 것도 기억난다. 서브미시브 여성이 공개 망신을 당한다. 그녀는 히
스테릭하게 울기 시작하고 주인은 그녀를 버린다. 그래서 낯선 사람들이 그녀
를 위해 도움을 구해야 한다. SM을 하는 사람들에 대한 가장 잔인한 스테레
오타입은 우리는 서로를 사랑하지 않는다, 우리의 성적 스타일 때문에 우리의
관계는 상호파괴적으로 변하고 우리가 자살하게 된다는 것이다.

며칠 전 정말로 BDSM 섹스를 좋아하지만 '사랑의 섹스'는 비-BDSM
섹스라고 말하는 소녀와 대화를 나누면서 이 인용문이 떠올랐다. 왜
냐고? 모두 알고 있듯이, 사랑은 BDSM 섹스에 포함되는 요소가 아니
기 때문이다. "모든 사람이 그걸 안다." BDSM은 언제나 어린 시절에
학대당했기 때문에 생기고, 지배적 사디즘은 악당들이 느끼는 것이고,
BDSM을 좋아하는 사람은 모두 상처입고 불쌍하고 무책임하고 등등…
을 "모두가 알듯이."

이런 걸 너무 자세히 말할 필요 없다. 엿이나 먹으라지.

사랑이 들어간 BDSM 외설이 없다는 말은 아니다. 앤 라이스의 뷰티
시리즈는 뷰티가 사랑하는 사도마조히즘 파트너와 행복한 결말을 맞
이하는 것으로 끝난다(물론 처음에는 그 인물들도 온갖 무정하고 잔
인한 일과 마주치지만). 그러나 미묘한 뉘앙스를 가진 BDSM 에로티카
도 이 덫에 걸리는 일이 많은 것 같다. 예를 들어, 재클린 캐리Jacqueline
Carey의 『쿠시엘의 다트Kushiel's Dart』는 세이프워드를 포함할 정도로
BDSM을 의식하며 쓰였지만, 주요 인물은 적과 가장 강렬한 BDSM 관
계를 갖고 자신을 절대로 상처 주지 못하는 사람과 애정 관계를 갖는
다. (캐리는 이 시리즈 후반에서 다른 캐릭터들에게는 매우 다른 방침

을 취한다. 이런 비판에 반응해서 그렇게 한 것인지 늘 궁금하다.)

창조보다는 비판이 쉽고, 내가 하는 포르노 비판은 곧 내게 돌아와 나를 물어뜯을 수 있다. 나도 언젠가 BDSM 외설물을 만들어 발표할 계획이기 때문이다. …그리고 내가 만들어내는 것도 완벽과는 거리가 멀 것이다. 하지만 무엇을 쓰든 간에 나는 그 안에 반드시 사랑을 표현하고 싶다. 어느 정도 사랑의 부재라는 조건에서 작동하는 BDSM 판타지가 많다. 심지어 어떤 판타지는 그런 조건을 **요구하기까지** 한다. 아마 그런 판타지는 전부 사악하고 감정적으로 멀리 있는 도미넌트에 대한 것이거나, 파트너들이 서로를 증오하는 데에서 에로틱한 긴장이 나오거나, 뭐 여러 가지 이유가 있을 것이다. 그래, 그런 것도 나름대로 섹시하다….

그러나 그런 것들이 표준이 아니면 훨씬 좋을 것이다.

몸의 케미스트리와 SM

이것은 원래 2011년 발표되었다. 보통은 이렇게 기본적인 '~하는 법' 식의 포스트는 쓰지 않지만, 가끔가다 빈틈을 느끼면 그곳을 채워야 한다.

나는 종종 육체적 건강이 훌륭한 섹스에서 많이 무시되는 요소라고 생각한다. 건강이 나쁘면 훌륭한 섹스를 할 수 없다는 말은 절대로 아니다(사실, 나는 그들이 훌륭한 섹스를 하기를 ─ 그들에게 더 많은 힘이 있기를 바란다). 그러나 내 육체적 건강이 내 섹슈얼리티에, 특히 SM에 얼마나 영향을 미치는지 깨달을 때마다 나는 끊임없이 놀란다. 이 주제에 대한 전문가는 아니지만, 몇 가지 예를 들어보겠다.

• **음식**: 배고프면 섹스에도 SM에도 흥미를 덜 느끼게 된다. 내가 체벌받기 전에 제대로 먹었는지 확인하는 것은 특히 중요하다. 나는 보통 제대로 먹으려고 하지만, 힘든 SM 만남을 하려고 한다면 반드시 챙겨 먹는다. 나는 특히 데이트 전에 단백질을 충분히 먹고, 비트나 푸른잎 채소 등 비타민이 많은 음식을 포함시킨다. 달걀은 좋은 단백질원이다. 견과류, 콩과 두부는 나의 주 단백질원이다. 어떤 이유건 내가 단백질을 충분히 먹지 못했다면, 적어도 파트너를 만날 때 배고프지 않을 정도로는 먹어둔다.

지금 이런 이야기를 쓰는 이유는, 사람들이 SM 전/후 먹을 음식으로 무엇을 추천하는지 쓸모 있는 정보를 인터넷에서 찾기 힘들었기 때문이다. 특히 애프터케어 동안. '애프터케어'는 SM 만남을 끝내는 방식을 가리키는 SM 용어이다. 어느 훌륭한 페이지에서는 애프터케어에 대해 이렇게 서술하고 있다.

애프터케어는 SM 드라마의 마지막 장면이다. 모든 것을 매듭짓는 화룡점정이고, 마지막 한 획이다. SM 제의를 공유하는 사람들끼리 나누는 마지막 성찬식이다. 참여자들(보통 탑)이 판타지의 한 장면에 일상적 현실의 맥락을 가져오는 단계이다. 그 구체적인 목적은 양쪽 참여자들이 현장[즉, SM 만남]에서 느끼게 된 고양된 상태에서 다시 정상 상태로 돌아가도록 돕는 것이다. 일단 현장이 끝나면 집으로 돌아가기 위해 필요한 운동제어 능력과 현실적인 의식이 돌아오게 돕는다. 그러나 훌륭한 SM 현역 플레이어들이라면 모두들 '그보다 훨씬 더 큰 의미가 있다'고 말할 것이다. 애프터케어는 행위 후, 참여자들이 특별한 것을 창조하고 공유했다는 상호 확인을 함께 나누는 시간이다. 애정과 친밀함을 주고받는 때이다. 가장 축소시켜 말하더라도, 당신 삶의 작은 부분을 함께 나눈 사람에게 감사를 표현하기에 알맞은 시간이다. 현장에서 가장 아름다운 부분이 될 수 있는 시간이고, 실제로도 그런 경우가 많다. 그리고 현장의 일부분이기도 하다. 그것을 완전히 생략한다는 것은 친구 집에서 저녁을 먹을 때 자기 음식만 실컷 먹고 허겁지겁 가버리는 것만큼 무례한 짓이다.[1]

현장이 끝날 때 바텀에게 줄 수 있도록 음식과 물을 가까운 곳에 두는 탑들이 많다. 좋은 생각인 것 같다. (내가 바텀일 때는 현장이 끝난 후 먹을 필요가 있다고 느끼지 않지만, 그 전에 제대로 먹지 않았다면 필요할 수도 있다.) 어떤 사람들은 과일이나 과일 주스를 먹어야 한다고 말한다. 그러면 바텀의 몸에 당 폭발이 일어나면서 바텀은 더 기분이 좋아질 수도 있다. 하지만 나 개인적으로는 단백질 바를 먹을 테고, 내 친구들 몇 명도 비슷한 선택을 한다. 던전에서는 보통 스낵을 주지만, 늘 건강한 음식만 주지는 않는다.

음식에 대해 마지막으로 한 마디 남기자. SM에 절식을 포함시키는 사람들이 있다. 합의에 의한 것이라면 전혀 문제없다고 생각한다. 그러나 자신들이나 파트너들이 배고플 때에도 보통 때처럼 SM에 반응할 거라고 생각하지 않기를 바란다.

- **체중**: 나는 지금보다 훨씬 더 말랐었고, 건강이 좋아지면서 몸무게가 불었다. 때때로 내 몸무게에 기겁하기도 하지만(우리 사회에서 가시 같이 튀어나온 광대뼈를 가질 필요 없다고 생각하는 여성이 되기는 불가능하다). 그럴 만한 가치가 있는 일이었다. 한번은 내가 체중 증가로 매우 불안해하자 당시 남자친구가 내게 "나는 15킬로그램 쪘는데… 섹스가 이렇게 좋았던 적이 없어!"라고 인쇄된 예술작품 이미지를 이메일로 보냈다. 그는 예리하게도 이렇게 썼다. "그래서 네가 이제 더 오르가즘을 느끼기 쉬워진 게 아닐까? 네가 살을 빼고 싶다면 이 문제도 조사해봐야 한다고 생각해."

나는 과체중이 섹스에 영향을 미치는지 이야기할 입장은 아니다. 하지만 저체중이 성생활에 좋지 않다는 것은 확실하게 말할 수 있다.

- **수면**: 전날 밤 많이 자고 SM 만남을 하는 것이 훨씬 좋다. 적어도 만남 전에 제대로 먹는 것만큼 중요하다. 충분한 수면이 건강에 엄청난 영향을 미친다는 것을 보여주는 연구가 무수히 많고, 그런 연구에서는 보통 하룻밤에 7~8시간 정도의 수면을(청소년에게는 더 많은 수면을) 추천한다.

음식과 마찬가지로 SM 만남에 수면부족을 포함시키는 사람들도 있다. 다시 말하지만, 합의에 의한 것이라면 전혀 문제없다고 생각한다. 그러나 자신들이나 파트너들이 피곤할 때에도 보통 때처럼 SM에 반응할 거라고 생각하지 않기를 바란다. 당신은 어떨지 모르지만, '나는' 확실히 탈진하면 매우 감정적이고 변덕스러워진다. SM을 하면 매우 감정적이고 변덕스러운 상태에 빠질 수 있다. 당신이 SM을 한다면… 탈진 상태에서 할 때는 반드시 조심해야 할 것이다.

• **알코올**: 알코올은 내 통증 저항력을 감소시키기 때문에(사실 극적일 정도로 감소시킨다) 나는 확실히 흥분하기 힘들어진다. 알코올에는 단 하나 좋은 점이 있다. 그 유명한 '사회적 윤활제' 효과다. 내 개인적으로는 와인 한 잔으로 제한하는 쪽이 좋다. 어쩌면, 만약 내가 누군가를 유혹하고 싶다면 두 잔 정도. 보통, SM을 할 때 선호하는 상태는 한 잔도 안 마신 맑은 정신 쪽이다. 멋진 SM은 술이 없어도 나를 고조시킨다.

어떤 사람들은 제정신으로 SM을 하기가 너무 불안해서 SM을 하기 전에 취하는 것 같다. 늘 그렇듯이, 그들이 합의한 일이라면 해서는 안 된다고 말하지 않을 것이다… 그러나 취한 상태에서는 의사소통이 힘들고 머릿속이 멍해지기 쉽다. 즉 취한 상태에서는 제대로 동의하기가 어렵다는 뜻이다. 불가능하지는 않다. 어려울 뿐이다. 조심하시라.

약물과 BDSM을 한꺼번에 하는 것은 나쁘다고 많은 사람들이 말한다. 개인적으로는, 어떤 사람이 특정 약물에 아주 경험이 많고, 특정 BDSM 행위에 아주 경험이 많고, 자기 파트너와 아주 경험이 많다면 그들이 익숙한 정신상태에서 익숙한 파트너와 익숙한 BDSM 행동을 한다는 것이 크게 위험스러울까 싶기는 하다. 동시에 생각해야 할 일이 아주 많지만, 조심하는 것이 중요하다고 다시 한 번 말한다. 물론, 약물 남용 문제는 범주가 완전히 다르다. 그러나 어떤 사람이 십 년 동안 매일 저녁 반주로 와인 한 잔을 마셨다면, 그 사람이 저녁을 먹은 다음 BDSM을 할 수 없다고 하지는 않을 것이다.

알코올 외의 약물에 대해서는 내가 말할 자격이 없다. 나는 비합법적인 약물을 절대 사용하지 않기 때문이다. 그러나 여러분이 약물에 관련된 질문을 한다면, 웹사이트 Erowid.org에 매우 유용한 정보가 많다.

• **병**: 아플 때 내 SM 경험이 어떻게 변하는지 별로 관찰해 본 적은 없지만, 변하는 것은 확실하다. 몸이 아플 때, 약속을 다시 잡을 수만 있다면, 나는 언제나 약속을 다시 정한다.

• 그리고, 마침내, **월경**: 월경이 SM 면에서 내게 어떤 영향을 끼치는지 알 정도로 주의를 기울여 긴 기간을 살펴보지는 않았다. 그러나 영향을 끼치는 것은 확실하다. 에듀킨크에서 어떤 좋은 사람이 이렇게 말한 적이 있었다. "여성과 플레이를 할 때 멋진 점은 한 달에 매일 한 명씩 28명의 다른 파트너들을 만날 수 있다는 것이다!" [2]

서브스페이스에 내려가기

이 글은 원래 2011년 발표되었다. 사람들로부터 SM을 통해 들어가는 의식 변화 상태에 대해 실제 이루어진 연구가 있느냐는 질문을 많이 받았다. 내가 아는 한 그런 연구는 없다. 또, 도미넌트 파트너들은 '탑 스페이스'라고도 불리는 다른 종류의 영역으로 들어갈 때가 많다는 것도 언급해둘 가치가 있다.

"돌아와."

며칠 전 SM 파트너가 머리카락을 눈에서 떼어주며 부드럽게 말했다. 나는 눈을 깜박이고 머리를 흔들어 정신을 차리려고 했으나 잘 되지 않았다.

"이상하네. 다른 사람도 내가 서브스페이스에서 나올 때 그런 말을 하곤 했는데… 내가… 이상해."

"놀랄 만한 일은 아닌데. 너한테 할 만한 말이야. 너는 서브스페이스에 아주 빨리 들어가. 아주 멀리 가버려."

그가 말했다.

"늘 그렇지는 않아. 모든 사람과 그렇게 되는 것도 아니고. 네가 나를 거기로 잘 데려가는 거야."

내가 말하자 그가 미소 지었다.

"네가 나한테서 그런 힘을 끌어내는 거야."

서브스페이스는 설명하기 매우 힘들다. 아주 중요한 공간이기 때문에 지나가듯이 쓴 적은 많았지만, 제대로 설명한 적이 한 번도 없다. 구글링을 해 봐도 다른 사람도 비슷한 문제를 겪고 있다는 것밖에 확인할 수 없었다. 서브스페이스에 들어가기 시작할 때는 부드럽고 어둡고 느릿느릿한 느낌이다. 그러나 정말로 먼 곳까지 들어가면 완전히 멍해진다. 떨어진다. **날고 있다.**

다른 어느 곳으로..

'돌아와.'

뭐지? 나는 어디로 가는 거지? 그곳은 서브미시브의, 마조히스트의 머릿속 공간일 뿐이다. 그러나 내가 복종한다고 늘 서브스페이스에 들어가는 것은 아니다. 고통을 받는다고 늘 그곳에 가는 것도 아니다. 다른 요소들이 무엇인지는 모르겠다. 물론 어느 정도 신뢰가 있어야 한다. 그리고 파트너에 대한 감정이 강하면 모든 것이… 훨씬 더, 몇 십 배 강렬해진다. 그렇지만 새로 만난 파트너이면서도 놀라울 정도로 깊이 서브스페이스에 내려가게 해 주는 사람들도 있었다.

그것은 깊은 성적 흥분과 매우 비슷하다. 생각하기도 힘들고, 자극을 처리하기도 힘들고, 결정하기도 힘들다. 그러나 아무리 깊이 성적으로 흥분해도 깊은 서브스페이스에 절대 들어갈 수 없다. 깊은 서브스페이스는 어떤 것과도 비교할 수 없다.

어떤 SM 교사들은 SM 만남을 가진 후 한동안 운전하지 말라고 한다. 서브스페이스에서 나올 때까지는 하지 말라는 것이다. 그들은 그것을 취한 상태나, 의식 변성상태*와 비슷하다고 말한다. 어떤 SM 교사들은 도미넌트 파트너들에게 SM 만남 도중 새로운 행위를 제안하면 위험하다고 주의를 준다. 서브미시브가 명확한 정신상태에서 생각하고 동의할 수 없을 수도 있기 때문이다. (그런 순간 서브미시브는 안된다고 말하는 것조차도 훨씬 힘들어질 것이다.)

나는 더 젊고 미숙할 때 더 쉽게 서브스페이스에 빠져들었던 것 같다고 때때로 생각한다. 이제는 서브스페이스에서 더 능숙하게 나올 수 있다. 그러나 그 대가로 그곳에 진짜로 몰입하기 힘들어졌다. (안전이 우선이니까 어쩔 수 없지?) 파트너가 계속해 주었으면 할 때면 "멈추지 마." 하고 말하는 훈련을 했다(쉬운 일 같겠지만, 사실 한참 걸렸다). 낯선 파트너들과 플레이를 할 때는 경계를 놓지 않도록 훈련했다(내 성 노동자 친구 한 명은 "서브스페이스가 얼마나 깊건 상관없이, 고객이

---

* 의식 변성상태(altered state): 최면이나 명상 등으로 유도된 의식의 집중 상태. 트랜스상태.

콘돔 없이 섹스하려고 하면 난 언제나 나올 수 있어."라고 말한 적도 있다). 꼭 필요한 상태에 이르기 **전에** 세이프워드를 말하는 것도 더 잘하게 되었다. 일단 절대적 한계에 부딪친 다음 갑자기 모든 것을 멈춰버리는 것보다 파트너에게 잠깐 딴짓을 하거나 쉴 시간을 달라고 부탁하는 것이 나으니까.

물론 완벽한 경지에는 절대 이르지 못했다. 특히, 파트너가 복잡한 질문을 하면 거의 대답할 수 없다. 때로는 서브스페이스에 있으면 문자 그대로 파트너의 **어떤** 질문에도 대답할 수 없다. 때로는 파트너들이 초조해질 정도로 서브스페이스에서 나오는 데 시간이 오래 걸리기도 한다. 그러나 이런 속성들을 서브스페이스에서 완전히 없앨 수 있는지는 모르겠다. 그리고 나는 그것을 더 잘 제어하게 되었다.

비상시에는 깊은 서브스페이스에서도 곧장 나와서 말하고 행동할 수 있다고 확신하지만, 지적이고 사려 깊게 행동할 수 있을지는 의문이다.

더 어렸을 때는 파트너가 내게 질문을 하거나 어떤 것을 분명히 확인하려 들거나, 괜찮은지 살펴보려고 하면 파트너에게 화가 났다. '젠장, 내가 여기 있지 않은 거 모르겠어? 내가 아래에 있는 거 안 보여? 날 끌어내지 마.' 나는 이런 역정이 비합리적이라는 것을 알고 있었고, 그런 체크인에 응하기 위해 열심히 노력했다. 재빨리 표면으로 올라왔다가 다시 아래로 미끄러져 내려가려고. 그러나 도미넌트 입장에서 서브스페이스를 경험하고 나서야 그것이 **얼마나** 다루기 힘든지 알게 되었다.

나는 서브미시브에게 팔을 두른 채 앉아 때때로 어떠냐고 물었던 것을 기억한다. 대답으로, 그는 뭔가 중얼거리면서 내게 바싹 파고들었다. 십 분. 이십 분. 나는 도미넌트로서의 경험을 받아들이면서 궁금한 것을 되새겼다. 이따금 그런 질문을 했고, 그는 작은 소리로 뭔가 웅얼거렸다. 얼마 후 물 한 잔이 간절해졌다. 그가 잠든 줄 알았기 때문에 나는 "이봐, 가서 물 한 잔 마시고 올게. 괜찮아?" 하고 물으면서 몸을 떼려고 했다.

"안 돼요."

그는 소리를 지르며 나를 붙잡았다. 나는 생각했다.

'젠장. 서브스페이스에서 표면으로 떠오르는 모습을 밖에서 보면 이런 거구나.'

갑자기 나는 그의 정신이 어디에 머물러 있는지 깨달았다. 그는 시간의 흐름을 거의 느끼지 못한 채 의식의 부드러운 여러 층 사이를 떠돌고 있었다. 내가 가려고 하자 그는 갑자기 공황 상태에 빠지고, 완전히 버려질 것 같은 충격을 느꼈다.

'안 돼 안 돼 **안 돼**, 그럴 수 없어, 내가 지금 이런데 날 혼자 두고 떠나면 **안 돼**. 제발 난 당신 품 안에 있어야 해, 당신이 필요해 …'

나는 그때 그에게 무슨 말을 해야 하는지 알 수 있었다.

"쉬이잇. 나 여기 있어."

도미넌트 친구 한 명은 자기는 현장이 끝난 후 움직여야 한다고, 한바탕 달리고 와야 한다고, 그래서 파트너를 서브스페이스에서 밖으로 데리고 나오기 위해 함께 있지 못한다고 언제나 파트너에게 미리 알린다고 한다. 그의 파트너들이 그 말을 어떻게 받아들이는지 나는 늘 궁금했다. 그렇게 할 거라고 미리 알고 있으면 받아들이기 더 쉬울지도 모르겠다.

파트너가 서브스페이스에 있는 동안 동의를 받거나, 새로운 행위에 대한 협상을 하는 것은 문제가 된다. 어떤 사람들은 깊은 서브스페이스에 있으면 세이프워드를 말할 수도 없다고 한다. 잘 설명할 수는 없지만, 나도 언젠가 그럴 수 있다고 생각한다. 나도 전에 세이프워드를 말하기 힘든 경우를 겪었지만, 서브스페이스에 빠져 있었기 때문보다는 자존심이나 도미넌트 파트너에 대한 복잡한 감정 때문이었다. 서브스페이스는 사태를 복잡하게 만들지만 그것 때문에 내가 힘들었던 것 같지는 않다(이런 것을 구분해서 생각하기는 쉽지 않지만). 하지만 언젠가 거기까지 멀리 내려가게 되면 그렇게 될 것이다.

일단 서브미시브가 서브스페이스에 들어가 있다면, 절대로 미리 논의한 지점보다 더 멀리까지 밀어붙이면 안 된다는 말은 아니다. 조심해야 할 뿐이다. 그리고 파트너를 잘 읽을 수 있다는 확신이 없다면, 아니면 파트너를 세게 밀어붙여도 상대가 감당할 만한 감정적 여유를 갖고 있다는 확신이 없다면 하지 말라는 것이다.

서브스페이스에서의 안전은 무엇보다도 감정적 안전의 문제이기 때문이다. 서브스페이스에 들어간 순간 느끼는 취약성과 친밀감은 무시무시하다. 상대의 어조가 조금만 변화해도 넋이 나갈 정도의 공포와 절대적인 신뢰 사이를 오갈 수 있다. 정말 무섭고, 중독적이고, 희한하지만 설명할 수 없을 정도로 빛나는 순간이다.

'돌아와.'

최고의 순간은 돌아올 때일 것이다.

오르가즘의 통일장 이론

내가 블로그 활동을 하는 동안, 유명한 페미니스트 간행물 『미즈 매거진 *Ms.Magazine*』의 편집자가 연락을 해서 그곳을 위해 홍보 활동을 해 달라고 부탁한 적이 있었다. 나는 내 기고를 받아줄 수 있겠느냐고 물었고, 편집자가 승낙하자 혼신을 다해 이 긴 글을 썼다. 오르가즘을 느끼는 방법을 내가 어떻게 배웠는지 하는 경험을 쓴 글이었다. 그러나 미즈가 이 글을 거절했기 때문에 나는 다시 옛 친구 인터넷으로 돌아가 사랑스러운 여성권 사이트 *OffOurChests.com*에 실었다. 그 후 이 글은 백만 군데쯤 중복 게시되었다. 미즈에 이 글이 실렸으면 아주 좋았겠지만, 돌이켜보면 이 글이 오프라인 출판물에 갇히는 대신 인터넷으로 나온 것이 기쁘다. 이 글에 대해 엄청나게 많은 피드백을 받았고, 이 글이 도움이 되었다고 말한 젊은 사람들은 대부분 이 글이 인쇄된 잡지에 실려 있었다면 절대로 보지 않았을 것이다.

나는 절정에 이를 수 없다.

그래서 내가 했던

모든 연애는

망쳐졌다.

자위도 소용없다. 왜 그런지 모른다. 상담치료를 시도해 보았지만 영리하고, 이해심이 풍부하고, 섹스긍정적이며 개방적인 마음을 지닌 의사도 도움이 되지 못했다. 섹스하면서 약물을 했는지? 체크. 나를 행복하게 해줄 마음 뿐인 배려심 깊은 남자들과 연애하지만, 그들이 아무리 나를 흥분하게 해 준다 해도 나는 절정에 이를 수가 없다. 진심으로, 나는 섹스를 좋아한다. 아주 좋아한다! 그렇게 좋은데 왜 오르가즘까지 갈 수가 없지? 여러 가지 실험도 해 보았고, 나는 확실히 킨크가 좋다. 킨크는 멋지다. 그러나 절정까지 데려가지는 않는다. 나는 모든 것, 모든 것을 시도해 보았다.

이제 지금까지 사귄 남자친구 중에서 가장 좋은 남자친구가 있다. 하지만 다른 모든 남자친구와 마찬가지로 그는 나를 절정에 이르게 하지 못한다. 큰 자지? 오럴 섹스? 충분한 전희? 킨크? 다 했다. 아무 것도 소용없었다. 나는 남자친구들에게 오르가즘에 이르지 못해도 괜찮다고 거짓말을 했다. 그러자 최소한 그들은 죄책감을 느끼지 않고 섹스를 즐길 수 있었지만, 그 다음에는 당연히 잘 하려는 노력을 그만두었다. 이 사람은 여전히 시도하고 있다… 가끔가다. 하지만, 효과는 없을 것이다. 그래서 예전처럼 열정적으로 시도하지 않는다고 그를 비난할 수는 없다. 나는 계속 내가 양보해야 한다고 생각한다. 대체 왜 그에게 '수행'하라는 압력을 준단 말인가? 내가 계속 더 많이 요구하면 나를 원망하게 될 뿐일 텐데. 내가 그 문제를 부드럽게 대하고 그를 칭찬하고 뭘 하든 간에, 그가 무슨 짓을 해도 소용이 없기 때문에 원망할 테지. 절대 소용이 없을 테지만, 나는 좌절하지 않으려고 아주 열심히 노력한다. 그러나 나는 망했다, 어딘가가 고장났다는 생각을 피할 수가 없다. 보통 여자라면 누구든지 지금쯤은 절정에 올라 보았을 것이다. 그렇지만 난 무얼 하고 있는가? 무엇을 해야 하는지 모르겠다. 내가 양보하고 그에게 집중할까? 결국 나는 그렇게 하게 되었다. 더 이상 침대에서 좀 더 노력해 달라고 부탁하기가 힘들기 때문이다. 왜 그것이 중요하냐고? 그것이 제대로 되지 않으면 그는 나를 원망할 것이다. 그러니까 나는 양보한다. 그리고 나는 그를 원망할 수밖에 없다. 아주 약간이지만. 내가 얼마나 상처입고 있는지 알아차리지 못하기 때문에, 내가 망가져 있다고 해도 계속 노력해 보지 않기 때문에, 나는 절대로 절정에 오르지 못할 것이기 때문에.

1. 질의 통증

위의 글을 썼을 때는 사실 오르가즘을 느끼는 법을 알아내기 직전이었다. 그러나 나는 그 사실을 몰랐다. 나는 절정에 도달할 수 없다는 불안을 아주 오랫동안 겪었고, 또 내 섹슈얼리티가 SM 지향이라는 것을 그 즈음에야 깨닫기 시작했다. 그래서 마음속에서 고통이 넘쳐흘러 글로 흘러들었다. 나는 SM을 열망했지만, 그 열망을 인정하면 내가 '변태'고 '괴물'이 되는 것 같았다. 내가 절정을 느끼지 못하기 때문에 '망가진 사람'이라는, 이미 압도적으로 나를 누르고 있는 공포에 힘을 더해 줄 뿐이었다.

이런 공포와 부끄러움을 전부 쏟아내면서도 한 가지 언급하지 않은 점이 있다. 나는 가끔 질에서 통증을 느꼈다. 섹스할 때마다 그런 것도 아니고, 보통 때도 아니고, 그냥 가끔. 의학은 전통적으로 여성들이 경험하는 섹슈얼리티에 관심을 기울이지 못했기 때문에, 그 주제에 대한 연구는 거의 없었다. 그래서 내가 왜 그런 고통을 느끼는지는 알 수 없었다. 육체적 문제일까? 그도 그럴싸했다. 성적인 만남에 대한 심리적 안정 수준은 고통의 유무와 연관성이 없는 것 같았기 때문이다. 그러나 여성의 섹슈얼리티는 너무 신비롭고 감정적이어서 열심히 의학적 연구를 할 가치가 없다는 통념이 많았기 때문에, 해답을 확실히 알 수 있을지 의심스러웠다.

얼마 동안은 정액에 알레르기를 가지고 있다고 확신했다. 자신이 정액 알레르기를 가졌다고 주장한 여성이 쓴 잡지 기사를 읽었기 때문이다. '아하, 그렇군.' 하고 생각했다. 호르몬 피임약을 중단하고, 신뢰할 수 있는 모노가미 남자친구들에게 콘돔을 쓰도록 했다. 고통이 조금 뜸해졌다. 그러나 그때부터 지금까지도, 여전히 그 고통을 가끔은 느낀다. 아주 가끔. 질 삽입을 하지 않는 만남 중에도 느끼곤 하니, 페니스가 내 안에 들어오느냐 아니냐의 문제는 전혀 아니다.

그러나 나는 그 고통을 뚫고 나아갈 수 있다. 오르가즘도 느낄 수 있다. 아직은 좋지 않은 느낌에 둘러싸여 있지만 기분 좋은 반사작용이다. 그러나 그 고통을 완전히 없앨 수는 없다. 다시는 질 통증을 느끼지 않을 거라고 생각할 때마다 그 통증은 성적인 만남에서 슬금슬금 나타난다.

정액의 접촉 없이도 그런 고통을 느끼기 때문에, 정액 알레르기 이론은 탈락했다. 하지만 그렇다고 호르몬 피임이 아무 영향을 주지 않는다는 뜻은 아니다. 호르몬 피임제를 먹을 때면 확실히 고통이 더 심하다. 피임약은 우리가 아직 알지 못하는 방식으로 섹슈얼리티에 간섭한다. 흔한 부작용 한 가지는 피임약이 성충동을 감소시킨다는 것이다. 피임약은 육체-의학적 방식으로 내 섹슈얼리티에 영향을 미쳐 고통을 더 심하게 하는 것 같다.

내가 어느 정도 질 통증을 겪는다는 점이 중요하다. 그 통증은 혼란스럽고 예측하기 힘들고, 이 문제에는 마땅한 의료 정보가 없다. 그 고통은 내 체질에 이상한 데가 있다고 암시한다. 내가 '보통' 여성보다 오르가즘을 느끼기 힘든 이유가 있으리라.

그러나 질 통증은 심하지 않고, 드물게 불쑥 나타난다. 그리고 이 통증은 내 섹슈얼리티에서 가장 중요한 문제, 혹은 내 오르가즘 능력에 대한 가장 큰 영향력에는 댈 것도 못 된다.

2. SM

나는 내 섹슈얼리티가 BDSM이라고 정체화한다. 즉 킨크, 레더, 페티쉬, SM 혹은 BD다. BDSM은 여섯 단어를 네 글자로 줄인 약어이고, 아주 많은 행위를 포괄하고 있다. 본디지, 훈육, 지배, 복종, 사디즘과 마조히즘. 그렇다. 나는 '정말로' 거기에 몰입한다. 내 욕망은 격렬하고 압도적이다. 나는 고통을, 자비를 구하는 겁에 질린 비명을 꿈꾼다. BDSM이 내 성적 지향이라고 말할 정도이다.

독자가 섣불리 결론을 내리기 전에 말해 두는데, '좋은 고통'과 '나쁜 고통'에는 확실히 차이가 있다. 때때로 질 속에서 느껴지는 고통은 좋은 고통이 아니다. 흥미롭지도 않다. 그저 짜증난다. 전혀 섹시하거나 즐길 만한 고통이 아니다.

BDSM 커뮤니티에서는 평생 동안 BDSM에 끌림을 느낀 사람들이 있다. 우리는 "그러면 '당신도' 어렸을 때 바비인형을 묶어봤어요?" 하고 흥분과 감탄으로 끝나는 대화를 한다. 그러나 BDSM은 널리 오해받고 부정적인 스테레오타입으로 알려졌기 때문에, 많은 사람들이 그것을 거부하는 기간을 겪었다. 우리는 사회에서 받은 반-BDSM 낙인을 깊이 내면화해 왔기 때문에 가끔 기겁을 하게 된다. 우리의 BDSM 욕망을 부인하거나 지워버린다.

중학교에 다닐 때 내가 겪은 일이 그러했다. 내 섹슈얼리티가 점점 더 명백해지면서 불안은 최고조에 달했다. 나는 내가 하는 일이 무엇이라고 이름붙이지 않은 채, 은밀하게 사도마조히즘적 그림을 그리고 이야기를 쓰다가 어느 순간 멈추었다. 폭력적인 권력 관계에 대한 생각의 통로를 막아 버렸다. 최대한 굳게 문을 닫고 치워 버렸다.

성적 욕망은 여전히 느끼고 있었다. 십대에 접어들고 있었기 때문에 당연히 그랬다. 때때로 재미없는 수업 중간에 너무 강렬한 욕망을 느끼면, 열이 오른 이마를 차가운 책상 위에 대어야 했다. 나는 눈을 감고, 심호흡을 하며 그 에로틱한 전율이 지나가기만 기다렸다. 집에서는 트윈베드에 아무렇게나 누워 키스하는 꿈을 꾸었다. 남자의 털과 피부와 손길을 상상했다.

그러나 내 욕망을 찾아내고 통제하기는 힘들었다. 나는 자위에는 아무 거부감이 없다고 생각했다. 그러나 내 생식기를 만지자 몸이 식었다. 바이브레이터를 켜도 지루하기만 했다.

다행히도 나는 훌륭한 성교육을 받았다. 유니테리언 유니버설리스트 성교육 프로그램에서는 여러 다른 경험에 대해 조심스럽게 이야기했고, 덕분에 게이나 레즈비언, 바이섹슈얼, 트랜스젠더나 퀴어에 대해 생각할 여지를 주었다. 성병과 임신과 콘돔 사용법만 배운 것이 아니라, 내 섹슈얼리티를 탐구하고 거기에 가치를 둘 수 있도록 교육받았다. 그러나 이 멋진 커리큘럼에는 BDSM과 다른 비표준적 성 정체성은 포함되어 있지 않았다. 파트너들과 성적 만남을 할 때 어떻게 협상하는지도 별로 조언해주지 않았다. 그래서 성에 대해 긍정적이고 페미니즘적인 메시지를 많은 부분 내면화하고 있었지만, 나 자신의 섹슈얼리티는 여전히 알지 못하고, 어리둥절하고, 말하기 힘든 것이었다.

십대 중반 섹스를 시작했을 때 나는 섹스가 좋았다. 아주 좋았다. 그러나 이상하게도 뭔가 부족했다. 나는 자위하는 법을 전혀 몰랐기 때문에, 파트너들에게 나를 즐겁게 하는 법을 알려줄 수가 없었다. SM을 원하는 게 아닐까 때로 의구심이 들었지만, 내가 얼마나 깊이 들어가고 싶은지도 알지 못했다.

십 대 때 두어 명의 남자친구가 나를 묶었다… 그러나 그 다음에는 나를 세심하게 배려해서 행동했고, 입으로 내 아래쪽을 애무했다. 즐겁기는 했지만 그것으로 절정에 이를 수는 없었다. 그래서 나는 SM이 재미없다는 결론을 내렸다. 하지만 사실은 내가 선호하는 강도의 SM까지 가지 못했던 것이다. 몇 년이나 지난 다음에야 나는 고통과 눈물, 멍과 피를 향한 욕구를 해방했다.

3. 불감증

나이를 먹고 더 많이 섹스를 하면서, 오르가즘에 이르지 못한다는 무능력은 나의 가장 유독한 비밀이 되었다. 절친한 친구들도 대부분 몰랐다. 얼마 동안 나는 나 자신이 '불감증'이라고 생각하고 불합리하게도 스스로를 마구 깎아내렸다. 하지만 나 스스로를 불감증이라고 생각하는 것은 말도 되지 않았다. 나의 성적 욕망은 부인할 수도, 피할 수도 없었다. 그러나 오르가즘을 아직 겪지 못한 여성을 가리키는 다른 말, 다른 이미지나 전형을 뭐라고 해야 할지 알지 못했다.

친구들한테 말을 해도 소용이 없었다. 기껏해야 여러 가지 일화의 파편이 섞인 대화가 오갈 뿐이었다. 어떤 친구는 이렇게 충고했다.

"오르가즘을 못 느끼는 여자애를 알고 있었는데, 어느 날 걔는 여행을 하다가 섹스하고 잠들었어. 그런데 깨어났을 때 오르가즘을 느꼈다지 뭐야."

아버지 책장 맨 위 칸에서 책 한 권을 찾아내기도 했다. '어떤' 여자에게도 오르가즘을 분출하게 해 줄 수 있다는 남자가 쓴 책이었다. 그 저자는 여자가 편안하게 있는 것이 관건이고, 여자는 남자가 무엇을 하려고 하는지도 몰라야 한다고 주장했다. 사실, 그 책에서는 남자들에게 여자친구가 그 책을 읽지 못하게 하라고 대놓고 권했다.

당연히, 이런 이야기들에서 '오르가즘 통일장 이론'을 추론해낼 수는 없었다. 단 하나 분명해 보이는 것은 내가 어떻게든 '힘을 빼고' '계속 시도해야' 한다는 것이었다. 그러나 어떻게?

가끔, 자기가 해답을 안다고 확신하는 사람에게 그 문제를 말해버리는 실수를 하기도 했다. 그들의 해답이란 **자기와** 함께 자는 것이었다. 성적 경험이 있는 남자 친구와 술을 마시다가 취해 충고를 부탁했을 때, 그는 자기와 섹스하면 내가 반드시 절정에 이를 거라고 주장했다. 그는 혀 풀린 소리로 중얼거렸다.

"원하면 언제든지 오르가즘을 느끼게 해 줄게. 보장할 수 있어!"

그의 관점에서는, 내가 자기에게 끌리지 않는다는 사실은 중요하지 않았다.

더 나빴던 경우는 내게 '문제가 있다'고 선언하던 레즈비언 여자 친구였다. 그 친구는 내가 여자와 자야 한다고 말했다. 궁극적으로 그 문제가 성 정체성의 문제라는 점에서는 그 친구가 옳았다. 그러나 내가 억압된 바이섹슈얼이라고 생각했다는 점에서는 틀렸다. 그 친구는 자기와 자자고 부추겼지만 결국 내가 반해 있던 남자와 쓰리섬을 하게 되었다. 그날 저녁의 어떤 부분은 마음에 들었지만, 대부분은 불쾌하거나 지루했다. 나중에 그 친구에게 솔직하게 그 경험을 말하려고 했지만, 그 친구는 내가 그 경험을 전부 좋아했다고 주장했다. 다만 지나간 일에 죄책감을 느낄 뿐이라는 것이었다.

"넌 아주 푹 빠져 있었는걸."

그 친구는 그렇게 단언하며 승리감에 우쭐해 했지만, 내가 그 해석을 받아들이지 않자 화를 냈다. 나도 몇 년 동안 화가 났다.

어느 정도 깊이 알 때까지는 내 파트너들에게도 오르가즘 문제를 말하지 않았다. 그만큼 일급 기밀처럼 느껴졌다. 내가 믿는 사람이 아니라면 아무에게도 알려줄 수 없었다. 내가 얼마나 망가졌는지 '모두가알 것'이라는 생각만 해도 참을 수 없었다. 내 문제를 알고 있는 몇 명 안 되는 사람이 보인 동정과 매료의 혼합물을 견딜 수 없었다.

오랫동안 미루다가 파트너들에게 말했을 때가 가장 골치 아팠다. 나는 고등학교에서 아주 인기가 없었고, 늦게 꽃피는 타입이었다. 십대 후반까지 남자친구가 없었다. 남자친구와 상호작용을 하는 데 조금이라도 자신이 생기기까지 오랜 시간이 걸렸다. 그리고 내가 오르가즘을 느끼는 법을 모르고 어떻게 시작해야 하는지도 전혀 모르고 섹스에 대해 의사소통을 하는 법도 거의 몰랐기 때문에, 내가 원하는 대로 유도할 수도 없었다.

또, 성적 '교환' 중에 너무 '어려운' 것을 요구한다면 애인들이 나를 싫어할 거라는 편집증적 생각을 품고 있었기 때문에 나는 내 감정을 아무 것도 아닌 것처럼 이야기했다. "오르가즘을 못 느껴도 별일 아닌걸 뭐." 같은 끔찍한 거짓말을 했다. 그런 거짓말을 할 때는 가슴이 찢어질 것 같았지만, 진실을 말하는 것보다는 그편이 더 안전하다고 느꼈다.

십대에 가까스로 오르가즘을 느끼는 데 성공한 적이 있다. 딱 한 번. 아직도 어쩌다 그렇게 되었는지 모르겠다. 어느 날 저녁 엄청나게 지쳤지만 그래도 친구들과 함께 퍼지 브라우니 선디sundae를 먹으러 나갔다 왔다. 마침 남자친구가 집에 와서 섹스를 하고 싶어 했고, 나는 피곤하고 별로 뜻이 없었고, 선디 때문에 배가 불렀지만 그냥 섹스를 했다. 내가 섹스를 거부해도 그들이 나를 미워하지 않으리라는 생각을 아직 내면화하지 못했기 때문이었다. 행위를 하는 동안 내내 넋이 빠져 있었지만, 내가 오르가즘을 느끼고 있다는 것을 깨닫고 퍼뜩 정신을 차렸다. 그 다음에는 피로가 쏟아져 곧장 잠들어 버렸다. 남자친구가 잠을 깨울 수 없을 정도로 깊이 잠들었다.

당혹스럽고 분석하기 힘든 체험이다. 내가 단 한 번 느낀 오르가즘의 어떤 측면이 '오르가즘 통일장 이론'에 들어가야 할까… 또, 관계없는 것들은 어떤 측면일까?

초콜릿? 음, 초콜릿은 약한 약물이기는 하고, 약물은 어떤 사람들이 절정에 가도록 도와준다. 또, 초콜릿에 약한 최음 작용이 있다고 밝혀낸 연구결과들도 있다. 그러니 그럴 수도 있다.

체위? 체위는 느낌이 아주 좋았지만 조금 어색했고, 남자친구에게 그걸 다시 해보라고 부탁하기가 민망했다. 그래서 체위에 대해서는 생각해 보지 않았다(이제는 파트너들과 의사소통을 훨씬 더 잘하게 되었다).

탈진은 어떨까? 매우 지쳐 있던 상태가 '긴장을 푸는 데' 도움이 되었을 수도 있다. 그렇지만 그 순간을 뺀 나머지 시간은 별로 흥분하거나 즐겁지 않았다. 주로 내가 매우 지쳤기 때문이었고, 지쳤을 때는 억지로 섹스하고 싶지 않으니까. 그래서 탈진이 한 가지 요인이었을 수도 있지만, 그것도 '소용없다'로 분류해 놓았다.

얼마 동안은 그 문제에 대해 별로 걱정하지 않았다. 이제 오르가즘을 한 번 느꼈으니 반드시 더 쉬워질 거라고 생각했기 때문이다. 어떻게 제대로 말해야 할지 몰라서, 남자친구에게 그런 일이 있었다고 말하지도 않았다. 계속 사귀다 보면 이유를 추측해낼 수 있을 테고, 그 다음에 대체 왜 그런 일이 일어났는지 말하자고 생각했다.

불행히도 그 일은 그렇게 쉽지 않았다. 몇 달, 몇 년이 지나가도 그 우연한 사건은 되풀이되지 않았다. 불안이 다시 스며들기 시작했다. 나의 오르가즘 통일장 이론은 난항을 겪고 있었다.

그때 당시에는 섹스와 연애 관계 도중에 '요구하는 것이 많다'고 보일까봐 터무니없을 정도로 두려워하고 있었다. 예를 들자면, 나는 남자들이 '유지비가 높은' 여자들을 좋아하지 않는다는 소리를 몇 번이나 들었다. 그래서 내 남자친구들에게 꽃을 사다 주지 않아도 된다고 말했다. 나는 남자들이 '나를 먹여 살릴' 필요가 없다는 사실에 안심할 거라고 생각했지만, 그들은 당황할 뿐이었다(내가 그렇게 말하자 한 명은 조화를 사 주었다).

커닐링구스에 대한 끔찍하고 부끄러운 고정관념 때문에, 그것도 거부할 때가 있었다. 남자친구들이 기꺼이 내 아래쪽을 애무해 주려고 해도, 그들이 정말로 그 일을 열렬히 즐길 거라고 믿을 수가 없었다. 그런 불안 때문에 너무 고통스러워지면 어쩔 수 없이 그들을 막아야 했다.

나는 언제나 그 행위를 즐기는 도중에 그들을 막았다. 그들이 그것을 싫어하고, 내가 그것을 원하면 나를 싫어할까봐 너무 겁이 났기 때문이다. 그들이 그것을 오래 하는데 내가 절정을 계속 느끼지 못하면 나를 점점 원망하게 될까 봐 겁을 먹었다. 공포가 등골을 타고 스멀스

멀 올라와 심장을 쥐어짜면 그들에게 그만하라고 할 수밖에 없었다.

내가 잠자리에서 얼마나 멋진지 끊임없이 칭찬하면서도 내가 느끼는 결핍을 모르는 것 같은 남자친구와 함께 있으면, 사랑과 혐오 사이에서 꼼짝달싹 못하게 된 기분이었다. 최악은 그가 내 멋진 점들을 거창하게 줄줄이 들다가 마지막으로 "너한테는 오르가즘을 느끼게 해 줘야 한다는 부담감도 없어!" 하고 말할 때였다. 그는 자기가 나를 어떤 곤경에 빠뜨리고 있는지, 내가 얼마나 스스로에게 상처를 주고 마음속에서 끔찍한 자기 억압을 키워가고 있는지 알지 못했다. 그는 내게 "넌 잠자리에서 훌륭해. 계속 네 욕구를 감추고, 복잡한 걸 나한테 절대 요구하지 않으니까!"하고 말하고 있다는 것을 몰랐다.

공평하게 말하면, 나도 나를 더 잘 대하는 법을 그에게 전혀 알려주지 않았다. 공평하게 말하면, 무엇을 알려줘야 할지 나도 몰랐다.

그들은 자기 나름대로 사회적으로 프로그래밍되어 있었고, 나는 그들의 프로그램과 제대로 의사소통을 하지 못했다. 그러나 때때로, 여전히 예전 남자친구들을 용서하기가 힘들다.

4. 싸움

내 남자친구들이 모두 기꺼이 아래쪽을 입으로 애무해준 것은 아니다. 특히 한 명은 매우 강한 거부반응을 보였다. 그는 절대 그렇게 하지 않았다. 특히 그가 내 평생 제일 사랑했던 남자 중 한 명이었고 우리 관계가 오랫동안 지속되었기 때문에 문제였다. 그를 생각하면, 섹스 이외의 다른 면에서는 모두 좋았다. 그러나 그와 하던 섹스를 생각하면 비통함을 느끼고 역겨운 공황 상태에 빠진다.

결국 그와 잘 때마다 혐오감밖에 느끼지 못했다.

그는 내가 느끼던 모든 공포를 증명하는 것 같았다. 내 인생에 들어온 남자들에게 내 혼란과 절망을 이야기하거나 내 성적 욕구 문제를 도와달라고 하면 그들이 나를 혐오하고 원망하리라는 공포를. 관계를 시작할 때 나는 그에게 (매우 소심하게) 아래쪽을 입으로 애무해 달라고 부탁했으나, 그는 딱 잘라 거부했다. 나중에 대화를 나눌 때 그는 커닐링구스가 '너무 모멸적'이라고 주장했다. 내가 늘 그의 아래쪽을 입으로 애무해주었다는 것을 생각하면 이상할 정도로 아이러니컬했지만 그는 진지했다.

시간이 흐르면서, 나는 깊이 좌절해 성적으로 다른 실험을 해 볼 생각을 하기 시작했다. 그러나 그 말을 하기가 무서웠다. 내가 무엇을 실험하고 싶은지도 몰랐다(나는 BDSM을 '이미 시도해' 봤지만 좋아하지 않는다고 진심으로 믿었다). 그러나 애초에 그가 겨우 커닐링구스를 거부했기 때문에 말할 자신이 없었다.

마침내 나는 단도직입적으로 성적 실험을 하자고 부탁했다. 그리고 우리는 그때 최악의 싸움을 했다. 돌이켜 보면 우리 관계는 이미 험난해지고 있었다. 그 시절 내 일기에는 이런 문장이 있다.

"우리 관계에 대해 이야기하려고 할 때마다 그가 **화나지 않게** 만들 수 없는 것 같다."

그 최악의 싸움을 할 때, 우리는 그의 방에 앉아 책을 읽고 있었다. 그러다가 내가 용기를 그러모아 내 섹슈얼리티를 이해하도록 도와달라고 그에게 말했다.

"그래서 내가 어떻게 했으면 좋겠어?"

그가 날카롭게 물었다.

"나도 몰라. 하지만 꼭 알아낼 수 있을 거야. …모르겠어, 그걸 다룬

책이 있지 않을까?"

"**웃기고 있네.** 난 너를 사랑해. 하지만 너와 섹스하는 법을 알려고 **책을 읽지는** 않을 거야."

그가 쏘아붙였다.

사태는 점점 더 나빠졌다. 겨우 처음 몇 마디를 하고 나는 울고 있었다. 어느 때인가 그가 대놓고 내게 고함을 쳤다.

"네가 만족하든 말든 난 상관없어."

내가 "진심이 아니지?" 하고 말하자 그는 그 말을 되풀이했다. 결국 나는 돌아서서 그의 방에서 나왔다. 아무 데도 갈 곳이 없었다. 그를 만나기 위해 장거리 열차 여행을 했는데, 그 열차는 이미 운행이 끝나 있었다. 얼어붙을 정도로 추운 한겨울이었다. 울면서 나는 코트를 입고 신발을 신고 그 집에서 나와 교외로 갔다.

나는 아무렇게나 발길 닿는 대로 걸었다. 앞이 잘 보이지도 않았다. 다행히 너무 추웠기 때문에 밖에 나와 돌아다니는 사람은 아무도 없었다. 나는 옷깃에 머리를 파묻어 흐느끼는 소리를 죽였다. 15분 후 주머니에 휴대폰이 들어있는 것을 깨닫고 제일 친한 친구에게 전화를 했지만, 친구는 받지 않았다. 한 시간 후 친구가 전화했을 때 나는 여전히 울면서 걸어 다니고 있었다.

친구는 나를 진정시키고 내 이야기를 들었다. 그때 그 친구는 내가 오르가즘을 느끼지 못한다는 말을 처음 들었다. 그리고 비슷한 문제를 겪어본 적이 없었기 때문에 내게 어떤 조언을 해야 할지 몰랐다. 또, 내 남자친구와 의사소통을 하려고 해 봤자 소용없을 거라고 우리 둘 다 생각했다. 이 주제를 가지고 그와 성공적으로 의사소통을 할 방법은 전혀 없었다.

결국, 친구가 가까스로 진정시킨 덕에 나는 덜덜 떠는 젤리 덩어리 같은 상태로 흐물흐물해졌다. 친구가 부드럽게 말했다.

"괜찮아, 얘. 너 지금 전화 끊고 다시 안으로 들어가야 해."

친구의 말이 옳았다. 그래서 나는 친구 말대로 했다.

다시 남자친구 방에 걸어 들어갔을 때, 그는 여전히 책을 읽고 있었다. 하지만 침묵의 결에서 그가 기분 나쁘다는 것을 느낄 수 있었다. 나는 탈진했고, 세찬 바람에 날려가 버릴 것 같았다. 그러나 선을 그어야 한다고 스스로에게 다짐했다.

"내가 성적으로 만족하든 말든 네가 신경 쓰지 않는다고 하면, 난 더 이상 너와 할 수 없어…."

간신히 이 말을 할 때 내 목소리는 분명 떨리고 있었을 것이다.

"난 절대 그런 말 안 했어."

그가 부드럽게 말했다.

나는 눈을 감았다. 그는 때때로 내가 들었다고 **확신하는** 말들을 자기가 한 적이 없다고 주장했다. 그러면 언제나 나는 제정신이 나간 것 같은 기분이 들었다. 나는 그가 그렇게 말했다는 것을 **알고 있었고**, 심지어 "진심이 아니지?" 하고 대꾸도 했다. 그 다음 그는 그 말을 **되풀이했다.** 그러나 아주 지쳐 있었기 때문에 그 대화를 시작하는 것만 해도 힘들었다. 몇 시간이나 울면서 거리를 걸어 돌아다닌 것만 해도 이미 충분히 힘들었다.

어쩌면 내가 정말로 잘못 들었을지도 모른다. 나는 그 순간을 머릿속에서 백만 번쯤 되새겨 보았고, 이제는 모르겠다. 어쩌면 내가 오해한 것일 테고, 아니면 그가 감정 학대자들의 고전적인 패턴에 빠져 있었을 것이다. 그는 내가 혼란스러워져 항의하지 못하도록 내가 헛것을 들었

1관_SM, 페미니즘, 섹스긍정적 페미니즘의 기초

다고 주장했을지도 모른다. 학대자들은 그런 행동이 실제로 통하기 때문에 그런 일을 한다.[1]

한 가지 확실한 것은 그가 그 대화를 딱 잘라 부인했을 때 나는 그 이야기를 다시 꺼낼 엄두도 나지 않았다는 것이다. 그 대화를 다시 시작할 수가 없었다. 하지만 내가 그렇게 사랑한 사람과 헤어질 수도 없었다. 그래서 우리는 대신 다른 이야기를 했다.

물론, 우리의 성생활은 하나도 변하지 않았다.

다음날 내 상태가 어떠냐고 친구가 전화했을 때 나는 이렇게 말했다.

"응, 내가 들었다고 생각한 말을 자기는 하지 않았대."

불신이 섞인 침묵이 흘렀다.

"아마… 그가 무슨 뜻으로 말한 건지 내가 잘 몰랐나 봐."

그러나 내 말은 내 귀에도 자신 없이 들렸다.

"아마 그랬겠지."

친구는 의심 가득한 목소리로 말했지만, 그 문제를 더 파고들지는 않았다.

그렇게 싸운 다음에도 나는 그 남자와 오랫동안 연애를 계속했다. 지금 다시 돌아보면 어떻게 그럴 수 있었는지 상상도 할 수 없다.

5. 남자의 시각

젠더화된 사회적 압력이 남자들에게 미치는 영향은 논의하고 분석할 가치가 있고, 나는 종종 그런 논의와 분석을 한다. 예를 들어, 남자들이 성적으로 어떤 행동을 '수행'하라는 압력을 받는다는 사실은 부인할 수 없다. 나는 이런 압력을 느끼는 남자들에게 동정심을 가지려고 애쓰지만, 때로는 그러기가 어렵다. 왜냐하면, 그런 남자들의 행동이 **내** 삶에 미친 영향은 주로 나를 침묵시키는 것이었기 때문이다. 내가 성적으로 어떤 부탁도 해서는 안 될 것처럼, 내 욕구를 표현하면 남자친구의 감정을 해치거나 화나게 할 거라고 느끼게 만들었기 때문이다.

심지어 지금 이 이야기를 하면서도, 정확한 시기에 대해서는 최대한 애매하게 쓰고 있다. 내가 아는 사람들이 이 글을 읽고 내가 언제 오르가슴을 느끼기 시작했는지 알게 되는 사태는 절대 바라지 않는다. 어느 파트너들이 오르가슴을 느끼도록 '수행할 수 없었는지' 알게 되기를 바라지 않는다. 그 남자들이 그것을 사회적 처벌로 느낄 수도 있기 때문이다. 그리고 그렇게 작동하는 역학을 증오하지만, 그 일부분을 이루는 그 남자들을 증오할 수는 없다. 그들은 자기 나름의 사회적 불안과 맹점을 갖고 있다. 그리고 그때 무엇이 잘못되었는지 나도 알지 못하고 있었다면, 그들은 어떻게 알 수 있었겠는가?

최근에 예전 파트너 한 명과 저녁을 함께 먹었다. 언제부터인가 우리는 매우 노골적인 대화를 하고 있었고, 나는 오르가슴을 느끼는 법을 알아냈다고 말했다. 그는 슬픈 듯한 모습으로 사과했다.

"너를 한 번도 절정에 이르게 하지 못해서 미안해."

할 말이 없었다.

6. SM으로 돌아오다

스무 살 즈음 나는 마침내 BDSM 정체성을 알게 되었다. 처음 내가 울면서 자비를 간청할 때까지 고통을 받고 싶어 한다는 사실과 맞닥뜨렸을 때 나는 질겁했다. BDSM을 어떻게 해야 하는지, 어떤 느낌을 가져야 하는지도 몰랐다. 나한테 정말로 **필요하던** 것을 내가 발견했다는 것만 확실히 알았다. 그러나 내가 자긍심과 전인성을 가진 독립적이고 이성적인 페미니스트가 되려고 열심히 노력하고 있을 때, 그것이 내게 갖는 **의미는** 무엇인가?

페미니즘과 BDSM에 대한 생각을 분석하고 BDSM을 편하게 느끼고, 공개적이고 거리낌없이 이야기할 수 있을 때까지 오랜 시간이 걸렸다. 그 과정을 겪는 동안 나는 내 성적 욕망에 관심을 갖고 기꺼이 함께 실험을 하려고 하는 파트너들을 점점 더 잘 찾아 만나게 되었다. 또, 섹슈얼리티에 대한, 특히 BDSM에 대한 조언을 하는 책을 직접 읽게 되었다 (추천도서는 이 책 초반부의 주석에 있다).

나는 이를 갈면서 불안을 억지로 가라앉히고 여성의 오르가즘에 대한 책들을 조사했다. Amazon.com에서 높은 추천을 받은 책은 로니 바바흐Lonnie Barbach의 『자기를 위해서For Yourself』였다. 첫 장을 반쯤 읽었을 때 나는 울고 있었다. 저자의 글이 가진 진실성이 사무쳤기 때문이다. 첫 장이 끝날 때 책을 내려놓은 다음에 절대 다시 집어들지 못했다. 바바흐는 나와 매우 흡사한 경험들에 대해 동정적으로 글을 썼다. 예를 들면 이렇다. [당신은 파트너에게 당신의 문제를 말하기 두려운가?] 당신은 특정 순간에 당신이 원하는 걸 부탁하기 곤란해 한다. 파트너가 거부하거나, 화를 내거나, 무력감을 느낄까봐 두려운가?

그러나 저자는 첫 장을 이런 식으로 끝맺었다.

당신은 책임감을 갖고 적극적으로 행동해야 한다. 우리 문화는 여성이 자기를 돌보아 주는 남성에게 의존해야 한다고 가르쳤다. 그것은 어떤 실수든 남성을 비난할 수 있다는 뜻이다. 남이 운전하는 차에 타고 돌아다니는 것은 좋다. 그러나 자기가 원하는 곳에 원하는 때 갈 수 있도록 스스로 운전할 수 있는 것도 좋다. 하지만 그러기 위해서는 당신이 어느 정도 책임을 져야 한다.

내가 책임감이 없거나 적극적으로 행동하지 않는다는 함의를 단지 좋은 허울로 둘러쌌을 뿐, 오랫동안 들었던 '긴장 풀고' '계속 노력하라'와 같은 충고였다. 저자는 내가 나를 돌봐줄 남자에게 의존하는 길을 선택했다고 말하는 것 같았다.

그 장의 나머지 부분이 그렇게 비참할 정도로 사실적이지 않았다면 괜찮았을지도 모른다. 그러나 내가 느끼는 기분에 대해서 크나큰 진실을 읽은 다음 내가 충분히 노력하고 있지 않다, 책임을 피하려는 선택을 하고 있다는 말의 조합은… 독약이나 다름없었다.

나는 내가 다니는 산부인과 의사에게 물어보자는 영리한 생각도 했다. 의사는 내 말을 들으며 눈을 굴리더니, 문제는 분명히 내 파트너들에게 있다고 말했다. 내가 좀 더 자세히 설명해 달라고 끈질기게 말하자, 의사는 내게 어느 센터를 말해 주었다. 그곳은 한 사람당 1,500달러에 오르가즘 기능 장애를 '검사'해 주는 곳이었다. 나는 그 당시 시간당 7.5달러를 벌고 있었다. 나는 그곳에 가지 않았다.

나는 용기를 내어 어머니에게 이야기했다. BDSM에 대해 커밍아웃했을 때 어머니는 엄청난 도움이 되었고 배려심이 많았다. BDSM에 대한 이야기를 하는 동안, 나는 겁이 났다. 그 다음 엄마가 내게는 잘못된 것이 없고, 내가 '여성해방을 포기하고' 있는 것도 아니라고 안심시켜 주었을 때 대단히 안도감을 느꼈다. 그러나 오르가즘 문제에서는 어머니도 무슨 말을 해야 할지 모르는 것 같았다. 하지만 어머니는 자신도 쉽게 오르가즘을 느끼지는 못한다고 말해 주었고, 그 덕분에 약간 기분이 나아졌다.

가장 도움이 되었던 것은 '킨크 어웨어 프로페셔널스' 목록에 있던 치료사였다. '킨크 어웨어 프로페셔널스'는 BDSM 같은 대안적 섹슈얼리티를 이해한다고 여겨지는 의사, 변호사, 다른 전문가들을 담은 온라인 목록이다.[2] 그 중 한 치료사에게 가 보았지만, 그는 그 문제를 제대로 알지 못하는 것 같았다. 그러나 두 번째로 만난 치료사는 훌륭했다. 그는 내가 BDSM에 대해 느끼는 엄청난 불안을 견뎌낼 수 있도록 도와주었다. 오르가즘 문제는 그보다 더 힘들었지만, 그는 어떤 추측도 하지 않고 주의 깊게 내 말을 들어주었다. 사람들은 대부분 그렇게 하지 못했다.

내 치료사는 새로운 산부인과 의사에게 가서 내 몸이 어떻게 작동하는지 다른 의사의 의견을 들어보라고 부드럽게 권했다. 무분별하게도, 나는 그러지 않았다. 나는 첫 번째 산부인과 의사가 보인 반응 때문에 계속 좌절해 있었던 것 같다. 또, BDSM을 더 탐구하면서 절정을 느끼는 법을 배울 수 있었으면 하고 바랐다. 그것은 나중에 이루어졌다.

7. 이해하기

되돌아보면 때때로 약한 오르가즘을 느꼈던 짧은 기간이 있었다. 그러나 그 오르가즘은 내 남자친구와 섹스할 때 느꼈기 때문에 유지하기 어려웠다. 내가 이 글 첫머리에 이렇게 묘사한 남자친구다.

이제 지금까지 사귄 남자친구 중에서 가장 좋은 남자친구가 있다. 하지만 다른 모든 남자친구와 마찬가지로 그는 나를 절정에 이르게 하지 못한다. 큰 자지? 오럴 섹스? 충분한 전희? 킨크? 다 했다.

돌이켜보니 **다 하지는** 않았다는 것을 이제 알겠다. 우리 둘 다 사회적으로 결정된 성적 대본, 성에 대한 가정에 의문을 품어보지 않았다.

가장 컸던 성적 대본은 섹스가 남자의 오르가즘으로 끝난다, 섹스의 목표는 남자의 오르가즘이라는 것이었다.

이 대본을 벗어난 생각을 하기는 매우 힘들었다. 심지어 그것을 알아채기도 힘들었다. 내 섹스 최고의 목표는 '내 남자를 만족시키는 것'이었기 때문에, 나는 그에게 집중하느라 내 오르가즘은 제쳐놓을 때가 많았다. 내가 절정을 느끼면 피곤해지고 (최소한 얼마 동안은) 섹스에 흥미를 덜 느끼게 된다는 것을 나는 알고 있었다. 그가 '대단히 중요한' 남자의 오르가즘을 느끼려고 한다면 그의 몸 위에서 잠들 수는 없는 것 아닌가. 게다가, 일단 그가 절정에 오르면 그도 지치기 때문에 지금까지 한 것보다 나를 더 자극할 거라는 기대는 할 수 없다. 그는 오르가즘을 단 한 번만 느낄 테니까!

(요즘은 파트너가 내게 좋은 사람인가에 대한 판단 기준 1번은 바로 이것이다. 자기가 오르가즘을 느낄 때까지 내가 느끼지 못한다면, 그가 오르가즘을 느낀 다음 잠시 숨을 고르고 나서 나를 바라보며 미소 짓고 나를 느끼게 하기 위해 필요한 일을 하겠다고 할 것인가?)

결국, 오르가즘을 이해하는 과정은 시시하게 용두사미로 끝났다.

섹스 교육자 베티 도슨Betty Dodson의 "내가 오르가즘을 느꼈나?"라는 온라인 비디오를 보다가… 내가 이미 때때로 약한 오르가즘을 느끼고 있었다는 사실을 깨달았다.[3] 또, 그 당시 BDSM을 점점 더 많이 실험해 보고 있었다. 동시에 내 환상 속의 남자들에게 점점 더 많은 힘을 실어 주었다. 일단 강렬한 환상을 음미하고 싶어지면 자위를 할 수밖에 없었다. 요점은 이것이다. 처음에는 자위 **그 자체**가 상황을 너무 많이 제약한다고 느꼈다. 그것은 내 섹슈얼리티가 작동하는 방식은 아니었다.

그렇다. **나는 실전에서 내 쾌락에 책임을 진다.** 그리고 이제는 어떤 역할을 맡을지, 나와 무엇을 하게 될지 설명하면서 파트너들과 미리 확실하게 논의하는 일을 아주 잘 한다. 때때로 도미넌트 역할도 맡는다. 그러나 지금도 나는 내게 통제권이 **있다고 느끼면** 절정에 이르기 힘들다.

어떤 면에서는, 그것이 가장 얄팍한 환상이라고 해도, 보통 내 감정적-성적 자아에게 내가 상황을 주도하지 않는다고 설득해야 한다. 그게 누구든 그 상상 속의 인물과 감정적으로 연결되어 있다면 도움이 된다. 감정적으로 연결된 로맨틱한 파트너가 없다면, 자동적으로 BDSM적 세계관에서 재미있고 화려한 사건들이 일어나는 환상 세계를 만들어낸다. 몇 년 전엔 내가 상상하는 내적 인물이 흥미진진하지 않거나 내가 꾸민 줄거리가 충분히 극적이지 않기 때문에 오르가즘에 도달하지 못한다는 생각은 한 번도 떠오르지 않았다. 그러나 때로는 그게 맞았다!

내 경우에는 BDSM이 내 섹슈얼리티의 가장 중요한 부분이라고 믿는다. 그것은 내 성 정체성의 핵심에 가깝다. 아주 가깝다. 다른 비디에세머들처럼 때때로 BDSM이 내 '지향'이라고 부를 정도로 가깝다. 그러나 모든 사람에게 BDSM이 그런 위상을 가질 거라고 생각하지는 않고, 심지어는 나를 다 설명한다고도 생각하지 않는다. 왜냐하면 이런 자아 발견 과정 동안 나는 더 규칙적으로 먹고, 더 건강한 식단을 지키고, 예전에는 꼬치처럼 말랐던 몸에 몸무게를 더 붙이고, 더 많이 운동하고 있었다. 어떤 섹스를 하더라도 건강은 중요하기 때문에, 건강을 생각해야 한다. 여전히, 지금도 나는 어느 정도의 지배와 복종이 없으면 오르가즘을 느낄 수 없다. 만남에서 무슨 일이 일어나든 내가 거기에 새겨 넣는 마음속 환상에 지나지 않는다고 해도 말이다.

여성들이 오르가즘 느끼는 법에 대해 조언을 부탁할 때 나는 무력함을 느낀다. '왕도' 같은 것은 없기 때문이다. 나는 옛날에 내가 받았던 '긴장 풀고' '계속 노력하라'는 충고로 후퇴하고 싶지 않다. 괜찮은 충고이기는 하지만 너무 애매하다. 아마 이런 말이 더 쓸모 있을 것이다.

첫째, 당신이 무엇을 원하는지 알면 아주 도움이 된다. 여성들보다는 전형적인 남성들을 위해 만들어진(특히 나 자신처럼 비규범적인 여성을 위해 만들어지지 않은) 이미지에 우리를 흠뻑 적시는 사회에서 이일은 힘들 수도 있다. 그리고 나는 "당신은 자신의 섹슈얼리티에 맞닿아 있지 않기 때문에 오르가즘을 느낄 수 없다"는 주장이 얼마나 잘난척하고 쓸모없는 주장인지 아주 잘 안다. 기억하라, 내 레즈비언 친구가 그런 주장을 하며 나를 이용한 적이 있다. 그러나 그것은 어느 정도는 사실이었다. 다만 방식이 달랐다. 내게는 BDSM이 필요했다.

당신이 무엇을 원하는지 잘 알지 못한다고 해도 당황하지 마라. 눈과 귀를 열어두고 그냥 자신의 반응을 관찰하라. 그 반응에 놀랄 수도 있다. 그렇다고 해도 걱정하지 말고 그냥 그것을 연구하라! 당신의 섹슈얼리티가 아무리 이상해도 인터넷에는 거기에 대한 정보가 있을 것이다(그리고 당신의 섹슈얼리티가 이상하다고 해도, 당신 생각만큼 이상하지는 않을 가능성이 있다).

나는 개인적으로 내가 세상에서 제일 좋아하는 성교육 웹사이트에 대해 자주 이야기한다. 그곳은 놀라울 정도로 포괄적인 관점을 가진 풀뿌리 페미니스트 활동단체인 Scarleteen.com이다. 스칼레틴은 아주 많은 사람의 삶에 믿어지지 않을 정도로 커다란 영향을 미친다. 때로는 그냥 재미로 읽어도 좋다!

두 번째로, 오르가즘을 최우선으로 두지 않는 편이 좋을 수도 있다. 오르가즘이 중요하지 않다는 말이 아니다. 오르가즘의 중요성 때문에 내가 상처입었던 것처럼 당신이 상처를 입지 말았으면 하는 것뿐이다. 내게는 섹스를 여행이라고 상상하는 것이 도움이 되었다. 오르가즘이라는 '목표'에 닿기 위해 필요한 일을 하는 게 아니라, 여정 내내 즐기는 쪽에 집중하는 것이 나았다. 여행이 즐겁지 않다면, 아니, 적어도 호기심을 일으키는 것이 없다면, 왜 계속 길을 가는가? 멈춰 서서 다른 걸 시도해 보는 건 어떨까?

열린 방식으로 성적 실험을 한 것이 내가 할 수 있는 가장 생산적인 일이었다. 사실, 일단 절정을 느끼는 법을 알게 되자 내가 섹스에서 제일 좋아하는 부분은 오르가즘이 아니라는 것을 깨달았다! 정말 원할 때 오르가즘을 쏟아낼 수 있는 건 좋지만, 섹스에서 내가 더 좋아하는 다른 것들이 아주 많다.

또, '오르가즘'에 대한 우리의 정의가 매우 협소하다는 것도 말해둘 가치가 있다. 어떤 연구들은 전형적인 생식기 중심의 접근법 외에도 오르가즘을 다른 방식으로 개념화할 수 있다는 것을 보여준다.[4]

세 번째, 어떤 사람이 스스로 섹슈얼리티를 탐험할 수는 있지만, 다른 사람과의 관계는 그 과정을 만들거나 끊어버릴 수 있다. 우리는 모두 로맨스와 어느 정도 타협을 한다. 그러나 타협할 때 우리가 **무엇을** 타협하고 있는지 알아야 하고, **그 타협을 할 가치가 있는지 생각해야 한다.**

성적 탐험과 만족은 내게 엄청나게 중요하다. 그러나 남자친구가 내 성적 만족에 상관하지 않는다고 소리친 후 성적인 탐험에 발을 들여놓을 용기를 내기까지는 아주 오랜 시간이 걸렸다. 그와 끝낼 때까지도 놀랄 정도로 오랜 시간이 걸렸다. 나는 정말 그를 사랑했고, 우리는 오랫동안 함께 지냈다. 그러나 나의 섹슈얼리티는 그의 우선순위 근처에 가지도 못했고, 그와 헤어진 것은 내가 한 최선의 결정이었다.

그 관계를 끝낸 다음, 나는 새 남자친구들과 함께 하면서 놀랍도록 빠르게 자신감과 자부심을 쌓을 수 있었다. 내 남자친구들은 그들이 생각하는 것보다 훨씬 더 많이 나를 도와주었다. 나는 오르가즘을 못 느끼는 무능력을 받아들여준 남자들에게 작은 빚들을 무수히 많이 졌다. 그들은 내가 느끼는 오르가즘에 대한 불안을 배려하고, 때때로 새로운 것을 시도해 보도록 부드럽게 내 등을 밀어 주었다.

특히 한 남자가 떠오른다. 나는 그에게 오르가즘을 느낄 수 없지만 SM을 실험해 보고 싶다고 말했다. 그래서 우리는 로프와 고통을 주는 기구 몇 가지를 사기로 했다. 대화하면서 그는 슬슬 내 예전 이야기를 끌어내 듣더니 말했다.

"이 로프랑 또 뭐가 필요하다고 내가 생각하는지 알아? 바이브레이터야."

나는 눈을 깜빡이며 마지못해 말했다.

"모르겠어. 나는 바이브레이터로 좋았던 적이 한 번도 없어."

그러나 나는 기꺼이 그것을 다시 시험해 보았고, 그때서야 바이브레이터가 기가 막히게 좋다는 것을 알게 되었다. 그때 내가 주도권을 갖지 않는다고 스스로를 설득해야 한다는 것을 깨닫게 되었다. 일단 판타지가 제대로 준비되면, 바이브레이터가 모든 것을 쉽게 느끼도록 도와준다.

오늘날까지도 여전히 내가 '심하게 요구'하거나 '너무 많은 것을 요구'하고 있지 않을까 하고 긴장을 느낄 때가 있는데, 이것을 파악하고 있는 남자만큼 나를 행복하게 만들어주는 사람은 거의 없다. 나는 대부분의 파트너들이 놀랄 만큼 솔직하게 의사소통을 하지만, 내가 여전히 머뭇거린다는 것을 그들이 알고 있느냐는 매우 중요하다. 심지어 나조차도 때로는 무엇을 원하는지 똑바로 말할 시간이 필요하다는 것,

혹은 상대가 무엇을 해줄지 물어볼 필요가 있다는 것을.

마지막으로 가장 중요한 것은, 준비되었다는 확신이 없으면 당신이 세운 경계선에서 벗어나지 마라. 정말로 어떤 것을 간절히 하고 싶지 **않다면, 억지로 할 필요는 없다.** 특별히 이런 말을 쓰는 이유는, 내가 자라면서 읽었던 모든 섹스긍정적 작품들은 경계선을 넘어 탐험하라고 격려했기 때문이다. 나는 그것이 잘못되었다고 생각한다. 그런 태도에 상처를 입을 때가 있다. 예를 들어, 내 레즈비언 대학 친구가 한 것처럼 내가 아직 내 성적 '문제'를 극복하지 못했다고 다른 사람들이 주장했기 때문에 좋아하지도 않는 일을 한 적이 있다. 그런 태도는 다른 여성들에게도 상처를 주고 있다.

나는 자기를 공짜로 성적으로 소비하도록 내주는 것과 섹스긍정적 페미니즘이 동일시되는 모습을 보고 싶지 않다. 섹슈얼리티를 탐험한다고 해서 당신에게 울리는 경종을 무시해야 하는 것은 아니다.

섹슈얼리티는 아주 복잡하다. 섹스는 육체나 호르몬, 혹은 심리학적 스테레오타입으로 축소할 수 없다. 섹스는 확실성을 가진 것, 해야 하는 것과 하면 안 되는 것으로 축소할 수 없다. 성적 '정상성'이라는 개념을 설파하는 생활 속 모든 세력을 파괴할 수 있다면 좋겠다. 이어서 나의 마지막 충고는 **누구라도(나라도) 당신에게 무엇을 해야 한다고 강요하지 못하게 하라.** 모든 것이 그렇듯이 이 글은 나의 경험이고 내 생각일 뿐이다. 동의하는 성인들 사이에서인 한, 뭐든지 당신이 옳다고 느끼는 대로 했으면 좋겠다.

8. 연구 문제!

이런 문제를 생각해보면 흥미 있을 것이다.

1) 자신의 오르가즘에 대해 무엇이 궁금한가?

1a) 그 궁금증에 대한 해답을 어디서 찾아보았는가?

1b) 파트너와 그런 문제들을 논의해본 적이 있는가?

2) 파트너의 오르가즘에 대해 무엇이 궁금한가?

2a) 파트너들의 오르가즘에 대해 물어본 적이 있는가?

3) 잠자리에서 파트너에게 말하고 싶었던 것은 무엇인가?

3a) 어떤 조건에서 그 말을 더 쉽게 할 수 있었을까?

4) 가장 좋아하는 성적 행위는 무엇인가? 그런 행위를 할 수 있는 다른 방법이 있는가?

5) 최고라고 기억하는 성적 경험은 무엇인가? 왜 그것이 멋지게 느껴졌는가?

6) 보거나 읽은 것 중에서 가장 성적으로 자극적이었던 것은 무엇인가? 왜 그것이 멋지게 느껴졌는가? 그런 행위에 참여할 수 있는 방법이 있는가?

7) 이 글에서 마음을 울리는 곳이 있었는가? 어떤 부분인가?

여기 남성성 문제와 약간 접점이 있는 각주를 달아둔다.

처음 이 글을 블로그에 올렸을 때, 어떤 남자가 내가 페미니스트 블로그 <페미니스테Feministe>에 올린 글에 첫 번째 댓글을 달았다. 그는 내가 이 문제에서 남자 쪽을 차별하고 있다고 항의했다. 나는 보통 인터넷의 댓글에 별로 화내지 않지만, 그때는 아주 화가 나서 마음을 진정시킬 때까지 어느 정도 시간이 걸렸다.

댓글 논쟁이 조금 일어났다. 결국, 그 남자에게 나는 이렇게 대답했다.

나는 이 글에 두 가지를 언급해 보려고 매우 노력했다.

A) 남성의 관점이 자신들을 얼마나 힘들게 할 수 있는가.

그러나 동시에

B) 왜 남성의 불안이 여자들에게 심하게 대하는 행동의 변명이 될 수 없는가.

내 경험으로 보면, 여성은 사실 남성의 불안을 아주 잘 알고 있다. **내가 이 글에서 특히 분명하게 언급한 것처럼, 여성은 우리의 남성들을 무력하게 만들까봐 하고 싶은 말을 참을 때가 많고, 엄청나게 많은 헛소리들을 들으며 견딘다.**

이 글의 주제들을 생각해 보라.

1) 한 여성의 경험

2) 여성의 생활이란 어떤 것인가

3) 왜 여성이 이 문제에 손을 대기 어려운가

4) 왜 여성들이 남성들의 불안 때문에 입을 다물어서는 안 되는가…

…당신은 왜 내가 남성의 불안을 애정을 담아 세세하게 묘사하지 않으려고 하는지 알겠는가?

자. 지금까지는 이런 말을 했고…

클라리스 쏜의 남성적 사고 자문단*에 있는 남자들 중 하나가 내게

---

* 남성적 사고 자문단 (Brain Trust): 어떤 사안에 대해 남성측 의견을 듣고 싶을 때 자문을 구하는 지인들.

이 글에 대한 생각들을 담은 이메일을 보냈다. 다시 한 번, 파트너가 심하게 대할 때 아무도 쓰레기 같은 파트너에게 '다시 기회를 주어야 한다'고 느끼지 않았으면 좋겠다고 강조하고 싶다. 나는 **오랫동안** 버티면서 끔찍한 남자친구에게 두 번째 기회를 백만 번은 주었다. 그는 '불안정한' 것뿐이라고 되뇌면서. **<오-그렇게-불안정한> 남자에게서 물러난 것은 내가 했던 최선의 선택이었다.** 그러나 클라리스 쏜의 남성적 사고 자문단 친구에게서 온 지적이 어떤 사람들에게는 쓸모 있을 수도 있다고 생각한다.

이 포스트를 보고 처음 떠오른 생각은, 정말로 멋진 글이기 때문에 오르가즘에 도달하기 힘들어 하는 내 지인 두어 명에게 전달해야겠다는 것이었다. 두 번째 생각은 클라리스가 이런 교환에서 남자 쪽 입장을 제대로 이해하지 못한 것 같다는 것이었다.

다섯 번째, 일곱 번째, 아홉 번째 생각 중 어느 하나는 내가 그런 논평을 제기하면 얼간이 꼴이 될 것 같다는 생각이었다. 이 글은 오르가즘 문제를 힘들게 겪어낸 여성들에 대한 훌륭한 참고문헌이고, 남자 쪽 경험으로 대화를 끌고 갈 필요는 없다. …그래서 대신 클라리스에게 그 문제를 담은 이메일을 보냈다. 통일장이론 문제는 완전히 해결되지 않았기 때문이다. 그리고 클라리스의 남자친구들이 괜찮은 사람이었다면 클라리스가 겪은 일은 훨씬 더 편해졌을 것이다. 왜 그들이 그렇게 엉망이었는지에 대한 통찰이 통일장이론을 계속 발전시켜 주거나, 적어도 부드러운 대처 전략을 제공해 줄 것이다.

자, 나는 이 글 때문에 공격당하거나 폄하당한 것 같은 느낌은 전혀 느끼지 않는다. 나는 남자지만, 불안을 느끼고 어떤 지점에서 클라리스의 멍청한 전 남자친구들에게서 나 자신의 멍청하고 불쾌한 거울상을 본다. 그러나 내가 작가와 더 이야기해야겠다고 느낀 이유는 전혀 그런 것이 아니다. 그 남자들이 이 상호작용에서 어떤 일을 겪고 있었고, 그들의 불안이 어디서 작동하기 시작했는지 클라리스가 제대로 이해하지 못한 것 같아 보였을 뿐이다.

이 글을 읽으며 자신의 오르가즘 문제를 헤쳐 나가고, 자신의 젊은 남자친구를 클라리스의 과거 관계에 투영해 보는 젊은 여성이 머릿속에서 그려진다. 그 순간 그 여성이 클라리스의 경험에서 얻는 교훈은 자신의 남자친구가 불안하고 멍청하다면 이 문제를 함께 헤쳐나갈 인물이 못 된다는 것이리라. 나는 이것이 누구에게든 조금이라도 좋은 일인지 잘 모르겠다. 쳇, 이 글을 읽으면 오르가즘을 성취하려고 역경과 싸우고 있을 때 지금 함께 있는 남자는 당신에게 알맞은 사람이 아니라는 교훈을 받게 되겠지. 하지만 이면에는 다른 이야기도 있을 것이다. 그는 자기 역할과 결점(혹은 몸이든지, 무엇이든지) 때문에 불안한 것이다. 당신이 함께 그의 불안을 헤쳐 나갈 사람이라면, 그도 이 문제를 당신과 함께 헤쳐나갈 사람이 될 수 있을 것이다.

제발, 남자를 무력화시키고 싶지 않으면 되는 대로 내버려두라는 뜻이라고는 제발 받아들이지 말았으면 좋겠다. 귀중한 남성 자아를 가진 남자를 위해서 말도 안 되는 처사를 참고 견디라고 변호하고 있는 것은 절대 아니다. 그러나 나 자신을 포함해 많은 남자들은 남성성과 섹슈얼리티에 남모를 불안을 갖고 있고, 성적 상황에서 남성성을 인지하는 데 천착한다. 남자이기 때문에, 우리는 모두 진짜 남자는 약해져서는 안 된다고, 적어도 남에게 약해졌다고 인정해서는 안 되는 것이라고 배웠다. 정말 멍청한 얘기지만, 여전히 헤테로 규범적 서양 남성 문화에서는 이런 얘기가 힘을 가진다. 우리는 언제나 여성을 절정에 달하게 하는 것이 우리 의무라고 배우고, 좋은 남자, 좋은 연인이 되기 위해서는 우리가 절정에 이르기 전에 파트너를 절정에 달하게 해야 한다고 배운다. 나는 너무 빨리 절정에 올라서 창피했던 적이 한 번도 없는 성적으로 능동적인 남자를 본 적이 없다. 그리고 '너무 빨리'란 대체로 파트너가 절정에 달하기 전이라고 정의된다. 우리는 모두 진짜 남자라면 우리 고추의 훌륭한 성능만으로 파트너를 절정에 달하게 해야 한다고 배운다. 손으로 사정시키기/손가락 삽입은 고등학생 때나 전희로는 괜찮다. 그러나 좋은 남자와 바람직한 연인에 대해 우리가 가진 이미지는 그런 것과 맞지 않는다. 대중문화와 포르노는 모든 여자가 원하는 남자는 고추를 박아서 첫 번째 삽입 순간부터 여자가 기쁨으로 폭발할 지경으로 만드는 남자고, 그렇게 되지 않는다면 그 남자는 고장 난 것이라고 우리에게 가르친다.

다시 내 입장을 강조하자면, 나는 그런 것들이 모두 어리석고 비논리적인 헛소리라고 생각한다. 그러나 남자들에게는 그런 압력이 가해진다. 그리고 옆에 있는 남자가 당신의 오르가즘 문제를 헤쳐 나가지 못하고 허덕인다면, 그 남자도 자기 불안의 무게에 눌려 자기 문제를 해결할 줄 모르고 당신의 문제를 함께 헤쳐 나가도록 도와줄 파트너가 되는 법을 모르기 때문일 것이다. 그러나 좋은 관계라면, 혼자 있을 때보다 함께 있을 때 더 강해진다. 당신들은 커플로서 그 남자의 불안과 당신의 오르가즘 문제를 동시에 헤쳐 나갈 수 있을 것이다. 그 누구의 문제도 진공 속에 있지 않으며, 이미 옆에 있는 사람을 고치기만 하면 필요한 지원을 더 쉽게 찾을 수 있을 것이다.

다른 녀석의 '페미니스테' 댓글에 대답으로 이 댓글을 달자, 어느 정도 토론이 벌어졌다. 어떤 남자들은 커닐링구스가 '남자답지 못하다'는 걸 전혀 몰랐다고 말하기도 했다.

나는 이렇게 요약하겠다. 공감 좋다. 더 나은 관계를 맺으려는 시도도 좋다. 어떤 사람들은 자신의 연애 파트너를 떠날 수 없거나 떠나고 싶지 않은 진지하고 중요한 이유를 갖고 있을 거라고 생각한다(학대하는 파트너를 떠날 수 있도록 하는 지원과 안전망을 늘리는 것은 페미니즘이 언제나 향하고 있는 목표 중 하나이다). 그러나 진심으로, 만약 파트너가 형편없다면? 떠나는 것도 선택이다. 그건 선택지가 못 된다고 당신이 생각할 때도 존재하는 선택지이다. 그것만 기억해 두라.

난 당신 판타지 속에 나오는 섹스에 환장한 음란녀가 아니야

이 글은 원래 2011년에 *GoodMenProject.com*에 실렸고 아주 많은 관심을 받았다. 내가 이 글에서 스케치한 감정들이 많은 사람들에게 공감을 얻었고, 사람들이 포르노에 대해 분개하는 이유도 그것이라고 생각한다. 그러나 'BDSM은 사랑의 섹스도 될 수 있다'에서 말한 것처럼, 나는 이런 감정에 대한 해답이 포르노 검열이라고 생각하지 않는다. 해답은 사람들이 솔직하면서도 자신의 욕망을 존중하고 유연하게 대하도록 권하는 것이리라. 많은 사람들에게, 주류 포르노는 성교육 노릇을 하는 것 같다. 주류 포르노는 섹슈얼리티의 특정한 전형만 보여주기 때문에 매우 문제적이다. 그러나 더 많은 사람들이 더 완전하고 질 좋은 성교육을 받는다면, 주류 포르노는 매우 협소하고 특별한 생산물이라는 점을 알아차리는 사람들도 많아질 것이다. 또, 대부분의 사람들은 실제로 그런 스타일의 섹슈얼리티를 상연하는 데 관심이 없다는 것도 알아차릴 것이다. 그리고 포르노가 이 논쟁에서 불공정한 비난을 받고 있을지도 모른다는 생각도 든다. 현재 만연하는 포르노들이 부분적으로 '섹스에 환장한 음란녀' 선망에 책임이 있지만, 그런 선망을 다른 전형에 따라 보여주는 출처도 우리 문화에는 매우 많다. 포르노를 금지하자고 말하는 모든 사람들이 로맨틱 코미디도 금지하자고 말했으면 좋겠다!

여성적인 것, 침대에서 훌륭하다는 것이 무엇인지에 관한 문화적 이미지가 있다. 그 이미지에 들어가려면 젊고, 마르고, 물론 시스젠더여야 한다. 이것만 해도 문제적일 수 있다. 그러나 그 이미지는 행동에 대한 여러 가지 지침도 포함한다. 몸부림치는 방식, 신음하는 방식, 남자가 하고 싶어하는 모든 일에 '엄청 흥분하는' 것, '언제나 그것에 열광하는' 모습… '그것'이 무엇이든 간에. 여자가 '침대에서 훌륭하다'고 생각할 때 사람들은 그런 것을 생각하곤 한다.

여기 내가 엄청나게 멋지다고 생각하는 것들을 짧게 목록으로 만들어보았다.

+ 진정한 기쁨에서 우러나온 진정한 방식으로, 섹스하는 동안 몸부림치고 신음하는 것

+ 파트너가 정말로 당신이 '엄청 흥분하는' 행위를 하려고 할 때 '엄청 흥분해서' 행동하는 것!

+ 자신의 경계를 지키고 정말로 원하지 않는 성적 행위에는 싫다고 말하면서(아니면 세이프워드를 외치면서도), 성적 실험과 새로운 것의 시도에 열광하는 것

이런 것들은 멋지다. 어떤 섹스든지 이런 일이 일어나면 멋진 것이고, 사람들이 이런 일을 어떻게 경험하거나 맞이하는지는 상관없다. 바닐라 섹스에서 얻든, SM 섹스에서 얻든, 포르노에서 얻든, 여러 사람과 동시에 섹스하면서 얻든, 퀴어 섹스에서 얻든, 무엇이든 상관없다. 합의한 섹스라면 뭐든지 괜찮다. (특히 앞으로 읽을 글에서 나는 반포르노 세력이 아니라는 것을 자주 천명해야 할 것이다. 됐겠지? 나는 포르노 반대파가 아닙니다. 알겠지요? 이제 같이 한번 말해 볼까요? '클라리스 쏜은 포르노 반대파가 아니에요.Clarisse Thorn is not anti-porn.' 와, 입에

착착 붙네!)

그러나 내가 무서워하고, 끊임없이 화가 나고, 여전히 가끔 섹스가 기묘하다고 느끼는 이유는 위에 열거한 저 세 가지를 **연기**하는 일이 너무나 쉽기 때문이다. 왜냐하면, 나는 언제나, 섹스를 시작하기도 전부터, 섹스하면서 내가 **어떻게 보여야 하는지** 잘 알고 있었기 때문이다. 심지어 그런 이미지들을 어떻게 내면화했는지도 모르겠다. 어떤 것들은 포르노나 그림, 에로티카 등을 통해서 내면에 들어왔으리라. 어떤 것들은 인터넷에서 읽거나 친구들이 속삭여준 섹스 팁이었으리라. 그러나 실제 섹스 파트너가 생기기 전부터 나는 오럴 섹스를 잘 하는 법을 알고 있었다고 확실하게 말할 수 있다. 또 머리를 뒤로 젖히고 신음하는 법, 몸을 비트는 법, 내 반응과 표정이 어떻게 보이고 들려야 하는지 알고 있었다. 내가 무엇에 반응하는지보다 그런 것들을 훨씬 더 잘 알았다.

내 섹슈얼리티가 거의 다 공연 같았던 기간이 어느 정도 있었다. 내가 만든 이미지와 연기, 허울 그런 것들이 파트너들을 흥분시킨다고 알고 있었기 때문에. 그 시간 동안 백퍼센트 연기하고 있었다는 말은 아니다. 하지만 섹스를 막 시작했을 때는 거의 다 그랬다. 그리고 더 무서운 일은, 내가 언제든지 그 껍질을 다시 뒤집어쓸 수 있었다는 것이다. 때로는 저항하기 힘든 유혹이었다. 내가 그렇게 하면 남자들이 애정과 칭찬으로 **보상해** 준다는 것을 알고 있기 때문이었다. 섹시한 이상형 여자의 껍질을 만드는 것보다 성적 상호작용에서 내가 진짜 원하는 것을 유도해 내기가 훨씬 더 어려웠다. 내 욕망에 대해 의사소통을 하는 것이 어렵다. 내가 무슨 생각을 하는지 알기가 어렵다. 경계를 세우기가 어렵다.

그리고 내가 원하는 것을 정직하게 이야기해도 어떤 남자가 나를 마찬가지로 좋아할 거라고 믿는 것이 어렵다. 정직은 때때로 내가 혼란스럽다는 것, 때때로 우리가 '그것에 대해 이야기해야 한다'는 뜻이다. 정직은 때때로 내가 '마음이 동하지 않으면' 안 된다고 말한다는 뜻이다. 마음속 어떤 부분은 내게 언제나 '그는 허구의 섹시한 플라스틱 이상형 여성을 좋아하지 않을까?' 하고 묻고 있다. 그렇지 않다. 나는 그렇지 않다는 것을 알고 있다. 그렇지 않다고 맹세할 수도 있다. 나는 남자들을 그 정도로 저평가하지 않는다. 남자들은 자신의 파트너가 어떻게 느끼는지 전혀 관심도 없으며, 감정적으로 성숙하지 못한 발정난 개들이라는 생각은 단지 스테레오타입일 뿐이라는 것을 나는 알고 있다.

그래서 때로는 허구의 여성을 연기하지 않기 위해서 나 자신과도 싸워야 한다. 그러나 그럴 만한 가치가 있는 일이다. 가짜 섹슈얼리티 속에 갇혀 있다는 느낌이 가장 힘들기 때문이다. 나는 스스로에게 되뇌며 억지로라도 이렇게 믿으려고 노력한다. 내가 내숭을 떨고 짐짓 빼고 소위 '가성비'가 좋아서 어떤 남자가 나를 더 좋아한다고 해도 그것은 스테레오타입일 뿐이다. 어떤 남자들은 그 스테레오타입에 정말로 들어갈지 모르지만, **어떤 남자도 내가 거기에 맞추어 행동할 가치는 없다.** 어떤 남자도 내가 그렇게 덫에 걸리고, 잘못되고, 역겹다는 감정을 느껴가며 비위를 맞출 필요는 없다.

***

섹스와 SM에 대한 저술가 생활은 나의 수행 불안을 증가시킬 때가 있다. 가끔 내가 어떤 남자에게도 '평생 잊지 못할 밤'을 줄 재주가 있고, 항상 그런 걸 노리고 있다고 생각하는 남자들을 만나게 된다. 때로는 어떤 남자들의 어깨를 붙잡고 흔들면서 **"난 당신 판타지 속 섹스에 환장한 음란녀가 아니야! 난 살아있는 사람이고 내 기호가 있어. 당신 판타지에 써먹는 여자로 존재하는 게 아니야!"** 하고 소리치고 싶다. 그러나 내가 정말로 어떤 남자를 좋아하는데 그가 내 글을 읽었다면, 짜증이 나기보다 내가 그에게 걸맞지 않을 것 같은 불안을 느낄 것이다. 그러면 의사소통을 하기보다는 '섹시하고 이상적인 여자 껍질'을 유지하고 싶은 충동이 더 강해질 것이다.

섹스긍정적 페미니스트로서, 다른 여성들이 내 글을 읽고 **수행 불안**이 증가할까봐 때때로 걱정되기도 한다. 내가 좋아하는 것들에 대해 쓴 글이 잘못 해석될까봐 걱정된다. 다른 여자들이 '세상에, 해방된 섹스긍정적 여성들은 이렇게 하는 거야? 나는 이렇게 '해야' 하는 거야?' 하고 느낄까봐 걱정된다. 내가 쓰는 어떤 글들이 **오직 남자들을 위해 성적 행동을 더 잘 수행할 수 있다는 의미에서만** 여성들이 '해방되는' 악몽의 세계에 일조할까봐 두렵다.

나는 어느 급진적 페미니스트 작가가 쓴 블로그 글을 읽은 적이 있다. 그 글에서 작가는 여자들이 언제나 펠라티오를 증오한다고 주장했다. 펠라티오는 언제나 모멸적이고 혐오스럽기 때문이다. 그 작가는 "(펠라티오를) 해야 한다고 느끼는 성인 여성들과 소녀들을 위해 이렇게 말한다"는 어조로 그 글을 썼다. 어떤 여자들은 정말로 펠라티오 행위를 **좋아한다**는 것(그리고 다른 많은 여성들은 그것을 별로 좋아하지 않지만, 다른 면에서 멋진 섹스를 할 수 있다면 펠라티오를 해 주는 것도 상관하지 않는다.)을 인정하지 않으려는 작가의 태도 때문에 나는 마음속 한구석에서 좌절감을 느꼈다. 어떤 면에서는, 저자가 섹슈얼리티를 감찰하려는 것처럼 느껴졌다. 그러나 작가의 목표에는 공감했다. 그 작가는 펠라티오를 좋아하지 않는 여성들도 안심하고, 자기가 좋아하지 않는다는 것을 인식하도록 돕고 싶었던 것이다. 그런 여성들의 수행 불안을 감소시키고 싶었던 것이다.

나도 그렇게 하고 싶다. 그러나 나는 일반적으로 다른 사람들의 경험에 대해 주장을 펼치기보다는 내 개인적 경험을 말하는 쪽을 더 좋아한다. 섹스긍정적 페미니스트들이 '우리가 개인적으로 좋아하지 않는 것들'의 목록을 만들면 멋질 거라는 생각도 자주 든다. 섹스긍정적 변화의 목표 중 하나는 섹슈얼리티에 찍힌 낙인을 없애고 수치심을 감소시키는 것이기 때문에, 그렇게 인기 있을 프로젝트는 아니다. 그러나 우리가 필요한 경계선을 긋도록 격려하지 않고 섹슈얼리티의 낙인만 벗긴다면, 우리는 진보하지 못할 것이다. 더 나쁜 기준들만 만들게 될 뿐이다.

보라, 내가 좋아하지 않는 성적인 것의 흔한 예로 이런 것도 있다. 오럴 섹스 후 정액 삼키기. 나는 대체로 펠라티오를 아주 좋아하고, 파트너가 입에 사정하는 것도 좋아한다. 그러나 삼키는 건 정말 싫다. 과거에는 이 문제를 해결하려고 창의적인 방법을 여러 가지 만들어냈다. (어쨌든 내 경험으로는) 어떤 방법은 흥분을 돋우었지만, 보통 나는 가장 가까운 싱크대에 뱉어 버렸다. (삼키면 육체적으로 아프기 때문에 나는 삼키는 것을 좋아하지 않는다. 아니, 왜 그런 일이 생기는지 당신이 어림짐작할 필요는 없다. 지금까지 내가 겪은 증거가 심리적인 것이 아닌 육체적인 원인이 있음을 시사한다.)

얼굴 사정의 경우 더 복잡하다. 나를 섹스에 환장한 음란녀 이상형으로 보는 남자들은 언제나 얼굴에 사정하면 내가 좋아할 것이라고 생각하는데, 거기에 대해서 내가 할 말은 이것이다. '웃기고 있네.' 나는 때때로 수치 플레이를 할 때가 있고, 얼굴에 사정을 하면 정말로 수치스럽기 때문에 남자가 내 얼굴에 사정하고 거기에 흥분하는 상황도 있다. 그러나 그런 상황은 드물다. 내가 **정말로** 그를 존경하고 신뢰해야 하고, 우리가 그 씬을 플레이할 때 정말로 달아올라 흥분해 있어야 한다. 어떤 남자가 나와 미리 제대로 확인하지도 않고 내게 얼굴 사정을 하려고 한다? 심각한 경계선 위반이다. 안 된다.

내가 섹스에 환장한 음란녀일 것이라는 당신의 이미지를 파괴했는가? 거 잘됐다.

모든 젠더의 사람들이 상대 성의 주의를 끌기 위해서 자신을 상처 입히는 무의식적 훈련을 많이 받는다고 생각한다. 다른 사람의 경험들을 무시하려고 내 경험을 쓴 것은 아니다. 나는 많은 남성들이 자신 있고 지배적으로 행동해야 하는 줄 알지만, 내가 '섹시한 이상형 여자 껍질'을 싫어하는 만큼이나 그 역할을 싫어하는 남성들이 많다는 것을 안다. 많은 여성들이 '섹시한 이상적 여자' 이미지를 진심으로 **갖고 싶어** 한다는 것도 안다. 첫, 때로는 나 자신도 그렇게 한다(그래, 때로는 나도 그렇게 한다. 섹스는 복잡하다).

모든 젠더의 사람들이 자기가 무엇에 흥분하는지 알아내기 힘들어 한다. 진실성을 지키기는 힘들다. 그리고 당신이 무기력할 때나, 누군가를 정말 좋아하고 그 사람이 당신을 좋아하기를 바란다거나, 살벌한 성 '시장'에서 '경쟁하는 법'에 대한 메시지 폭격을 받고 있는 기분일 때 성적 진실성을 지키기는 더 힘들다. 진실성을 지키는 가장 좋은 방법은 모든 사람에게 가해지는 그런 압력을 이해하고, 모든 사람이 각자 '섹시한 이상형 여자 껍질'에 대한 악몽을 갖고 있다는 사실을 파악하는 것이리라.

내가 섹스에서 제일 좋아하는 부분은 오르가즘이 아니다, 나의 정절 충동

이 글들은 내가 "오르가즘의 통일장 이론"을 발표한 후 두 편 다 *OffOurChests. com*에 실렸다. 첫 번째는 "오르가즘의 통일장 이론"의 후편이고 두 번째 글은 후편이 아니었지만, 나중에 다시 검토하면서 그 두 편은 근본적으로 같은 문제를 다루고 서로 한 쌍을 이룬다는 결론을 내렸다.

이 글을 내 블로그에 올렸을 때, 여성들이 아니라 남성들이 자기도 섹스에서 오르가즘을 제일 좋아하지는 않는다고 동의하며 대부분의 댓글들을 썼다는 것도 흥미로운 부분이다.

내 저번 글 "오르가즘의 통일장 이론"은 아주 좋은 평가를 받았고, 그 글을 써 주어 고맙다고 한 사람들이 많았다. 하지만 늘 그렇듯이 엇갈리는 피드백도 있었다. 그리고 특히 한 가지 걱정스러운 것은, 많은 사람들이 내 글에서 이 부분을 놓치고 있는 것 같았다. 이제는 오르가즘을 느끼는 법을 알게 되었지만… **내가 섹스에서 제일 좋아하는 부분은 오르가즘이 아니다.** 그 글은 길기 때문에 사람들이 그 부분을 놓칠 수도 있다고 생각했다. 하지만 나는 그렇게 썼고 그것이 중요하다고 생각한다.

오르가즘을 느끼는 법을 몰라서 그렇게 오랫동안 비참해 하고 온전하지 못하다고 느끼고 우울에 빠졌는데… 이제는 그것을 별로 좋아하지 않는다고 하니 아이러니컬하게 보일 수도 있다. 사실, **내가 현재 갖는 성적 만남에는 대부분 오르가즘이 일어나지 않고, 아주 즐거웠던 성적 만남에서도 오르가즘이 일어났던 적은 매우 드물다고 생각한다.**

나는 섹스에 대해서 전부 알지 못하고, 내가 경험해 보지 못한 것이 아주 많다고 기꺼이 인정한다. 세상 만물은 변할 수 있지만, 진심으로 내 평생 최고의 섹스는 감정적으로 연결되는 것이었고, 개인적으로는 강한 BDSM이 들어간 것이 많았다. 지금까지 가장 좋았던 섹스? 거의 대부분 오르가즘을 못 느꼈다.

섹스에 관한 커뮤니티에 있는 어떤 사람들은 성관계에서 원하는 힘을 얻으려면 오르가즘을 통제하는 것이 가장 좋다고 주장한다. 그러면 갇혀 있던 성적 에너지가 집중되어 파트너와 더 깊은 연결을 할 수 있도록 해 주기 때문이다.[1] 그 이치는 알겠다. 내가 생각하는 다른 방법은 정말로 괴롭힘을 당하는 것이다. 그리고 나는 오르가즘으로 끝나는 잠깐의 만남보다는 오르가즘 없이 몇 시간씩 괴롭힘을 당하는 쪽이 좋다.

그리고… (안 돼, 이미 복잡해질 걸 알고 있었잖아. …하지만 뭐, 섹스는 원래 복잡하니까 한 번 해 보자.) …특히 BDSM을 할때, 오르가즘을 느끼지 않아야 정말로 흥분하기도 한다. 정말로 흥분할 때도 있다. 예를 들어, 몸이 달아오른 채로 자러 간다면 파트너 꿈만 꾸게 되고, 질펀하게 젖은 채 깨어난다. 그리고 아침 내내 파트너 때문에 정신을 못 차릴 테고, 그러면 엄청 멋질 테지(이제 스스로 오르가즘을 느끼는 법을 알아서 매우 다행이긴 하다. 정말로 나 자신의 성적 에너지에 압도당했다고 느낀다면 그 에너지를 발산하는 방법을 알게 되었으니까. 그러니까… 어떤 일을 치러야 할 필요가 있으면).

그리고 오오… 엄청나게 고통스럽고, 터무니없고, 순환적인 아이러니가 닥친다. 들을 준비가 되었는지? 바로 이런 것이다. 이제 오르가즘을 느낄 수 있기 때문에, 나는 때때로 오르가즘을 느껴봤자 **내 파트너만 만족시킬 뿐**이라는 것을 깨달았다. 이 무슨 말도 안 되는 일인가? 더구나, 나만 그런 게 아니다. 나와 똑같이 하는 다른 여자들과 이야기를 나눠보았으니까!

전에 나는 과거에 '섹시한 여자라면 섹스하는 동안 어떻게 보여야 하는가' 같은 가짜 관념의 덫에 갇혔던 경험을 쓴 적이 있다. 내 섹슈얼리티를 '수행'하라는 압력이 얼마나 고통을 줄 수 있는지 썼다. 재미있는 것은, 나이를 먹으면서 어떤 파트너들과 함께 있을 때는 그런 압력이 스며들듯 느껴지고… 다른 파트너들과 있을 때는 압력이 별로 없었다는 점이다. 섹슈얼리티에 압력을 주지 않는 환경을 만드는 법에 대해 질문하면 문제가 크고 복잡해진다. 그러니 그냥 이렇게만 말하자. 나는 서로 오르가즘을 주는 사람이라면 다 좋지만… 내게 오르가즘을 느끼게 해 주려는 내 파트너의 욕망이 내게 오르가즘을 느끼라는 압력으로 변한다면 다 소용없다!

내가 가장 좋아하는 성교육 사이트 스칼레틴에는 '분출하는' 오르가 즘과, 어떤 여자들은 성적인 '참신성'을 위해 분출하라는 압력을 받는 다는 사실에 관해 쓴 멋진 글이 있다.[2] 그 글과 비슷하게, 나는 얼마 전 사귀었던 어떤 남자의 일화로 이 글을 맺으려고 한다. 그는 내게 오르 가즘을 느끼게 해 주려고 매우 열심히 노력했다. 그의 편을 들어 말하 자면, 그는 내가 빠르게 절정에 달하게 만드는 법을 알아냈다. 그러나 내가 곧 깨달았듯이 문제는 **그가 나를 절정에 이르게 만들고 싶었던 가장 큰 이유가 자신의 능력을 느끼고 싶었다는 점**에 있었다. 기본적 으로, 내 즐거움이 문제가 아니라 자기가 '대단한 남자'처럼 느끼고 싶 었기 때문이었다.

내 입장을 분명히 해 두겠다. 그는 멋진 남자였고, 나는 그와 섹스하 는 것이 좋았다. 하지만 우리가 섹스할 때마다 내가 오르가즘을 느끼 지 못한다면 그가 매우 불편해 할 것이 뻔했다. 그래서 나는 딱히 오르 가즘을 느끼고 싶은 마음이 없었지만, 그래도 눈을 감고 약간 공황 상 태에 빠진 채 내 몸에 시동을 걸어 절정을 느끼는 데 성공할 때까지 판 타지를 휙휙 펼쳤던 만남이 몇 번은 있었다. 이게 무슨 고역인가?

섹스와 젠더에 대해서 오랫동안 글을 쓰면서 나는 무엇이든, 정말 무 엇이든 섹슈얼리티를 해방하는 도구가 될 수 있는 바로 그만큼, 섹슈얼 리티를 제한하거나 숨 막히게 하는 도구가 될 수 있다는 것을 알게 되 었다. 오르가즘도 예외가 아니었다. 오르가즘도 힘든 의무가 될 수 있 다. **나는 이제 오르가즘을 느끼는 법을 알게 되어 매우 기쁘다. 그것 은 내 섹슈얼리티와 자부심을 쌓는 데 중요한 단계였다. 그러나 이제 그렇게 하는 법을 배우고 나자, 나는 애초에 왜 그것이 그렇게 중요**

하고 파괴적인 사안이었는지 모르겠다!

섹스는 여행이다. 여러 방향이 있고, 길을 따라가다 보면 분기점이나 멈출 만한 곳이 아주 많다. 과속방지턱과 걸림돌, 오르막길과 내리막 길, 자유롭고 가기 쉽게 펼쳐진 길들이 매우 많다. 어떨 때는 멈추어서 쉰다. 어떨 때는 되돌아간다. 모든 것은 서서히 펼쳐진다. 많은 사람들이 그저… 길에서 느끼는 즐거움이 가장 멋지다는 것을 깨닫는다.

***

십대 후반에 내 친구 중에는 이미 상당히 많이 섹스를 하고도 일 년 동안 정결을 지킨 스트레이트 여자 친구 두 명이 있었다. 섹스가 나쁘다는 생각 때문은 아니었다. 섹스를 별로 싫어한 것도 아니었다. 전에 섹스를 한 선택을 후회했기 때문도 아니었다. 그러나 이 친구들은 일 년 동안 섹스를 하지 않겠다는 선택에 강하게 끌렸다. 인생에서 아무 섹스도 없는 일 년… 나는 **같은 충동을 느꼈기 때문에** 본능적으로 이해했다. 사실, 다른 사람이 그렇게 한다는 말을 듣기 전에 나 스스로 일 년 동안 정결 기간을 갖자는 생각을 하기도 했다.

'쿨한 젊은이'로 보이고 싶어서 이런 말을 하는 것이 아니다. "정결이 언더그라운드일 때부터 난 정결에 관심이 많았다고!" 같은 말을 하려는 것이 아니다. 공교롭게도 나는 한 번도 정결 충동을 겪어본 적이 없다. 그러나 그 문제를 아주 깊이 생각했고, 내가 아는 다른 여자아이들이 그렇게 하고 있다는 사실에 대해서 생각했다. 우리는 일반적으로 섹스 반대를 할 만하다고 생각할 배경에서 자라지 않았다. 우리는 리버럴한 배경에서 리버럴한 부모에게 자라고 리버럴한 교육을 받았다. 왜 우리는 섹스하지 않고 일 년 동안 지내자는 생각에 그렇게 끌렸을까?

나는 그 문제를 오래 생각하고 이런 결론을 내렸다. **우리는 섹슈얼리티가 우리 소유가 아닌 것처럼 느꼈다.** 우리의 섹슈얼리티가 우리를 위한 것이 아니라고 느꼈다. 적어도 나는 그렇게 느꼈다.

표면적으로는 내가 내 성적인 결정을 완전히 통제하고 있는 것처럼 보이지만, 나를 짓누르고 혼란스럽게 만드는 사회적 압력과 기대가 있었다. 언제나 그렇지는 않고, 내내 그런 것도 아니다! 그러나 내가 **다 그만두고** 그런 압력을 끝내는 것만 간절하게 바란다고 느꼈던 때가 아주 많았다는 걸로 충분하지 않은가… 내가 어떻게 보여야 하고, 어떻게 옷을 입어야 하고, 어떻게 섹스해야 하는지 끊임없이 열심히 말하는 것 같은 세계로부터 '내 몸을 돌려받고 싶었다.'

나는 섹스를 하는 동안 어떻게 보이고 '수행'해야 하는지 깨닫는 쪽이 섹스에서 내가 실제로 무엇을 원하는지 아는 것보다 훨씬 더 쉬웠다고 썼다. 내 생각에는 그래서 정결 충동이 생긴 것 같다. 그런 이유도 있고, '싫다고 말하는 것이 어색해서' 전혀 흥미 없는 남자아이들과 사귀는 일을 되풀이했다는 것을 깨달았기 때문이다. 아니면 내가 남자친구들과 섹스를 하지 않겠다고 결정할 수 있다고 느끼지 못했기 때문이다. 내가 싫다고 말해도 남자친구들이 듣지 않을 것이라고 생각해서 그런 것이 아니라, 상대가 감정에 상처를 받을지도 모른다는 걱정이 내 육체적 기호보다 훨씬 더 중요해 보였기 때문이다.

내 섹스 방식 중 너무 많은 부분이 나와 아무 상관이 없어 보였다. 그런데 만약 섹스가 나와 상관없다면… 그러면 왜 내가 섹스를 하고 있는 거지? 내가 적어도 한 가지는 통제할 수 있다고 느끼고 싶었기 때문이리라. 싫다고 말하는 것.

결국 나는 내 성적 기호를 더 잘 이해하게 되었고 그것을 어떻게 말해야 하는지 배우기 시작했다. 긴 과정이었고, 나의 성적 여행은 끝나려면 멀었다. (앗싸!) 압력이 없는 성적 관계를 갖는다는 것이 어떤 의미인지 내게 가르쳐준 사람들, 내가 섹스에 대해 이야기하기 쉽게 만들어준 사람들이 있었다. 그리고 성적으로 거부하기 쉽게 만들어준 사람들도 있었다. 그것도 마찬가지로 중요하다.

그러나 내 학습 과정 초기에 한 가지 흥미로운 일은… 특히 이제는 정말로 섹스에 대해 직접적으로 말하라고 내가 강조하고 독려한다는 것을 생각하면… 내 전 남자친구 두어 명은 정말로 섹스에 대해 이야기하고 싶지 않은 것 같았다. 때로는 매우 끔찍하고 유독한 일이었지만, 때로는 그쪽이 편했다. 안전하게 느껴졌다. 나는 섹슈얼해지고 싶었지만 섹슈얼해지라는 커다란 압력을 느끼기도 했다. 그래서 그저 '그 문제에 대해 걱정하지 않는 것'이 때로는 엄청난 안도감을 안겨 주었다.

그러나 돌이켜 보면, 어떤 파트너들과 섹스 이야기를 하지 않을 때 느끼던 '안전'은 환상인 것 같다. 관계에서 조심스럽게 공들여 함께 만든 허구로 지탱되는 가짜 안전이었다. 나중에 결국 섹스 이야기를 하게 되었을 때, '그 안전을 포기'하자 대화가 쓸데없이 무섭고 괴상해졌을 뿐이다. 그리고 우리의 성적 관계에 대해 우리가 각자 독립적으로 가졌던 환상은 침묵 속에서 무성하고 강하게 자라났다. 그런 환상들을 몇 달 동안 강화한 후 풀어놓는 쪽이 처음부터 그 환상을 밝은 곳으로 끌고 나왔을 때 겪었을 것보다 훨씬 더 힘들었다.

가끔은 나도 일부러 정결하게 한 해를 지냈다면 어떤 느낌이었을지 궁금하다. 나의 초기 경험 중 어떤 것이 변했을까. 정결의 일 년이 내 섹슈얼리티에 대해 더 일찍 편하게 느끼도록 도와주었을까 궁금하다. 이제 나는 내가 성적으로 느끼는 방식에 매우 만족한다. 때로는 혼란스럽고 압도당한 기분이지만, 그런 기분은 잘 통제할 수 있고 심지어 거기에 대해 이야기도 할 수 있으니 괜찮다. 하지만 그렇게 강한 경계선을 그었다면, 이 세상의 형편없는 성적 기대에 대해 그만큼 강하게 '싫다'고 외쳤다면 어떤 느낌이었을지 매우 궁금하다.

경계선 · 이론

분노, 공포와 고통

이 글은 2010년 말에 썼다. 온라인 버전에 붙은 댓글들은 특히 좋았다. 많은 사람들이 SM 만남에서 이런 감정을 느낀 자신들의 경험을 공유했다. 그러니 이 주제에 관심이 있다면 이 포스트를 온라인에서 검토하는 것이 좋다.

나는 고통을 좋아한다. 복종을 좋아한다. 하지만 실제로는 이것이 무슨 뜻인가? 예를 들어, 발가락을 찧었을 때 느끼는 고통은 좋아하지 않는다. 또 내가 좋아하지 않는 권위적인 상황도 매우 많다. 특히 내 감정적 반응은 매우 복잡해질 수 있기 때문에, "나는 고통을 좋아한다"와 "복종을 좋아한다"보다 더 정확한 말이 필요하다.

이것은 별로 새로운 문제가 아니고, BDSM 서브컬처에서 자주 쓰이는 더 정확한 단어들이 있다. 그러나 처음 BDSM을 탐험하고 아직 커뮤니티에 접근하지 못했을 때, 나는 좋아하는 것과 좋아하지 않는 것을 가리키는 나 나름의 단어를 만들어내기 시작했다. 내가 만든 주요 용어는 ― 나는 여전히 머릿속에서 그 말을 많이 사용하고, 때로는 파트너들에게 설명하려고 한다. ― '깔끔한' 고통과 '더러운' 고통이다.

어떤 고통은 강해도 내가 보통… 좋아하기 때문에(더 나은 말이 없다) '깔끔한' 느낌이다. 내가 강하게 BDSM을 열망할 때 환상 속에 떠올리는 고통이다. 내 몸의 어떤 부분들은 고통을 더 깔끔하게 느낀다. 팔 위쪽, 등의 대부분, 허벅지 같은 곳들. 원래 더 깔끔한 종류의 고통이 있다. 바늘이 우선 떠오른다. 무디지만 크고 깊게 깨무는 것도 좋다. 스웨이드처럼 무거운 재료로 만들어진 육중한 채찍도. 목 뒤에서 머리카락을 바투 잡고 당기는 것도.

한편 어떤 고통은… 받아들이기가 더 힘들기 때문에 '더럽다'고 생각한다. 언어도단이나 변태적이라서 더럽다고 느끼는 것은 아니다. 오히려 더러운 고통은 복잡하고 처리하기 힘들기 때문이다. 나는 그런 고통에 절대 환상을 갖지 않는다. 쇄골처럼 뼈와 피부 표면이 가까운 곳에 느끼는 고통은 더럽다. 상처에 가해지는 고통은 더럽다. 꼬집거나 작고 좁은 면적을 깨무는 것은 더럽다. 목 뒤쪽만 빼고 어디든 머리를 잡아

당기는 것은 더럽다. 전기 충격은 엄청나게 더럽다.

하지만 이런 '깨끗하고' '더러운' 것에 대한 구분은 내 몸 밖에서는 의미가 없다. 그것은 설명하기 힘들다. BDSM 커뮤니티가 기술적이거나 덜 주관적인 형용사들을 써서 고통을 표현하는 경향이 있어서 도움이 된다. 그들은 '날카롭다sharp'나 '톡 쏜다sting', '퍽 친다thud' 같은 말을 사용한다('날카롭다'와 '톡 쏜다'가 같은 감각이라고 생각하는 사람이 많지만, 나는 보통 그 둘을 좀 더 분리한다. 그러나 그것을 분리하는 사람이 얼마나 많은지는 모르겠다).

BDSM과 폴리아모리에 대해 저술하는 프랭클린 보는 '퍽 친다'를 '무겁고 둔한 충돌의 느낌'으로, '톡 쏜다'를 '빠르고 날카로운 고통의 감각'으로 정의한다. 이런 용어는 플로거(때리는 사람들을 가리키는 용어. 예를 들면 '이 사람은 퍽 치는 플로거야'처럼 쓴다.)들에게 적용될 때가 많지만, 때로는 다른 용례로 쓰인다. 예를 들어 나는 보통 퍽 치는 유형의 고통을 더 좋아한다는 것을 알게 되었지만, 내가 매우 좋아하는 날카로운 고통의 종류가 매우 많기 때문에 그 사실을 깨닫는 데 오랜 시간이 걸렸다.

좋다. 이제 감정에 대해 이야기하자. 이건 정말 어려운 부분이다.

얼마 전 내가 엄청나게 좋아하는 내 커밍아웃 스토리에 익명의 댓글이 달렸다. 그 댓글의 일부분을 인용해 본다.

막상 겪어보자, [BDSM의] 현실 중에서 내 판타지와 맞는 것은 거의 없었다.
아, 때때로 실생활과 판타지가 일치할 때가 있는 것처럼 일치한 적은 있었다.
그러니까… '초월적'인 순간들이 있었다.
하지만… 매우 깊이 충돌하는 부분이 더 많았다. 나를 지배하고 고통을 주는 사람에게 그렇게 큰… 분노를 느낄 거라고 전혀 생각하지 못했다. 나는 그것이 안도감을 줄 것이라고 생각했다. 증오와 씨름해야 할 거라고는 예측하지 못했다.

그는 내 따귀를 때리는 것을 좋아했다. 그가 그럴 때마다 순수한 증오가 터져 나왔다. 한번은 그가 나더러 그것이 좋으냐고 물었다. 나는 이렇게 말했다. "아니, 정말 싫어. 하지만 당신이 그만두지는 않았으면 좋겠어."

내가 읽은 다른 '커밍아웃' 이야기에 이런 깊은 분노라는 감정에 대한 서술이 있었는지는 모르겠다. 물론, 가장 최근에 읽은 커밍아웃 글에서는 그런 감정을 경험하지 않은 것 같다. 아마 전에는 전혀 눈치 채지 못했겠지만, 이번에는 나와 공명하는 이야기였기 때문에 알아차렸다. 그러나 대체로 그런 이야기들에서는 공포와 수치, 불안, 당황스러움을 언급한 것으로 기억한다.

내 커밍아웃 이야기에 쓴 사건들은 오래 전에 일어났고, 지금 BDSM에 대해 내가 느끼는 감정은 전혀 다르다. 나는 갈등을 겪고, 맹렬히 화를 내고 분개했던 것을 기억한다. 그러나 동시에 내 분노와 원한의 대부분이 강렬한 BDSM의 첫 파트너였던 리처드와 감정적으로 맺어질 수 없었기 때문이라고 자주 생각했다. 나는 지원이 필요했지만, 그는 나를 지원해 주지 않았다(어느 정도는, 내게 얼마나 큰 지원이 필요했는지 그도 나도 알아차리지 못했기 때문인 것 같다). 물론, 그 분노의 많은 부분은 내가 BDSM을 감당할 수 없었기 때문에 일어난 것이기도 했다. 나는 내 섹슈얼리티와 맞서 싸우고 있었고, 그것을 제대로 소유할 수 없다고 느꼈다.

감정을 가라앉히고 나의 성 정체성과 화해하면서, 내 감정 반응은 완전히 다른 게임이 되었다(나와 감정적으로 더 연결될 수 있고 나의 감정 처리 과정을 도와준 여러 명의 남자들과 연속적으로 연애를 한 것이 도움이 되었다). 나는 그 분노와 BDSM이 서로 뗄 수 없는 것이 아닐까 의심했지만, 지나고 보니 사실 완전히 분리할 수 있었다. 나는 분노를 피하는 법을 배우는 단계로 들어갔다. 그 감정을 피해가는 법을. 공포와 절망 속으로 가라앉는 법을 배우자, 정말 좋았고 살기가 더 편해졌다.

나는 여러 유형의 서브미시브 플레이를 경험했다. 누군가가 나를 아프게 하지 않으면 복종하는 기분을 느낄 수가 없다는 것을 알게 되었다(예외도 있었지만 정말 '예외'였다). BDSM 커뮤니티에는 감정적인 만남에 대한 용어가 많지만, 그런 말은 보통 감정보다는 행동이나 시나리오를 가리킨다. 말하자면 '공공연한 굴욕'이나 '하우스 슬레이브'*, '성노예' 같은 것이다. 그래서 나는 어떤 감정이 어떤 행동과 연결되어 있는지 알아야 했는데, 어떤 것들은 아주 분명했지만 그래도 복잡했다. 예를 들면 어떤 사람들은 공공연한 굴욕을 당할 때 아주 흥분했다. 하지만 그런 것은 내게는 엄청나게 화가 나는 강하고 본능적인 한계였다(예외도 있었지만 정말 '예외'였다).

나는 필요할 때 세이프워드를 잘 외칠 수 있게 되었다. 그렇다, 세이프워드를 쓰기는 어렵다. 특히 초심자일 때는… 온갖 이유가 있을 수 있다. 파트너를 실망시키고 싶지 않고, 때로는 자기가 순간순간 어떻게 느끼는지 알기 힘들기 때문에 세이프워드가 필요한 순간을 깨닫기 힘들다. 하지만 멈추어야 할 때 세이프워드를 외치는 일은 다른 경계선을 긋는 것과 마찬가지로 발전시킬 수 있는 기술이다. 그래서 나는 필

---

* 하우스 슬레이브(domestic servitude): 한 집에 동거하면서 24시간 지배자에게 봉사하는 서브미시브를 가리킨다.

요할 때 세이프워드를 외치는 일에 숙련자가 되었다. 매우 화가 나기 시작하면 만남을 중지하거나 주의를 다른 쪽으로 옮기는 일도 잘 하게 되었다.

깨끗한 고통과 더러운 고통을 겪을 때 내 육체적 반응에 대해 더 정확히 알게 되면서, 나는 감정적인 반응에도 차이가 있다는 것을 알게 되었다. 막연하게 말하면, 깨끗한 고통은 내가 두려워하고 복종하도록 만든다. 반면 더러운 고통을 겪으면 미치도록 화가 난다(늘 그렇지는 않은데, 예를 들면 나는 스팽킹을 매우 싫어한다. 스팽킹을 당하면 기분이 상한다. 하지만 그것은 매우 깨끗한 고통이다. 그리고 내가 간지럼을 무척 싫어하지만, 간지럼은 아프지 않다).

더러운 고통이 심하거나 예상하지 못했을 때, 나는 상대한테 화를 내지 않고 견디지 못하는 것 같다. 심지어 아무 생각 없이 육체적으로 반격하기도 한다(세이프워드가 없어도 그 자체로 만남을 재협상하는 수단 역할을 할 때가 많다). 그런 고통이 심하지 않을 때? 화가 날 뿐이다. 그러나 강렬하다면… 몸부림치는 것으로 끝나지 않고 상대를 공격한다. 파트너들에게 자국을 남겨준다.

대체로 나는 더러운 고통을 피하는 법을 알게 되었다. 대체로 분노를 피하는 법도 알게 되었다. 한때는 분노와 더러운 고통이 BDSM에서 피할 수 없는 대가라고 생각했다. 분노나 원하지 않는 고통이 없는 BDSM 관계는 절대 갖지 못할지도 모른다고 의심한 적도 있었다. 그러나 내 생각이 틀렸다. 그런 건 피할 수 없는 대가가 아니다. 충분히 피해 갈 수 있다.

그러나 이제… 그렇다, 이제! 클라리스는 자신의 현재 자아와 잠재적인 미래의 행동에 대해 말할 부분에 이르렀다. 그것은 사실이 될 수도 있고 아닐 수도 있고, 미리 주의해야 한다. 클라리스는 복잡하고 발전하는 인간이니까!

이런 틀을 다 짰는데도, 최근에 매우 화가 난 만남이 몇 번 있었다. 어떤 만남에서는 더러운 고통을 겪었고, 또 어떤 만남에서는 겪지 않았다. 나는 멈추지 않았다. 그런 일이 일어나는 동안 내가 어떻게 느끼고 있으며 그것을 어떻게 감당하는지 관찰했다. 그건 관찰할 만한 가치가 있었다. 받아들이기는 어려웠다. 오, 정말로 어려웠다. 하지만 강렬하고 매혹적이기도 했다.

다른 BDSM 서브미시브 몇 명은 만남 중에 분노를 느끼는 쪽을 좋아한다고 했다. 그들은 느끼고 싶은 곳에 닿기 위해 분노가 필요하다고 말했다.

만약 이제 분노의 길을 따라간다면, 나는 어디로 가게 될까?

성 개방을 격려하는 두 가지 방법

이 글은 2010년에 썼고, 그때부터 지금까지 내가 얼마나 변했는지 생각하면 놀랍다.

나는 다른 사람들보다 성적 실험의 '진도를 더 많이 나간' 사람들에 대해 이야기하는 것을 좋아하지 않는다. 사람들은 자신들의 선호와 경험에 따라 다른 장소들에 있을 뿐이다. 이제 이 글을 보면서, 내가 더 중립적인 방식으로 성적 진전에 대해 이야기하려고 했다면 글을 더 잘 썼을 것 같다는 생각이 든다. 그러나 더 어렸을 때 나는 왠지 몰라도 '지연되었'거나 '억제되었다'는 느낌을 자주 받았다. 이제는 더 이상 섹스를 그렇게 느끼지 않는다. 그리고 일반적으로 많은 사람들이 성적인 탐험을 하고 싶어 하지만 자신의 주저와 심리적 장애물을 극복하는 법을 모르는 것 같다. 어떤 사람들은 나한테 충고해달라는 편지를 쓰기까지 한다. 나는 그들에게, 나에게 효과가 있었던 것만 말할 수 있다. 이 글에서 나는 대충이나마 그런 접근법을 그려냈다.

최근에는 내 성적 진전에 어떤 요인들이 개입했는지 많이 생각했다. 사람들은 언제나 내가 성적으로 개방적이라고 생각했고, 나는 매우 리버럴한 양육을 받았다. 그러나 동시에, 나는 오랫동안 놀랄 정도로 폐쇄적으로 산 것 같다.

부분적으로는 내가 사랑한 남자들, 나의 파트너들 때문이었다. 나는 독점적 연애가 옳다고 느꼈기 때문에, 일단 연애 관계에 들어가면 사실상 내 연인들이 좋아하는 것 이상으로 섹슈얼리티를 탐구하기 힘들었다. 나는 과거의 파트너들이 내게 뒤집어씌운 성적 수치감과 억제에 좌절하며 과거를 돌아본 적이 많다. 그렇지만, **내 파트너들이 상대적으로 억압되어 있었을 때에도 함께 있으면 편안해서 관계를 지속했다는 점을 부인하지 않는다.** 어떤 연인이 어떤 것들을 탐구하기도 논의하기도 싫어서 좌절했던 대화가 기억난다. 하지만 파트너들이 그런 부분에 손대지 않으려고 했기 때문에 안도했던 때들도 기억난다.

나는 어떻게 그런 균형을 겪고 발전해서 오늘날의 내가 되었을까? 나의 성적 경계는 어떻게 극적으로 이동했을까? 나는 그것이 어떤지 체험하기 위해서라는 이유만으로 기꺼이 여러 가지 일들을 시도한다. 십대 때라면 겁에 질렸을 판타지를 일상적으로 생각한다. 그리고 오르가즘도 일상적으로 느낀다…. 하지만 예를 들면, 몇 년 전에는 전혀 관심이 없었는데 이제는 왜 여러 명의 파트너를 갖고 싶을까? 왜 처음에는 절대로 목줄을 차지 않겠다고 맹세하다가, 결국은 깊은 사랑과 목줄을 연결 짓게 되었을까? 어떻게 처음에는 서브미시브라고만 생각하다가 나중에는 열성적인 스위치(즉, 섭이자 펨돔 양쪽 다)로 변하게 되었을까?

내 생각에는 성적 진전과 개방을 원활하게 만드는 두 가지 요인은

이것이다.

1) 압력을 받지 않는 환경: 관건은 이것이다! 어떤 사람에게 성적 탐험을 하라고 압력을 **줄 수는** 있다. 하지만 내 경험상 그런 것은 '필요하지 않다.' 전부 그런 것은 아니지만, 압력을 받는 많은 사람들은 변하지 않으려고 방어적인 반응을 보인다. 그런 사람들은 실험을 시도한다고 해도 즐기기 힘들 것이다. 그리고 싫었던 성적 경험을 한 사람은 앞으로 그런 섹스를 즐기기 힘들 것이다.

나의 예를 들겠다. 내가 스무 살 때 왜 폴리아모리 실험에 반감을 느꼈는지 설명할 이유는 아주 많다. 그러나 커다란 이유 중 하나는 폴리가 되라는 **압력**을 많이 느꼈기 때문이다. 매우 '대안적인' 동아리에 있었기 때문에, 나는 폴리아모리가 '최고'의 관계이고 폴리아모리를 시도하기 싫은 사람은 이기적이거나 폐쇄적일 뿐이라고 주장하는 '폴리아모리 전도사'들을 만나고 있었다. **일반적인 사회 압력은 영향력이 있기 때문에, 다른 형태의 상호합의적 섹슈얼리티를 받아들이는 개방적인 친구들이 있으면 도움이 된다.** 이것은 '바닐라'들이 '비표준'적인 우리를 받아들여야 온당하다는 뜻만이 아니라, '대안' 모임의 사람들이 '주류' 섹슈얼리티를 받아들여야 한다는 뜻이기도 하다.

그러나 내 경험에 따르면, 실제 **성관계는 인생에서 성적으로 아무 압력을 느끼지 않아야 하는 부분이다.** 또 가장 어려운 부분이기도 하다. 한쪽이나 양쪽 다 무력할 정도로 사랑에 빠져 있거나, 결혼했거나, 아이들이 있거나, 함께 산다면 매우 위험하다. …그러면 압력을 받지 않는 관계를 유지하기 힘들다. 아내가 자기를 떠날지도 모른다고 두려워하는 남편은 아내를 붙잡기 위해 자기가 불편해도 아내 위주의 성적 행동을 할 가능성이 더 높다. 아내가 그렇게 해 달라고 요구하지 않아도 그렇다. 남자친구와 사랑에 푹 빠진 소녀는 실제로는 하고 싶지 않아도 섹스를 묵인할 가능성이 높다. 당연히 남자친구를 기쁘게 하고 싶기 때문에, 섹스하기 싫다고 솔직히 말하지는 않을 것이다.

그 다음에는 당사자의 약점이나 관계, 인생에서 어느 시점에 있느냐에 따라 사람들이 느끼는 '압력'이 모두 다르다는 사실이 있다. 오늘날, 파트너가 내게 하고 싶지 않은 행위를 하라고 요청한다면 나는 경계를 긋고 파트너에게 '싫다'고 분명히 말하는 것이 하나도 불편하지 않다. 그러나 내 남자친구가 '이런 걸 좋아한다'고 지나가다 말하기만 해도 뭔가 해야 한다는 불안에서 나오는 압력을 느꼈던 시절이 별로 오래되지 않았다. 그래서 다음의 요점을 말하고 싶다. **공유와 압력 사이의 경계는 아슬아슬하다.** 자신의 선호와 욕망을 내보일 때 조심해야 한다. 그렇다고 그런 말을 꺼내면 안 된다는 뜻은 아니다! 단지 이런 것들이 어려운 화제라고 인정하는 것, 우리가 사랑하거나 존경하는 사람들과 이런 문제를 논의할 때 우연히 불안과 압력이 생길 가능성이 아주 많다는 것이 중요하다.

좋다, 지금 나는 아주 이론적으로 말하고 있는 것 같다. 그래서 성적인 압력과 압박을 피하는 구체적인 방법 몇 가지를 말하겠다.

• **자기 선호가 왜 그런지 설명하라고 요구하지 말 것.** 누구라도 원하지 않는다면 왜 자기가 게이인지, 스트레이트인지, 킨키인지, 폴리아모리인지, 하여간 무엇인지 설명하거나 조사하거나 '알아낼' 필요가 없다. 성적 파트너끼리라도 원하지 않는다면 왜 하고 싶지 않은지 설명할 필요가 없다.

사실, 처음부터 파트너에게 설명할 필요가 없다고 분명히 말해 두면 매우 좋을 것이다. 당신이 묻지 않아도 그들 쪽에서 설명해야 한다고 느낄지도 모르기 때문이다. 나는 몇 년 전 어느 만남을 또렷이 기억한다. 내 파트너는 무엇을 하고 싶냐고 물었고, 나는 주저하며 대답했다.

"음, 사실 오늘 밤 섹스를 하고 싶지는 않아요. …정말 설명할 수 없지만, 나는…."

그러자 그는 손을 들어 내 말을 막았다.

"설명할 필요 없어요."

나는 충격을 받으며 온몸으로 감사와 안도감, 편안함을 느꼈다.

나중에 도미넌트로서 첫 번째 진지한 만남을 했을 때 나는 '선행을 나누고' 자랑스러움과 전율을 느꼈다. 만남이 끝나갈 때 나는 "나를 원하니?" 하고 물었다. 내 서브미시브는 몸이 굳은 채 어색하게 말했다.

"네, 그래요, 하지만… 이렇게 빨리 섹스하고 싶지는 않아요. 그냥 제가 긋는 경계선일 뿐이에요. 저는…."

나는 그가 그 말을 하면서 얼마나 큰 대가를 지불하고 있는지 알았다. 내가 옛날에 느꼈던 것과 똑같은 불안감을 그의 모습에서 보았다. 나는 즉시 그의 입을 막으며 말했다.

"쉬이잇, 괜찮아. 설명하지 않아도 돼."

그러자 그는 예전에 내가 느꼈던 것과 똑같이 엄청난 안도감을 느끼며 긴장을 푸는 모습을 보였다. 그리고 우리는 한참 동안 서로 애무했다. 믿어지지 않을 정도로 좋았다.

물론, 누구든지 자기가 선호하는 것을 다시 살펴보고 싶을 때가 있는데, 당연히 그래도 된다! 그러나 파트너나 친구가 자신의 내면을 탐구하는 것과, 당신이 자기만족을 위해 그들에게 캐묻는 것은 완전히 다른 얘기다. 밑줄 쫙! 그들은 당신에게 설명할 필요가 없다. 당신이 설명을 요구한다면 그들은 긴장하고, 모든 면에서 상황이 전혀 섹시하지 않다고 느끼게 될 뿐이다.

• **선호를 부드럽게 표현하라.** 예전에 작가 로라 안토니오Laura Antoniou가 운영하는 매우 훌륭한 BDSM 워크샵에 참석한 적이 있다. 거기서 로라는 자신의 가장 지저분하고 오싹한 판타지를 파트너에게 내보일 때 쓸 수 있는 방침을 주었다.

"우선 아이스크림을 삽니다. 부엌 식탁에 앉아서 판타지를 이야기한 다음 이렇게 말해요. '지금은 아무 말도 하지 마. 이 문제를 생각할 시간을 줄게. 지금은 이 아이스크림을 먹고 영화나 보러 나가자.'"

나는 이 충고를 아주 좋아한다. A) 아이스크림을 안 먹는 사람은 없으며 B) 아이스크림은 긴장을 푸는 데 아주 좋기 때문이다. 그리고 로라의 말대로 "최악의 일이 일어난다고 해 봐야 상대가 그 판타지에 관심이 없는 것뿐이잖아요." [편집자 주: 이 글을 쓴 다음 클라리스는 비건이 되었고, 아이스크림 대신 비건 아이스크림을 먹으라고 추천한다. 초콜릿 비건 아이스크림은 엄청나게 맛있다.]

처음부터 이렇게 강조하는 것이 중요하다.

"난 이런 것에 관심이 있어. 하지만 당신이 꼭 해야 하는 일은 아니고, 당신이 관심이 없는데 그렇게 하는 건 싫어."

사실 바로 저렇게 말하면서 시작하면 도움이 될 것이다.

그리고 만약 파트너가 지금 당장 어떻게 하고 싶지 않다면, 그런 생각에 점점 관심을 느껴 보도록 시간을 주는 것이 좋을 때가 많다. 성적으로 이런 저런 길을 탐험해 보다가 당신의 길로도 들어올 수 있도록. 십대 후반에 한 남자친구가 나에게 어떤 종류의 섹스를 하자고 제안했지만, 나는 거부했다. (그는 매우 점잖게 물었고, 내가 싫다고 하자 압력을 가하지 않았다. 덕분에 그와 있으면 훨씬 더 안전하고 기분이 좋다고 느꼈다!) 그 당시에는 그것을 하고 싶을 수도 있다는 걸 상상조차 해보지 못했다. 그러나 몇 년 후 훨씬 성적으로 더 많은 경험을 얻은 후, 결국 내가 남자친구에게 그것을 해 보자고 했다! 예전 파트너가 내게 압력을 가했다면, 몇 년이 지났어도 나는 절대 그렇게 선선히 그 행위를 같이 하자고 하지 않았을 것이다. 만약 그와 내가 여전히 함께 사귀고 있었다면, 아마 그와 함께 그 행위를 했을 것이다.

그러나 물론, 성적 욕구는 중요하고 영원히 미루어둘 수는 없기 때문에 어렵다. 당신의 성적 욕구를 당신의 파트너가 일상적으로 무시하거나 충족시켜줄 수 없다면, "걱정하지 마, 난 그거 안 해도 괜찮아." 하고 계속 부드럽게 말하는 것은 바람직하지 않다. 그래도 당신이 최후통첩의 지점에 다가가고 있다면, 예를 들어 "네가 내 욕구를 충족시켜줄 수 없다면 개방적인 관계가 필요해. 나는 이걸 충족시켜줄 사람을 찾아야 하니까. 아니면 우리는 깨질 수밖에 없어."라고 말해야 한다면, 적어도 최후통첩을 부드럽게 하는 것이 제일 좋다. 파트너에게 여전히 마음을 쓰고 있으며 이 일이 당신에게도 힘들다는 것을 강조하고, 최후통첩을 실행해야 할 경우에는 마음을 독하게 먹고 재빨리 행동해라. 당신이 최후통첩을 하고도 계속 연애를 하려고 한다면 파트너와의 섹슈얼리티 갈등은 더 힘들어질 수 있다는 것을 알아야 한다.

슬프게도, **때로는 성적인 압력이 그야말로 불가피할 수도 있다. 때로 우리의 최선은 점잖고 배려하는 자세로 대하고, 그 결과를 직면할 준비를 하는 것이다.**

2) **섹슈얼리티의 새로운 개념, 성적 멘토들, 성교육에 노출시켜라.**
동성애자들 중 자신들이 섹슈얼리티에 그렇게 접근하도록 '배선되었다'고 말하는 사람이 많다. 하지만 의견이 다른 사람들도 있다. 우리가 선천적으로 킨키하다고 믿는 비디에서머도 있다. 또, 우리는 예전에 본 보기가 있었건 없었건 결국 그런 성적 결론과 실천에 다다랐을 것이라고 말할 때가 많다. (그렇다고 해도 정보와 감정적 지원을 나눈 커뮤니티가 있으면 정말 도움이 된다. 대안적 섹슈얼리티 방면에서는 더욱 그렇다. 섹스는 자연스럽게 명백해진다고 볼 수도 있지만, 때로 불분명한 부분들은 완전히 헛다리를 짚게 만들 수도 있다!)

그러나 탐구해볼 가치가 있는 성적인 아이디어이지만 우리 앞에 본 보기가 없다면 떠오르지 않을 법한 것들도 많다. 에로티카, 포르노그래피, 친구들, 멘토, 워크샵과 교육자료들이 그런 본보기가 되어줄 것이다. 그런 자료에 정서적으로 쉽게 접근하는 최선의 방법을 몇 가지 구체적으로 들어보겠다.

• **섹스에 대해 함께 이야기할 수 있는 좋은 멘토나, 적어도 함께 이야기할 친구나 사회적 모임을 찾아라. 당신이 섹스할 마음은 없는 사람으로.** 성적 흥분을 안겨주는 것들을 중립적인 상황에서 솔직하게 논의할 수 있다는 것은 엄청나게 값진 일이다. 자신의 선호와 욕망을 대화에 집어넣지 않으면서 문제에 대해 안내하고 충고해줄 수 있는 사람도 마찬가지다. 당연히 성적 멘토와 좋은 성적 관계를 가질 수 있다. 충분히 가능하다. 때때로 멘토(또는 친구) 관계가 예상치 못한 성적인 방식으로 발전할 수도 있다. 그러나 적어도 어떤 관계들에서는 그런 요소를 빼 보면 매우 쓸모 있을 것이다.

정말 하고 싶은 충고는 멘토는 "같은 유형"이 좋다는 것이다. 예를 들어 헤테로섹슈얼 여성 서브미시브라면, 될 수 있으면 경험 많은 헤테로섹슈얼 여성 서브미시브 멘토가 있으면 매우 좋다.

이 글을 편집하면서 한 문단을 덧붙였다.

댓글 중에서 라나이Ranai라는 네티즌은 멘토를 딱 한 명만 두는 건 별로 좋은 생각이 아니라고 지적했다. 나도 동의한다. 가능하다면 충고할 사람이 여럿 있는 쪽이 도움이 된다. 어떤 사람을 다른 사람보다 신뢰하는 것은 잘못이 아니지만, 사람마다 각자 맹점이 있고 멘토도 사람이다. 그래서 내가 BDSM 커뮤니티를 좋아한다(적어도 내가 소속되었던 BDSM 커뮤니티에서 겪은 경험으로는 그렇다. BDSM 커뮤니티라고 다 똑같은 것은 아니다). 카페 미팅이나 압력 없는 모임을 여는 BDSM 커뮤니티가 많다. 그런 모임은 이런 충고를 얻을 만한 완벽한 기회가 된다!

• **BDSM이든 포르노든 뭐든 간에, 다 똑같지는 않다.** 지금 보고 있는 것이 좋지 않다면(심지어 메스껍기까지 하다면) 다른 것을 보자(읽어보자, 이야기해 보자). 콤스톡 영화를 처음 알게 되었을 때 나는 정말 흥분했다. 토니 콤스톡은 진짜 커플들이 진짜 섹스하는 것을 보여주는 다큐멘터리를 만든다. 그의 다큐멘터리들은 주류 포르노들보다 훨씬 더 현실적이고 편안한 성적 느낌을 준다.[1] 나는 **정말로** 주류 포르노를 좋아하지 않는다. 그러나 접하고 보니 콤스톡 영화 자체에 그렇게 끌리지는 않았다. 그의 아이디어가 너무나 마음에 들어 내 섹스긍정적 영화 목록에 그의 영화 한 편을 넣었는데도 그랬다. 그래서 그냥 내가 포르노 자체에 흥미가 없나보다, 글로 쓴 에로티카에 집중하는 게 더 낫겠다는 결론을 내렸다.

그러나 **그 다음** 나는 마침내 어떤 포르노를 보고 '진짜 대안적 영화제'인 시네킨크에 확 매료되었다.[2] 나는 거기에 매료될 거라고는 생각하지도 않았다! 단지 학문적인 흥미에서 보고 있었을 뿐이다. 그리고 요즘에는 처음에 그렇게 피하려고 했던 주류 포르노에 때때로 매료된다는 것을 깨닫기도 한다. 이 이야기의 교훈은 분명하다.

섹슈얼리티에 관한 새로운 아이디어에 노출되는 것만으로도 성적인 진전을 이룰 수 있다는 것이 중요하다. 엄청나게 멋진 일이다. 그러니 만약 성적으로 더 쉽게 진전하고 싶다면, 우선은 어떤 수단으로든 섹슈얼리티에 대해 알아야 한다.

공포와 혐오, 그리고 샌프란시스코에서
헤픈 SM 여성으로 지내던 시절

원래는 2010년 말 이 글을 써서 *OffOurChests.com*에 실었다. 당신이 '픽업 아티스트 추적자의 고백'을 읽었거나 '애덤*Adam*' 이야기가 나오는 내 포스트를 읽었다면, 이 글의 남자들 중 누가 나중에 애덤이 되는지 따로 말할 필요가 없을 것이다. 그러나 그냥 내가 수수께끼를 풀고 '여기야*Mr. ThereItIs*' 씨가 애덤이라는 것을 밝히겠다(그를 만났을 때 내가 쓴 포스트에서 따서, 이 글에서는 그의 이름을 '여기야'로 지었다). **1**

어렸을 때부터 나는 반 고흐의 <별이 빛나는 밤>을 사랑했다. 특히 사이프러스 나무들이 좋았다. 구불구불한 나선형 나무들, 환상의 나무들. 내가 본 나무들과는 너무나 안 닮아서 나는 반 고흐가 그런 나무를 만들어냈다고 생각했다. 그래서 몇년 후 사이프러스 나무들을 처음 보았을 때 나는 멍해졌다. 그 환상의 나무들이 내 세계로 들어왔다. 나는 처음 사이프러스 나무를 보았던 그때 내 세계가 영원히 조금 변했다고 생각하고 싶은데, 내가 좀 멜로드라마틱하게 굴고 있는 건지도 모르겠다(나는 그런 경향이 있다).

샌프란시스코에는 사이프러스 나무가 있고, 다른 환영幻影도 많다. 그 도시에는 여러 가지 각도, 장점, 이동, 끊임없이 변화하는 경관들이 가득하다. 때로는 풀 수 없는 퍼즐처럼 느껴진다. 숲이 무성한 길은 어두운 다리 아래로 이어지다가, 갑자기 하얀 레이스 같은 온실이 있는 깔끔히 손질된 잔디밭 위로 나온다. 시멘트 계단은 좁은 출구를 따라 이리저리 솟아오르다가 점차 밝게 칠해진 빅토리아식 건물 정면의 한 조각이 되어버린다. 한번은 어느 친구와 함께 짙은 안개가 펼쳐진 바다 옆길을 걸어가다가 흙길에 도착했다. 나는 그 길을 따라가자고 했으나, 30초도 안 되어 우리는 이상한 폐허 위에서 비틀거리고 있었다.[2]

샌프란시스코. 번영의 도시, 상심의 도시. 사이프러스 도시. 내가 이별에서 회복된 장소. 때로는 내가 다시 이별하게 되는 장소 같기도 하다. 나쁘지 않다. 강한 감정들을 과잉 분석하는 것보다 더 재미있는 건 없으니까. 농담이 아니다.

***

나는 최근에 아프리카에서 돌아와서, 나의 제2의 고향 시카고에 잠깐 머무르다가 버닝맨 아트 페스티벌*에 갔다. 그 다음 샌프란시스코로 갔다. 내 식으로 감정을 가라앉히는 방법이었는데, 효과가 있었다! 이제 훨씬 더 중심을 잘 잡을 수 있게 된 것 같다. 그러나 내 감정 가라앉히는 법은 구체적으로 말하면 **많은** 데이트와 BDSM 파티에 나가고 스스로의 경계선을 밀어붙이는 것이다. 이것도 나중에는 감정을 가라앉혀야 하는 위험이 될 수 있다.

이 이야기가 전개될 당시 나는 샌프란시스코에 두 달 있었고 곧 떠날 예정이었다. 나는 여러 가지 모험을 했지만, 특히 나를 흥분하게 했던 남자 두 명이 있다. 꼭 장기간 사귀겠다는 것은 아니었다. (적어도 아직은) 하얀 말뚝 울타리가 있는 집과 두세 명의 아이들을 가질 생각은 아니니까. 하지만 '와, 나 마음 좀 진정시켜야겠다. 아니면 강아지처럼 달려들겠는데.' 하는 느낌은 확실히 들었다. '새로운 관계 에너지New Relationship Energy.' 그건 마음의 덫이고, 너무나 달콤하고 정신을 고양시키는 체험이다. '당신은 완벽한 마약이야.'

처음 '예술가The Artist'와 만나 시간을 보낼 때는 나를 별로 억누를 필요가 없었다. 그는 내가 만난 사람 중에 제일 포스트모던하고, 제일 창의적인 사람일 것이다. 6년 동안 적당한 거리를 두고 사귀었지만 나를 매료시키지 않은 적이 없다. 나를 계속 생각하게 만드는 사람은 찾기 힘들지만, '예술가'는 나를 실망시킨 적이 없다. 오히려 우리 문제는 지적 관계에서 성적 관계로 변해가고 있었다. 그와 처음 만났을 때 나는 그에게 엄청난 사회학 논문에 대해 말하기 위해서 진도를 중단할 수밖에 없었다. 내가

---

* 버닝맨 아트 페스티벌(Burning Man Arts Festival): 매년 8월 마지막 주에 미국 네바다 주에서 벌이는 예술 축제

그를 얼마나 좋아하는지 알려주는 건 좋았다. 우리는 서로 아주 오래 알고 있었기 때문에 상황을 읽는 것도, 감정을 주는 것도 더 쉬웠다. '여기야' 씨하고는 훨씬 더 힘들었다. 그는 난데없이 튀어나왔고, 나는 그를 거의 몰랐지만 엄청나게 끌렸다. 이 게임의 시작 단계에서는, 당신의 두려움을 상대가 절대 눈치 채게 해서는 안 된다.

토요일 아침. 나는 '예술가'와 밤을 보내고 나서 그가 아침을 차리는 동안 내 이메일을 살펴보고 있었다. (그는 요리를 아주 좋아했는데, 나로서는 이해할 수가 없었다.) 나는 다음 일주일을 계획하려고 '여기야' 씨에게 언제 만날지 문자로 물었다. 그가 답문을 보냈을 때 잠시 숨이 멎는 것 같았다. 그는 다시 함께 밤을 보내는 건 현명하지 못한 생각이지만, 술을 마시며 서로 근황을 이야기하고 싶다고 했다. 나는 눈을 감고 간신히 숨을 쉬었다. 그가 얼마나 많이 뒤로 물러났으며, 우리가 함께 했던 BDSM에 대해 얼마나 많이 불안을 표현했는지 떠올렸다. 나는 그에게 잘하고 있다고 분명히 말하려 했지만, 그는 십중팔구 여전히 그것 때문에 겁을 먹고 있는 것 같았다.

'난 왜 계속 이러는 거지? <바닐라지만 그게 궁금해> 하는 남자들에 대해서 아직도 교훈을 얻지 못했단 말이야?'[3]

잠깐 시간을 두고 흥분을 가라앉힌 다음 나는 답 문자를 보냈다. 술을 마시는 건 좋지만 그 전에 그가 무슨 마음으로 그러는지 더 잘 알고 싶다고. "이메일이든 문자든 마음대로 보내. 지금은 통화할 수 없어." 하고 보낸 다음 나는 폰을 내려놓고 부엌으로 들어가 '예술가'와 치열한 대화를 나누었다. 지난 한 달 동안 '예술가'와 보내면서 놀랄 정도로 관계의 우선순위가 달라 불확실한 부분이 있었다. 우리는 BDSM 정체성이라는 관점에서 매우 잘 맞았고, 다른 공통점도 아주 많았다. 그러나 내가 하고 싶은 것 중에는 그가 매우 질겁하는 것이 있었고, 게다가 그는 폴리아모리를 백퍼센트 편하게 느끼지 못했다. 무엇보다도, 나는 그가 정착을 중요하게 생각하는 데 놀랐다.

그 토요일, 결국 그는 우린 안 될 거라고 결정했다. 그는 부드럽게 말했다.

"당신과 나는 지금 아주 다른 곳에 있어. 당신은 여전히 흥미로운 생활에 집중하고 있어. 난 더 이상 그걸 최우선으로 생각하지 않아. 5년 전이었다면 당신과 훨씬 더 잘 맞았을 텐데."

'당신은 내가 만난 사람 중에 가장 끌리는 사람인데. 어떻게 그렇게 결정할 수가 있어?'

나는 그렇게 말하고 싶었다. 전날 대화를 나누면서, 그는 자기가 얼마나 안정적인 삶을 간절히 원하는지 이야기했다. 설계가 잘 된 아파트, 인정받는 직업, 아이들, 주차장. 그는 기괴한 서브컬처들을 즐기고 예술을 최우선으로 생각했던 과거에서 얼마나 도망치고 싶은지 말했다. 심지어 여행도 하고 싶지 않다고 했다! 나는 열심히 듣다가 가슴이 내려앉았다. 그를 이해하려고 해 보았다.

"당신이 벗어날 수 없는 건 없어?"

내가 물었다. 그는 재빨리 대답했다.

"SM이야. 하지만 어떻게 해야 제대로 하는 건지 몰라서 괴로워."

안정성. 제대로 하기. 토요일 아침을 먹으며 '예술가'는 어느 친구가 자기를 <시계태엽장치 오렌지>의 주인공 알렉스와 비교했다고 말했다. 유명한 '없어진' 21장*에서, 알렉스는 끔찍한 폭력을 포기하고 정

---

* 원작 소설 마지막 장인 21장에서 알렉스는 폭력에 질리고 평온한 삶을 갈망하게 되지만, 미국 출판사에서는 주제의식을 더 강조하기 위해 미국판에서는 마지막 장을 빼자고 제안했다. 작가가 그 제안을 따랐고, 영화도 미국판에 따라 만들어졌다.

착할 때가 왔다고 생각한다.[4] '예술가'는 알렉스 같은 사이코패스와는 전혀 닮은 곳이 없었다. 하지만 둘을 나란히 놓자 깨닫게 되는 것이 있었다. 나는, 나 자신을 밀어붙이고 넓히려는 욕망을 갖고, 여전히 경계선을 전복시키고 난도질하고 파괴하려는 나는 정착욕에 맞춰줄 수가 없었다. 나는 그 욕망에 절대 맞출 수 없을 것이다.

이해했다. 물론 이해했다. 머리로는 나 때문이 아니라, 당면한 상황이 문제라는 것을 알았다. 그래도 어쨌든 마음이 아팠다. 멋진 남자 두 명이 동시에 내게 같은 메시지를 주고 있었다.

'이건 너무 지나쳐. 당신은 너무 극단적이야.'

그들의 경계선 문제였다. 내 문제가 아니었다. 그래도 어쨌든 마음이 아팠다.

"이 대화에 덧붙이고 싶은 말이 또 있어?"

나는 만남을 마무리하면서 마지막으로 '예술가'에게 물었다. 그는 잠시 생각하더니, 내 손을 잡았다.

"넌 훌륭하고 아름다워. 하지만 그건 이미 알잖아."

"그런가?"

나는 반문하며, 내 말에 돋친 가시를 빼려고 억지로 웃었다.

***

여담 하나.

가끔 어머니는 내가 감정적으로 위험하다고, 부분적으로는 내가 내 섹슈얼리티에 대해 너무 솔직하기 **때문이라고** 나를 설득하려고 했다. 어머니는 절대 이런 이야기를 노골적으로 하지 않았지만, 어머니가 하고 싶었던 말은 이런 것이리라. 남자들이 나를 일회용 장난감으로 볼 거라는 말. 좋아하기는 하지만 절대 함께 정착하지는 않을 섹시하고 불안한 아가씨. 성녀가 아닌 창녀. 눈에 띌 정도로 귀엽고 다시 전화할 정도의 열정도 있지만 궁극적으로는 남자가 충실하게 대할 만한 '안주인'과의 여자가 아니다. 우리 엄마는 내가 '젊고 매력적인 시절'이라는 이 눈부실 정도로 화사하고 아름답지만 날카로운 도깨비집의 맞은편 끝에서 굴러 떨어질까봐 걱정하는 것 같다. 왜곡된 신기루 거울 속으로 떨어지는 여자아이가 될까봐. 거울 조각이 사방에 터지면서 나는 피투성이가 되어 떨어질 것이고, 눈이 시릴 만큼 하얀 별들을 쳐다보며 왜 남자들이 나를 그렇게 이용하도록 놔두었나 생각하게 될 것이라고.

이것이 엄마가 나 때문에 두려워하는 스테레오타입이라고 나는 생각한다. 내가 실연당하고 엄마가 나를 위로할 때 드러나는 스테레오타입. 우리 어머니는 헤픈 여자를 비난하는 보수적인 사람이 아니지만, 나를 사랑하고 보호하고 싶기 때문에 이런 말을 하는 것이다. 인정하겠다. 나도 그것이 두렵다. 그런 불안이 핏줄 속에서 맥박 치며 등 뒤에서 이렇게 속삭이는 것을 느낀다.

'내가 그에게 어떤 의미가 있었을까? 그에게 중요했을까? 깊은 인상을 남겼을까? 그가 신경이라도 쓸까? 그가 '평생을 바치려고' 들까? 그한테는 상관없어, 맙소사, 난 그에게 중요하지 않아. 내가 어리석었을 뿐이야. 내가 섹스하는 남자를 좋아하거나 신뢰해서는 안 된다는 건 하늘의 이치인데. 남자들은 자기가 섹스하는 여자에게 절대 감정을 느끼지 않는다는 걸 모든 사람이 알잖아…'

실제로는 터무니없는 두려움이다. 그렇지 않은가? 남자들은 '섹스만 추구하는 전형적인 자동 로봇'이 아니라 (나와 마찬가지로) 관계를 갖고 싶지만 관계에 늘 확신을 가질 수는 없는 복잡한 인간들이라고 생각한다면 말이다. 내 경험의 맥락에서 볼 때 터무니없는 두려움이다. 나는 배려심 있고, 자신을 의식하는 정직한 남자친구와 지인과 연인들을 많이 겪었다. 지금 당장 진지한 관계를 맺고 싶지 않거나 어느 정도까지만 타협하려고 든 것은 **내 쪽**인 적이 많았다는 사실을 고려하면 말도 안 되는 공포심이다.

특히 내가 나 자신의 목표, 나 자신의 꿈, 나 자신의 쾌락, 나 자신의 섹슈얼리티를 **나 자신의 방식대로** 추구하고 싶었다는 것을 고려하면 전혀 말도 안 된다. 여자들은 절대로 성적 욕구를 가져서는 안 된다고 가르치는 세상에서 나는 그 규칙에 따라 살 생각이 없다고 **생각한다면**. 여자들이 쾌락을 위해 성적 교환을 조금이라도 협상하면 잘못되었고 사악하고 더럽다고 가르치는 세상. 여자들은 섹스를 '헌신'이나 '지원'과 **거래**해야 한다고 (하지만 희한하게도 노골적으로 돈과 거래하면 절대 안 된다고) 가르치는 세상. 내가 '결혼으로 가는 길' 위에 서지 않고도 성적 관계에서 멋진 것을 얻을 수 있다고 **생각한다면**. 나는 내 성적 욕망을 이해하고 존중하고, 그런 욕망은 그 자체로 충족시킬 가치가 있다면. 그리고 남자들은 멋진 성적 교환을 할 만한 상대고, 섹스 할 때마다 '이기거나' '착취하거나' '이용하는' 구역질나는 '성 전쟁'을 벌이지는 않는다고 **생각한다면**.

터무니없는 공포들이라도 여전히 목 뒤로 슥 다가와 '넌 스스로를 값싸게 팔아넘기고 있어'라고 속삭일 때가 있다. …내가 '그냥' 좋아하는 사람, '그냥' 끌리는 사람, '그냥' 내 경계를 존중하고 '그냥' 즐겁게 어울릴 사람과 '그냥' 쾌락을 즐기는 것보다 더 큰 이득을 얻기 위해 내 섹슈얼리티를 **더 잘 거래했어야** 한다는 듯이. 어떤 사람들은 내가 단

기간이나 가벼운 관계라고 해도 감정적 무게가 제대로 실리는 관계를 더 좋아한다는 것을 아이러니컬하다고 생각할지 모른다. 그렇지만, 그렇게 말한다 해도 내 관계가 얼마나 합리적이고 안전하고 멋진지 말해봤자 헤픈 여자를 비난하기 바쁜slut-shaming 이 사회에는… 또, 내 마음속에 주입된 공포에는 중요하지 않을 것이다. 어떤 젊은 여자가 '헤프다'는 사회의 판단은 갑자기 내려지고, 당하는 사람을 파괴하고, 어리석고 전형적이다. 얼마나 규범에 어긋나거나 얼마나 정상적인지, 여자가 얼마나 자기 섹슈얼리티를 알고 있는가 하는 말도 안 되는 요소들 때문에 내려치는 번개 같다. 일단 내가 '헤픈 여자'가 되면, 영원히 걷잡을 수 없는 판단 기준을 넘어 춤춘다면, 나는 탈선한 여자가 된다. 이 사회는 내가 헤픈 여자가 되면 어떤 남자도 나를 존중하지 않을 것이라고 새롭게 말하는 방식을 언제나 더 발전시키는 것 같다.

***

나는 집에 왔다. 나의 사이프러스 도시 전체에 비가 오고 있었다. 어찌나 세차게 오던지 걸어오지 못하고 버스를 타야 했다. 빗줄기가 나를 때렸다. 내가 그날 오후 결혼식에 참석해야 한다는 사실처럼, 이 빗줄기는 모욕적이고 명백한 은유 같았다. 환상의 샌프란시스코가 그렇게 지겨운 비유를 내게 던진다는 것이 이상해 보였다(나는 이 도시를 더 믿었어야 했다. 샌프란시스코는 여전히 내 편이었다).

슬펐다. 망가진 것 같은 기분은 아니었다. 슬펐을 뿐이고, 약간 겁이 나기도 했다.

'난 정말 맛이 간 변태 걸레인가 봐. 나한테 관심을 가질 남자는 없을

거야.'

그러나 나는 어른이었다. 그래서 내가 감정적인 부담을 지고 있다는 사실을 깨닫고 스스로 처리할 시간을 좀 준 다음 제대로 점심을 먹고 할 일을 하려고 했다.

나는 최근 아주 아끼는, 아주 무뚝뚝한 친구와 함께 저녁을 먹으러 갔다. (그렇다, 내가 저녁값을 냈고, 그렇다, 그는 대상화되었다고 느꼈다.) 인도 커리를 먹으면서 나는 내가 느끼는 두려움을 설명하려고 했다. '모든 남자(물론 성급한 일반화이다.)들이 나를 '너무 지나치고' '너무 극단적'이라고, '헤픈 여자'라고 생각할 거'라고. 내 친구는 내가 무슨 말을 하는지 열심히 듣고 맛있는 라씨를 음미하며 생각에 잠기더니, 이렇게 말했다.

"이봐, 그런 걱정은 안 해도 돼. 넌 극단적이야. 넌 키도 크지. 어떤 남자 때문에 키가 작아질 수는 없잖아. 극단적인 성질을 죽일 수도 없고. 네 모습 그대로 널 좋아할 남자들이 있잖아. 그러니까 그런 남자들만 바라보라고."

나는 그의 말 아래 깔린 의미를 느낄 수 있었다.

'이봐, 클라리스. 너는 언제나 사람들은 다 다르다고 말하는 사람이잖아. 왜 내가 이런 이야기를 너한테 해야 해?'

좋은 지적이지만, 어쩔 수가 없었다. 그런 이야기는 여전히 나를 동요하게 만들었다.

그래도 다행히 이 이야기는 해피엔딩이다.

결혼식장으로 막 출발하려던 참에 '여기야' 씨에게서 이메일을 받았다.

네게 보낸 문자는 제대로 생각하고 보낸 게 아니야. 모든 것이 헷갈리고 혼란 스러워서 네게 편지 쓰기를 미루고 있었어. 편지를 쓰기 전에 모두 제대로 정리하고 싶었어. 그러다가 지난밤에 술을 너무 많이 마시고 친구들과 고래고래 소리 지르며 헛소리를 해댔어. 아니나 다를까 내가 갈피를 잡는 데 전혀 도움이 되지 않았지.

난 우리가 킨키한 것이 겁나고 불확실할 뿐이야. 한편으로는 '아아아 이건 이상해, 도망가자' 하는 기분이지만, 또 이것이 재미있고 새롭고 화끈하고 매혹적이라는 느낌도 들어. 내가 편견을 극복하고 다시 해 봐야 한다는 느낌. 그러니까 내가 충동적으로 보낸 문자와, 내 변덕스러운 감정에 대해 네가 용서해 준다면… 이번 주 언제든 네가 시간 될 때 밤을 보낼 수 있어.

내가 너를 기분 나쁘게 했거나 네 일정이 다 차버렸다면 실망스럽겠지만… 이해할 수 있어. 이런 난리를 쳐서 미안해. 늘 이렇게 드라마틱하게 구는 건 아니야. 정말이야.

이 이메일을 받자 마음속 불안이 놀랄 정도로 스르륵 풀렸다. 그것은 남자들도 **나처럼 자주 혼란에 빠지는 인간**이라는 증거였다. 남자들은 **서로 다 다르고**, 그들이 어떻게 느낄지 섣부르게 가정해서는 안 된다는 구체적인 증거였다. 또, (바닐라지만 그게 궁금한!) 어느 남자가 반드시 내 공포를 부풀리는 스테레오타입에 빠지라는 법은 없다는 구체적인 증거이기도 했다.

물론 여전히 조금 겁이 났지만, 나는 그 주 후반에 '여기야' 씨를 진짜로 보러 갔다. 정말 훌륭한 만남이었다. 마음을 가라앉히고 그의 아파트를 떠나려다가 나는 눈썹을 치켜 올리며 말했다.

"당신을 다시 볼 수 있을지 모르겠네."

나는 밀고 당기는 마음으로 말했다. 그 도시를 떠나는 비행기를 타기 전 비어있는 밤은 없었다. 그러나 언젠가는….

"다시 보게 될 거야."

그는 그렇게 말해 주었다.

나는 백팩 지퍼를 잠그며 말했다.

"우리가 왜 이렇게 케미가 좋은지 모르겠어."

"나도 몰라. 하지만 네가 알아내면 네 블로그에서 읽을 수 있겠지."

내가 그를 쥐어박는 척하자 그는 웃으며 내 손목을 잡았다. 말도 안 되게 사랑스러운 순간이었기 때문에 이렇게 쓰기가 부끄러울 정도다. 그렇지만 사이프러스 같은 순간이기도 했기 때문에, 말하고 넘어가야 했다.

'예술가' 이야기를 하면, 내가 떠나기 며칠 전 우리는 함께 멋진 박물관에 가서 즐거운 시간을 보냈다. 긴장은 거의 흐르지 않았다. 헤어지기 직전, 우리는 어쩔 수 없이 우리의 짧은 로맨스 이야기를 하게 되었다. 훌륭할 정도로 다정한 대화였다.

"힘들지는 않아."

나는 그와 함께 버스로 걸어가 그를 배웅하며 말했다. 진심이었다.

그 후 나는 걸어서 버스에서 멀어지려고 했다. 그러나 버스가 나와 같은 모퉁이에서 돌아 같은 길을 쫓아왔다.

'익, 이러면 멋지고 깨끗하게 퇴장할 수가 없잖아.'

그런 생각을 하지 않을 수가 없었다. 그가 나를 볼 수도 있다는 생각을 하자 갑자기 어이없는 수행 불안이 나를 사로잡았다. 그래서 나는 멈춰 서서 지나가던 남자에게 담배를 얻어 피운 다음 일부러 지그재그로 걸어 버스에서 다시 멀어졌다.

15초 후 '예술가'가 내게 문자를 보냈다.

"그 담배 연기 엄청 맛있어 보이더라."

"버스에서 당신이 지켜본다는 생각을 덜어내기 위해 피워야겠더라고."

나는 그렇게 답문을 보낸 다음 충동적으로 덧붙였다.

"이 잘난 놈, 잘 지내고 멋진 아이들 많이 낳아라."

"너도. 내가 폴리아모리를 할 수 있게 되거나 네가 나처럼 '어른' 되는 데 관심이 생기면 보자…."

그가 대답했다.

나는 고개를 저으며 웃음 문자를 보낸 후 통통 튀는 발걸음으로 집으로 걸어갔다.

샌프란시스코는 내가 그 도시에 바랐던 일을 해 주었다.

성적 지향으로서의 BDSM과 지향 모델의 복잡성

나는 2009년 처음 이 글을 써서 올렸다. 2012년 약간 업데이트해서 다시 올렸다. 이 주제에 대해 이야기할 수 있는 것은 훨씬 더 많다. 언젠가 나는 SM과 페미니즘에 대한 책을 다른 종류의 언론들에 홍보해 보려고 했다. 그때 내 제안서에는 성적 지향의 여러 가지 이론에 대한 부분이 들어 있었다. 그러나 이 포스트 끝에 내가 설명한 것처럼, 그런 아이디어는 막다른 골목으로 갈 수밖에 없다고 생각한다. 요즘에는 그런 탐구가 비생산적이라는 생각만 든다.

이 글의 온라인 버전 마지막에는 관련 글 링크가 계속해서 달리고 있다.

TopPun.com이라는 웹사이트에서는 매우 재미있는 스티커를 온라인으로 판매한다. 맨 위에는 '호모섹슈얼이 할 일'이라고 쓰여 있고, 그 아래 목록에는 이런 항목들이 들어 있다. 1. 가족과 함께 시간을 보내기 2. 동등한 대접을 받기 3. 우유 사기 (열쇠고리로도 만들어져 있다.) 나는 이것을 좋아한다. '동성애자가 할 일'에 대한 우익의 비난이 얼마나 말도 안 되는지 완벽하게 보여주기 때문이다. 사실, 동성애자들은 다른 사람들과 마찬가지로 자기 생활을 하고 싶을 뿐이다. 동성애자들의 할 일 목록은 대부분 다른 사람들의 목록과 아주 비슷하다.

어떤 면에서는 그 스티커는 성적 지향이라는 개념 자체에 대한 문제도 두드러지게 만든다. 성적 지향이란 우리가 섹슈얼리티와 섹슈얼리티의 선천성 같은 것에 따라 스스로를 분류하는 방식이다. 왜 사람들은 서로 그렇게 다르다고 완강하게 말해야 하는가? 때때로 BDSM의 맥락에서 제기되는 문제에는 이런 것도 있다. 'BDSM은 <성적 지향>인가?' 나는 그 문제에 매우 복잡한 감정을 가지고 있다. 나는 BDSM이 내 섹슈얼리티에서 엄청나게 중요한 측면이고, 타고난 것 같다고 강하게 느낀다. 그러나 동성애를 괴롭히는 함정에 우리도 빠지고 싶지는 않다.

처음으로 내가 BDSM을 성적 지향이라고 생각했을 때와, 처음으로 그 단어를 썼을 때가 기억난다. 그때 나는 커밍아웃 이야기를 쓰면서 내가 BDSM에 끌렸을 때 겁을 먹었던 이야기를 하고 있었다. 나는 이렇게 썼다. '뒤돌아보면 내가 BDSM 지향에 그렇게 심한 반응을 보였다는 것이 사실 같지 않다.'

나는 내가 하는 말에 어렴풋이 열광하고, 조금 겁도 먹고 있었다… 하지만 위안도 받았다. 그 당시 나는 다른 성 이론가들과 별로 접촉해보지 못한 상태였고, 내가 급진적인 말을 하고 있다고 생각했다. 내 말이 너무 급진적으로 보여서 사람들이 진지하게 받아들이지 않을까봐 겁이 났다. 또, 우리 문화에서는 대체로 '지향'이라는 개념을 게이/레즈비언/바이/트랜스젠더/퀴어에 대한 관점에서 논의하기 때문에, 감히 '내 BDSM 지향'이라고 말하면 LGBTQ와 비교할 수 있다는 암시가 될 것 같았다.

내 BDSM 욕망이 게이/레즈비언/바이/트랜스젠더/퀴어의 성적 지향처럼 '현실적'이고, '뿌리 깊'고, '벗어날 수 없는' 것이라고 세상이 믿어줄까? 내 성적 욕구가 그들만큼 '현실적'이고 '뿌리 깊'고 '벗어날 수 없는' 것이라고 넌지시 말하면 LGBTQ들이 기분 나빠하지 않을까?

나중에 보니, 어떤 LGBTQ들은 그런 말에 기분이 상하고, 다른 사람들은 그렇지 않았다. 어떤 때는 엄청나게 BDSM을 증오하는 블로그에 달린 이런 댓글처럼 터무니없는 주장을 하는 사람도 있었다.

"레즈비언으로서, BDSM과 동성애를 비교하는 사람들은 엿 먹으라고 진심으로 말하고 싶다."

이 글에 다른 사람은 이렇게 답변했다.

"퀴어로서, 나의 BDSM과 퀴어 지향을 다르게 보아야 한다고 주장하는 사람들은 진심으로 엿 먹으라고 말하고 싶다."[1]

나 클라리스에 한정해서 솔직히 말하면, 나는 그런 싸움과 관계없고, 거기 끼어들지 않겠다는 결론에 도달했다. 나는 명백한 헤테로이지만, 퀴어 컨벤션에서 BDSM에 대한 강연을 하고 퀴어 블로그들에 BDSM에 대한 글을 쓰라는 초청도 받는다. 나는 나를 쿨하게 대하는 사람들과 어울릴 것이고, 다른 사람들은 자기들의 LGBTQ 동아리에서 원하는 만큼 나를 배제하면 된다.

하지만 그 전에는 BDSM을 지향이라고 말하면 사람들이 나를 어떻게 여길까 훨씬 더 걱정했다. 그래도, 'BDSM 지향'이라는 개념을 처음 생각했을 때 나는 이상하다고 느꼈던 것만큼이나 그것이 옳다고도 느 꼈다. 기억 속에서 그 전에 했던 행동을 돌이켜 보면, 내가 언제나 이 런 욕구, 욕망과 환상을 갖고 있었던 것은 확실하다. 이것을 인정하고 BDSM에 '지향'이라는 단어를 적용하자 나의 BDSM 정체성을 받아들 이는 데 도움이 되었다.

"BDSM 지향"이라는 개념은 BDSM을 내 골격이나 눈 색깔처럼 타고 난 부분이라고 마음속으로 생각할 수 있는 길을 터 주었다. BDSM은 받 아들이고, 타협하고, 심지어 **포용할** 수 있는 것이 되었다. BDSM에 대 한 생각을 엄청나게 해방시킨 개념이었다. BDSM을 지향으로 생각한다 면, 나는 더 이상 BDSM에 대해 걱정하거나 그것과 싸울 필요가 없었다.

그때부터 나는 섹슈얼리티 이론에 푹 파묻혔고 많은 비디에세머들 에게 그 이야기를 해서… 뭐, 이제는 'BDSM 지향'이라는 개념이 좀 **뻔** 해 보인다. 이런 일들을 생각하지 않는 사람들에게 겨우 말했을 때에 나 급진적인 개념이었다는 생각이 든다. BDSM 섹슈얼리티에 대해 깊 이 생각하는 사람들에게는 BDSM은 성적 지향이라는 생각이 자연스럽 게 떠오르는 것 같다. 우리가 줄곧 비디에세머였다는 것을 알고 있거 나, 일단 BDSM에 대해 알게 되면 즉각 그것을 알아차리는 **킹크스터*** **들이 아주 많기** 때문이다. 여기 BDSM에 관한 법률사건을 다룬 글을 조금 인용해 보겠다. 이 글은 마지막에 성과학자 찰스 모저_{Charles Moser} 를 인용해서 BDSM이 어떻게 성적 지향으로 간주될 수 있는지 매우 웅 변적으로 서술한다.

---

* 킹크스터(kinkster): 킹크 성향을 가진 사람

비디에세머라고 정체화한 사람과 이야기하면서 언제나 그렇게 느꼈느냐고 물어보면, 그들은 거의 언제나 '나는 늘 이랬는데, 깨닫지 못하고 있었어요. 나는 좀 더 전통적인 남성/여성 관계를 좋아한다고 생각했지만 이제는 내가 관계에서 권력과 통제라는 면을 아주 좋아한다는 것을 깨닫게 됩니다.' 하고 응답했다.

…그들은 종종 이렇게 분명히 말한다.

'바닐라 때의 관계는 만족감을 주지 못했어요. 언제나 뭔가 빠져 있다고 느꼈지요. 이제 BDSM을 하면서 만족해요. 정말 나와 딱 맞는 느낌이에요. 나의 핵심을 건드려요. 이건 나 자신이에요.'

…그리고 동성애자와 같이, 그들은 절대로 변할 수 없다. 동성애자들이 동성 관계에서 만족감을 느끼는 것과 마찬가지로, 그들은 BDSM 관계나 시나리오 속에서 같은 느낌을 받는다. 그리고 그 사실 때문에 나는 마음속에서 BDSM에 맞는 사람들을 성적 지향으로 분류한다. 나는 비디에세머를 BDSM에서 벗어나도록 바꿀 수 없다.[2]

내 느낌이 딱 이렇다. 완전히.

그렇지만 한 가지 지점에서는 모저에게 동의하지 않는다. 모든 비디에세머들이 이렇지는 않다는 점이다. BDSM을 나처럼 느끼지 않는 사람들이 존재한다는 것을 알기 때문이다. 그들은 늘 자신이 비디에세머였고 존재의 뿌리부터 그렇다고 느끼지 않는다. 불가피하지도 않고, 꼭 필요하지 않고, 핵심을 건드리지 않는다. 그들은 비디에세머였다가 BDSM에서 벗어날 수 있다. 왜냐하면 그들에게는 타고난 것이 아니기 때문이다. 그들에게 BDSM은 때때로 재미를 느끼기 위해 하는 행위이다. 또, 자신들의 BDSM 섹슈얼리티에 대해 나와 마찬가지로 강한 감정을 느끼지만 나와 다른 BDSM 행위를 선호하는 사람들도 아주 많다. 그건 당연히 그럴 수 있다! 나는 언제나, 합의한 성인들 사이에서 이루어지는 행위라면 뭐든지 원하는 대로 해도 된다고 말할 것이다.

그러나 그런 사람들이 존재한다는 사실이 성적 지향으로서의 BDSM에 무슨 의미를 가질까? BDSM이 나한테 그런 것만큼 그들에게는 뿌리 깊거나 중요하지 않기 때문에 그들이 나보다 BDSM을 실천할 '자격이 없는' 것일까? 아니, 그럴 리는 없다. BDSM은 내 핵심으로 곧장 통하지만 그들에게는 그렇지 않다는 이유만으로 내 감정이 그들의 감정보다 '더 진정성이 있다'거나 어떤 식으로든 더 중요하다고 주장할 생각은 없다. 합의 하에 하는 한, 그들은 나와 똑같이 BDSM 활동을 할 권리가 있다.

그래서 결론은 어디로 가는가? BDSM은 어떤 사람들에게는 성적 지향이지만 다른 사람에게는 그렇지 않다는 뜻이다. 나는 이것도 좋지만, 이 논의는 이대로 끝이라는 말인가? 음, 그건 아니다….

왜냐하면 BDSM이 어떤 사람에게는 성적 지향이고 다른 사람에게는 그렇지 않다면, 사회적 인정이라는 문제로 갈 때 애매해지기 때문이다. 위에 인용한 글에서, 찰스 모저는 우리 비디에세머들은 변할 수 없기 때문에 우리의 섹슈얼리티에 낙인이 찍혀서는 안 된다고 주장하고 있다.

겉보기에는 합리적인 말인 것 같다. 그러나 실제로 사람들이 자신의 성적 욕구를 바꿀 수 **있건 아니건, 사람들이 합의한 다른 성인들과 자신이 원하는 것을 할 수 없는 이유는 없다.** 우리 중 누군가가 "나는 변할 수 없어요. 그러니 제발 나를 미워하지 말아요!" 하고 말한다면, 그 사람은 암암리에 "내가 변할 수 있다면 난 그렇게 할 겁니다. 하지만 그럴 수 없으니까, 제발 날 동정해 줘요!" 하고 말하는 것이다. 다른 말로 하면, 우리는 암암리에 "비디에세머들은 성적 욕구를 '바로잡을' 수 없어요. 그건 우리 잘못이 아니에요. 그러니 제발 우리를 미워하지 말아요."라고 말하는 것이다.

그렇게 말할 때, 우리는 우리 문화가 우리의 섹슈얼리티에 수치를 끼얹는 방식을 받아들이고 승인하는 것이다. 우리는 그 규칙을 바꾸려는 것이 아니라 근본적으로 규칙에 동의하지만 예외로 봐 달라고 빌고 있다. 우리는 자유롭게 섹슈얼리티를 행사하는 것이 우리의 '권리'라고 말하는 것이 아니라 BDSM을 '결함'이라고 부르고 있다. **우리가 BDSM을 성적 지향으로 삼을 때, BDSM 섹슈얼리티는 우리가 할 수 있다면 '교정'해야 할 것으로 비춰지기 쉽다. 그러나 BDSM은 애초에 결점이 아니다!**

또, 지향이라는 논의를 이용하면 BDSM이 별로 냉대 받는 지향이라고 느끼지 않는 사람들은 모두 갈 곳이 없어진다. 우리가 지향 모델을 차용해서, 우리에게 깊게 뿌리박은 성적 지향으로 느끼기 때문이라는 이유만으로 BDSM으로 정체화한 사람들은 BDSM을 실천해도 된다고 말한다면… 깊이 뿌리박은 지향으로 **느끼지 않는** 사람들은 BDSM을 실천하면 **안 된다**고 넌지시 말하고 있는 것이다.

어떤 게이/레즈비언 커뮤니티들에서 이런 일들이 일어났다. 같은 젠더의 사람들과 섹스하지만 게이나 레즈비언이라고 완전히 정체화하지 않은 사람들은 때때로 게이/레즈비언 커뮤니티에서 상종 못할 사람으로 낙인찍히고 게이/레즈비언 모임에 오지도 못했다. 나는 그런 일이 일어난 역사적 이유들이 있다는 것을 알고 있고, 그 현상을 분석하려면 다른 포스트를 하나 더 써야 할 것이다. 그 주제에 대한 책도 분명히 있을 것이다. 그러나 요점은, 그런 일이 일어나자 바이섹슈얼들은 냉대 받게 되었다. '게이/레즈비언 지향'으로 깔끔하게 떨어지지 않는 다른 사람들도 마찬가지였다. 나는 BDSM에서 그런 일이 일어나도 좋다고 동의하고 싶지 않다.

그래서 나는 그런 말을 안 하려고 했다. 나는 '이런 욕구를 가진 걸 어쩌란 말이야.'에서 '우리가 우리의 성적 욕망을 바꿀 수 있는지 아닌지는 근본적으로 중요하지 않아. 정말 중요한 건 우리가 그 욕망을 합의 하에 실천하느냐 아니냐 뿐이야.'라고 말하는 쪽으로 가야 한다고 생각한다.

그러나….

늘 '그러나'가 있다.

'지향 모델'을 포기하는 데 불안이 따른다는 것을 인정하겠다. 나는 BDSM 개괄 강좌에서 여전히 '지향'이라는 말을 빼지 않는다. 그 말은 BDSM은 나쁘지 않다고 사람들을 설득할 때 유용하기 때문이다. 이제는 LGBTQ 지향에 낙인이 찍혀서는 안 된다는 사실을 많은 사람들이 받아들였다. '지향'이라는 단어는 BDSM이 우리에게 무슨 의미인지, 그것에 왜 낙인을 찍으면 안 되는지 그 사람들이 이해하도록 도와준다.

뿐만 아니라, (찰스 모저 같이) 성적 지향으로서의 BDSM을 합법적으로 보호하려고 하는 사람들도 분명히 있다. 그들은 우리 비디에세머가 BDSM을 한다고 해고당하거나, 우리 아이들을 빼앗거나, 다른 결과들 때문에 고통받지 않도록 비디에세머를 보호 계층으로 만들고 싶어 한다. BDSM을 성적 지향이라고 말하면 저런 결과가 나올까봐 덜 걱정해도 된다면, 그렇게 말할 가치가 있지 않을까? 아마도 그럴 것이다.

물론, 내가 처음으로 BDSM을 시작했을 때 '지향'이라는 개념이 얼마나 큰 위안이 되었는지도 빠뜨리고 싶지 않다. 그 덕분에 나는 BDSM이 타고난 부분이라고 인정하면서 훨씬 더 편안해질 수 있었다. 나는 그런 위안을 다른 어떤 사람에게서도 빼앗고 싶지 않다.

그래서 일반적인 성적 자유와 수용에 대한 홍보 운동을 벌이려고 할 때, BDSM이 '지향'이건 아니건 나는 여전히 그 단어를 사용할 때가 있을 것이라고 생각한다. 그러나 언제나 그것을 의식적으로만 사용하려고 할 것이며, 언제나 다음의 주장을 지지하는 방식으로 말하려고 할 것이다.

우리가 우리의 성적 욕망을 바꿀 수 있는지 아닌지는 근본적으로 중요하지 않아. 정말 중요한 건 우리가 그 욕망을 합의 하에 실천하느냐 아니냐 뿐이야.

BDSM 대 섹스

이 글은 2011년 두 부분으로 나뉘어 실렸다. 첫 부분에는 '분할과 통치'라는 제목을 붙였고 두 번째 부분에는 '어떤 느낌인가?'라는 제목을 붙였다. 그러나 긴 포스트를 나눌 때 자주 일어나는 일이지만, 사람들은 내가 두 번째 포스트를 올리기도 전에 첫 번째 포스트에 댓글을 달면서 이미 두 번째 포스트의 내용을 말하고 있었다. (불행히도 내게 댓글을 다는 네티즌들은 적어도 나만큼 영리하기 때문에, 내가 어떤 부분을 생략하면 금방 알아차린다.) 나는 블로거로서 글의 길이 문제와 씨름한 적이 많다. 전형적인 블로그 글 길이인 250~500단어 정도로 포스트를 쓸 수 있다면 나는 훨씬 더 성공을 거두었을 것이다. 그러나 나는 절대로 짧게 쓸 수 없는 것 같고, 포스트가 길다고 나누는 것도 좋은 생각이 아니기 때문에, 나는 끊임없이 블로깅에 좌절을 느낀다. …트위터 같은 플랫폼은 말할 것도 없다! 더 나은 단문을 쓸 수 있는 작가로 자기를 훈련하는 방법에 대해 여러분에게 좋은 아이디어가 있다면 내게 이메일로 보내 주시길. 진심이다.

내가 '이미 다 해결했다'고 느끼는 BDSM 관계 문제를 어떤 사람들이 이따금 질문하게 될지도 모른다. 나는 오래 전에 그 주제에 대한 생각을 다 끝마친 것 같지만, 그래도 이제 와서 그런 질문을 받는 것은 매우 쓸모 있는 일이다. 그런 질문을 받으면 3년에서 7년 전에 내 머릿속에 어떤 생각이 있었는지 이해하도록 노력하게 되기 때문이다. 그러면 나의 마음속에서 그 문제를 어떻게 처리했는지 되새겨 보게 된다. 나는 이런 질문을 '간단한' '기본' 질문이라고 생각한다. 비디에세머들의 대화 속에서 전형적으로 너무나 자주 나오는 이야기이기 때문이다. 그러나 다시 말하지만, BDSM 커뮤니티에 오지 않거나 어떤 이유에서건 자기 지역의 BDSM 커뮤니티에 관심이 없는 사람들이 많다. 따라서 어쨌든 내 블로그에서 그런 '단순한' 문제를 다루는 것도 쓸모가 있다.

게다가, 어떤 질문이 '단순하다'고 그 질문이 흥미롭지 않다는 뜻은 아니다.

그런 문제 중에는 'BDSM 대 섹스'라는 문제가 있다. BDSM은 언제나 섹스와 함께 하는가? 언제나 성적인 문제인가? BDSM이 '언제나' 섹스를 포함하거나 '어떤 면에서는 언제나 성적'이라고 생각하는 사람들이 많다. <BDSM: 당신이 생각하는 대로가 아니다!>라는 다큐멘터리에서는, 어느 유명한 BDSM 저술가가 한 이런 말이 인용된다.

"BDSM 참여자들이 비디에세머가 아닌 사람들에게는 성적으로 보이는 행위를 하지 않고 있다고 해도 BDSM에는 언제나 에로스가 **연관되어** 있다고 말하겠습니다."

그러나 다른 사람들 중에는 BDSM과 BDSM 충동이 꼭 섹스와 연관이 있는 건 아니라고 생각하는 사람도 많다. 즉 그것은 섹스와 별개다.

나는 이 질문에 정치적 측면과 '어떤 느낌인가?'라는 측면 두 가지가 있다고 본다. 양쪽 면은 서로 얽혀 있다. **섹스 문제로 오면 정치는 우리의 경험을 어떤 모양으로 빚어 만들 수밖에 없다(그 반대도 마찬가지다). 나는 이것을 인정한다. 그렇지만 내가 아무리 왜 그런지 설명하려고 애써도, 내 몸이 BDSM 충동을 느끼는 방식에는 성적인 충동을 느낄 때와 매우 다른 부분이 있다.** 그런 과정에 대한 내 관점이 어떻게 바뀌든 간에 그 사이의 육체적 차이가 완전히 없어질 거라고는 생각하지 않는다.

1. BDSM 대 섹스 문제의 정치적 측면

'BDSM 대 섹스'는 '어쨌든 섹스라는 게 무엇인가?'라는 변함없고 짜증나는 문제의 일면으로 볼 수도 있다. **'섹스란 무엇인가'와 '섹스가 아닌 것은 무엇인가' 사이의 행간을 깊이 들여다볼수록 그 행간은 더 흐려진다는 것을 늘 느끼게 된다.**

예를 들어, 빌 클린턴이 모니카와 섹스하지 않았다고 말했다가 오럴섹스는 받았다고 인정했을 때 전 미국에서 벌어졌던 우스꽝스러운 국가적 논쟁을 돌이켜 보자. 오럴섹스는 섹스인가? 섹스가 아닐 거야! 혼란, 혼란, 논쟁, 또 논쟁.

내 경험상 (시스젠더, 헤테로섹슈얼) 남자들은 오럴섹스도 섹스라고 주장하는 반면, (시스젠더, 헤테로섹슈얼) 여성들은 섹스가 아니라고 주장하는 일이 더 많은 것 같다. 이런 현상은 여성들이 섹스를 하면 더 큰 사회적 불이익에 맞부딪치게 되기 때문일 거라고 생각한다(아무도 '걸레'라는 꼬리표가 붙는 것을 바라지 않으니까). 그래서 우리 시스젠더 헤테로섹슈얼 여성들은 일반적으로 성적 행동을 섹스로 '치면 안 된다'고 주장할 동기가 더 크다. 반면 남자들은 보통 섹스를 자랑스러워하기 때문에(하나 더 따먹었어!) 성행위를 섹스로 '치자고' 주장할 동기가 더 크다. 빌 클린턴만 빼고.

그러면 논쟁은 이미 이렇게 기묘하게 진행되고 있다. 무엇이 섹스 '자격이 있느냐.' 그리고 BDSM 같은 페티쉬 이야기를 시작한다면 모두 다시 혼란스러워할 것이다. 이 혼란의 문화적 예시는 2009년 직업적 펨돔 한 무리가 뉴욕 시티에서… 펨돔이라는 죄로… 체포되었을 때를 들 수 있다. 그 전에는 모든 사람들이 그것을 합법이라고 믿었다.[1] 혼란, 또 혼란, 논쟁, 또 논쟁. 그리고 (뉴욕에서 불법인) '매춘'이란 '돈을 받기 위한 성적 행동'으로 정의된다는 것이 밝혀졌다.

그러나 '성적 행동'이란 무엇인가? **돈을 받기 위한 BDSM과 '돈을 받기 위한 성적 행위'는 다르다는 법정의 선례가 적어도 하나 있다. 그렇지만, 2009년 맨해턴 지방검사회는 '성적 행위'가 '참여자들에게 자극적인 모든 것'이라고 결정했다. 그 다음 갑자기 이것이 펨돔을 체포해야 한다는 뜻이라고 결정했다.** 그러면 왜 맨해턴 지방 검사회가 스트리퍼들도 체포하지 않았는지는 잘 모르겠다. 그리고 여자가 저녁을 먹으면서 남자에게 달콤한 말을 하고 남자가 식사비용을 지불하는 표준적인 연애를 하는 바닐라 커플들은 어떻게 되는가? 내가 보기에는 '돈을 받기 위한 성적 행위' 같은데. 완전히 매춘이라고 볼 수 있다. 그러니 사람들이여, 뒤통수를 조심하시라.

마티 클레인Marty Klein 박사는 '킨키 섹스라는 것이 존재하는가?'라는 글에서 이렇게 말한다.

당신이 킨키 섹스를 실천한다고 '우리'가 아니라 '타자'가 된다면, 그것이 성적인 것 이외의 함의를 가진다면, 당신이 결함이 있거나 위험하다는 뜻이 된다면 누가 그것을 원하겠는가? '킨키 섹스'와 그런 섹스를 실행하는 사람들이 그렇게 악마화되기 때문에, 모든 사람은 '내가 그런 사람인가?' 하고 불안해진다. 자신의 환상과 호기심을 두려워하게 되고, 그 다음 그 공포가 너무 많은 힘을 얻게 된다. 그러면 사람들이 자신의 선호나 경험에 대해 상대에게 정보를 주지 않고, 파트너들 사이에 비밀이 생긴다.

나는 킨키와 비-킨키 섹스는 분명히 다르다는 이분법적 대조 개념을 파괴하고 싶다. 그 대신 나는 킨키와 바닐라 섹스는 인간의 에로티시즘의 넓은 범위에 걸친 연속체의 일부일 것이라고 제안한다. 우리는 살면서 모두 그 연속체의 이쪽저쪽으로 미끄러진다. 어떨 때는 단 한 주 안에도 그럴 수 있다. 우리는 우리의 환상이나 호기심, (합의 하의) 성적 선호를 두려워할 필요가 없다. 우리는 그런 것들 때문에 나빠지거나 달라지지 않는다. 그것은 인간적인 것일 뿐이다. 어떤 사람들은 감정의 범법자 노릇을 좋아한다. 그들은 언제나 타자성이 갖는 전율을 얻을 방법을 찾아낼 것이다. 그러나 대부분의 사람들은 그렇게 살고 싶어 하지 않는다. 그래서 우리가 모든 사람을 위해 할 수 있는 가장 해방적인 일은 킨크를 위험하고 잘못된 것으로 보고, 킨크의 실행자들을 '타자'로 보는 관점을 끝내는 것이다.[2]

확실히 정치적인 관점에서는 합리적인 말이다. 나도 비슷한 주장을 했다. (뛰어난 멜섭 저술가 메이메이 같은 사람들은 '킨크'가 'BDSM'에 제한된다는 일반적인 관념에 반대하는 주장을 하기도 한다. 그들은 '킨크'의 정의를 확장해 더 넓은 섹슈얼리티의 풍요의 뿔*로 만들고 싶어

---

* 풍요의 뿔(cornucopia): 그리스 신화에 나오는, 풍요를 상징하는 산양의 뿔

한다.)

게다가, **우리 비디에세머들이 스스로 만든 여러 가지 구분은 합리보다 낙인에 근거해 있는 것이 아닌가 하는 의심까지 든다.** 예를 들어, 어렸을 때 나는 나 자신에게 '서브미시브'라는 용어를 적용할 수 없었던 시기를 겪었다. 나는 오로지 육체적인 감각을 느끼기 위해 BDSM을 한다고 주장했고, 절대로 복종만을 지향하는(목줄을 차는 것 같은) 일은 하지 않겠다고 맹세했다. 나는 권력이라는 요소에서 거리를 두는 한에서만 BDSM을 감당할 수 있을 것 같았다. 권력이라는 요소를 인정하기에는 내 머릿속에 자리 잡은 낙인이 너무 많았다… 그때까지는.

나는 머릿속에서 'BDSM'과 '섹스'를 조심스레 분리하기도 했다. 내 마음속 한구석에서는 "내가 고통과 권력을 향해 느끼는 욕망이 성적이라면 그건 변태적이야. 성적인 욕망이 아니라면 그렇게까지 변태적이지는 않아." (지금 타이핑하면서 보자 참 이상한 말이다. 그러나 성적인 낙인이란 그렇게 작동하는 것이리라. 낙인은 대낮의 밝은 빛 아래에서는 제대로 버티지 못한다.) 나의 섹슈얼리티와 BDSM 실천을 통합하는 데까지는 어느 정도 시간이 걸렸다. 대조적으로, 섹스의 일부가 **아닌** BDSM을 하는 데까지 오랜 시간이 걸렸다고 말하는 커플도 만나본 적이 있다. **그들의** 머릿속에서 자리 잡은 생각은 이런 것이었다.

'고통과 권력에 대한 욕망이 성적인 것이라면 변태적이지 않아. 하지만 성적인 욕망이 아니라면 정말 변태적이야.'

섹스가 허락되지 않는 던전이 많다는 이야기를 들었다. 어떤 때는 법적인 이유 때문이지만, 어떤 때는 실제로 그와 반대되는 사회적 기준, 즉 "이봐, 우리의 멋지고 순수한 BDSM에 섹스를 묻혀 더럽히지 말자고." 하는 사람들이 있기 때문이었다. (한 마디: 나는 주로 '라이프 스타일' 비디에서머들이 소유한 던전을 경험해 보았다. '라이프 스타일'이란 돈이 아닌 다른 이유로 BDSM을 하려는 사람들을 대략 가리키는 단어이다. '라이프 스타일' BDSM과 프로페셔널 BDSM은 어느 정도 겹치지만, 겹치는 부분은 놀랄 정도로 적을 수 있다. 라이프 스타일 BDSM 파티에서 프로페셔널 BDSM은 금지되는 경우가 많다. 라이프 스타일 던전은 비영리 조직일 때가 많고, 영리적인 장소라기보다 공동체의 중심으로 기능할 때가 많다. 어떤 프로페셔널 던전에서는 그곳에서 일하는 펨돔들의 경계를 보호하기 위해 '섹스 금지' 규칙이 있다고 들었다. 그 펨돔들은 섹스에 참여하라는 요구를 받고 싶지 않을 수도 있으니까.)

또, BDSM과 아무 상관이 없다고 주장하지만 BDSM으로 의심되는 일들을 하는 문화 그룹도 아주 많다. 예를 들자면, 회원들 앞에서 감히 BDSM 이야기를 꺼내면 정말로 화를 내는 스팽킹 클럽 이야기도 들은 적이 있다.

그 다음 '당신의 손 안에서Taken In Hand' 같은 사이비 보수 조직들도 있다. '당신의 손 안에서' 사이트에 실제 올라온 추천 글을 보라.

BDSM, DSDominant-Submissive Relationship(디엣), DDDomestic discipline(복종 훈련)와 스팽킹 커뮤니티에 소속된 사람들을 위한 웹사이트는 매우 많다. '남성은 가정의 머리' 식의 결혼을 변호하는 종교를 믿는 사람들을 위한 웹사이트도 있다. 심지어 BDSM에 흥미를 느끼는 기독교인들을 위한 웹사이트까지 있다. 그러나 남성이 주도하는 친밀한 관계에 흥미가 있지만 저런 관계(나 용어나 옷)에 연관된 커뮤니티들에는 전혀 흥미를 느끼지 못하는 사람들을 위한 웹사이트는 거의 없다. 우리 중에서 어떤 사람들은 저런 것을 생활방식으

로 생각하기도 싫어한다.**³**

저기, 친구, 있잖아… 자기를 BDSM이라고 부르지 말라고 할 수 있고, 우리가 쓰는 '용어'를 거부할 수도 있고, 영원히 이런 것을 '생활양식'이라고 생각하기 '싫을' 수도 있다. 그리고 우리가 당신들과 아무 관계가 없다고 마음 내키는 만큼 주장할 권리가 있다. 그러나 당신의 사이트에 '내 남편은 지배적으로 행동하는데, 난 그게 마음속 깊이 황홀해요.'라는 댓글이 달리거나 '당신의 채찍을 잊지 말아요.' 같은 제목이 달린 포스트가 실린다면, 음… 그냥 그렇다는 얘기다.

또, BDSM '의상'을 거부한다는 표명? 나는 티셔츠를 입고도 놀랄 정도로 거친 펨돔이 될 수 있다는 말만 해 두겠다. 실제로 여러 번 해 보기도 했다.

개인적으로, BDSM은 사랑과 전혀 관계가 없다는 오명을 씌우는 생각이 특히 나를 좌절하게 한다. 때때로 섹스는 사랑이 연관된 '것이어야' 하기 때문에 BDSM은 섹스와 아무 관계가 없고, 그래서 섹스와 분리해야 한다는 관념을 접하게 된다. 그러나 진실은, 사람들은 전부 다다르고 그 사람들에게 BDSM과 섹스 둘 다 감정적으로 매우 다르다는 것이다. '가벼운 BDSM'을 실험하는 사람은 많지만 비디에세머는 그 행위에서 사랑을 찾을 수 '없다'는 스테레오타입은 말도 안 되게 틀렸다.

그렇다. 요즘 'BDSM 대 섹스'에 대한 이런 반응은 순전히 비합리적인 낙인에서 나오는 것 같다. 클라인 박사의 말처럼 이런 반응은 보통타인을 배제하고자 하는 인간의 끔찍한 충동에서 태어난다.

'나는 **저런 사람들**과 달라. 예를 들어, 내가 넓은 의미의 강간 판타지 소설을 쓰는 건 상관없어. 그건 BDSM일 리가 없어! 난 비디에세머가

아니니까! BDSM은 더러우니까!'

하지만 사람들이 타인을 거부하고 범주화하려는 본능을 가졌다고 꼭 그들을 비난할 필요는 없다. 그 본능은 겁을 먹고 억압당하기 때문에 나오는 것이다. '잘못되는 것'에 대한 사회적 불이익이 크기 때문이다. 기억하라, 뉴욕 시티의 펨돔들은 BDSM이 섹스로 간주되지 않으면 자기들이 법적으로 '안전하다'고 생각했다. 그러나 누군가가 BDSM을 섹스로 '간주한다'고 결정하자마자 그들은 체포되었다.

'다른 섹스'에 대한 성적 낙인이 끊임없이 복잡해지는 예를 딱 하나만 더 들어 보자. 합의 하에 이루어지는 모든 유형의 섹슈얼리티는, '합의하는 성인들 사이에서는 <해야 하는 일>이 없다'는 것에 사람들이 동의할 때까지 자유롭게 표현할 수가 없다. 고대 제국주의자인 로마인들은 "분할해서 통치하라"고 말했다. 합의 하의 섹슈얼리티를 서로 무서워한다면 우리는 계속 통치 받는 존재일 것이다. **'바닐라'들이 'BDSM'을 두려워한다면**… '비디에세머'들이 '성적인' 존재로 보이는 것을 두려워한다면… '걸레'나 '창녀' 노릇을 하면 엄청난 사회적 불이익을 받는다면… 성 노동자들에게 낙인이 찍히고 그들이 범죄자로 보인다면… 모든 사람이 이런 억압적 기준에 묶일 것이다.

2. BDSM이 몸에 새겨지는 측면 대 섹스가 몸에 새겨지는 측면

1편은 전부 'BDSM과 섹스'를 나누는 법이 엉터리이고, 순전히 정치적이거나 사회적으로 구축되었다는 내용이지만… **그렇다고 그런 분리가 존재하지 않는다는 뜻은 아니다.** 나는 어느 현명한 친구와 사회적 구축을 무시하자는 대화를 한 적이 있는데, 그 친구는 냉담하게 말했다. "일방통행로는 사회적으로 구축된 거지만, 그렇다고 우리가 그걸 무시해야 한다는 말은 아니지."

바깥 세계가 우리의 섹슈얼리티에 영향을 미친다고 해서 우리의 성적 선호가 현실 세계에서 힘이 없는 것은 아니다.

어느 폴리아모리 비디에세머들은 외부인과 BDSM을 할 때와 섹스를 할 때 매우 다른 규칙을 적용한다. 예를 들어, 내가 폴리아모리로 트랜지션 할까 생각하고 있을 때, 나는 성적으로 모노가미인 관계 두 번을 가졌다. 그러나 내 파트너들은 파트너가 아닌 사람과 BDSM을 해도 된다고 동의했다. **그 파트너들은 내가 다른 남자와 섹스를 한다는 생각을 하면 질투와 위협을 느꼈지만, 내가 다른 남자와 BDSM을 하는 것은 신경 쓰지 않았다.** 그 파트너들은 BDSM과 섹스를 묘하게 다른 사회적 구축 방식으로 분류했기 때문에 그런 감정을 느꼈을 것이다… **그렇지만 그 파트너들의 감정은 진실했고, 존중받을 가치가 있었다.**

또, BDSM과 섹스가 분명히 다르게 **느껴지는** 방식들이 있다. 육체적으로, BDSM과 섹스가 **그냥 명백하게 다른** 부분이 있다. 나는 'BDSM의 느낌'과 '성적인 느낌'이 내 머릿속에 나란히 놓인 수로 두 개를 흘러내리는 것처럼 느낄 때가 많다. 때로는 이 수로들이 교차하지만, 때로는 멀리 떨어져 있다. BDSM 충동은 성적 충동과 매우 다르고 서로 분리된 것으로 느껴진다. BDSM과 섹스의 결합은 즐거울 수도 있겠지만, 내가 섹스를 원할 때와 BDSM을 원할 때는 대부분 완전히 다르다.

이런 논의가 어려운 정치적 이유 중 가장 큰 것은 우리가 현재 '지향'을 통해 섹슈얼리티를 개념화하는 방식 때문이다. 우리는 '용인할 수 있는' 섹슈얼리티는 '내재적'이거나 '천부적'이어야 한다는 생각에 입각해 문화적 '지향 모델'을 만들어 왔다. 어떤 비디에세머들은 BDSM을 '지향'으로 생각한다. 나 자신도 BDSM을 지향으로 생각하자 나의

BDSM 욕망을 받아들이는 것이 엄청나게 수월해졌다. 그러나 내가 이제 지향 모델을 안 좋아하는 이유는, 그 모델은 우리가 세상에 사과하는 것처럼 보이게 만들기 때문이다. "작고 가여운 나! 내가 헤테로인건 내 잘못이 아니잖아! 돔인 것도! 뭐든지 간에!" 애초에 왜 이런 것들이 결합이 될 수가 있는가? 우리 몸은 우리 것이고, 우리 경험은 우리 것이고, 우리의 동의는 우리가 하는 것이다.

지향 모델은 섹슈얼리티를 기본으로 하지 않으면 감각적이고 관능적인 경험에 대해 이야기하기 힘들게 만드는 문화적 요인이기도 하다. 네티즌 사우루스saurus는 이 포스트의 1부가 〈페미니스테〉에 실렸을 때 이런 댓글을 달았다.

때로는 우리에게 성적이지 않은 충동이나 욕구, '페티쉬'가 있다는 생각을 하지만, 그런 것을 섹슈얼리티와 뭉뚱그려 버리는 것이 그런 욕구를 제어하거나 충족시킬 때 가장 편리하고 사회적으로 관리할 수 있는 방식이다. 그런 욕구는 여러 가지 이유로 우리의 육체를 자극할 수도 있지만, 그런 자극은 그 행위의 본성이 아니라 부작용일 수도 있다. 모든 행동은 '성적'이거나 '성적이지 않은' 것으로 깔끔하게 분리될 수 있다는 말이 아니다. 당연히 그렇게는 안 된다. 그러나 우리에게는 섹슈얼리티를 생각하지 않고 이런 욕구를 이르는 말이 없는 것 같다. 이런 관점에서 에이섹슈얼과 장애 운동 커뮤니티들에서 여러 가지 획기적인 결과들이 나오고 있다(이런 모임에 있는 사람들이 섹스나 그에 관한 욕구를 갖지 않는다는 말은 절대 아니다. 그들이 섹슈얼리티에 대한 관습적이고 지배적인 관념을 '퀴어'하게 만드는 놀라운 방법들을 많이 만들어내고 있다는 뜻일 뿐이다).

그런 문제에 대한 해답 한 가지는 그냥 섹슈얼리티의 정의를 이런 것들까지 포함하도록 넓히는 것이라고 생각한다. 그러나 '섹스긍정적'이 아니라 '섹스로 판정하는 것을 거부하는' 사람으로서, 나 개인적으로는 나의 모든 면이 섹슈얼리티에 뭉뚱그려지는 것이 싫다. 그렇게 되면 '오, 그거 완전히 섹슈얼하잖아' 하고 주장하는 '섹스로 판정하는' 사람들이 떠오를 뿐이다.[4]

나 클라리스는 '그냥' BDSM, 즉 '섹스가 개입하지 않는' BDSM 만남은 흔하다고 확실히 증언할 수 있다. 예를 들면, 어느 파트너가 다른 파트너를 채찍질하거나 상대에게서 채찍질을 받지만, 성기 접촉은 전혀 없고 성기에 대한 논의조차 없는 만남 같은 것 말이다. 그리고 나는 그런 만남을 가질 때 섹스를 하지 않아도 매우 만족스럽다고 강조하고 싶다. 내가 강도 높은 BDSM 만남에서 얻는 해방감과 황홀감은 그 자체로 보상이 된다.

나는 성적으로 흥분하는 BDSM 만남도 해 보았다….

하지만 BDSM이 끝날 때까지, 아니면 내 파트너가 내 욕망을 불러일으키는 특정한 일을 할 때까지는 성적 흥분을 하지 않았다. 예를 들어, 내가 펨돔 역할을 했던 강도 높은 BDSM 만남에서 그 만남을 중지하고 파트너에게서 물러났던 적도 있다. 우리는 둘 다 앉아 있었다. 나는 일어서서 그를 갈기갈기 할퀴던 금속 발톱을 손에서 떼었다. (비밀이지만, 그 발톱은 밴조 픽*이었다. 직접 만들어가는 BDSM도 아주 멋지다.)

그 다음 나는 무슨 물건을 집어 올리기 위해 파트너 위로 몸을 숙였다. 우리 만남이 완전히 다 끝났다고 생각하고 한 일이었으나, 내가 몸

---

* 밴조 픽(banjo pick): 밴조를 칠 때 쓰는 손톱 모양의 금속 골무

을 숙이자 그는 나를 붙잡고 끌어당겨 내 몸에 키스했다. 나는 문자 그대로 충격을 받아 숨을 헐떡였다. 성적 욕망이 어찌나 강하게 솟구쳤는지… 정말로 그의 팔 안에 녹아내렸다. 하지만 몇 초 전에 누가 내게 성적으로 흥분했느냐고 물었다면… 그렇지 않다고 말했을 것이다.

그런 일을 해석하는 한 가지 방법은, 때로 BDSM은 내가 성적 에너지를 더 많이 수용하도록 '준비시킨다'고 생각하는 것이다. 이 말은 BDSM 자체가 성적 흥분을 불러일으키는 스위치라는 뜻이 아니다. 때로 그럴 때도 있지만, 실제로는 놀랄 정도로 드물다. 그러나 BDSM은 종종… 피를 거칠게 돌게 만들고, 성적 호르몬이 내 몸을 온통 휩쓸 수 있도록 '수문을 연다'.

이것이 별로 복잡해 보이지 않을까봐 말해 두는데… 반면, BDSM 만남을 할 때 파트너는 그 만남을 성적으로 받아들이려고 하고 나는 흥미가 없는 경우도 있었다. 내가 자주 올라타는 BDSM 주기가 있고, 일단 그 주기가 충분히 돌아가면 거기서 쉽게 내려올 수가 없는 것 같다.

때때로 그 BDSM 주기 '꼭대기' 근처에 있을 때 섹스든 다른 어떤 이유든 방해를 받으면 정말 끔찍하다. **거의** 울 정도로만 아픈 것보다는 차라리 오르가즘 근처에서 성적 욕망에 몸이 단 채로 남아있는 쪽이 낫다. 그때의 감정은 목이 꽉 막히게 하고, 가슴 속에 엄청난 혼란을 일으킨다. 숨쉬기 힘들 정도다.

얼마 전 아이티에서 일한 맥 매클리런드Mac McClelland라는 기자는 자기가 외상 후 스트레스 장애Post Traumatic Stress Disorder를 완화시키기 위해 '폭력적인 섹스'를 이용했다는 기사를 써서 많은 관심을 모았다. 나는 <페미니스테>에 쓴 기사에서 그 소식을 단신으로 전했지만, 그때 그 기사에 대한 내 생각을 많이 넣지는 않았다.[5] 한 마디 했던 말은 그 기자가 BDSM 용어를 하나도 사용하지 않았다는 것이다. 적어도 나는 그 기사에서 그런 용어를 보지 못했다. 그 기자는 '폭력적인 섹스'에 끌리는 자기 욕망을 전혀 BDSM이라고 생각하지 않는 것 같았다. 흥미롭게도, <페미니스테>에 제이디Jadey라는 이름으로 댓글을 단, 킨크 경험이 있는 네티즌도 그 기사를 그렇게 생각하지 않았다. 제이디는 이렇게 썼다.

> 그 기자가 나쁘거나 틀렸다고 생각하지 않고, 기자가 자기 PTSD를 치료하는 방식이 나쁘거나 틀렸다고도 생각하지 않는다… [그러나] 나는 킨크/BDSM 경험을 갖고 있다. 하지만 그 기자가 여기서 서술하고 있는 것은 그와 다르다. 기자는 뭔가 아주 다른 것을 이야기하고 있고, 그 기자와 아이작이 한 경험을 나는 잘 모르겠다. 그것은… 이해할 수 없다.[6]

나 클라리스 쏜은 한 번도 외상 후 스트레스 장애 진단을 받은 적이 없다고 강조하고 싶다. (그리고 나는 아주 많은 상담 분석을 해 왔기 때문에, 내게 PTSD가 있다면 지금쯤 누군가 알고 있을 것이라고 확신한다.) 그리고 또 한 번 강조해 두는데, 다른 사람에게 자기 경험을 정의하는 법을 가르칠 생각도 전혀 없다. 그리고 혹시 말할 필요가 있을까봐 이야기해 두면, 서로 동의하는 BDSM과 학대 사이에는 커다란 차이가 있다.

그러나 제이디와는 달리, 처음 '폭력적 섹스' 기사를 읽었을 때 나는 그 기자가 만남에 대해 쓴 글이 내가 선호하는 행위 중 어떤 것과 아주 비슷하다고 느꼈다…. 정말이지, 그 기사는 내가 겪은 어떤 BDSM 만남을 쓴 것처럼 보였다. 예를 들어, 그 기자는 이렇게 썼다.

"좋아."

내 파트너가 말했다.

"널 사랑해, 됐지?"

내가 말했다. 나는 그것을 안다. 좋아. 그러면서 그는 내 위에 올라타 내 팔을 옆구리에 억지로 붙인 다음, 머리 위로 들어 올려 꼭 붙잡았다. 내가 그를 막을 수 없게 되자 그는 내 셔츠 속에 한 손을 넣어 몸을 위로 쓸어 올렸다. 통제력을 잃자 내 몸은 불안으로 비명을 질렀다. 나는 필사적으로 고함치며 마구 발길질을 하다가… 그의 몸 아래에서 빠져나와 서둘러 도망가기 시작했다. 그는 내 다리나 팔뚝이나 머리카락을 붙잡고 나를 뒤로 끌어당길 뿐이었다. 한쪽 팔뚝으로 내 목을 눌렀을 때 나는 양손으로 그의 팔꿈치와 내 기관 사이를 벌려야만 했다. 나는 거의 탈진해 버렸다.

그러면서 나는 혼돈에 빠졌다. 물론 내가 찾고 있던 것은 바로 그것이었다. 그러나 내 몸 ― 아드레날린에 흠뻑 젖어 격렬히 싸우고 있는 몸 ― 은 폭발하듯이 끔찍한 공황 상태에 빠져 버렸다…. 나는 정상적으로 섹스하는 사람이 느낄 만한 즐거움을 느끼지 않았다. 그러나 그런 행위를 견딜 수 있다는 것이 분명해지자 더 깊이 숨을 쉴 수 있었다. 그리고 내 정신은 생생했다. 고통스러워하면서도 생생히 현재에 머물러 있었다…. 몸은 누더기가 된 것 같았지만 나는 안도감을 느꼈다. 나는 혼돈에 빠졌지만 살아남았다. 내게서 내려오자, 그는 팔 안에 나를 끌어안았다. 나는 그의 가슴 위에서 수천 조각으로 부서졌다. 어찌나 심하게 흐느꼈는지 갈비뼈가 다 느슨해지는 것 같았다.

아이작은 눈물에 젖은 얼굴에서 머리카락을 떼어주고, 계속 계속 어떤 말을 속삭였다. 그는 믿고 있었겠지만 내가 다시 알아야만 했던 말을.

"당신은 정말 강해. 당신은 정말 강해. 당신은 정말 강해."[7]

나한테는 엄청나게 낯익어 보이는 말이다.

음, 늘 저런 식의 BDSM 만남을 하지는 않는 것 같다. 사실 저런 유형의 경험은 내게 상대적으로 드물었다. 그러나 그 기자의 글은 내 경험과 '아주 다른' 것 같지는 않다. '이해할 수 없'는 것은 절대 아니다. 사실 커다란 차이는 단 한 가지뿐이다. 나는 내 파트너와 페니스-질 삽입성교를 하는 만남에서는 저렇게 강렬한 BDSM 경험을 한 번도 해 본 적이 없다. (그 기자는 '섹스'라는 말을 '페니스-질 삽입성교'라는 뜻으로 쓴 것 같다. 그러나 내가 틀렸을 수도 있다.)

솔직히, 왜 질 섹스를 그런 경험과 결합하고 **싶은지** 잘 모르겠다. 개인적으로는 질 섹스는 내가 BDSM 경험에서 부수적으로 얻을 수 있는 부산물 같다. 그러나 언젠가는 시도해볼 테고, 그건 세상에서 제일 멋진 일일 것이다. 그럴 것 같다.

나는 내가 만든 틀에 편안하게 안착한 것 같지만, 때때로 아직도 'BDSM 대 섹스' 구분을 작동시키고 있구나 하고 깨닫게 된다. 2008년, 아주 초기에 쓴 내 블로그 글 한 편의 제목은 <원나잇 섹스? 원나잇 킹크?>였고, 전부 원나잇 섹스나 원나잇 BDSM이 대체로 내게 마찬가지인가, 아니면 원나잇 섹스보다 원나잇 BDSM 쪽이 더 받아들일 만한가를 숙고하는 내용이었다.

요즘에는 원나잇 섹스와 원나잇 BDSM 양쪽 다 나는 괜찮다고 생각한다. 그러나 친밀한 관계 속에서 그런 경험을 하는 쪽이 훨씬 더 좋다. 친구들, 오해하지 말아 주기를. BDSM은 엄청난 사랑과 유대감을 포함할 수 있다… 적어도 섹스만큼.

요점을 확실히 지적하기 위해, 내가 매우 사랑했던 예전 남자친구 '불지옥Mr. Inferno' 씨와 깨진 후 어떤 일이 일어났는지 이야기해 보겠다. 그때는 내가 파트너들과 모노가미에 매우 집중했을 때였다. '불지옥' 씨는 나와 깨졌고, 한두 달 후 나는 다른 남자와 원나잇 BDSM 만남을 할 기회가 생겼다. 성기 접촉은 없었다. 만남은 전부 이 남자가 내게 명령을 내리고, 나를 아프게 해서 울리는 것에 국한되었다.

그러나 낯익은 감정적 사이클에 미끄러져 들어가면서도 긴장을 풀수가 없었던 기억이 난다. 나는 무아경에 빠질 수가 없었다. '불지옥' 씨를 배신하고 있는 것 같은 느낌 때문이었다. 그는 나와 깨졌지만, 어떤 면에서 나는 여전히 그와 이어져 있는 느낌이었다. 내가 다른 사람의 팔 안에서 울고 있는 것이 잘못, 잘못, 잘못인 것 같았다. 그 **잘못**이 종처럼 내 온 몸을 울렸다. 해서는 안 되고, 참을 수 없는 일이었다. 상대가 '불지옥' 씨여야 한다는 생각밖에 나지 않았다. 나는 울음을 삼켰다. 울어버릴 수가 없었다.

나중에, 나는 파트너에게 전 남자친구 한 명('불지옥' 씨가 아닌 다른 사람)이 내 BDSM 욕망을 대할 때 곤란을 겪었다고 말했다.

"아, 그래서 당신이 울기 힘들어 했군요."

내 파트너가 말했다. 그가 나를 막았던 것이 무엇인지 안다고 생각하도록, 고개를 끄덕이기로 했다. 그쪽이 더 간단해 보였다.

다음날 나는 파트너와 함께 아침을 먹었다. 우리는 서로 살짝 껴안았다 놓았고, 나는 산책을 나가 걸어 다니다 그 동네의 개울을 발견했다. 나는 그 개울 옆에 앉아 눈을 감고, 눈물이 뺨에 흘러내리도록 무력하게 놔두었다.

나는 성적 관계의 파경 후 이렇게 느꼈고, 그렇게 느낀 다른 사람들도 안다. 그러나 나는 섹스와 마찬가지로 BDSM에도 그런 강렬한 육체적 정절 반응이 적용될 수 있다고 생각한 적이 없었다. 다른 사람이 나를 아프게 했다는 것만으로 내가 그렇게 가슴 아픈, 본능적인 상실감을 느낄 것이라고는 상상도 하지 못했다.

섹스와 BDSM은 너무나 다르다, 그렇지만 너무나 같다.

SM · 이론

BDSM 역할, "바텀에서 탑 노릇"과 "서비스 탑"

나는 이 글을 2011년에 썼다.

나는 **합의한** 섹슈얼리티는 뭐든지 괜찮다는 말을 자주 한다. 개방적 애정 관계?* SM? 동성 파트너십? 원나잇? 포르노? 참여하는 사람들이 서로 동의한 성인들이라면 나는 사람들이 섹스하는 방식에 대해 별로 신경 쓰지 않는다. 이 말은 중요하고 흥미로운 질문들은 대부분 동의에 대한 질문이라는 뜻이다. 우리는 언제나 합의 하에 섹스를 하고 있는지 어떻게 분명히 알 수 있는가? 언제나 우리 자신과 파트너의 경계를 존중하고 있는지 어떻게 확인할 수 있는가? 우리는 우리가 선호하는 것과 동의하는 것에 대해 어떻게 이야기하는가? 나는 이런 이유로 성적 의사소통에 대한 글을 아주 많이 쓴다.

그러나 이따금, 동의 말고도 흥미로운 논의들이 있다(그래, 정말 이상하다!). 그 중 하나는 스테레오타입이라는 문제다. 또, BDSM 커뮤니티의 나쁜 역학관계도 흥미로운 주제다.

나쁘고 이상한 역학 관계의 예를 하나 들자면, '유일하고 진정한 방식'이라는 것이다. 어떤 사람들은 합의 하에 BDSM을 하는 데도 '옳은' 방식과 '틀린' 방식이 있는 것처럼 군다. BDSM에서 어떤 동의가 다른 동의보다 더 옳은 것처럼 말한다. 이런 식으로 구는 사람들은 자주 나타나는데, 우리는 그들을 '역할 경찰'이라고 부른다. 그들은 '진짜 복종'과 '진짜 지배'가 있다는 주장을 한다(더욱 나쁜 것은, 때때로 도미넌트가 서브미시브보다 사회적으로 '더 우월하거나', '더 중요한' 것처럼 구는 사람들이 있다. 혹은 남자들이 '원래' 도미넌트고 여자들이 '원래' 서브미시브인 것처럼 대한다. 말도 안 되는 소리! 토머스 매컬레이 밀러

---

* 개방적 애정 관계(open relationship): 결혼 혹은 연애 관계를 유지하고 서로 상대의 동의를 받아 기존 관계 외의 다른 파트너와 애정 관계를 갖는 것.

는 이 주제에 대해 '도미즘'이라는 훌륭한 에세이를 썼다).**1**

역할 경찰의 예에는 이런 것들이 있다.

- "당신이 정말로 서브미시브라면 자기 식사를 하는 대신 내 식사 시중을 들어야 한다."
- "당신이 정말로 도미넌트라면 내 술값을 내 줄 것이다."
- "당신이 정말로 서브미시브라면 자기 성생활에 대해 블로그를 쓸 정도로 자신 있는 태도를 취할 수 없을 것이다." (내가 편견을 가진 것이 아니라.)

때로는 매우 우습고 가벼운 농담으로 취급할 수 있다. 그러나 때로는 그렇지 않다. 때로는 매우 기분을 상하게 하고, 자기가 '지배를 잘하지 못하거나' '복종을 잘하지 못하는' 것처럼 느끼게 만든다. 또, 스위치들에 대해 생각하기 시작하면 정말 멍청한 소리가 된다. 스위치란 나 자신처럼 지배나 복종 양쪽 역할 다 편안하게 느낄 수 있는 사람들이다.

이와 연관된 매우 흔한 가정 한 가지는 도미넌트들이 언제나 고통을 주기 좋아하고, 사디스트와 도미넌트는 똑같다는 생각이다. 그렇지 않다! 사디즘을 행하는 사람, 지배를 하는 사람, 사디즘 위주지만 지배를 약간 곁들이는 사람 등등이 다 있다. 복종도 마찬가지다. 어떤 사람들은 복종하며 고통 받는 걸 좋아하고, 어떤 사람들은 마조히즘 없이 복종하고, 조금만 복종하고 마조히즘 쪽을 많이 원할 수도 있고, 뭐든 다 할 수 있다.

아니면 파트너에게 자기를 아프게 하라고 명령하기 좋아하는 마조히스트도 있다. 내가 연 어느 파티에서는, 대체로 서브미시브였던 당시 남자친구가 한 무리의 내 친구들에게 나를 붙잡아 누르고 있으라고 한

다음 내 몸에 케이크를 묻히고 먹었다. 그때 그에게 소리쳤던 것이 생생하게 기억난다.

"날 아프게 하는 게 좋을 걸, 아니면 세이프워드를 외칠 거야!"

그래서 그는 내가 하라는 대로 했다. 굉장히 좋았다.

'서브미시브'와 '마조히스트'가 늘 같은 것은 아니고, '도미넌트'와 '새디스트'도 늘 같은 것이 아니기 때문에, BDSM 커뮤니티는 '바텀'과 '탑'이라는 용어를 사용한다. '바텀'은 서브미시브와 마조히스트의 합집합, 즉 플레이를 받는 쪽 파트너를 포괄해서 가리키는 용어다. '탑'은 도미넌트와 새디스트의 합집합, 자극을 주는 파트너를 포괄하는 용어다. 요점은 파트너들의 선호에서 우열을 주장하지 않고도 누가 주고 누가 받는지 가리키는 단어가 있다는 것이다(이 단어들은 동사로도 쓰일 수 있다. 예를 들어 내가 '탑을 한다'면 나는 도미넌트나 새디스트, 혹은 둘 다일 수 있다).

하지만! 우리가 지레짐작을 피하기 위해 만들어진 '탑'이나 '바텀' 같이 편리한 용어들을 쓰는데도, 사람들은 결국 지레짐작하고야 만다. BDSM 커뮤니티에서 혐오와 짜증이 어린 어조로 자주 쓰이는 말이 두 가지 있다. 하나는 "바텀에서 탑 노릇"이고 또 하나는 "서비스 탑"이다.

'바텀에서 탑 노릇'은 '바텀' 위치에 있으면서도 관계에서 힘을 행사하는 사람을 가리킨다. 양쪽 파트너들이 동의하는 한 전혀 잘못이 없는 일이다. 그러나 어떤 사람들은 '바텀에서 탑 노릇'이 나쁜 것처럼 이야기한다. 권력이 어느 쪽에 확실히 속해 있어야 하는 것처럼. 플레이를 진행할 때 바텀은 절대 선호를 표현하거나 결정을 해서는 안 되는 것처럼. 터무니없는 소리다.

내가 탑인데 파트너가 내가 원하는 대로 말을 듣지 않는다면 짜증날 수 있다는 것은 인정한다. 그러나 그런 경우 실제로 벌어지고 있는 일에 주의를 기울일 필요가 있다. 내 파트너는 정말로 우리가 하는 일을 하고 싶지 않아 저항하고 있는 것일까? 그렇다면 나는 그의 선호를 존중해야 한다. 아니면 내 파트너는 벌을 받고 싶어서 저항하고 있을 수도 있다. 아니면 그냥 우리가 궁합이 나쁜 것이든지! 하여간 중요한 지점은, '바텀에서 탑 노릇'은 꼭 나쁜 것이 아니다. '바텀에서 탑 노릇'을 한다고 바텀이 '나쁜 서브미시브'가 되지는 않는다. 상대가 의사소통을 하려고 하거나, 밀고 당기는 역학 관계를 추구하고 있다는 뜻일 뿐이다.

동시에, '서비스 탑'이라는 용어가 있다. 기본적으로 똑같은 말을 반대로 바꾼 것이다. '서비스 탑'은 자기 파트너의 욕망에 따르며 탑 노릇하는 것을 즐기는 탑이다. 다시 말하지만, 어떤 사람들은 이것이 나쁜 것처럼 말한다. 서비스 탑이 '충분히 지배적'이지 않다는 듯이. 그러나 그것은 전혀 나쁘지 않다! 자기 파트너가 좋아하기 때문에 서비스 탑 노릇을 한다면 좋은 일이다!

나는 때때로 어떤 관계의 역학을 말하기 위해 '바텀에서 탑 노릇'이나 '서비스 탑'같은 용어를 사용한다. 현실에서 어떤 일이 일어나고 있는지 이야기하기 위해서. 그러나 그것은 내가 '바텀에서 탑 노릇'이나 '서비스 탑'에 전혀 잘못된 부분이 없다고 생각하기 때문이다. 함께 이야기하는 사람이 그 주제에 민감하지 않은지 어떤지 확실히 모른다면, 그런 주제의 농담은 피하려고 애쓴다. 그리고 역할 경찰 짓을 하는 사람들이 그런 용어를 쓰는 건 정말 싫다.

BDSM은 감정적으로 엄청난 흥분을 줄 수 있고, 많은 경우 함께 BDSM을 한 사람들은 위안 받고 서로 품 안에 파고들고 싶을 것이다.

"당신은 방금 내가 울음을 터뜨릴 때까지 나를 흠씬 때렸어. 나는 그게 좋았어. 여전히 당신이 좋고, 당신이 좋은 사람이라고 생각해."

아니면 "당신을 아프게 할 때 당신이 세이프워드를 외쳤다는 걸 알아. 하지만 여전히 당신은 아름다운 서브미시브이고 멋진 일을 했다고 생각해. 사실 당신이 세이프워드를 말해서 아주 좋아. 그래서 당신을 더 잘 이해할 수 있으니까." 이런 경우라면 '당신은 좋은 서브미시브야.' 같은 말이 전혀 문제없다고 생각한다. 그러나 다른 복종보다 '더 좋은' 복종, 혹은 다른 지배보다 '더 좋은' 지배, 아니면 '더 좋은' 사디즘이나 마조히즘 같은 것은 없음을 명심하기 바란다.

그리고 나는 동의에 대해 이야기하지 않겠다고 주장했지만, 여기서 가면을 벗고 사실을 드러내자면… 사실은 계속 동의에 대해 이야기하고 있었다!

여기서 동의에 얽힌 문제는 **역할 경찰은 사람들의 동의를 방해할 수 있다**는 것이다. 역할 경찰 노릇은 사람들에게 압력을 가할 수 있기 때문이다. 어떤 사람이 '진짜 서브미시브'라고 느끼고 싶은데 누가 '진짜 서브미시브'는 언제나 애널섹스를 받아들여야 한다고 말한다면… 그 사람은 '진짜 서브미시브'가 되고 싶어서 자기가 정말로 원하지 않는데도 애널섹스를 받아들일 수도 있다.

나 개인적으로도 의사소통을 하려고 하거나 서로 좋은 관계를 준비하려던 사람들이 '바텀에서 탑 노릇'이나 '서비스 탑'이라는 비난 때문에 상처 입는 것을 본 적이 있다. 예를 들어서,

"난 네가 서브미시브인 줄 알았는데, 왜 나한테 널 묶어달라고 부탁하는 거야? 바텀에서 탑 노릇을 할 거면 그만 둬! 도미넌트는 나니까, 내가 결정해!"

동의가 이루어질 때 관건은 압력이 없는 환경을 만들어 모든 파트너

들이 편안하게 자기가 무엇을 원하는지 이야기할 수 있어야 한다는 것이다. 압력은 언제나 눈에 보이거나 이해하기 쉬운 것이 아니기 때문에, 그런 환경을 만들기 힘들 수도 있다. 그러나 최대한의 합의를 원한다면 우리는 최선을 다해야 한다. 압력이 없는 환경을 만드는 방법 중하나는 '바텀에서 탑 노릇'이나 '서비스 탑' 같은 용어나, 그런 용어를 쓰는 역할 경찰들에게 신경을 쓰지 않도록 주의하는 것이다.

"복종은 여성의 역할": 잘못된 질문

나는 2011년 중반에 이 포스트를 썼다. 나는 그 당시 픽업 아티스트에 대한 강박에 깊이 빠져 있었다. 그 사람들은 '복종은 여성의 역할'이라고 지겹도록 이야기했다. 픽업 아티스트라고 모두 사악하거나 여성 혐오자인 것은 아니지만, 이런 말을 좋아하는 사람들은 그런 자들이 맞다.

때때로 여러 성적 파트너를 둔 스트레이트들이 이런 식의 질문을 한다.

나와 함께 잔 여자들은 모두 고통을 좋아했다. 잠자리에서 자기를 아프게 하거나 지배해 달라고 했다. 그래서 나는 그렇게 했고 즐거웠다. 여자들이 매우 흥분하기 때문에 나도 아주 좋아한다 … 그러면 여자들은 아주 흥분한다. 하지만 이제 그 문제를 계속 생각하고 있다. 왜 모든 여자들은 잠자리에서 서브미시브나 마조히스트처럼 굴까? 그건 무슨 의미일까?

그들은 약간 걱정스러운 어조로 이런 질문을 한다. 때로는 이런 말도 한다.

"그건 정말 섬뜩하다고요."

이런 친구들은 확실히 이런 '끔찍한 진실' 때문에 불안해하고 있다.

그런 남자들에게 여기 짧게 대답하겠다. 만약 당신이 잠자리에서 서브미시브이거나 마조히스트이거나 둘 다인 여자를 만난다면, 그건 그 여자들이 잠자리에서 서브미시브나 마조히스트나 양쪽 역할을 다 하기 좋아했다는 뜻이다. 다른 아무 뜻도 없다.

아직 거기 계신가? 아, 그래. 이런 답에 만족하지 않을 것이라고 생각했다. 그래서 여기 좀 더 긴 대답을 준비했다.

첫째, 당신이 스트레이트 남성이고 자기가 만나본 여자들을 근거로 '모든 여자들'이 그렇다는 결론을 끌어내고 있다면 거기서 그만둬라. 그냥 그만둬라. 수억 명의 여자들과 자 보았다 한들, 당신은 실제로 모든 여자들이 무엇을 원하는지 알지 못한다. 왜냐하면,

A) 당신의 여자 경험은 당신이 만나본 여자들에 한정되어 있다. 당

신은 의식적으로나, 무의식적이나 우연으로나, 어떤 특성을 걸러내게 되어 있다. 예를 들어 당신이 도미넌트 역할을 즐기는 경향이 있거나 도미넌트 스타일의 추파를 던진다면, 당신은 의도했건 하지 않았건 서브미시브 여성 파트너를 얻기 위해 나머지를 걸러내고 있을 수 있다.

B) **모든 사람이 편견을 가지고 있다. 당신도 마찬가지다.** 나는 "가진 것이 망치뿐일 때는 모든 것이 못으로 보인다"는 옛날 속담을 좋아한다. 여성이 성적으로 복종적이라는 편견을 갖고 있다면(여성의 성적 복종은 엄청나게 지배적인 문화적 비유이기 때문에, 당신이 그런 편견을 갖고 있다는 것은 거의 확실하다.) 당신은 복종이 존재하지 않는 상황에서도 여성이 복종하는 모습을 볼 가능성이 더 높다.

C) **모든 젠더의 사람들과 마찬가지로 여성들은 다 다르다.** 정말로, 복종하지 않는 스트레이트 여성은 없다고 생각하는가? 그러면 내가 드러내놓고 지배적인 여성들[1]을 지적하면 불편할 것이다. 그렇겠지? 그래, 충격이겠지… 그 다음에는 내가 퀴어와 에이섹슈얼 여성도 존재한다고 말해줘야 할 것이다! (서브미시브에서 도미넌트로, 사디스트에서 마조히스트로 역할을 스위치하는 여성들은 말할 것도 없다. 나는 주로 서브미시브 마조히즘을 좋아하지만, 그래도 양쪽을 다 플레이한다.)

중요한 건, 비록… 내가 이 남자들의 입증되지 않은 '데이터'에 아무리 구멍을 많이 낸다고 할지라도 그들처럼 걱정하진 않는다는 것이다. 내일 여성은 백퍼센트 잠자리에서 서브미시브 마조히스트라는 것을 명백히 증명하는 연구가 나와 좋은 리뷰를 받는다고 해도 상관없다. (이런 연구는 결코 나오지 않을 것이라고 내 왼쪽 귀를 걸 수도 있다. 하지만 그런 연구가 있어도 상관없다는 말이다.)

확실히 말해둔다. 심지어 여성들 대부분이 잠자리에서 서브미시브 마조히스트라고 해도(나는 그렇게 확신하지 않는다.) 거기에는 전혀 잘못된 점이 없다. 내가 상관할 일도 아니다.

왜 상관하지 않겠다고 하는가? 복종에 대한 이런 불안과 논쟁들은 모두 질문 자체가 잘못되었기 때문이다. 하나하나 짚자면, 여성이 서브미시브라는 것이 무슨 의미인지, 모든 여성이 복종적인지, 여성들은 '원래' 또는 '생물학적으로' 복종적인지, BDSM이 성적 지향인지 아닌지… 모두 잘못된 질문이다.

연구에 따르면 도미넌트보다는 서브미시브인 킨키 여성들이 더 많은 것 같다고 간단히 말하겠다.[2] 물론, 이것은 킨키라고 정체화하지 않은 여성들의 취향에 대해서는 아무 것도 말해 주지 않는다. 그리고 패션 사진부터 로맨스 소설까지 전부 여성의 복종과 남성의 지배를 강조하는 문화가 심어준 편견도 영향을 끼쳤을 것이다. BDSM 문화에서 여성의 지배와 남성의 복종은 자주 지워지면서, 현실의 팸돔과 멜섭의 좌절을 정당화할 때가 많다.[3,4] 가진 것이 망치뿐일 때는 모든 것이 못으로 보이니까. 때로는 우리 자신의 심리와 섹슈얼리티에도 통하는 이야기이다.

게다가, 킨크에 사용되는 단 하나의 패턴에 어떤 사람이 좋아하지 않는 부분이 두드러진다면, 그 사람은 아마 킨크를 피할 것이다. 예를 들어, 내가 링크해 둔 연구를 보면 BDSM 서브컬처 바깥에서 수집한 샘플보다 BDSM 서브컬처 안의 샘플에서 서브미시브 여성의 비율이 더 높다. 여성의 복종을 강조하면서 지배자적 특질이 강한 여성들을 소외시키는 BDSM 서브컬처 모임이 많기 때문일 것이다. 그래도 **하여간** 이것은 질문 자체가 틀렸다.

간단히 말해서, '복종은 여성의 역할'이냐는 질문 자체가 틀렸다.
분명, 나는 BDSM에 대해 느끼는 흥미가 페미니스트로서의 내게 무슨 의미를 갖는지에 대한 커다란 개인적 공포와 싸워 그 공포를 극복했다. 그러나 요즘은 대체 무엇 때문에 내가 그렇게 당황했는지 이해할 수가 없다. 그런 공포를 넘어 깊이 생각하는 데 얼마나 오래 걸렸는지 믿을 수가 없다. 이제는 그냥 본능적으로 명백해 보이는 문제들이다.

1) **애초에 이런 대화가 벌어지는 이유라곤 단 하나, BDSM, 특히 복종이 결함 있고 문제적이며 혼란스러운 것으로, 약점의 징후로 보이기 때문이다.** 만약에 우리가 SM 성향을 도착이 아니라 일종의 초능력으로 본다면 어떨까? 특히 복종과 마조히즘을 약점이 아니라 힘과 강인함과 감정적 복잡성의 징후로 본다면?

2) **성적 킨크는 성적인 분야 밖에서 하는 행동에 반드시 영향을 미치지는 않는다.** 성적으로 복종적인 여성이라고 해서 나쁜 CEO가 되라는 법은 없다(적어도, 그 여성이 성적으로 복종적이기 때문에 나쁜 CEO가 되지는 않을 것이다). 그러니까 내 말은, 회사의 높은 지위에 성적으로 복종적인 남자들이 없을 것 같지 않다는 뜻이다. 더 어렸을 때 내가 성적으로 서브미시브이기 때문에 여성 해방을 배신하고 있다는 이상한 공포를 느꼈던 기억이 난다. 이제는 그런 것이 터무니없어 보인다. 그런 공포는 아무리 조잡한 구실일지라도 사람들이 여성을 통제하고 여성에게서 힘을 빼앗으려는 구실을 계속 찾고 있는 문화 속에서만 살아남을 수 있다. 전혀 터무니없는 공포이기 때문이다.

3) **강간은 여전히 강간이다. 서브미시브를 포함한 모든 사람은 여전히 동의할 권리를 가진다.** (어떤 젠더의) 서브미시브 파트너도 동의를 철회할 수 있어야 하고, (어떤 젠더의) 도미넌트 파트너도 서브미시

브가 동의를 철회할 여유를 주어야 한다. 양쪽 파트너 모두 압력이나 불공정한 기대(성차별적 문화 때문에 생긴 기대건 다른 이유로 생긴 기대건)를 피하면서 욕망에 대해 솔직한 대화를 할 수 있다면 훌륭한 일이다. 강간 판타지를 가진 사람들에게 세이프워드는 단 하나의 전술은 아니지만, 자주 추천받는 의사소통 전술이다. '복종은 여성의 역할'이라는 논의가 정말로 나를 화나게 만드는 지점은, 그것들이 희생자를 비난하고 강간을 정당화하는 끔찍한 뉘앙스를 풍긴다는 것이다. "그 여자가 짧은 치마를 입었으니 자기가 유혹한 거지."와 매우 비슷한 이야기다. 현실에서, '복종은 여성의 역할'이란 우리 파트너를 선택하고 우리의 육체적 완전성을 보호할 여성의 권리에 대해 전혀 아무 말도 하지 않는다. 여성 서브미시브는 사실 우리가 그 권리를 주장한다는 것을 완벽하게 가시화해 왔다.

대부분의 남자들이 내가 페미니스트이기 때문에 이 문제를 물어보러 내게 오는 것 같고, 그들은 근심 어린 목소리로 소리죽여 그런 질문을 한다. 그들은 괜찮은 남자들이고 '이 끔찍한 진실이 가져올 결과'에 대해 걱정하기 때문이다. 대담하게 추측해 보건대, 그들은 여자가 얼마나 허영심 많고 어리석고 히스테리컬한지 등등에 대해 숨도 쉬지 않고 떠들어대는 다른 남자들을 만났을 것이다. '우리가 왜 그 멍청한 쌍년들에게 투표권까지 줬는지. 뭐 하여간, 너도 알았지? 많은 여자애들이 목이 졸리는 것을 좋아하고 그게 그리… 중요하지 않다는 것을?' 그래서 내게 와서 묻는 이 괜찮은 남자들은 여성의 성적 복종이라는 주제와 안티 페미니즘을, 그리고 다른 영역에서 여성들의 힘을 빼앗으려는 시도를 연결 짓는 법을 알게 된 것이다.

괜찮은 남자이기 때문에, 그들은 여기에 대해 걱정한다. 그들은 모든 젠더의 사람들이 같은 기회를 가져야 한다는 것을 알기 때문이다. 하지만 모두 같잖은 소리다! 모두 BDSM에 찍힌 낙인이 만들어내는 일련의 환상이다. 어떤 사람이 가진 성적 킨크는 늘 그 사람의 나머지 삶에 영향을 끼칠 것이라는 생각이, 모든 사람이 동의할 권리를 갖고 있다는 것을 이해하지 못하는 사람들이, 노골적이고 단순한 여성혐오가 만들어낸 환상이다! 여성의 성적 복종이란 우리가 용인하지만 않는다면 여성해방에 대한 위협이 되지 못한다. 우리가 엉망인 여성혐오 문화의 엉망인 가정들을 생각하도록 끊임없이 강요당하지 않았다면, 그런 질문은 아무에게도 떠오르지 않았을 것이다!

성적 복종이 나오는 문화 패턴이 어떤 것인가는, 우리가 성적 복종을 어떻게 대하느냐에 비하면 별로 중요하지 않다. 파트너가 서브미시브라면, 당신은 파트너의 욕망을 존중하고 그들을 인간으로도 존중할 수 있다. 이미 말했던 바와 같이, BDSM에서 그것은 세이프워드나 다른 전술들을 써서 주의 깊게 의사소통을 한다는 의미이다. 어떤 사람들은 말 한 마디 없이도 멋지게 성적 의사소통을 할 수 있다. 그러나 나는 언제나 명료하게 음성으로 의사소통을 하라고 권장한다. 의도나 욕망을 그런 방식으로 분명하게 밝히는 것이 더 쉬운 사람들이 많기 때문이다. 그리고 세이프워드 같은 전술은 실수했을 때의 대비책이 된다.

따라서 '복종은 여성의 역할'이란 여성에게, 페미니즘에게, 평등한 권리에, 일하는 여성에게, 강력한 여성에게 무엇을 뜻하는가? 가정주부들에게? 장애인 여성에게? 여성 강간생존자들에게? 다른 젠더의 강간생존자들에게?

나를 따라 말해 보자. "그것은 잘못된 질문이다." 이런 질문을 한다는 단순한 행위에는 여성의 힘을 빼앗을 변명거리를 찾고 있는 문화적 맥락이 숨어 있다. '복종은 여성의 역할'에는 아무 뜻도 없다.

…모든 여성이 스스로 부여하고 싶은 의미 외에는.

『그레이의 50가지 그림자』, <파이트 클럽>, 남성 지배의 복잡성

나는 2012년 초에 이 글을 썼다. 그때는 모든 사람들이 'BDSM 외설물이 된 놀랄 정도로 성공한 팬픽션'인 E. L. 제임스의 『그레이의 50가지 그림자』 3부작에 대해 이야기하고 있었다.[1] (이 포스트의 온라인 버전 마지막에는 연관된 글의 링크가 한 묶음 달려 있다.) 이 글은 나로서는 드물게, 최근의 뉴스에 대해 써 보려고 했던 글이다. 나는 그런 글을 쓰려고 몇 달 동안 계획하고 있었는데, 실제로 『50가지 그림자』 덕분에 기회가 생겼다. 섹스 저술가로서 나의 중심 목표는 언제나 내가 많이 듣는 대화에 즉각 반응하지만 최신 유행과는 독립된 분석을 펼치는 것이었다. 우선 한 가지 이유를 들면 나는 '모든 사람들이 지금 바로 이 순간 이야기하는 소재'를 따라가려고 별로 노력하지 않는다! 내가 그렇게 해야 한다는 생각만 해도 짜증이 난다. 그러나 현재의 뉴스에 반응하는 것이 내가 한 일에 더 많은 시선을 끌 수 있는 가장 좋은 방법이라는 것을 어쩔 수 없이 이해하게 되었다. 그래서 그런 일을 더 많이 하려고 한다. 또, 나의 발주자들이 그런 방향으로 가라고 격려하기도 한다. 가장 유명한 곳은 젠더적 시각의 웹사이트 RoleReboot.org이다. 나는 2011년 후반 그곳의 섹스+애정 관계 부문 편집자 직을 맡았다. 그곳에는 이 글을 약간 축약한 버전이 처음 실렸다.

매우 성공한 SM 에로티카 소설『그레이의 50가지 그림자』에서 여러 가지가 만들어지고 있다. 사람들은 여성을 서브미시브로 만든다고 페미니즘을 비난하고, 여성이 서브미시브가 되지 못하게 막는다고 페미니즘을 비난하고, 성적 욕망을 가진다고, 그리고 여성과 SM에 대한 대화에서 언제나 나오는 지루하고 판에 박힌 이야기들로 싸잡아 여성들을 비난한다. 뉴스 속보를 하나 띄우자면, 여성이 복종 판타지를 갖도록 '만드는' 것은 페미니즘 혁명이 아니다. SM 판타지는 태초부터 있었다. (그리고 SM 감각의 1950년대 책『O의 이야기』는『그레이의 50가지 그림자』보다 훨씬 더 낫다.)

SM 저술가로서 나는 '모든'(혹은 '거의 모든') 여성들이 얼마나 성적으로 복종적이고 이것이 '무엇을 의미하는가' 하는 주장을 매우 많이 들었다.『그레이의 50가지 그림자』에 대한 보도에도 이런 주장은 마찬가지로 울려 퍼진다. 보도에서 모든 사람들은 '이것이 여성에 대해 무슨 의미를 갖는지' 알려 달라고 요구하고 있다. 나는 이미 이런 질문이 여성에게 적용될 때 그것을 붙잡고 씨름했다. 그러나 여기에는 숨어 있는 질문이 또 하나 있다. 남자들에 대한 질문이다. 남성들은 원래 폭력적인가, 혹은 여성보다 더 공격적인가, 혹은 '지배적인 성'인가 하는 주제에 대해 많은 설說과 스테레오타입들이 있다.

이전 글에서 말했던 것처럼, 나는 '여성의 복종적 역할'이 아주 의심스럽다고 생각한다. 그러나 결론은 '나는 신경 쓰지 않는다'였다. 일반적으로 '여성이 복종적'인지(나는 여성들이 진짜 그렇다고 생각하지 않지만), 아니면 여성의 복종적 선호가 철학적으로 '깊은 의미를 가지고 있는지'(나는 그렇다는 확신이 없지만), 이런 것은 사실 내게 중요하지 않다. 중요한 것은 이러한 것들이다.

여성들(아니면 다른 사람들)이 복종적인 성적 선호를 합의하에 탐색할 수 있는 방법은 무엇인가?

여성들(아니면 다른 사람들)이 생활이 전반적으로 안전하고 만족스러우며 행복하도록 생활과 복종 선호를 분리할 수 있는 방법은 무엇인가?

직장 같이, 섹슈얼리티와 관계없는 공간에서 여성들(아니면 다른 사람들)은 어떻게 잘 대우받을 수 있는가?

이 글은 또, '남성의 폭력적 역할'이라는 생각에 대해 내가 느끼는 바를 쓴 글이기도 하다. 나는 남성들이 '지배적인 성'이라든가 남성들이 '원래 폭력적'이라고 믿지 않는다. 내가 읽은 글들을 바탕으로, 테스토스테론 수준이 더 높은 사람들 ― 그런데 그 사람들이 언제나 남자는 아니다 ― 이 더 공격적인 감정을 자주 경험한다는 것은 확실해 보인다. 그러나 그것을 대규모로 일반화할 수는 없고, 사람들이 그런 감정에 가장 잘 대처하는 법에 대한 질문과도 관계가 없기 마련이다. 게다가, 심리학적 복종과 육체적 공격성은 매우 다른 문제일 수도 있다.

천성적으로 수줍거나 복종적인 사람이 경계선을 지키는 법을 배워야 하는 것과 마찬가지로, 공격성의 문제에서는 대부분 분노 조절이 대답이다. 그러나 카타르시스가 완전히 용인되는 환경도 있다. 아주 품위 있는 남자들 중에서도 다수가 폭력적인 지배 충동을 느낀다. 그러면 그들은 어떻게 해야 하는가? 그들은 『그레이의 50가지 그림자』의 크리스천 그레이처럼 그 문제를 얼마나 괴로워하는가? 그리고 그들은 어느 정도나 합의에 따르고 얼마나 합리적인 방식으로 자기 욕망을 탐구하는가?

90년대 후반 영화 <파이트 클럽>은 남성성과 폭력에 렌즈를 들이대기 때문에 매우 흥미롭다고 나는 늘 생각했다. 그것은 그냥 남자들이 서로를 상대로 저지르는 폭력에 대한 이야기가 아니라, 남자들 자신에게 가하는 폭력의 이야기이다. '포기해야 한다. 언젠가 당신은 죽는다는 것을 알아야 한다'와 '파이트 클럽의 첫 번째 규칙은 이것이다. 당신은 파이트 클럽에 대해 이야기해서는 안 된다' 같은 인용을 포함해서. 나는 SM에 대해 잘 모르던 초기에 그 영화를 보았다. 그러나 이제는 그 영화를 생각할 때마다, 사람들이 서로 만나서 카타르시스와 커뮤니티를 위해 싸우는 파이트 클럽이라는 아이디어가, 많은 사람들이 경험하는 SM을 얼마나 많이 연상시키는가 하는 생각이 난다. <파이트 클럽>에는 심지어 세이프워드도 있다. 어떤 사람이 그만하라고 말하면 멈추어야 한다. 나는 <파이트 클럽>의 결말(즉, 건물들을 날려버리기)에는 찬성하지 않는다. 그러나 파이트 클럽을 통해 남자들의 커뮤니티를 세운다는 아이디어는 합리적인 것 같다.

그렇다면, 성적인 면에서 공격적이거나 지배적인 경향을 다루는 것의 실익은 무엇인가? 에세머로서, 나는 복종도 지배도 경험해 보았다. 그러나 폭력은 남성성과 아주 연관이 깊기 때문에, 나는 성평등주의 에세머 남성들에게 조언을 구했다. 비에세머라도 성평등주의자들의 시각은 젠더와 폭력과 권력이라는 개념을 들여다보는 아주 좋은 렌즈라고 믿는다. 물론, 내 친구 한 명이 처음 한 말은 "나는 지배가 특별히 남성적인 것이라고 생각하는지 잘 모르겠는데요. 난 그것이 젠더와 연관이 있다고 생각하지 않아요."였다.

스쿠타Scootah라는 이름으로 인터넷에서 댓글을 단 그 남성은 계속 이렇게 덧붙였다.

"확실히 과거에는 내 킨크 때문에 많이 걱정했습니다. 근본적으로, 나는 누군가의 머리채를 잡고, 벽에 밀어 붙이고, 손등으로 때릴 때 정말 정말 흥분했거든요. 학대 생존자들과 함께 일했던 성평등주의자에게는 매우 괴로운 일이었어요. 나는 내 킨크의 윤리성에 대해 아주 오래 생각했죠. 파트너의 열성적인 동의는 최우선순위에 올라 있었고요."

유명한 SM 입문서 『SM 101』의 저자 제이 와이스먼은 그 책 초반부에 예전에 자신이 느꼈던 공포에 대해 이야기한다. 자기가 사디즘적 판타지를 갖기 시작한 후 그것을 연구하기 위해 공공도서관에 간 이야기를 쓴다. 그가 찾을 수 있었던 책은 연쇄살인마들을 그린 책뿐이었기 때문에, 그는 엄청나게 겁에 질렸다. 그는 이렇게 썼다.

나는 스스로를 계속 감시하기로 했다. 나는 아무도 다치게 하지 않겠다고 결심했다. 내가 다른 사람에게 해를 입힐 사람으로 변할 것 같으면 정신병원에 들어가거나 자살할 것이다. 그래서 나는 내가 쏘아죽여야 할 사람으로 변하고 있는지 지켜보고 기다리며 살았다.

다행히도, 와이스먼은 함께 SM을 탐험할 개방적인 파트너들을 찾았고, SM 안에서의 안전과 동의와 의사소통에 대해 광범위한 글을 쓰게 되었다. 성평등적 방식으로 의사소통을 하려는 것은 어떤 SM 만남에서도 아주 까다로운 부분인 것은 틀림없다. 스쿠타의 말처럼, "내 편에 유리하게 관계의 균형을 흔들 수 있는 요소들이 확실히 있습니다. 나는 몸집이 크고 상당히 강한 남자예요. 보통 내 파트너들보다 더 많은 돈을 벌고, 또 지역 SM 커뮤니티에서 내가 어떤 지위를 가지고 있는지 잘 알지요. 나는 대체로 그런 사실을 알고 있으려고만 해요. 거기서 이득을 취하지 않기 위해 매우 조심하고 분명히 교섭하고, 사람들에게 압력을 주지 않으려고 합니다."

SM을 실제로 하기 전 협상을 확실히 하기 위한 여러 가지 방식이 있다. 주관식 질문도 거기에 포함된다. '당신은 무엇에 흥미가 있습니까? 그 선호를 더 깊이 파고들어 볼 수 있나요?' 또, 나중에 그 SM 만남에 대해 전체적으로 이야기하는 것을 엄청나게 강조한다. 우리가 애프터케어라고 부르는 SM-이후 절차의 일부이다. 느와르Noir로 통하는 다른 남성은 이런 말을 했다.

"훌륭한 페미니스트 SM 파트너 몇 명을 만난 것은 정말 내게 도움이 되었습니다. 내가 무엇을 잘못했을 때 솔직하게 피드백해 주고, '괜찮아, 나도 원하는 거야.' 하고 말해 준 덕분에 나는 정말로 SM을 어떻게, 누구와 경험하는가 하는 가치관을 형성하는 데 큰 도움을 받았습니다. 음, 내가 장악하고 있는 사람들을 어떻게 더 잘 읽고 장악할 수 있는지 배웠다는 뜻입니다."

느와르는 이런 말도 했다.

"나는 지배와 복종을 내 파트너들이 더 강해지도록 돕는 도구로, 내 SM 선호를 충족시키는 방식으로 사용하고 싶습니다. 예를 들어 나는 자신의 타락할 능력을, 음, 이 말이 함축하는 모든 의미로 확장하고 탐구하기 위해 '안전한 장소'를 원하는 여성들과 오랜 기간에 걸쳐 관심을 나누는 경향이 있습니다. 그러나 그 과정에서 우리는 더 자신 있게 섹슈얼리티를 누리는 것이 어떻게 일상생활에 반영될 수 있는지 탐구하기도 합니다. 또, 그냥 SM 커뮤니티라는 공간에 오는 것만으로도 정보의 금광을 얻을 수 있습니다. 모든 도미넌트 남자들은 읽고, 듣고, 마음을 열고 이해하기만 하면 됩니다. 나는 우리의 형편없는 사회를 강화할까 봐 두려워하는 나의 공포를 킨크하는 여성들과 공유할 수 있다는 것을 알게 되었습니다. 그러나 그 주제에 내가 접근하는 방식도, 예를 들어 '아, 우리는 사회에 통제당하고 있어!' 같은 말도 그 말 자체로 여성들의 선택에서 너무 많은 행동권을 빼앗는다는 것도 알게 되었습니다. 거기에는 우리가 알아낸 균형이 있습니다. 페미니스트와 킨키 모두를 존중해야 한다는 균형. 그것은 이런 문제와 스스로 싸우고 있는 페미니스트 여성에게 귀를 기울일 때 얻을 수 있습니다."

대안적 섹슈얼리티의 대변자 페퍼 민트Pepper Mint(그도 자기 블로그를 가지고 있다)[2]는 자기 경험에 젠더를 입힌다는 관점에서 말했다.

"나는 좀 젠더퀴어이고, 개인적으로는 순간순간 여성적이거나 남성적인 분위기의 지배를 합니다. 어느 순간 주먹질 같은 활동은 남성적으로 느껴지고, 채찍질 같은 활동은 여성적으로 느껴집니다. 또, 나는 스위치입니다. 내가 언제나 도미넌트 역할을 맡지는 않는다는 뜻이지요. 이상하게도, 내가 가장 분명히 남성적이라고 느끼는 SM 활동은 마조히즘입니다. 나는 고통을 받을 때 늘 매우 남성답고 느낍니다. 내 머릿속에서 왜 이런 것들이 젠더와 연결되어 있는지는 분명히 설명할 수 없을 것 같습니다. 아마 어느 정도 문화적 비유에 영향을 받기는 하겠지만요."

남성적이든 여성적이든 지배란 만남에서 일어난다는 것이 일반적으로 합의되어 있고… 그 바깥 영역에서는 일어나지 않는다. 페퍼의 말처럼 "새로운 남자들은 강하거나 심한 플레이를 하려고 하고, 으스대고 거들먹거리고 싶어 하는 경우가 많습니다. 킨키 여성들은 거의 언제나 이런 것은 위험하고 말도 안 된다는 것을 알게 됩니다. 열을 식히고 스스로를 너무 중요하게 생각하지 않는 법을 배워야 합니다. 새로운 사람과 플레이를 할 때는 SM 커뮤니티와 파트너 양쪽으로부터, 가볍고 조심스러운 터치로 시작하는 법을 배워야 합니다."

스쿠타도 그 생각에 동의한다.

"뉴비* 돔들이 하는 첫 번째 실수는 너무 상남자가 되려고 애쓰는 겁니다. 경험이 없다는 걸 인정해요. 배우는 모습을 보여요. 겸손하고 즐겁게 지내요. 의사소통을 잘하는 법과 장래의 파트너들과 진짜 친구가 되는 법을 배워야죠."

내가 보기에 이 대화에서 가장 중요한 요점은, 젠더 롤에 질문을 던지고 복잡한 젠더 문제를 이해하는 일은 계속 진행되는 과정이라는 것이다. 사람들은 정치적으로 불편한 충동과 선호를 많이 갖고 있고, 우리는 그런 것을 결코 완전히 이해하지 못할 것이다. 우리가 생물학적으로 형성되든 문화적으로 형성되든, 그런 감정들은 여전히 당분간 존재할 것이고, 우리는 그와 맞서야 한다. 그러나 젠더나 권력의 함의가 어떻든 간에, 사람들이 서로 존중하면서 할 수 있는 일은 얼마든지 있다. 폭력은 복잡한 지점이지만, 균형을 지키고 합의에 따르는 방식으로 사용되면 결국 사람들을 함께 결합시킬 수 있다. 『그레이의 50가지 그림자』와 <파이트 클럽>은 양쪽 다 그런 예이고, 나는 지금까지 이 글에서 경쟁적인 스포츠에 대해서는 아무 말도 하지 않았다!

---

* 뉴비(newbie): 인터넷을 처음 접하여 여러 기능에 익숙하지 않거나 통신 예절을 알지 못하여 다른 사람을 불편하게 하는 사람들을 낮추어 부르는 말.

대안적 반反 성학대 드림 팀

나는 2010년 높이 평가받는 페미니스트 블로그 <페미니스테>에 싣기 위해 이 포스트를 썼다. 만약 내가 오늘날 이 글을 쓴다면 다르게 썼을 것이다. 특히, 오늘날 쓴다면 학대하는 SM 가해자들에게는 두 가지 주요 패턴이 있다고 강조했을 것이다. 내가 이 포스트에서 강조하는, 커뮤니티 바깥의 경험 없는 사람들을 노리는 자들…. 그러나 다른 범주도 있다. 커뮤니티 안에서 높은 지위를 획득한 다음 그 지위를 사용해 합의하지 않은 일들을 하고도 벌을 받지 않는 사람들. 다른 비디에세머들도 이런 현상에 대해 점점 더 많이 써 왔고, 그 논의는 2012년 지금 화끈하게 달아오르고 있다. 내 동료 페미니스트 BDSM 저술가 토머스 매컬레이 밀러는 BDSM 커뮤니티에서 일어나는 학대 패턴에 대해 매우 길고 복잡한 블로그 연재글을 썼다. 그 글에는 같은 주제를 다룬 다른 여러 글들을 연결한 매우 훌륭한 참고문헌 링크가 있다. 나는 전에도 토머스에 대해 말한 적이 있다. 언제나 그의 의견에 찬성하지는 않지만, 그는 원칙이 있고 열정적이고 뛰어나다. 그는 '예스 민스 예스Yes Means Yes' 블로그에 글을 쓰고 있고, 그 연재글은 지금 내가 이 글을 쓰는 중에도 하나씩 블로그에 실리고 있다. 연재글의 첫 번째 포스트 링크를 달아 놓겠다. http://yesmeansyesblog.wordpress.com/2012/03/23/theres-a-war-on-part-1-troubles-been-brewing

비디에세머들의 섹슈얼리티에는 많은 낙인이 찍힌다. 그리고 비디에세머들이 학대 상황을 해결하려고 할 때 이것은 중요한 문제가 될 수 있다. 나는 BDSM에 대해 부정적인 일반적 이해에 대해 아주 많은 글을 썼다. 그것들은 이렇게 간단히 요약할 수 있다.

- SM은 사악하다
- 비정상적이다
- 정신적이거나 감정적인 불안정의 증후다
- 원래 폭력적이다
- 혹은 심지어 반페미니즘적이다

이런 풍토에 비추어 볼 때, BDSM과 학대 문제가 대두할 때 거의 언제나 두 가지 현상이 일어나는 것은 별로 놀랄 일이 아니다.

1) 모든 젠더에서, 학대받은 사람들은 고발하기를 꺼리는 경우가 많다. **모든 젠더에서, BDSM 관계 속에서 학대받은 사람들은 특히 고발하기를 꺼리는 경향이 있다.** 희생자에 대한 비난 풍조는 이미 사회 주류에 만연해 있다. 예를 들어, 어떤 여성이 강간당했다고 고발하려고 할 때 자기가 합의 하에 뺨을 맞는 것을 좋아한다고 인정하면 무슨 일이 일어날지 생각해 보라. 게다가 이 경우는 애초에 학대 생존자가 기꺼이 고발할 것이라고 가정하고 있다. 그 생존자는 앞에 놓인 반反-SM 스테레오타입의 지뢰밭을 넘어가지 않는 쪽을 택할 수도 있고, 아웃팅을 두려워할 수도 있는데.

2) BDSM 커뮤니티 구성원들은 BDSM 커뮤니티 안에서 학대가 얼마나 드물게 일어나는지 이야기함으로써 반-SM 낙인을 물리칠 때도 있

다. 훌륭한 블로그인 SM-페미니스트에 있는 BDSM 블로그 포스트와 댓글들 중에는, **BDSM 커뮤니티 안에서는 학대가 드물 뿐 아니라, 학대적 BDSM 관계는 커뮤니티 바깥에서 더 일어나기 쉬운 것 같다는** 주장도 있다.[1] 사실, 찾아보면 BDSM 커뮤니티 안에 들어가고 공동체의 이상과 개념을 접하는 쪽이 과거의 학대적 관계를 이해하거나 거기서 빠져나오도록 돕는다는 것을 깨달은 서브미시브 여성들의 포스트를 쉽게 발견할 수 있다.[2]

나는 2)가 정말 좋은 지적이라고 생각하곤 한다. 부분적으로는 생존 자들에 대한 지원이 부족하기 때문에 학대적 BDSM 관계가 커뮤니티 밖에서 일어나기 더 쉽다는 부분이 특히 그렇다. 그래서 나는 긍정적인 BDSM 경험에서 커뮤니티가 어떤 역할을 하는지 강조하고, 신참자들에게 자기의 지역 커뮤니티를 찾아보라고 격려한다. 그러나 지역 커뮤니티에 전혀 다가가지 않는 사람들이 많다. 특히 대도시에 살지 않는 사람들이 그렇다. 게다가 무슨 이유 때문이든 자기 지역 커뮤니티를 즐기는 데 문제가 있는 사람들이 많다. 어쩌면 섹슈얼리티를 제외하면 그 지역 에세머들과 나눌 공통점이 없어서 그럴 수도 있고, 어쩌면 완전히 새로운 서브컬처에 통합될 만큼 시간을 쓸 수 없기 때문에 그럴 수도 있다.

또, 불행하게도 2)번이 때때로 1)번과 유독한 반응을 일으키는 것도 사실이다. 즉, 아이러니컬하게도 커뮤니티가 학대적 BDSM이라는 스테레오타입에 아주 강하게 반발하기 때문에, 학대 생존자들이 BDSM 커뮤니티 안에서 일어난 학대에 대해 이야기하기 더 힘들 수도 있다. **나는 학대 생존자가 아닌 나머지 우리들이 주류 스테레오타입과 싸우는 데 너무 많은 것을 투자했기 때문에 SM 커뮤니티가 커뮤니티 내**

의 학대에 너무 세게 반발하고, 생존자들이 공격적일 정도로 침묵을 강요당한다고 느끼는 비디에세머들과 이야기한 적이 있다. 나는 개인적으로 그런 일을 한 번도 경험해 본 적이 없지만, 그런 경험을 한다고 해도 놀라지 않을 것이다. 그리고 (우리는 단일체가 아니기 때문에) 어떤 BDSM 커뮤니티에는 유독한 역학이 작용한다고 확신한다. 심지어 백퍼센트 훌륭한 커뮤니티 안에도 적어도 몇 가지 학대 관계가 있을 것이다. **그리고 커뮤니티 안에서는 단 하나의 학대 관계도 일어나서는 안 된다.**

가장 최근의 BDSM 학대 사건이 미디어에 나왔을 때 토머스 매컬레이 밀러가 쓴 것처럼, "우리는 학대자들이 아니라는 우리의 선언은 실질적이어야 한다." 우리는 여기에 대해 뭔가 조치를 취해야 한다. 하지만 어떻게? **3**

1. 커뮤니티 안의 역학

나는 개인적으로 SM 커뮤니티 안에서 훌륭한 경험을 했다. 그러나 나는 아주 낯이 두껍기도 하다(불행히도, 부분적으로 성차별적인 산업에서 많은 시간을 일했기 때문이다). 그리고 나 자신의 경계선을 세우는 데 감각이 잘 발달되어 있다. 자화자찬을 하려는 것이 아니라, 내가 얼굴 가죽이 두꺼워서 실제적 추행과 압력을 가하는 역학 관계에 다른 사람들보다 괴로움을 적게 느꼈을 수도 있기 때문이다. 또, 운 좋게도 나는 육체적 공격을 한 번도 경험한 적이 없다. 따라서 다른 에세머들, 특히 여성이나 젠더퀴어 에세머들이 커뮤니티 안에서 압력을 받은 경험을 어떻게 느끼는지 들어야 할 필요가 있었다.

심지어 나도 눈치 챈 문제들이 있다. 예를 들어, 어떤 BDSM이 다른

BDSM보다 더 정당하다는 듯이 '진짜 BDSM'이나 '진지한 BDSM'에 대해 말하는 혐오스러운 경향이 있는 것 같다. 틀렸고 위험한 말이다. 그런 말을 들으면 어떤 사람들은 남에게 받아들여지고, 호감을 받고, '진짜'로 보이기 위해서는 자기가 편안하지 않아도 자기 경계선을 넘어서까지 플레이를 밀어붙여야 하는 것처럼 느낄 수 있기 때문이다. 드물게 이런 일과 마주쳤을 때, 나는 문제를 바로 현장에서 지적하려고 한다. **'더 진정'하거나 '덜 진정'한 SM 같은 것은 없다. 모든 SM 활동에서 정말로 중요한 부분은 열성적으로 동의하는 성인들 사이에서 일어나는 일인가 하는 것 뿐이다.**

토머스는 내게 보낸 이메일에 이렇게 쓴 적이 있다.

"나는 커뮤니티 내 학대의 역학은 공공연하게 치부를 드러내고 싶지 않은 소망과 우리를 식민화하는 가부장제의 조합이고, 이론상 옳은 일을 하려는 사람들의 열의가 그들의 개인적인 친구들과 충성심을 위배하는 작은 커뮤니티에서 흔히 일어나는 일이라고 생각합니다."

이 말에 전적으로 동의한다. 작은 커뮤니티라면 거의 모두 이 비슷한 문제들이 일어나고, 이런 문제로 SM 자체를 비난하는 건 불공정하다는 말도 덧붙이고 싶다. 그러나 동시에, **어떤 플레이에 참여하고 싶지 않은 사람들이 쉽게 '싫어' 하고 말할 수 있고, 그렇게 할 때 다른 사람들이 지지하리라고 믿을 수 있는 환경을 만드는 데 모든 비디에세머들이 기여할 필요가 있다.**

2. 기존의 BDSM 커뮤니티에 있던 반-학대 운동

기존의 운동을 찾는 것은 단편을 모으는 프로젝트 같았지만, 내가 발견한 것들을 여기 적어둔다.

• **여러 가지 팸플릿과 성명서:** 레즈비언, 바이 여성과 트랜스젠더들을 위한 상당히 독특한 반 학대조직 '더 네트워크 / 라 레드The Network / La Red'가 발표한 것을 예로 들 수 있다. 팸플릿 한 면에는 수갑 사진이 실려 있고, 글은 이렇게 되어 있다.

SM과 학대 사이의 가장 근본적인 차이는 **동의**다.
• 당신이 명확하게 동의하지 않았다면
• 싫다고 말하기가 두렵다면
• 갈등을 피하고 싶어서 알았어라고 말한다면
• 싫다고 할 때 결과(실직, 가정 파탄, 아웃팅 등)가 두려워서 알았어라고 말한다면 그것은 동의가 아니다.

SM은
• 언제나 합의에 따른다
• 한계를 존중하며 행해진다
• 모든 파트너들이 즐겁게 한다
• 재미있고, 에로틱하며, 다정하다
• 신뢰에 대한 이해가 있어야 한다
• 절대 피해나 손상을 입힐 의도가 없어야 한다
   플레이를 하기로 동의했다고 당신이 모든 것에 동의한다는 의미는 아니다. 당신은 자기 한계선을 세울 권리가 있다.
   (내 Flickr 계정에서 그 팸플릿 이미지를 볼 수 있다.)[4]

어떤 SM 조직들은 SM과 학대에 관한 성명서를 발표하기도 했다. 전국 '레더 리더십 컨퍼런스Leather Leadership Conference'와 '뉴욕 레즈비언 섹스 마피아New York's Lesbian Sex Mafia' 같은 단체들이 그렇다.[5] 레즈비언 섹스 마피아 페이지 맨 아래에 그들이 지역의 학대 긴급 신고 전화를 활성화시켰다는 언급을 눈여겨보라. 내가 친-섹스 반-학대 센터를 시작하기 위해 보조금이나 지원을 받는다면, 나는 즉시 레즈비언 섹스 마피아를 다그쳐 그들이 어떻게 긴급 전화와 연락을 하고 무슨 말을 했는지 물어볼 것이다.

• **킨크 어웨어 상담사들**: 나는 여기에 대해 늘 이야기하지만, 가능한 한 더 자주 말해야 한다고 생각한다. '성적 자유 전국 연합The National Coalition for Sexual Freedom'은 '킨크 어웨어 프로페셔널스' 온라인 목록을 계속 유지 보수한다. 그것은 작가이자 활동가인 레이스 배넌Race Bannon이 처음 시작한 풀뿌리 운동이고, 그 목록에는 의사, 변호사, 상담사 등이 포함된다.[6] 목록은 완전히 개방되어 있고, 사전 동의를 받았다. 전문가들은 KAP 사이트에 가서 자기가 올릴 정보를 제공한다. 이것은 어떤 전문가가 당신에게 아주 잘 맞을 거라는 생각이 틀릴 수 있는 이유이기도 하다. 개인적으로 내가 BDSM 정체성을 처음 탐구하기 시작할 때, 킨크 어웨어 상담사가 엄청나게 도움이 되었다. 그러나 그를 찾기 전 만났던 상담사는 전혀 도움이 되지 못했다.

사람들이 킨크 프렌들리한 생존자 지원 정보를 내게 물을 때마다 나는 언제나 KAP 상담사를 먼저 찾아보라고 말한다.

• **대안적 섹슈얼리티 연례 학회**: 이것은 '대안적 섹슈얼리티 연구를 위한 커뮤니티-학계 컨소시엄Community-Academic Consortium for Research on Alternative Sexualities'에서 시작한 비교적 새로운 사업이다. 그들은 이것이 'BDSM/킨크 섹슈얼리티와 합의 하의 비-모노가미를 둘러싼 문제

를 논하는 임상의와 연구자들의 학회'라고 말한다. 2012년은 다섯 번째 '대안적 섹슈얼리티 학회'가 열린다. 나는 2009년 시카고 학회에서 토론을 맡았고, 그 학회가 엄청나게 대단했다고 생각한다. 하지만 분명히 팔이 안으로 굽은 이야기일 것이다.

• 커뮤니티 워크샵: 대도시에 있는 BDSM 커뮤니티들은 대부분 교육 워크샵을 연다. 여기에서는 SM에 대한 견해나 커뮤니티 예절, 여러 종류의 장비 사용법 같은 기술을 가르친다. 내가 참석해 본 SM 워크샵들은 전부 주의 깊게 협상해야 한다고 강조했고, 최소한 세이프워드에 대해 언급했다. 샌프란시스코의 에듀킨크EduKink에서 가르친 'BDSM 플레이의 감정적 측면' 워크샵은 BDSM과 학대를 세부적으로 구별하는 법 목록을 만들어 주었다. 여기에 그것을 옮겨 적는다.

1) 동의. BDSM은 동의이다. 학대는 동의가 아니다.

a) 동의를 받았다고 해도, 그것은 고지에 입각한 동의informed consent[7]였는가? 동의 한 사람들은 자기가 무엇에 동의하고 있는지 모두 확실히 알고 있었는가?

b) 강요나 유혹에 의한 동의였는가? 동의한 사람들 전부 원한다면 싫다고 할 수 있다고 느꼈는가? 싫다고 말했을 때 부정적인 결과를 겪을까봐 걱정한 사람이 있었는가?

2) 의도. BDSM 파트너는 서로 즐길 수 있는 만남을 갖고자 한다. 학대하는 파트너의 의도는 그렇지 않다.

a) 모든 사람이 어느 정도 만족한 채 현장을 떠났는가?

3) 피해. BDSM 파트너는 자신의 행동이 가하는 피해를 최소화하려

고 한다. 학대하는 파트너는 그렇지 않다.

a) 양쪽 파트너가 자기가 무엇을 할지 사전에 알고 있었는가? 자신들이 할 행동을 안전하게 수행하는 법을 알고 있었는가?

b) 파트너들이 자신의 행동에 따라올지도 모르는 위험을 알고 있었는가?

4) 비밀 유지. 학대는 비밀리에 일어나는 경우가 많다. 이 검토목록에서 제일 어려운 항목이 이것이다. BDSM이 매우 주변화되고 오해받는 섹슈얼리티이기 때문에 BDSM도 비밀리에 행해지는 경우가 많아서 그렇다. 그러나 BDSM 서브컬처에서 우리가 얻는 이익은 바로 이것이다. 우리는 서로 돌보려고 한다.

a) 두 파트너들이 지역 BDSM 현장과 연관되어 있는가? 그들은 관계가 힘든 국면을 통과하는 동안 아는 것이 많고 이해심 있는 비디에서머들로부터 충고를 받는가?

나는 특별히 '생존자를 위한 BDSM'에 초점을 맞춘 워크샵이 한두 개 있다는 이야기를 들었다. 또, BDSM 정체성을 가진 학대 생존자들을 지원하는 그룹에 대해서도 들어보았다. 하지만 직접 본 적은 없다. 전에도 말했지만 다시 한 번 말하자면, 나는 BDSM 관계를 가장 안전하게 가질 수 있는 장소는 BDSM 커뮤니티라고 믿는다.

3. 내 판타지 속의 섹스긍정적, 반-학대 프로그램

위의 목록들을 보면 커뮤니티의 노력이 내적 관찰력을 높이거나, 유용한 정보를 연결하거나, 교육을 하는 데 초점을 맞추고 있음을 알게 될 것이다. 만약 내가 보조금(허!) 같은 것을 얻을 수 있다면 긴급 전화보다 더 열정적이고, 팸플릿보다 더 광범위한 친-섹스/반-학대 계획에 보조금을 쓸 방법을 분명 찾아볼 것이다. 이 생각을 더 널리 펼쳐본 적은 없다. 내 아이디어에 들일 수 있는 돈이 없다는 것을 알면서 나 자신을 고문하기는 싫으니까. 하지만 내가 꿈꾸는 반-학대 팀은 이런 특성을 가졌으면 좋겠다.

• 분명 BDSM이 내 주 관심사이다. 내 섹슈얼리티의 핵심을 정체화하는 방식이 BDSM이기 때문이다. 그러나 나는 동의하는 성인들이 함께 실행하는 모든 형식의 성적 표현에서 낙인을 벗겨내는 데 크게 관심이 있다. 내 계획에 참가하는 모든 사람들은 '**모든 젠더와 섹슈얼리티의 사람들이 도움을 받기 위해 올 수 있다. 스트레이트, 게이, 레즈비언, 바이, 트랜스, 에이섹슈얼, BDSM, 성 노동자, 폴리아모리, 스와핑, 상상을 벗어난 모든 페티쉬를 가진 사람들이 올 수 있다**'는 점을 주지했으면 좋겠다.

이상적으로라면, 함께 일하기로 동의하기 전에 누구에게든 충격을 주려고 해 보고 싶다. 무엇이든 합의 하의 섹스인데도 이상하다는 생각에 얼굴이 일그러지거나 숨을 몰아쉬는 사람이라면 절대로 대안적 성 학대 생존자 근처에 있으면 안 되기 때문이다.

• 나는 **주류에서, 특히 주류의 반-학대 조직에서 대안적 섹슈얼리티를 낙인찍지 않도록 하는 데** 주안점을 두고 싶다. 그러면 학대 생존자들이 도움을 찾으면서도 오해받을까봐 불안하게 느끼는 일이 줄어들 테니까. 그래서 기꺼이 나가 경찰서, 페미니즘 조직, 학교 캠퍼스 등의 학대 피해 담당자들에게 카리스마 담긴 충격을 줄 그런 사람들이 필요하다. 우리가 반-낙인 포스터 캠페인부터 섹스 의사소통 워크샵에 이르는 모든 것을 운영하면 좋겠다.

• 커뮤니티에 가입하지 않았지만 SM이든 폴리아모리든 하여간 자기 페티쉬를 실천하는 사람들이 우리를 찾아올 수 있도록, 그 프로그램이 일반 대중에게 널리 광고되었으면 좋겠다.

• 물론 학대 생존자들에게 기다리지 않아도 되는 상담을 제공하고 상세한 계획을 짜도록 돕고, 대안적 섹스 프렌들리한 법적 조언을 하는 등 더 전통적인 사업들도 할 것이다.

그러니까.

누가 내 드림팀에 기금을 대 줄 사람?

스노드롭폭발하다SnowdropExpiodes라는 이름을 쓰는 정기 독자가 책의 각 부 마지막에 내용을 종합하기 위해 '스터디 가이드'를 붙이라는 제안을 했다. 좋은 생각인 것 같았다 (왜 내가 내 독자들을 좋아하는지 알 수 있지 않은가?) 그러나 다른 사람들은 분명히 참을 수 없을 만큼 잘난체하는 짓이라고 생각할 것이다. 당신도 그렇게 생각한다면, 이 가이드를 읽지 않아도 된다! 나는 더 깊이 생각하기 위한 질문을 제공하고, 내가 왜 이 책을 이런 방식으로 편집했는지 알 수 있게 하려는 것뿐이다. 1부에서는 내가 이론과 실천 양쪽 면에서 페미니즘 섹스에 '기본적'이거나 '구성 요소'라고 보는 생각들을 종합하려고 했다.

1. 이 글 중에서 어떤 글이라도 당신이 파트너들과 의사소통하는 방법에 관련되어 있다고 느낀 글이 있는가? 관계가 없거나 이해가 안 된다고 느낀 글이 있는가? 어떤 것이 연관이 있고 어떤 것이 이해할 수 없다고 느껴지는지 실마리를 주는 중요한 주제들이 있는가?

1a. 만약 파트너들에게 당신과 의사소통을 하는 법에 대한 충고를 한다면, 어떤 충고를 하겠는가?

1b. 당신이 노력해야 한다고 느끼는 커뮤니케이션 영역이 있는가? (예를 들어, 클라리스는 비음성적 의사소통에 공을 들여야 한다고 자주 생각한다. 때로 파트너들에게 원하는 바를 직접적으로 말하는 데 어려움을 겪는다)

1c. 당신의 친구, 부모, 그리고 더 큰 문화적 배경에서 섹스와 의사소통에 대해 어떤 생각들을 흡수하며 자랐다고 생각하는가?

2. 당신의 섹슈얼리티에는 어떤 스테레오타입들이 작용하는가?

2a. 당신은 그 스테레오타입들을 피하기 위해 어떤 심리적 전술을 짰는가? 그것들은 무엇인가? (예를 들어, 클라리스는 'SM 초능력' 개념을 써서 SM이 '결함이 있다'거나 '어둡다'고 느끼지 않고 긍정적으로 보려고 한다.)

3. 당신의 섹슈얼리티에서 덫에 걸렸거나 막다른 골목에 다다랐다고 느끼는 영역이 있는가? 거기서 더 전진할 방법을 생각해낼 수 있는가? 아니면 어느 정도 그 영역의 활동을 휴식하는 것이 좋겠다는 생각이 드는가?

4. 관계가 불안하거나 당신의 경계선이 불확실하다고 느낀다면, 당신은 그 이야기를 누구에게 할 것인가? 온라인이나 오프라인 친구가 있는가? 아니면 충고를 구할 수 있는 다른 사람이 있는가?

4a. 당신이 자주 가는 커뮤니티 안에 학대 관계에 영향을 미치는 특별한 문제들이 있는가? 당신과 당신의 친구들이 긍정적인 관계와 학대 관계를 인지할 때 기존의 성적 스테레오타입이 어떤 영향을 미치는가?

5. 당신은 1부의 글에서 어떤 패턴이 중요하다고 생각하는가? 이질적인 주제들이 어떻게 서로 연관되는 것 같은가?

5a. 동의는 복잡한 문제인가?

2 부

SADISTAND
MASO
CHIST

활동과 연대자들

2부에서 우리는 성 노동에서 폴리아모리와 모노가미, 남성성의 성격까지, SM 페미니즘과

접점을 갖는 활동이나 주제들을 탐구한다.

***

2부에는 이런 말을 붙이고 싶다.

권력의 남용은 놀라운 일이 아니다 – 제니 홀저

클라리스는 섹슈얼리티의 존 스튜어트 밀이라고 생각한다.

– 클라리스의 예전 남자친구 중 한 명

페미니즘, SM, HIV,
그 외 모든 풀뿌리 활동 조직하기

이 글은 2011년 3월 『빗치 매거진Bitch Magazine』의 '페미니스트 커밍아웃의 날 블로그 카니발Feminist Coming-Out Day Blog Carnival' [1]을 위해 썼다. 이 글의 목표는 페미니스트의 결정적 순간에 대해 이야기하는 것이었고, 내 글은 예상대로 색다르고 광범위했다.

이달 초, 내가 기획한 섹스긍정적 다큐멘터리 영화제에서 <낙태 조직 제인>[2]이 방영되었다. 그 영화는 낙태 합법화 전 오랜 세월에 걸쳐 수천 건의 낙태를 안전하게 해 준 활동을 한 시카고의 여성 조직망 '제인'의 놀라운 이야기를 담았다. 엄청나게 고무적인 이야기였다.

헤더 부스라는 여성이 제인을 우연히 만들었다. 부스는 1960년대 말 시카고 대학 학생이었는데, 한 여성이 그녀에게 와서 낙태 의사를 아느냐고─물론 남몰래─물었다. 헤더 부스는 한 사람을 찾아냈고, 그러다 보니 다른 여성들도 그녀에게 와서 묻기 시작했다.

영화 속 어느 여성이 말했듯이, 그 당시에는 낙태하려는 여성이 모두 '히스테리컬하고 필사적이고 겁에 질려 있었다.' 낙태가 필요하면 어마어마한 돈을 내놓고 생명이 위태로운 위험을 감수해야 했다. 어떤 여성들은 임신을 하면 낙태 대신 자살을 감행했다. 낙태에 대한 정보는 귀중했다.

그래서 헤더 부스는 낙태할 의사를 찾기 시작했다. 더 좋은 것은, 그들을 **검증하기** 시작했다. 의사들을 찾아낸 후 부스는 그 의사들에 대한 추천사가 있는지 찾았다. 무례한 태도부터 실제로 자기 환자를 공격하는 일까지, 낙태 의사들의 문제는 너무나 흔했다. 이미 하늘을 찌를 듯한 가격을 요구한 의사들도 마지막 순간에 더 많은 돈을 요구했다. 부스는 그런 일을 하지 않는 의사들의 목록을 만들었다. 곧 다른 여성들도 부스의 목록을 손에 넣었고, 그들도 의사들을 검증하고 소문을 퍼뜨렸다. 그 여성 그룹은 그 과정 전후로 상담도 제공하면서, 환자들에게 육체적으로든 감정적으로든 어떤 일이 일어날 수 있는지 알려주었다. 그들은 스스로를 '제인'이라고 불렀다. 그들에게 전화해 '제인'을 찾는 여성은 낙태를 하려는 사람이었다.

어느 정도 시간이 흐른 후, 제인의 여성들은 낙태 절차가 복잡하지 않다는 것을 알아냈고, 한 의사를 설득해 안전한 낙태법을 배웠다. 그 다음 그들은 서로 배우고 가르쳤다. 그래서 환자들에게 의사를 알려줄 필요가 없어졌다. 그들은 모든 낙태를 직접 했고, 많은 여자들이 형편 밖의 청구 가격을 내지 않아도 되도록 만들었다. 제인 회원들은 감정적인 지원도 계속 제공했다. 다큐멘터리에서, 한 회원은 낙태 절차 시술 전 환자들에게 자기 아이들과 저녁을 먹으러 오라고 초대하고 그들과 얼마 정도 이야기를 나누었다. 그것은 의사들과 의대생들이 제인을 통해 여성들을 소개받는 것이 아니라 오히려 그들이 여성들을 제인으로 보내는 중요한 이유가 되었다.

이런 것은 긍정적인 활동이다. 우리가 만나고 싶은 세계를 만드는 활동.

1973년 낙태가 합법화되자 제인 그룹은 조용히 해산했다. 제인의 어떤 회원들은 다른 페미니즘 운동이나 존중받는 여성 건강조직 설립에 계속 참여했다.

제인에 문제가 없었던 것은 아니다. 예를 들면, 조직이 투명하지 않았고 소문도 많고 내부적 어려움도 많았던 것 같다. 그러나 그런 것은 소그룹에서 일어나는 전형적인 문제들이고, 그런 문제 때문에 그들이 하던 일에 낙인을 찍거나 불안을 표시해봤자 도움이 되지 않았을 것이다. 그래도 처음부터 그런 문제를 조심하며 일하는 것은 중요하다. 그런 조심은 할 가치가 있는 것 같다. 가장 긍정적이고 직접적인 변화는 작은 풀뿌리 커뮤니티들로 거슬러 올라가 찾을 수 있다고 나는 점점 더 확신한다. 즉 이것은 당신의 작은 풀뿌리 커뮤니티가 평등주의적이고 단단한 조직이 되도록 만들면 모든 면에 파급효과를 가져올 수 있다는 뜻

이다.[3]

시카고의 '강간 피해자 지지 모임Rape Victim Advocates'도 그런 커뮤니티의 예로 들 수 있을 것이다.[4] RVA는 1974년 강간 생존자들이 얼마나 응급실에서 심한 대우를 받는지 목격하고 질려버린 의사와 간호사들이 설립했다. 그때는 강간이 얼마나 큰 트라우마가 될 수 있는지 대중이 이해하지 못했고, 심지어 경찰과 의사들도 생존자의 경험을 거의 이해하지 못했다. (1970년에 강간당했던 여성 친구 한 명은 정신과 의사에게 자기가 겪은 일을 말하려고 했다. 그러자 그가 한숨을 쉬며 "내 참, 그게 중요하다고 생각해요?" 하고 말했다.) '강간 피해자 지지 모임'은 강간 생존자들에게 찾아가 이야기를 하기 위해 긴급 대기 중인 자원자들로 이루어진 네트워크였다. 그러나 1974년부터, 연약한 활동가 모임에서 자금과 정치적 입지를 확보한 모임으로도 발전해 나갔다.

약간 다른 어조로 말해 보자면, SM 커뮤니티는 정말 잘 조직되어 있다. 대부분의 SM 커뮤니티 던전(성 노동자들이 운영하는 프로페셔널 던전과는 다르다)이 일종의 공동체 센터이며(정말이다) 비영리조직이라는 것을 깨닫지 못하는 사람들이 많다. 사람들은 SM을 하기 위해서만 커뮤니티 던전에 가는 것이 아니다. 토론 모임이나 교육 워크샵을 하고, 어떤 활동을 안전하게 수행하는 법을 배우기 위해서 가기도 한다.

제인과 매우 비슷하게, SM 커뮤니티는 필요한 참고 자료의 네트워크를 만들어내기도 했다. 즉 킨크 어웨어 프로페셔널스 목록이다.[5] 전에 내 글을 읽어본 적이 있다면 이 목록 이야기도 읽어보았을 것이다. 이 목록은 내 삶에 엄청난 영향을 주었고 나는 이 목록에 대해 계속 입소문을 내고 싶기 때문이다. 샌프란시스코의 SM 활동가들은 자신들의 삶을 이해하고 그 선택에 낙인을 찍지 않을 변호사와 의사들이 필요하다는 점을 오래 전에 깨달았다. 그래서 그들은 종이 한 장에 세 명의 이름을 적어 돌리는 것으로 시작했다. 오늘날 킨크 어웨어 프로페셔널스 목록은 비영리조직인 '성적 자유를 위한 전국 연합'이 운영하는 국제적인 온라인 목록이다.

다시 말하지만, SM 커뮤니티에 문제가 없는 것은 아니다. 소문을 퍼뜨리고, 뒤통수를 치고, 일을 망치는 사람들이 있다. 킨크 어웨어 프로페셔널스 목록에 이름을 올린 사람들이나 교육자들에 대한 심사 절차도 거의 없고, 교육하고자 하는 열망 뿐 아니라 지위에 대한 열망으로 킨크 교육자를 자처하는 사람도 많다. 그래도 여전히 SM 커뮤니티는 긍정적인 활동에 참여하고 있다고 생각한다. 많은 사람들이 생각하는 것보다 훨씬 더.

1년 동안 아프리카에서 HIV 퇴치 운동을 할 때 내게 정통으로 와 닿은 교훈은 바로 이것이었다. 국제원조가 매우 복잡한 이유는 당신의 공동체가 아닌 다른 공동체를 돕는 법을 알기가 엄청나게 어렵기 때문이다. (나 자신을 포함해서) 선의를 가진 미국인들이 그것이 얼마나 힘든 일인지 거의 알지 못한 채로 해외로 간다. 현실적으로는, 예를 들자면 낯선 장소에서 공공보건을 돕는 일은 그 나라의 사회적 맥락을 배워야만 할 수 있으며, 외부인들은 엄청나고 부단한 노력을 통해서야 겨우 그런 맥락을 배울 수 있다. 게다가 **그래도** 거기서 자란 사람만큼 잘 할 수는 없을 것 같다. 내가 그곳을 떠난 이유 중 하나는—아마 가장 큰 이유였을 것 같기도 한데— (심지어 의식적으로 활동을 하고 있지 않을 때도) 내가 미국에서 더 나은 활동가라는 것이 내게 **너무나 명백했기** 때문이다. (그곳에 있을 때 어느 미국 소녀에게서 아프리카에서 활동하는 법에 대한 조언을 요청하는 편지를 받았다. 내가 한 충고는 이렇게 요약할 수 있다. "그건 네가 생각하는 것보다 더 힘들어. 네가 더 훌륭하게 잘 할 수 있는 고향에 남아있는 쪽을 생각해 봐."[6]

HIV가 게이 커뮤니티를 파괴하기 시작했을 때, 그 병을 억제할 가장 효과적이고 중요한 수단은 리처드 버코비츠Richard Berkowitz 같은 사람들에게서 나왔다. 그는 활발한 게이 활동가로, 더 안전한 섹스에 대한 팸플릿을 자기 집 타자기로 써서 직접 사람들에게 나누어 주었다. 그들은 무엇이 필요한지 깨닫고 거기에 부응할 일을 찾아서 했다. 제인처럼. SM 교육자들처럼.

당신은 이미 생각하는 것보다 더 많은 공동체에 들어 있을지도 모른다. 당신이 대학에 다닌다면 당신은 대학 공동체의 일부이다. 도시에 살건 작은 마을에 살건, 당신은 그 지역 공동체의 일부이다. 당신이 특별한 동아리에 들어 있다면 그 동아리 공동체의 일부이다. 어느 공동체와 공동 전선을 펼 수 있는 정체성의 측면들이 있을 수도 있다. 예를 들어, 당신이 과학소설을 읽는다면 과학소설 컨벤션들이 있다. (물론 정체성 커뮤니티는 늘 그 정체성을 가진 모든 사람들을 위해서 일하지는 않는다.) 이런 곳들은 당신이 알고 있으면 이미 당신을 강력하게 해 주는 공간들이다. 그러니 필요한 것이 무엇인지 잘 지켜보고 있어야 한다. (국제 공동체에 들어갈 것을 고려해 볼 가치도 있다. 예를 들어 나는 협동주택조합 매니아인데, 그것이 매우 훌륭하기 때문이다. 나는 '북미 협동 학생회North American Students of Cooperation'의 회원이지만 다른 그룹들도 있다. 또, 더 큰 네트워크에 소속되지 않은 독립협동조합들도 있다.)[8]

우리는 불안정하고 빠르게 흘러가는 시대에 살고 있다. 다른 나라들 대부분에서는 사람들이 어떻게 느끼는지 모르겠지만, 여기 미국에서 내가 아는 중산층 사람들 사이에는 매우 정당한 불안이 만연해 있다. 우리의 안전망 중 많은 부분이 날아가 버리고, 다시 돌아올지도 전혀 확실하지 않다. 그러나 **권력자들이 우리를 아무리 많이 갉아먹을지라도, 우리가 고립되지 않고 서로 이야기하는 한 절대로 완전히 망하지는 않을 것이다.**

백발 페미니스트인 제인의 전 회원 한 명은 매우 강력한 에너지를 가지고 있기 때문에, 화면에 나오는 순간 정말로 빛이 나는 것 같다. 그녀는 이 다큐멘터리에서 이렇게 말한다.

"당신에게 미쳤고 쓸모없다고 말하는 사람들과 함께 있지 말아요. 자기 자신이 약해지는 곳에 머물지 말아요."

이것이 내가 활동가의 '결정적 순간'이라고 부르는 것이다. 당신과 같은 사람들을 찾아내어, 그들과 함께 조직하라. 이것은 페미니즘에도, 섹슈얼리티에도, 공공보건에도 적용되는 말이다. 어디든 당신의 강점이 있는 곳으로 가서 당신과 함께 하는 사람들을 강하게 만들라.

<섹스 긍정>의 주연이자 '더 안전한 섹스 운동'의 상징인 리처드 버코비츠(미국의 게이 활동가) 인터뷰

리처드 버코비츠는 흥미로운 사람이다. 그는 1970년대와 80년대 게이 커뮤니티에서 SM 성 노동자로 활동했기 때문에, 온갖 성의 역사에 대해 아주 경험이 많다. 그뿐만 아니라, HIV가 게이 커뮤니티에 몰아치기 시작했을 때 최초로 '더 안전한 섹스' 팸플릿을 쓰기도 했다. 그 팸플릿의 제목은 「전염병 속에서 섹스하는 법」이었다. 버코비츠는 그 팸플릿을 집에서 문자 그대로 타자기로 친 다음, 직접 나가 유인물을 나누어 주었다. 그 다음 그는 그 일 때문에 자신의 커뮤니티에서 거센 비난을 받았다. 자, 계속 읽어보면 그 다음 무슨 일이 일어났는지 알 수 있을 것이다.

나는 영광스럽게도 2009년 초반 버코비츠와 인터뷰를 했다. 나는 내가 태어나기 전부터 활동했던, 경계선을 깨는 활동가들과 이야기할 기회를 얻는 순간을 정말로 사랑한다. 그들의 영역이 섹슈얼리티라면 더욱 그렇다. 이런 토론을 하면 나는 흥분과 절망이 뒤섞인 감정을 느낀다. 우리가 거기서부터 얼마나 멀리 왔는지 깨달으면서 흥분하고, 똑같은 실수를 계속 되풀이하고 있다는 것을 깨달으면서 절망한다.

내가 기획한 멋진 섹스긍정적 영화제의 두 번째 영화는 <섹스 긍정>
으로, 더 안전한 섹스 운동의 역사에 대한 훌륭한 다큐멘터리다. 정직
하게 말하자면, 나는 그 영화를 보기 훨씬 전부터 이야기를 듣자마자
<섹스 긍정>에 마음이 확 쏠렸다. <섹스 긍정>은 내가 영화제 목록에
맨 처음 선택한 영화였다. 사실, 영화제의 아이디어는 전부 내가 리사
(헐-하우스 박물관Hull-House Museum 교육진행자)와 나눈 대화에서 나왔
다. 그 대화를 하다가 나는 <섹스 긍정>을 보고 싶다고 말한 후 이렇게
덧붙였다.

"보고 싶은 섹슈얼리티 영화가 정말 많아요. 함께 정기적으로 영화의
밤을 가져야 해요!"

그녀는 나를 바라보더니 생각에 잠겨 말했다.

"저기, 우리 말고 다른 사람들도 분명히 거기 올 거예요….."

<섹스 긍정>은 리처드 버코비츠가 미국에 더 안전한 섹스 운동을 처
음으로 하기 시작한 이야기를 담았다. 버코비츠는 재능 있는 저술가이
고, 처음에는 문란한 게이 욕탕문화의 열혈 참여자였다. 나중에 그는
SM 성매매 남성(즉, 성 노동자)이 되었다. AIDS가 게이 커뮤니티를 대
량 학살하기 시작했을 때, 버코비츠는 자기 커뮤니티에(그리고 세계
에) 더 안전한 섹스를 가르치는 중요한 역할을 했다. 성적으로 난잡한
행동이 AIDS를 퍼뜨린다는 것이 어떤 의료 전문가들에게 밝혀지면서,
버코비츠는 그들의 발견을 세계에 알리려고 했다. 그러나 그는 엄청난
백래시를 겪었다. 그 시절에는, 많은 게이 남성들이 난잡한 욕탕 문화
가 게이이자 섹스긍정적인 사람으로 정체화하는 데 거대한 부분을 차
지하고 있다고 생각했기 때문이다. 따라서 그런 생각에 반대하거나 그
생각을 수정하려고 하는 사람들은 누구든지 섹스부정적이라는 비난을

많이 받았다.

<섹스 긍정>을 상영한 후 나는 내 블로그에 그 영화를 리뷰했는데, 리처드 버코비츠 자신이 그 리뷰를 읽었다![1] 그는 피드백을 하겠다는 댓글을 남겼고, 나는 그의 피드백을 듣는다는 생각에 매우 영광스럽고 흥분한 마음으로 곧장 이메일을 보냈다. 우리는 조금 이야기를 나누었고, 최근에 내가 뉴욕 시티에 갔을 때 그와 직접 만났다. 나는 이메일 인터뷰를 해 달라고 그에게 빌다시피 했다. 이 글은 그 결과이다. 리처드와 SM이 서로 얽힌 역사에 대한 토론, 그가 생각하는 변론, 게이 커뮤니티와 그 역사에 대한 그의 감정, 그리고 그는 지금 인생에서 어디서 있는가를 담은 글이다.

CT(클라리스 쏜): <섹스 긍정>에서 당신은 처음에는 자기가 BDSM을 할 타입이라고 생각하지 않았는데, 그걸 해보도록 압력을 준 파트너들이 있었다고 짧게 언급하는데요. 만약 그렇게 하도록 권유한 파트너가 없었더라도 BDSM을 알게 되었을 거라고 생각합니까? 당신이 그 일로 돈을 벌 수 없었더라도 그 일을 하게 되었을 거라고 생각하나요?

RB(리처드 버코비츠): 나는 촬영 기간 동안 힘든 개인사에 대한 세션을 하루 서너 시간씩 일 년 넘게 이야기했습니다. 고통스러울 때도 많았지요. 때로는 불편했고, 실수도 했어요. <섹스 긍정>에서 내가 더 분명히 했으면 좋았겠다고 생각하는 순간들도 있지만, 그렇게 고친다면 내 영화가 아니겠지요. 그래서 내가 그 영화를 보았을 때 민망해진 순간들을 이야기할 기회를 당신이 처음으로 주어 몹시 기뻤습니다. 그리고 재미있었던 건 당신이 그런 순간을 대부분 꼭 집어 이야기했다는 것입니다.

내가 SM을 하라는 압력을 받았다고요? 원 참, 아닙니다. 나는 대학

때 BDSM 포르노를 이것저것 보면서, 다른 포르노들보다 더 끔찍해 하고 더 흥분하는 경험을 양쪽 다 했어요. 대학에 다닐 때 나는 초심자로서 몇 가지 경험을 해 보았는데, 그것 때문에 오랫동안 완전히 흥분이 식어 버렸습니다. 내가 만난 몇 명 안 되는 탑들은 다 어설펐고, 지루한 페티쉬들에 정신이 팔려 있었어요. 그리고 바텀은 쉽게 다칠 수 있다고 하더라고요. 그래서 그만둬 버렸죠.

NYC에서 성매매를 시작했을 때 나는 화난 활동가였어요. 그래서 SM 바텀들이 내게 끌렸죠. 그들은 내 분노로 에로틱하고 합의에 의한 일들을 할 수 있다고 가르쳐 주면서 기뻐했어요. 거기에 나는 탑이 잘못했다고 내가 확신한 것을 고쳐서 덧붙였죠. 그리고 쾌속도로! 나는 정말 빠르게 SM을 잘하게 되었고 그게 정말 좋았어요. 나는 하루에 두세 번씩 현장을 뛰었지만, 내가 흥분하는 쪽으로 현장을 조종할 수 있었어요. 그래서 일이라기보다 놀이라고 느꼈어요.

나를 고용했던 나이 많고 경험 많은 바텀들이 나를 탑으로 훈련하지 않았다고 해도, 난 여전히 나 자신의 SM을 하고 있었을 겁니다. 하지만 성매매가 아니었다면 그렇게 깊이 현장에 푹 빠졌을지는 모르겠어요. 내가 SM 박사학위를 딴 곳이죠.

1979년에 SM은 나이든 성 노동자가 물러나는 현장으로 여겨졌습니다. 젊음을 잃으면 향하게 되는 곳이었어요. 훌륭한 탑이 매우 부족했습니다. 하지만 나는 23세에 좋은 탑의 재질을 갖고 있었고, 입소문과 단골로 상당히 명성을 쌓았어요. 고객들 중에서 가까운 친구가 된 사람이 많았어요.

CT: 당신의 성 정체성과 자아개념에서 BDSM이 어디에 위치한다고 봅니까? 당신의 깊은 일부분인가요, 아니면 당신이 선택한 거라고 생각합니까? BDSM 충동이 게이 지향처럼 깊고 본질적인 부분에서 나온다고 생각하나요?

RB: 그 질문에 대답하기에는 내가 너무 늦은 것 같습니다. 23세에 리비도를 직업 쪽으로 돌린 일은 나를 좋은 쪽과 나쁜 쪽 양쪽으로 전부 변화시켰습니다. 설명하려면 책 한 권이 필요할 겁니다. 그러니 70년대의 게이 남성 섹스의 산물인 그 시대 섹슈얼리티에는 고유한 권력의 요소가 있었다고 그냥 말해둡시다. 그것이 나를 만들었습니다. 나는 탑과 바텀을 믿기 때문에, 바닐라 섹스*와 SM 섹스가 상호배타적이라고 보지 않아요. BDSM의 기본 토대는 그것입니다. '탑과 바텀'은 BDSM과 배타적인 존재가 아닙니다. 그 용어들은 일반적인 섹스에서 권력 역할을 지정하는 데 널리 쓰입니다. "게이나 스트레이트 같은 것은 없다. 탑과 바텀만 있다."고 고어 비달Gore Vidal이 말했지요. 나는 그 말이 사실이라고 믿습니다.

그러나 내가 지난 30년 동안 생활한 공간의 1/3은 방음 던전이었다는 사실도 간과하면 안 됩니다.

나는 협동이 아닌 경쟁에 근거한 우리 문화가 극도로 사도마조히스틱할 수 있다고 생각합니다. 우리 일상생활의 많은 측면에서 나쁜 SM을 찾아볼 수 있고, 좋은 SM은 어떤 사람들에게는 성을 엄청나게 촉진시킬 수 있는 인간의 에로틱한 면들일 뿐입니다.

CT: BDSM을 옹호하는 어떤 주장을 들어 보셨나요? 성 노동을 옹호하는 말은요? 직접 보신 현장에 대해서는 어떻게 생각했습니까? 어떻게 하면 그런 운동을 효과적으로 벌일 수 있다고 생각하십니까? 아니

---

* 여기서는 동성애자(특히 인터뷰이가 경험한 게이 남성)들의 비BDSM 섹스를 뜻한다

면 그런 운동에 두려움을 느끼시나요? 자신도 그런 운동의 일부라고 생각하십니까?

RB: 그런 운동에 대한 두려움이라면 '그런 운동이 존재하지 않는다면!'밖에 없습니다. 지난 25년 동안 나와 담을 맞대고 산 이웃은 내 던전을 지은 사람이고 '게이 남성 SM 활동가회Gay Male SM Activists'의 공동창립자였습니다. 그렇지만 나는 늘 집에서 뜨겁게 섹스하느라 모임에 참석할 마음이 없었습니다.[2] 게다가, AIDS가 시작되면서 나와 내 글이 어찌나 공격을 받았는지, 게이 커뮤니티에서 불가촉천민 취급을 받는 기분이 결코 가시지 않더라고요. 그러다 보면 모든 사람이 나를 혐오한다고 생각하게 되어버립니다. 누가 혐오하지 않는지 알아내기보다 그쪽이 더 쉬워지니까요.

나는 BDSM 옹호를 맹렬히 지원하지만, 주로 원거리에서 그렇게 합니다. 어떤 활동가든 퇴각하지 않고 견딜 수 있는 타격에는 한계가 있습니다. 나는 그 한계까지 왔어요. 하지만 <섹스 긍정>에 대한 반응과 새로운 오바마 시대가 오자 껍질 밖으로 나가고 싶어 움찔움찔합니다. 몇 년 전 나는 몸과 마음이 황폐해질 정도로 커다란 붕괴를 겪었기 때문에 거의 3년간 현장에서 떠나 있었습니다. 이제 나는 스스로를 재창조하고, 함께 세계에서 물러날 수 있는 사람을 찾으려고 하고 있습니다. SM이 나의 섹슈얼리티에서 고유한 부분이라는 말은 절대 거짓말이 아니고, 초기에 BDSM에서 나쁜 경험을 했기 때문에, 나는 BDSM을 옹호하는 사람들을 보면 전율하고 고무됩니다. 내가 BDSM을 시작했을 때 BDSM 옹호 운동이 있었다면 아까 언급한 나쁜 경험을 하지 않았을 거라고 생각합니다. BDSM 성 노동자로 종사하면서, 나는 현장에서 상처 받고 끔찍한 일들을 겪은 남자들을 많이 만났습니다. 나는 그런 일에 대한 해독제가 되기 위해 최선을 다했습니다.

CT: 내 블로그에 당신은 이런 댓글을 달았지요. "물론 BDSM은 내 삶의 즐거움의 원천이었습니다. 그렇지만 BDSM 때문에 가능한 한 많은 청중에게 안전한 섹스를 옹호할 연단을 빼앗길 때, 나는 BDSM을 제쳐놓습니다. 가끔 그럴 때가 있습니다." 여기에 대해 더 이야기해 주실 수 있습니까?

RB: 인신공격은 딱 집어 이야기하기 어렵습니다. 그리고 나나 내 글에 쏟아지는 경멸이 어느 정도나 BDSM, 성 노동, 안전한 섹스 전도 때문에 생기는 것인지, 아니면 다만 나 때문에 생기는 것인지 알 방법이 없습니다. 나는 섹스 논쟁을 하는 사람들 앞에 놓인 수박 깨기 게임의 수박일 뿐입니다!

내 세대의 게이들 중에는 맹렬한 호모포비아들이 게이 섹스에 대한 정보가 없는 것만큼이나 BDSM에 대해 아무 정보 없이 맹렬하게 반대하는 반-BDSM 섹스 신봉자들이 있습니다.

내가 <섹스 긍정>에 나와서 한 것만큼 급진적인 성적 역사를 난폭하고 진실하게 증언하는 영화에 나온 사람은 없을 것 같습니다. 엄청나게 위험을 무릅쓴 일이었고, 영화에서도 내가 불안해하는 모습을 볼 수 있을 겁니다. 그러나 이런 정도의 정직성은 친-섹스 운동pro-sex activism에서 매우 중요합니다. 사람들은 섹스 이야기를 할 때 매우 정직하지 못합니다. 절대로 공공연하게 사적인 성행위에 대해 말하지 않을 사람들이 많습니다. 그 사람들은 다른 사람들도 그렇게 하는 것을 바라지 않습니다. 그러니 쉽지 않은 일이지요.

AIDS가 시작되었을 때 어느 의사를 만난 적이 있습니다. 그는 내가 SM을 한다는 말을 들었습니다. 채혈하러 오더니 내 팔에 바늘을 마구

찔러 넣었습니다. 내가 비명을 지르면서 의자에서 벌떡 일어나자, 순진한 척하면서 "오, 미안해요. 당신이 고통을 좋아하는 줄 알았죠." 하고 말하더군요. 이런 식으로 만난 사람이 아주 많다는 걸 생각하면, 말을 삼가지 않을 수가 있겠습니까? 그러나 다음 순간 나는 생각합니다. 어떻게 하면 말을 삼가지 않을 수 있을까요?

나는 매우 용기 있는 친-섹스 운동 저술가와 활동가들이 자신의 킹키 성 역사에 대해 쓴 글에서 정직했다는 이유로 공격받고, 웃음거리가 되고 침묵당하는 모습을 보아 왔습니다. 80년대 초반 반-포르노 페미니스트들이 친-섹스 페미니스트들에게 찍었던 사악한 낙인을 생각하면 몸이 덜덜 떨립니다. 나는 내 삶에 그런 증오를 불러들이고 싶지 않습니다. 내가 급진적이지만 개인적인 성적 논점에서 공공연하게 줄타기를 해도 나를 지원해 줄 활기찬 게이 남성 친구 서클이 없는 지금 같은 때는 더욱 그렇지요.

그런데 왜 내가 그것을 공공연히 말했을까요? 왜 여전히 그러고 있을까요? 나는 오랫동안 나를 사랑하고 지지해 주었지만 더 이상 목소리를 낼 수 없는 많은 남성들에게 아주 큰 빚을 졌기 때문이고, 게이 남성들이 죽어가고 있었기 때문입니다. 섹스 문제에 결벽증을 부릴 때가 아니었습니다. 여전히 그런 때는 오지 않았습니다.

CT: 후회는 없습니까? 동시에, 무엇이 제일 자랑스럽습니까? <섹스 긍정> 영화를 제작하면서 표면으로 올라온 후회나 자부심은 어떤 것입니까?

RB: <섹스 긍정>에서 몇 가지 후회되는 지점이 있지만, 내가 얻은 것을 생각하면 아무 것도 아니지요. 이 영화 덕분에 내 평생 갔던 것보다 훨씬 더 많은 도시를 일 년 동안 돌아다녔습니다. 특히 젊은 사람들이 나를 지지하고 친절하게 대해 주었기 때문에, 과거를 흘려보내는 데 도움을 받을 수 있었습니다. 나는 너무 오래 과거에 붙잡혀 있었고, 그건 치명적이었어요. 하지만 마침내 이 영화가 나를 자유롭게 해주고 있다고, 결국은 나를 해방시키고 다른 것들에 대해 계속 쓸 수 있게 해줄 거라고 느낍니다. 거기에 대해서는 다큐멘터리 감독 대릴 웨인에게 갚을 수 없는 빚을 졌습니다.

가장 자랑스러운 것은 다른 사람들은 알지 못해도 내가 안전한 섹스를 위해 많은 일을 했다는 것입니다. 기술적인 문제를 해결하도록 도와주는 사람을 찾거나 그 사람들에게 대가를 지불하자마자 그 내용을 모두 인터넷에 무료로 올렸습니다. 나는 여전히 타이프라이터 세대니까요.

CT: 덧붙이고 싶은 말이 있습니까? 내가 블로그에서 <섹스 긍정>에 대해 이야기했을 때 짚었던 논점에 대해 부디 마음대로 솔직히 말씀해 주세요.

RB: 나는 AIDS 전에 했던 SM 성매매를 아주 좋아합니다. 때로는 그 이야기를 할 때 나는 사람들을 묶고 지배했던 자아가 됩니다. 정신적으로 발기하는 것과 비슷해요. 나는 에로틱하고 오만한 탑 노릇을 하는 몽상 속에서 정신을 잃습니다. 고객들은 나한테 섹스만 말고 뭐든지 당신이 원하는 대로 해도 좋다고 말한다고, 그리고 난 바로 그렇게 해 준다고 내가 말하는 부분을 지워 달라고 대릴 웨인 감독에게 얼마나 빌었는지 몰라요. 내가 내 페르소나에 푹 빠졌을 때 그렇게 말했지만, 그러니까 강간범 같아 보이잖아요!

사실은, 성매매자로서 내가 가진 가장 값진 전문 기술은 삽입당하기를 두려워하는 남자들에게 긴장을 푸는 법, 직장을 세척하는 법, 벌리는 법, 수용적인 항문 성교와 애널 오르가즘의 강렬한 즐거움을 고통

없이 탐험하는 법을 가르치는 것입니다. 나는 절대 강간을 하거나 누군가의 동의를 폭력적으로 침해하지 않습니다. 다시 왔으면 하고 바라는 고객들에게는 절대로 그렇게 하지 않아요! 나는 애널 섹스를 수용하는 법을 배우기가 얼마나 어려운지 엄청나게 공감했습니다. 내가 약에 엄청나게 취하지 않고는 절대로 그렇게 할 수 없었기 때문이지요. (성 해방 운동 기간 동안 약물의 유희적 사용이 얼마나 만연했는지 기억해야 합니다. 게이 언론에는 코카인이 얼마나 좋은지 말하는 기사들이 실렸습니다. 그때는 우리가 지금만큼 중독에 대해 알지 못했고, 우리는 그 무지와 무시에 대해 무거운 값을 지불했습니다.)

내가 뉴욕 시티에서 매춘을 시작했을 때, 레즈비언과 게이 해방 운동은 열 살이었습니다. 성숙도도 그 정도쯤이었지요. 우리는 그만큼 강렬한 성애 공포와 호모포비아 문화에서 자라났습니다. 우리가 게이라는 사실을 받아들인 다음에도 거기서 도망갈 방법은 없었어요. 우리가 늘 서로 잘 대해주었던 것은 아니고, 그건 바닐라 섹스건 SM이건 우리의 성적 표현에도 스며들었지요.

당신은 블로그 포스트에서 내가 BDSM을 게이 커뮤니티의 '자기혐오'와 '불확실'과 부정적인 문화적 압력에서 생겨난 것으로 이야기할까봐 조심스럽다고 언급했지요. 그렇습니다. SM 섹스에서도 바닐라 섹스에서도 나는 우리가 한 일에 대해 그 문화가 보내는 경멸을 우리가 매우 많이 그대로 가져왔다는 것을 느낍니다. 그러나 내가 <섹스 긍정>에서 말한 것처럼, 우리 중에서 많은 사람들이 그것을 깨닫게 되었습니다. 그리고 우리는 우리를 만든 시대가 우리의 성적 판타지의 아주 많은 부분을 사회적으로 구축했다는 것도 알게 되었습니다. 많은 사람들이 성적 판타지가 우리를 인간으로서 왜소하게 만들지 않는다는 것, 무슨 일을 하는지 제대로 알고만 있다면 사실 우리가 자유롭고 풍성한 존재가 되도록 도와줄 수 있다는 것을 깨닫게 되었습니다.

나 자신을 BDSM이나 성 노동의 역할 모델로 내세우기는 꺼려집니다. AIDS 발생 후 내가 성매매로 돌아왔을 때 겪은 일 때문이죠. 나는 커뮤니티 안에 안전한 섹스 교육을 할 자리가 없다는 것 때문에 맹렬히 화가 났습니다. 어떤 사람들은 오직 나를 성 노동자/사도마조히스트로만 본다는 것, 그런 정치적 차이가 성적으로 활동적인 게이 남성들의 생명을 구하지 못하도록 방해한다는 것에 너무나 상처받았고요. 우리가 『전염병 속에서 섹스하는 법』을 써서 출간한 지 2년 후에야 뉴욕 시티가 처음으로 안전 섹스 캠페인을 했다는 것에 내가 얼마나 분노했는지 상상할 수 없을 겁니다. 그런 절망 속에서 나는 다시 성매매로 돌아갔습니다. 절망 속에서 나는 잠재적인 중독자였고, 실제로 중독되었습니다.

그러나 결국 BDSM과, BDSM에 대한 사랑이 내 인생을 구하는 데 도움이 되었습니다. 내가 AIDS와 안전한 섹스 운동 이전에 BDSM 매춘으로 정신없이 바쁘지 않았다면, 위험도가 높은 섹스를 하는 데 훨씬 더 많은 시간을 보냈을 겁니다. 그리고 오래 전에 죽었겠죠. 섹스를 얼마나 많이 할지, 우리 영혼이 얼마나 많은 파트너들을 둘 수 있는지 우리 각자가 다른 한계를 가지고 있다고 생각합니다. 섹스는 중독될 수 있어요. 그리고 그런 지점에 다다르면 그 수준의 과잉성욕 활동을 계속 유지하기 위해서 항정신성 약을 쓰게 됩니다. 만약 내가 안전한 섹스 교육에서 머물 장소를 찾았다면 내 삶은 훨씬 더 행복하고 건강한 여정이었겠지요. 하지만 나는 내가 사랑했던 세계가 내 주위에서 전부 무너지면서 내가 사랑했던 남자들까지 데려가기 전에, 성적 자유

2 부 — 활동가와 매니페스토

295

로 인해 누렸던 기쁨과 즐거움이 얼마나 큰지, 내가 아직 여기 있게 되
어서 얼마나 감사한지, 절대 잊어버리지 않을 겁니다.

학대 · 이론

활동가의 사회적 책임감

나는 2010년 추수감사절을 기념해 이 포스트를 썼다(원래 포스트 마지막에는 '감사 표시'가 한 묶음 달려 있었다. 이 버전에서는 그 부분을 뺐다). 여기 쓴 문제들은 내 삶에서 되풀이되는 질문들 중 가장 큰 것들이다. 그 후에 일어난 사건들은 커뮤니티 안에서의 책임감이라는 면에서 이미 일어난 일들을 어떻게 해야 하는지 내게 많은 것을 가르쳐 주었다. 특히 나는 2011년 출간된 책『혁명은 집에서 시작한다: 활동가 커뮤니티 안에서의 친밀한 폭력에 맞서면서』(칭 인첸, 제이 둘러니, 리아 락슈미 피프즈나-사마라시나 편집)를 강조하고 싶었다.

그러나 부패와 폭력으로 유명한 우리 교도소 체제에 호소하지 않고도 폭력 가해자를 대하는 방법에 대한 다른 작품들도 아주 많다.[1] 유색 인종들은 이런 일에 많이 기여했다. 유색 인종 공동체는 사법 정의 체계에서 제대로 대우받는 일이 드물기 때문에 대안을 찾아야 할 동기가 아주 크다. 때때로, 이 분야는 '변혁적 정의'나 '회복적 정의'라고 부르기도 한다. 이 포스트에는 변혁적 정의에 대한 정보 출처가 많이 링크되어 있다. http://clarissethorn.com/blog/2012/01/30/some-transformative-justice-links

그날 밤 나는 엄마와 엄마 남자친구와 함께 추수감사절 만찬을 하고 있었다. 엄마 친구들이 몇 명 참석했는데, 그 중 한 명은 레즈비언이었고 나는 그를 케이라고 부르겠다. 케이는 자기 엄마와 함께 만찬에 참석했다. 케이의 엄마는 케이의 성적 지향을 알지 못한다. 케이가 자신의 성적 지향에 관해 엄마에게 알리지 않은 이유는 케이의 엄마가 이미 '벽장에서 나온' 레즈비언인 케이 언니에게 매우 심하게 행동했기 때문이다.

나는 이 사정을 전부 다 알고 있었다. 그리고 케이의 엄마가 얼마나 좋은 사람인지 떠올렸다. 내 말은… 정말 좋은 사람이었다. 그러니까, 좋은 사람이 되려고 확실히 노력한다. 또, 내 설거지도 도우려고 정말 열심히 애썼다(원래 내가 설거지를 다 하려고 했기 때문에, 케이의 엄마가 그렇게 하도록 놔두지는 않았다).

나는 나쁜 일을 저지른 사람들과, 혹은 내가 나쁘다고 생각하는 일(레즈비언 딸에게 창피를 주는 것 같은 일)을 현재 하고 있는 사람들과 관계를 맺는 법에 대해 최근에 아주 많이 생각하고 있다. 케이의 어머니와 이야기하는 테이블에서 나의 섹스긍정적 생각을 대놓고 이야기하는 일은 옳지 않았을 것이다. 특히 케이가 내게 그러지 말라고 미리 부탁했기 때문이다. 그러나 대안적 섹슈얼리티에 대한 낙인을 다시 생각해보도록 만드는 가장 강력한 도구는 개인적인 관계이다. 여기서 나도 어느 정도 책임이 있지 않을까? 내가 할 수 있는 일이 있을까?

다른 예도 엄청나게 많다. 나는 이번 주에 어느 친구가 보내준 이메일의 매우 심각하고 중요한 논점과 씨름했다. 그 친구는 이메일에서 내가 매우 좋아하고 존경하는 다른 친구가 성폭력으로 고발당했지만, 고발자는 결코 기소하지 않을 것이라고 알려 주었다. 전에도 비슷한 일을 겪은 적이 있다. 그때마다 세부 사항은 조금씩 다르지만, 많은 일들이 똑같다. 어떤 사람이 폭력을 당하고, 그 소식이 친구들 사이에 새어 나가고, 생존자는 고소하지 않고, 친구들은 어떻게 행동해야 할지 혼란을 겪는다. 결국 사건은 사그라지고, 나는 뭔가 더 행동했어야 한다고 느낀다.

고등학교 시절 나와 아주 가까운 남성 친구 한 명이 나의 여성 지인을 강간했다. 그 지인은 고발하지 않았고, 그들은 나중에 연애를 했다. 그 연애는 모든 면에서 보아 합의에 따른 연애였다. 나는 사건들을 천천히 맞추어 보았다. 그는 자기가 한 일을 인정했지만 내게 직접 말한 적은 없었다. 나는 그 당시 어떻게 해야 할지 몰랐고, 여전히 내가 훨씬 더 많은 책임을 졌어야 한다고 느낀다. 그와 나는 매우 친했다. 나는 무슨 일이 일어났는지 그에게 직접 말할 배짱이 없었다. 왜냐하면, 우리가 그 문제를 결코 직접 이야기하지는 않았지만, 나는 그가 끔찍한 죄책감을 겪었다는 증거를 보았고, 거기에 대해서 더 이야기하면 그가 부서질 수도 있다고 확신했다. 그래도… 그와 이야기했어야 했다.

그 지인을 더 지원했어야 한다는 느낌도 있지만, 내가 무엇을 할 수 있었을지 모르겠다. 자신의 강간범과 합의 하에 연애를 하면 안 된다고 그녀에게 말한 사람들도 있었다. 그러나 그런 말은 옳지 않아 보였다. 그녀의 행동권을 침해하고 선택권을 공격하는 것 같았기 때문에, 나는 그렇게 말하지 않았다. 그러나 그렇게 말했다면 그 쪽이 도움이 되었을까? 그녀를 더 잘 지원하기 위해 내가 무엇을 할 수 있었을까? 특히 내가 그 남자와 그렇게 친한 친구라는 점을 고려하면?

나는 (지금보다) 어렸지만, 그것은 변명이 되지 못한다. 그리고 다시 말하지만, 내가 무엇을 변명한다는 건가? 나는 아무 일도 하지 않았다.

하지만 뭔가 더 했어야 하는 것 같다.

자, 또 이런 일도 있다. 내게는 친구가 있다. 좋은 친구고, 누군가에게 폭력을 휘두른 친구다. 지역 SM 커뮤니티의 친구였다. 나는 생존자를 전혀 모른다. 내 친구와 그 문제에 대해 이야기해야 한다. 그러나 나는 무슨 말을 할 것이고, 그 다음에 무슨 일이 벌어질 것인가? 페미니즘은 우리에게 생존자들의 목소리를 귀 기울여 들어야 한다고, 커뮤니티의 풍토와 커뮤니티의 비난이 강간을 막는다고 가르친다. 나는 이런 말이 사실이라고 믿는다. 그리고 내게 가까운 사람들 중에는 강간생존자들이 있다. 그리고 나는 강간이 일어나지 못하게 내가 할 수 있는 모든 일을 하고 싶다. 그러나 나는 내가 커뮤니티의 풍습을 바꾸기 위해 정확히 무엇을 말하고 어떻게 행동해야 할지 훨씬 더 간명한 지침이 있었으면 좋겠다고 맹렬히 바란다.

나는 전 남자친구 '순결Mr. Chastity' 씨에게 충고해 달라는 이메일을 보냈다. 그는 내가 아는 사람들 중에 가장 뛰어난 윤리적 정신을 가지고 있는 사람이기 때문이다. 여기 그의 답장 중에서 일부분을 인용한다.

네 메시지를 거르고 걸러 질문 몇 개로 만들어 보려고 했어. 그리고 결국은 '그 일만 저지르지 않았다면 고결했을 어떤 친구가 심각한 잘못을 저지른 것 같은 때, 상황을 어떻게 분석해야 하는가?'와 '이런 경우 분석하는 사람의 도덕적 의무는 무엇인가?'라는 질문으로 만들 수 있었어.

누군가가 아무리 1)귀감이나 악귀처럼 보일지라도, 혹은 2)그들의 원칙들이 귀감이나 악귀이길 요구할지라도, 그 누구도 순수한 선이나 악으로 구성되어 있지는 않아. 우리가 존경하고 사랑하는 사람들은 자연력이나 자신들이 선택한 대의의 아바타가 아니야. 그 사람들이 아무리 철저하게 그런 모습을 구현

한다고 해도 그래. 네가 이런 점을 고려하지 않았을 거라고 생각해서 이런 말을 하는 게 아니야. 하지만 나 자신이 오랜 세월에 걸쳐 매우 힘들게 그 점을 받아들였기 때문에, 그래서 다른 사람들에게도 맞추어 말할 수 있을 거라고 생각하기 때문에 그래.

한 개인은 행동이나 어울림이라는 범주에서 상대적으로 커다란 자유를 누려. 이런 사건들이 정말로 어려워지는 지점은 우리가 정의와 공동체를 도입할 때라고 생각해. 이런 커뮤니티들의 규칙을 강화할 수단은 너무나 대인관계에 치우쳐 있어서, 어떤 사람의 대인 관계상의 행동이 두 사람 사이의 정의 뿐 아니라 커뮤니티 수준의 정의라는 독특한 역할까지 맡게 돼. 이런 일들을 그냥 흘려보내도록 놔두는 것이 좋은지 잘 모르겠어. 솔직히 (네가 슬그머니 말했듯이) 그 이야기에 대해 어떻게 생각하느냐고 예의바르게 네 친구에게 묻는 것 외에 네가 다른 어떤 일을 할 수 있는지 잘 모르겠어. 적어도 그건 사람들이 이 일에 주의를 기울이고 있다는 것을 보여 주겠지. 너에게 이 문제의 인물과 이 문제를 둘러싼 의견들에 대한 통찰을 줄지도 모르고.

그의 말이 맞다. 나도 동의한다. 그러나 이제 어떻게 해야 할까? 나는 어떻게 물어보고, 무엇이라고 말해야 할까? 다시는 이런 폭행이 일어나지 않게 하기 위해 내 친구가 어떤 일을 해 왔는지 내가 어떻게 알 수 있을까?

서로를 돌보기

이것은 원래 2012년 걸 파워 사이트 *OffOurChests.com*에 실렸다.

성 교육자로서, 나는 경계선 문제를 어떻게 가르칠지 많이 생각한다. 사람들이 자신의 신체와 마음, 욕망을 존중하도록 도와줄 수 있는 연습, 이야기, 금언들을 찾아내려고 애쓴다. 그리고 물론 다른 사람의 경계선을 존중하도록 권유하는 법에 대해서도 생각한다. 그러나 한 사람의 경계선에 제일 큰 영향을 미치는 것은 나의 가르침이 아니다. (희망상의 이야기지만) 좋은 경계선은 부모의 본보기, 친구들의 영향, 파트너들의 격려로 자라난다.

그러나 커뮤니티 안에서 사람들에게 무슨 일을 해야 한다고 말하지 않는 것도 정말 중요하다. 우리의 생각에 최선인 일을 하라고 강요하지 않으면서 가까운 사람들에게 좋은 도움이 되는 데 있어서 그것이 결정적이라고 생각한다. 그런 식으로 해서 우리는 신뢰를 쌓고 독립심을 기를 수 있다. 반면, 내가 어떤 주제에 대해 다른 사람보다 더 많이 알고 있을 때 어떻게 해야 하는지 알기 힘든 때도 있다. 사람들이 무엇을 해야 하는지 내 생각을 전하고자 하는 유혹은 매우 강력하다!

최근에 이 문제에 대해 생각하다가 난데없이 열예닐곱 살 때 일어났던 일이 떠올랐다. 나는 그때 처참하게 실연당해서 전 남친 때문에 정말 기분이 나빴고, 마리화나를 해 보려고 했다. 그 전에는 한 번도 피워 본 적이 없었다.

나와 동갑인 사람들이 한 무리 있었다. 그 중에는 얼마 동안 나를 유혹하려던 남자도 한 명 있었다. 그는 내게 마리화나를 넘겨주면서 키스했다. 나도 마주 키스했다. 나는 그에게 끌리지 않았지만, 엄청나게 공허하고 상처받았다고 느끼고 있었기 때문에 내 전 남친이 아니라도 누군가가 나를 원한다는 것이 위안이 되는 듯했다.

또 그 주위에는 어떤 여자아이가 있었다. 나는 그 아이를 레나라고 부르겠다. 나는 언제나 레나가 강인하고 허튼 소리 안 하는 사람이라고 생각했지만, 그 외에는 레나에 대해 별로 알지 못했다. 레나는 나를 약간 순진하다고 생각했던 것 같다. 그는 그 상황과 나의 몸짓 언어를 지켜보았다. 그리고 내가 마리화나를 처음 피워본다는 사실을 알았다. 몇 분 후 레나는 나를 한쪽으로 따로 데려갔다. 정확히 무슨 대화가 오갔는지는 기억하지 못하지만, 이런 식의 말이 진행되었던 것 같다.

"클라리스, 기분이 어때?"

레나가 말했다.

"잘 모르겠어."

내가 대답했다. 사실을 말하면 약간 멍하고 온 몸이 뻣뻣했다.

레나는 똑바로 내 얼굴을 들여다보며 물었다.

"너 오늘 밤에 어디까지 가고 싶어?"

나는 눈길을 돌렸다. 레나가 아주 차분해 보였기 때문에 당황했다. 그녀에 비하면 내가 멍청이가 된 기분이었다. 우리는 나무 벽 옆에 서 있었기 때문에 나는 나뭇결을 열심히 뜯어보는 척했다.

"잘 모르겠어."

내가 애매하게 말했다.

"네가 오늘 밤 어디까지 가고 싶은지 말해 주면 그 이상은 절대로 못 나가도록 할게. 계속 애무만 하고 싶니? 애무 이상으로 뭘 더 하고 싶니?"

레나가 단호하게 말했다.

나는 손가락으로 나무의 옹이를 훑다가 결심했다.

"애무하는 정도."

"좋아."

레나가 고개를 끄덕였다. 레나가 다른 말을 했는지는 기억나지 않지만, 그를 따라 그 무리에 돌아올 때 나는 여전히 약간 당황해 있었다. 하지만 믿을 수 없을 정도로 큰 안도감을 느끼기도 했다.

레나에게 고맙다는 말을 한 적이 있었나? 꼭 그 말을 했어야 했다. 페이스북이나 다른 곳에서 레나를 찾아보아야겠다. 레나가 내게 신경을 쓰고 있다는 것을 알고 그날 밤 정말로 훨씬 더 안전하다고 느꼈기 때문이다. 나는 그 남자애와 약간 더 애무를 나누었지만, 얼마 후 그만두었고 다른 어떤 일도 벌어지지 않았다.

레나가 그곳에 없었다고 해도 그와 애무하다가 그만둘 방법은 있었을 것이다. 아니면 아주 당황하고 불안하고 멍한 채로 사태가 더 흘러가도록 놔두었을 수도 있다(그렇게 안 되어서 기쁘다고 아주 확실히 말할 수 있다). 아니면, 그런 일이 없어서 다행이지만, 레나가 거기에 없었더라면 내가 아주 반대하는 어떤 일을 하도록 적극적인 압력을 받았을 수도 있다.

그 전에는 어떤 남자와 만나서 시간을 보내기 전에 분명한 경계선을 세워야 한다는 생각이 한 번도 떠오른 적이 없었다. 그 자체로도 훌륭한 교훈이다! 그러나 더 중요한 것은, 레나는 내게 어떻게 하라고 말하지 않았다는 것이다. 내가 어느 정도까지 섹슈얼해야 하는지, 누구와 그렇게 해야 하는지, 내게 아무 말도 하지 않았다. 무슨 일이 있냐고 창피를 주지도 않았다. 그냥 내게 무엇을 원하느냐고 물었고, 자신이 해줄 수 있는 지원을 해 주었다.

분명 레나는 나의 삶이라는 퍼즐에서 하나의 작은 조각일 뿐이다. 하지만 나는 여전히 레나를 기억하고, 존경하고 감사한다. 부모님은 내 평생에 걸쳐 관계 면에서나 다른 면에서나 많은 것을 지원해 주었다.

내 파트너들은 압력이 없는 성적 환경을 창조한다는 것이 무슨 뜻인지, 성적 의사소통을 분명하게 하는 것이 무엇인지 내가 알도록 도와주었다. 그러나 레나는 내 마음속에서 특별한 위치를 차지한다. 내가 거의 모르는 사람이지만 여성이 서로를 위하고 서로의 경계선을 보존하도록 돕는다는 것이 무엇을 뜻하는지 알려준 사람으로서.

남자다움 · 이론
시스 헤테로 남자에게 내가 묻고 싶은 질문

나는 이 글을 2009년에 썼다. 그 해는 내가 몇 년 동안 남성성, 남성다움, 남자의 젠더 역할에 대해 생각하면서 보내던 기간의 정점이었다. 나는 상대적으로 블로그 신참이었고, 아직 제대로 자리 잡지 못한 상태였다. 나는 내 글 중에 가장 논쟁적인 것들은 SM에 관한 글일 거라고 생각했다. 내 생각이 틀렸다.

나는 이 글을 세 부분으로 나누어 실었는데, 엄청난 반응을 받았다. 예를 들자면, 주요 페미니스트 블로그인 <아! 블로그Alas! A Blog>가 이 글을 중복 게시하겠다고 요청했다. 그러나 비 페미니스트와 반 페미니스트 남성들 사이에서는 훨씬 더 큰 반응이 일어났다. 어떤 사람들은 '자격 있는 페미니스트를 위한 대답' 같은 제목으로 응답했다. 다른 사람들은 실제로 내 블로그에 와서 나와 말을 섞었고, 여러 가지 결과를 낳았다. 내 블로그의 댓글란에서 길고 농밀한 논의가 시작되었고, 그 논의는 일 년 넘도록 수천 개의 댓글을 받으며 지속되었다. 나는 많은 후속편을 썼는데, 그 중에는 다른 페미니스트 여성들이 나에게 '가부장제에 세뇌되었다'는 꼬리표를 붙여 준 글들도 있다.

나와 이야기했던 남자들 중 몇 명 덕분에 나는 '픽업 아티스트 서브컬처'나 '유혹 커뮤니티'에 대한 흥미도 갖게 되었다. 그것은 여성들을 유혹하는 팁과 속임수, 전술을 교류하는 한 무리의 남자들이었다. 결국 나는 그 서브컬처를 면밀히 조사해 『픽업 아티스트 추적자의 고백: 끔찍한 남성들과의 긴 인터뷰』라는 책을 썼다. 그 책에는 남성성, 의사소통, 섹슈얼리티에 대해 내가 쓴 최고의 글들이 실려 있다.

지난 몇 년 동안 페미니즘의 역사에 대해 더 많이 배우면서 한 가지 알게 된 것은, 대부분의 페미니스트들이 남성의 문제에 대해 이야기하기를 꺼릴만한 훌륭한 이유들이 있다는 것이다. 엄청나게 많은 정치 문제가 개입되어 있고, 우리가 이런저런 정치적 입지들을 잃을 수 있다는 매우 정당한 두려움을 건드리는 지점들도 많다. 그러나 성평등이라는 문제에서 우리는 여전히 갈 길이 멀다. 그리고 그런 공포들은 과장된 부분이 많다고 믿는다.

그리고 남성들의 경험 이야기에 훨씬 더 열려 있을 수 있는 페미니스트 소그룹이 있다는 것도 발견했다. 섹스-긍정적 페미니스트들, 특히 SM 페미니스트들이다. 확실히 예외적인 존재들이다. SM 페미니스트 중에서도 많은 수가 남성의 경험을 논의할 이유를 찾지 못하고, 물론 내 글을 좋아하지 않는 SM 페미니스트들도 아주 많다. 그러나 내가 발견한, 남성성에 대한 페미니즘 에세이는 대부분 SM을 한다고 공개적으로 인정한 여성들이 쓴 것이다. 선구적 섹슈얼리티 에세이 「섹스를 생각하다Thinking Sex」의 저자 게일 루빈이 좋은 예이다. SM 페미니스트들은 권력이 결코 일차원적인 그림이나 일방통행로가 아니라는 것을 가장 직관적으로 잘 이해할 사람들이다.

1절: 누가 상관하는가?

왜 나는 남성성에 대해 신경을 쓰는가?

나는 좀 변태지만 엄청난 퀴어는 아니다. 나는 펨으로 통용되고, 나의 예민한(머리가 길 때가 많은) 연인들을 '남성적이지 못하다'고 놀리는 것으로 유명하지만, 남자들과 사랑에 빠진다. 나는 '남자 중의 남자'를 좋아하는 사람은 아니지만 마음속 깊은 곳에서는 남자와 섹스한다는 사실이 좋다.

그러나 시스젠더이고 이성애자이기 때문에, 나는 '남성 권리 신장'이라는 문제를 파 들어가려다가 깊이 당황했다. 그 논점은 '원래 타고난 것'으로 느껴지지 않는다. 나는 주로 연인과 친구들의 시각을 통해 이 문제들을 만난다. 그들의 분투를 지켜보고 있으면 의기소침해지지만, 그들에게 줄 피드백을 생각해내려 애쓰면 더욱 기가 꺾인다.

어느 남성 친구가 내게 이렇게 쓴 적이 있다.

"넌 개인적으로 남성성이 드러나는 걸 '화끈'하다고 생각하지. 하지만 성차별주의에 대해서 참지도 않아. 네게 이런 양면이 필요하다는 사실을 남자들에게 전달하기 까다롭고, 남친들에게 제대로 알려주기 힘들다는 걸, 다른 누구도 마찬가지라는 걸 너도 알고 있지."

그러므로, 문제는 이것이다.

남자는 어떻게 공공연하게 남성적인 면을 간직하면서 비억압적으로 (다른 성을) 지원할 수 있는가?

내 관점은 제한되어 있지만, 거기서 가장 중요한 것은 담론의 공백이 메아리치고 있다는 점이다. 즉 주류는 남성성의 문제를 거의 인정하지 않는다. 그런 침묵을 만드는 주요 요인은 규범적인 남성들 자신이 젠더/섹스 논점에 대해서 이야기하기를 단호히 거부하는 경향이다. 그들이 처음 내보이는 반대는 그런 논의가 중요하지도 않고 상관도 없다는 입장이다. 심지어 BDSM 세계처럼 성적인 분석을 중심으로 하는 서브컬처 안에서도 그렇다. "남성의 섹슈얼리티에 대해 왜 쓸데없이 이야기를 합니까? 그건 규범이에요. 물고기가 물에 대해서 무슨 말을 합니까."라고 말하는 시스젠더 남성 비디에세머를 만난 적도 있다.

하지만 남성 섹슈얼리티가 물이고 우리가 물고기라면, 왜 남성 섹슈얼리티를 더 적게 조사하는 것이 아니라 더 많이 조사할 동기가 부여되지 않을까?

내 말을 오해하지 말았으면 좋겠다. 나는 미국의 성 개념이 전형적인 남성 섹슈얼리티를 중심에 두고 있으며, 이것이 해롭고 문제적이라는 지적에 동의한다. 정말이지, 내가 구식의 질 삽입 성교가 아닌 행위들을 둘러싼 '실제' 섹스를 재인식하는 데 몇 년이나 걸렸다는 것이 매우 **화가 난다!** 하지만 섹슈얼리티에 대한 미국식 전형과 개념들이 남성 중심적이라면, 남성의 섹슈얼리티에 관해 생각해 보는 것은 우리에게 ('덜'이 아니라) **더** 쓸모 있을 것이다.

그리고 그런 섹슈얼리티의 남성 중심적 개념들의 중심에는 모든 남성이 있는 것이 아니라, 전형적인 남성만이 있다. LGBTQ 남성들은 규범 바깥으로 벗어난 남성 섹슈얼리티의 분명한 본보기이다. 다행히도 그들은 그 문제를 논의할 공간을 만들어냈다. 그러나 게이도 퀴어도 아니지만 성적 소외와 매우 닮은 감정을 느끼는 다른 비규범적 남성들이 많다. 그리고 LGBTQ 동아리 바깥에는 남성성에 대한 담론이 거의 없기 때문에, 그들은 보통 그냥 그 문제에 대해 입을 다문다.

규범에서 벗어난 섹슈얼리티를 가진 시스 헤테로 남성이 된다는 것은 무슨 의미인가? 현재 우리가 가진 대단히 중요한 성적 스테레오타입들에 맞지 않는—따라서 소외되었다고 느끼는—시스 남성들은 어떤 사람들인가?

주류 남성적 섹슈얼리티에서 자주 소외되지만 토론장을 갖지 못할 때가 많은 비규범적 남성의 훌륭한 본보기로는 이성애자 BDSM 서브미시브로 정체화한 남자들이 있다. 두 번째로는 페니스가 작은 남성들이다. 섹스 블로거이자 에세이 작가인 토머스 밀러는 이렇게 말한다.

"흔히들 이해하는 남성 섹슈얼리티는 엄청나게 좁은 그룹으로 이루어진 하나의 스테레오타입이다. 그것은 PIV[penis-in-vargina, 질삽입성교], 애널 섹스와 구강 성교를 향한 욕망을 갖고 그런 욕망에서 활동하며, 매우 좁은 육체적 특징을 가진 이성애자 여성 파트너 그룹을 중심으로 한다."[1]

그렇지만 이 말은 이성애자, 도미넌트, 뼈다귀처럼 마르고 젊은 여자들을 사랑하는 페니스 큰 남자들이 현재의 상황이 아주 만족스럽다고 느낀다는 뜻이 아니다. 그런 남자들은 상황에 즉각적으로 의문을 가질 동기가 더 적다는 뜻일 뿐이다. 그들은 또한 성적 억압을 포착하는 안목이 덜 예민하다. 왜냐하면 그들에게도 자신을 꼼짝 못하게 가둔 상자가 있지만 여전히 그들은 나머지 사람들보다 더 큰 특권을 가지고 있고, 특권이 존재한다는 사실에 특권 계급이 눈감게 하는 것이 특권의 본성이다.

예전에 남성 서브미시브 한 명이 내게 이렇게 말한 적이 있다.

"이성애 규범적 남성들도 섹스와 젠더를 생각하는 남성들의 방식이 뭔가 잘못됐다는 걸 알아. 함께 이야기할 때 그들이 그런 방식과 씨름하는 모습도 보여. 그들은 그것이 무엇인지 확실히 지적하지 못해. 제대로 마주하기도 힘들어하지. 하지만 나는 그 방식과 내내 마주하고 있어. 내 섹슈얼리티가 그것과 반대되기 때문에 그럴 수밖에 없지."

남성성과 남성 섹슈얼리티의 스테레오타입에 대해 조사하고 질문하는 것은 대체 언제 남성들에게 이익이 되는가? 그렇게 할 동기를 갖는 것은 어떤 남성들일까?

욕망과 전형이 (적어도 대부분은) 깔끔하게 맞아떨어지는 남성들이 현실을 그렇게 만들었다고 주장하고 싶은 유혹은 크다. 결국, 그들의 섹슈얼리티가 작동하는 규범에서 빠져나가기 위해 너무나 많은 사람들이 투쟁하고 있으니까. 그러나 나는 이런 전제를 몇 번 바꾼 적이 있다. 보통은 영민한 '전형적' 남성들 자신이 내 전제를 바꾸어 주었다. 언젠가 섹슈얼리티 워크샵을 준비하면서, 여러 친구들에게 그 개요를 보낸 적이 있다. 원래 초고에는 이런 문단이 있었다.

"우리의 성적 각본은 남성과 남성의 성적 쾌락의 스테레오타입에 유리하게 맞춰져 있기 때문에, 여성들은 우리가 정말로 무엇을 원하고 즐기는지 알아내기 힘들다. 비전형적 남성들이 그것을 알아내기는 더욱 힘들다."

한 친구가 그 문단에 이런 말을 살짝 덧붙여 다시 보내주었다.

"…전형적인 남성도 전형적 각본 너머의 새로운 욕망을 발견하거나 탐색하기 힘들기는 마찬가지이다."

우리가 비규범적 시각에서 섹슈얼리티를 둘러싼 제약을 논할 때, 기회가 있다면 새로운 방향으로 스스로를 발전시킬 수 있는 규범적 개인들을 제외하고 있는 게 아닐까? 규범적인 남성들이 남성성과 섹슈얼리티의 상자 밖으로 나와 생각한다면 무엇을 얻을 수 있을까?

2절: 남성들의 권리

2006년 다큐멘터리 <소년인 나>에서는 한 트랜스 남성이 트랜지션에 대한 정신적 장애물은 트랜지션 후에 자기가 '백인 남성'이 된다는 사실이었다고 이야기한다. 그는 백인 남성은 '절대로 되고 싶지 않았다'며 웃는다!

1-2년 전, 나는 잭슨 카츠Jackson Katz의 강연을 들었다. 그는 상당히 공공연하게 남성적인 모습을 가지고 있고, 전국 대학에서 강연하는 시스 남성 반-학대 교육자이다. 그는 고집 세고 공격적인 태세를 갖추었지만 귀중한 말을 많이 했다. 특히 우리가 전통적으로 '여성의 문제'라고 생각했던 문제를 남성이 자신의 문제로 받아들여야 한다는 점이었다. 여성에 대한 남성의 학대를 끝내고 싶다면 남성들이 그 운동에 참여해야 한다는 것은 확실한 사실이다. 그러나 카츠는 남성성 문제들을 논의했지만, 우리가 남성의 참여를 좀 더 이끌어낼 수 있는 방법에 대해서는 거의 이야기하지 않았다. 남성 운동에 대한 그의 강연은 남자들의 잘못을 교정하는 일 중심으로 흘러갔다.

희석된 부분도 많지만, 여러 페미니즘 개념들이 주류에 들어갔다. 예를 들어, 미국인들은 여성의 몸이 미디어에 재현되는 방식에 대한 전통적인 페미니즘 비판을 어느 정도 의식하고 있다. 사실 그런 의식은 너무나 토착화되었기 때문에, 마케터들은 이제 그것을 엄청나게 아이러니컬하게 비비 꼬아서 미용 상품을 파는 데 이용하기도 한다. '진짜 아름다움을 위한 도브' 전국 캠페인은 도브 비누를 팔기 위해 **미디어의 여성 재현을 해체**하려는 시도를 한다. 미국인들은 남성이 특권계급이라는 것도 아주 잘 알고 있다. 때때로 남성은 노골적으로 억압자로 간주된다.

그러나 여성이 직면한 젠더 이슈 의식이 이렇게 변화한 반면, 남성이 직면한 젠더 이슈를 광범위하게 이해하는 일은 일어나지 않았다. 그래서 활동가들이 주로 남성들이 여성들을 얼마나 상처 입히는지 말하는 남성성 운동을 일궈내기 위해 일하거나, 부분적으로는 백인 남성이 ─ 억압자가 ─ 되고 싶지 않기 때문에 트랜지션에 거부감을 겪는 트랜스 남성 같은 상황이 생겨난다.

억압적 역학을 의식하게 되면 남성들이 자신의 남성성을 소유하기 힘들어질까? 남성의 특권이 남성의 삶을 더 힘들게 만들기는 하는가? 우리가 남성의 특권 때문에 남성성의 억압을 보지 못하게 되는 때는 언제인가? 이제 주류에서도 여성들이 직면한 젠더 이슈를 지각하고 있다. 남성성의 문제에 대해서도 비슷한 지각이 일어났는가?

친한 한 친구는 처음에 젠더 이야기를 해서 내 주의를 끌었다. 우리는 BDSM 모임에서 서로 만났고, 내가 남성 섹슈얼리티를 둘러싼 상자들에 대해 생각하고 있다고 짧게 언급했을 때 그는 억압적인 성역학에 대해 엄청나게 불평하기 시작했다. 그는 내게 복잡한 섹슈얼리티 블로 그들과 학문적으로 사용되는 '헤테로 규범적'이나 '가부장제' 같은 단어들에 대한 참고 자료를 주었다. 그러나 우리가 말을 튼 지 한 달쯤 후 내가 그에게 젠더 이슈에 대해 흥미가 있어 보인다고 언급하자 그는 어리둥절한 표정을 지으며 말했다.

"나는 젠더 이론을 공부하거나 하지는 않는데."

그는 섹스와 젠더, 문화에 대해 늘 이야기한다. 그러나 그는 자신이 남성적이라고 확실하게 정체화하고, 남성성에 질문을 던지는 사람으로 정체화되는 것을 불편하게 느꼈다. 토머스 밀러가 전에 말한 글에서 썼듯이, "남자는 [남성 섹슈얼리티의] 문제를 말하기만 해도 자신의 자아를 '타자'로 표시하는 것이라는 거대한 무언의 전제가 있다. (⋯) 시스헤테로 남성들은 자기 남성성이 의문에 처할 수도 있는 상황을 두려워하도록 양육된다. 대화를 시작하기만 해도, 어떤 사람들은 자기 섹슈얼리티에 논란의 여지가 있다는 것을 인정하기 두려워하는 것 같다."

남성들은 현재 여성들이 경험하지 않는 방식으로 이 문제를 경험하고 있다. 다른 말로 하면, 남성들이 남자답게 보이지 않는 위험을 질 때만큼 여성들이 여자답지 않게 보이는 위험을 지지는 않는다. 우리는 거기에 대해 똑같은 공포를 느끼지도 않는다. 2008년, 여러 연구자들이 함께 「위태로운 남자들Precarious Manhood」이라는 논문을 출간했다. 그들의 결론에는 이런 말이 있다.

"우리의 발견은, [이른바] 진짜 남자들은 자기 젠더가 언제라도 상실될 수 있는 매우 허약한 상태라는 것을 경험하고 있기 때문에 불안과 위협을 쉽게 느낀다는 것을 시사한다."

논문 초반에서 그들은 이런 말도 썼다.

"우리가 남성성에 초점을 맞춘다는 사실이 여성들의 젠더 투쟁의 중요성을 부인하는 것은 아니지만, 그리고 여성성의 문화적 표준에 맞춰 살지 않는 여성들은 벌을 받고, 거부당하고, '숙녀답지 못하다'고 보일 수 있지만, 남성의 지위가 의문시될 때와 같은 방식으로 여성으로서의 바로 그 지위가 의문시되는 일은 거의 없다."[2]

공개적으로 남성성을 조사하고 질문에 붙이는 것이 남성에게 불이익이 될 때는 언제인가? 분명히 젠더를 의문시하고 조사한다는 단순한 행위가 남자를 덜 남성적으로 만들지는 않는다. 우리는 어떻게 하면 그런 행위가 남성의 남성성을 깎아내린다는 인식에 반대할 수 있을까?

그러나 동시에, 이것은 '친구냐 적이냐' 상황이 아니다. 비규범적 정체화를 선택하지 않는 남성들이 '그 반대'에 합류하는 경향도 없다. '그 반대'라는 말로 나는 '남성권리활동가Men's Rights Activists'(인터넷에서 우리는 그들을 MRA라고 부른다)들 같은 사람을 지칭한다.[3] MRA들— 적어도 내가 가진 그들의 스테레오타입에 따르면—은 남성들이 겪는 사회적 법적 불이익을 의식한다. 남자들은 소년범 사건에서 심한 불이익을 겪는다는 사실 같은 것이다. 동시에, 그들은 남성의 특권에는 눈을 감아버린다. 그것은 치명적인 조합이다. 내가 MRA의 인용문 중에 지금까지 개인적으로 가장 좋아하는 말은 "백인 남성은 전국에서 가장 차별받는 집단이다"이다. 다행히도, MRA는 비주류 집단이다. 그러나 그들은 큰 인상을 남긴다.

'젠더 이론을 공부하지 않는' 내 친구는 자기가 마음속으로 남성성 문제를 자주 해체하지만, MRA처럼 보이고 싶지 않기 때문에 공개적으로 그런 대화를 하고 싶지는 않다고 말한 적이 있다. 그는 이렇게 말했다.

"남성성에 대해 진지하게 생각하려는 남자들도 정말로 **그것**이 되고 싶지는 않기 때문에, 거기에 대해 소리 내어 이야기하지 않을 때가 많아."

그는 나중에 이런 말도 덧붙였다.

"남성성에 대해 논의하다가 그냥 남성의 자격 문제로 돌아가는 길을 피하는 건 매우 까다로워. 그건 '남성 운동'을 하는 멍청이들과 겪는 문제에서 제일 까다로운 부분이야. 그들 중에서 남성성이라는 근본적 문제에 대해 말하는 사람은 아무도 없어. 그자들은 그저 자신들이 겪은 문화적 조건화가 기대하라고 말했던 특권을 받지 못했다고 우는 소리를 하고 있을 뿐이야."

현재의 '남성 권리 운동'은 다른 환경에서라면 남성성 논의에 매우 흥미를 가질 수도 있었을 남자들을 어떻게 좌절시키고 있는가? 남성들이 MRA로부터 '친-남성성 운동'을 되찾는다고 가정할 때, 정말 되찾고 싶은 의욕을 느끼는 남성들이 있을까? 남성들은 MRA와 LGBTQ, 페미니스트, 혹은 다른 좌파적 젠더 논의 사이의 중간 지대를 점유할 수 있을까? 그러니까, 남성들이 '이쪽 아니면 저쪽'을 지지하라는 상황에 놓이지 않고 남성성을 논의할 공간을 찾을 수 있을까?

급진적 섹스/젠더 파에서는 그 주제가 너무나 자주 비난받았다. 어떤 남자들은 적절하게 페미니즘을 지지하지 못했다고 맹비난을 받거나,

억압적인 성과 젠더 규범과 싸우는 데 합류하지 못했다고 비판받았다. 그러나 **명백히 남성적인 성격을 유지하면서도,** 특히 규범적인 섹슈얼리티를 가진(즉, 이성애자/지배적/페니스가 큰) 남성들이 지지적이고 비억압적일 수 있는 조건에 대한 아이디어는 거의 나오지 않았다.

우리가 꿰어 맞출 수 있는 파편들은 존재한다. 여러 BDSM 커뮤니티들이 비억압적인 틀을 창조하고 그 틀 안에서 유쾌한 억압적 섹스를 하는 방식에서 통찰을 끌어낼 수도 있다. 실천을 할 때, 사람들은 여전히 양쪽 파트너들이 다른 욕구에 대해 이야기할 수 있으면서도 매우 강한 지배/피지배 역학을 보존하는 일을 놀랄 정도로 잘 해낼 수 있다. 확실히 성적 역할 대 다른 욕구의 이해는 젠더 정체성에 복무하도록 적용될 수 있다. 그러나 비디에세머들 중에서도 여전히 구식 젠더 선입견의 희생자들은 많기 때문에, 그런 사람들은 '모든 여자들은 타고나기를 서브미시브' 같은[4] 헛소리를 한다.

내 말을 오해하지 말았으면 좋겠다. 물론 자기 특권을 놓지 않으려고 하거나, 자신의 행동이 억압적인 체제를 지탱하는 방식에 대해 연구하지 않으려는 사람은 누구든지 많은 비난을 받아야 한다. 그러나 나는 기꺼이 그런 일을 할 수 있으면서도, 그런 논의에 참여하는 것이 자신의 성적 젠더적 정체성을 불안하다고 느끼게 만들기 때문에 관련 논의에 들어가지 못하도록 가로막힌 듯이 느끼는 남자들이 존재한다고 생각한다. 그렇다고 그들을 공격하는 것은 불합리하다는 생각이 든다. 어떤 사람의 섹슈얼리티나 젠더 정체성을 규범적인 방식으로 나타내겠다고 선택하는 것은 **그 자체로** 죄는 아니다. 사람들이 자신을 자기에게 맞지 않는 상자에 맞춰야 한다는 기대는 공정하지 않다. 그것은 섹스와 젠더를 더 잘 이해하려는 '대의명분'조차 아니다.

힘을 보태고 비억압적이면서도 명백히 남성적일 수 있는 남성들에 대한 개념을 어디서 찾을 수 있을까? 규범적 남성의 이점이 남성 규범을 분석하는 데 어떻게 활용될 수 있을까? 전형적인 남성성의 구조에서 해방된 남성적인 모습은 무엇일까? 우리는 이 세 가지 토대를 전부 포괄하는—남성적으로 인식되고, 남성의 특권을 인정하고, 남성성의 문제를 해체하는— '남성 운동'에 어떻게 기여할 수 있을까?

3절: 남성을 위한 공간

이제부터 내가 주장하려는 부분은 사람들이 나를 '멍청한 MRA'로 보게 만들까봐 걱정되는 부분이다. 내 말을 오해하지 말았으면 좋겠다. 나는 **확실히** 여성들이 남성들보다 전반적으로 더 낫다고 생각하지는 않는다. 그러나 **우리가 남성만큼 큰 특권을 경험하지는 않지만** 남성이 경험하지 못하고 여성은 경험하는 많은 이점들이 있다는 것을 페미니스트들이 인정하는 게 좋지 않을까 하는 생각이 든다.

여성들은 위협적으로 보이지 않기 때문에 길거리에서 낯선 사람에게 다가가는 것 같은 대면적인 일을 더 하기 쉬울 때가 있다. 여성들은 싸움꾼으로 보이지 않기 때문에 남성에 비해 갑자기 공격을 당할 확률이 더 낮다. 여성들은 감정적이라고 간주되기 때문에, 우리는 우리의 감정에 대해 생각하고 논의할 사회적 공간이 엄청나게 많이 생긴다. 나는 남성보다 훨씬 더 쉽게 아이들과 함께 일하고 아이들에게 다정할 수 있다. 나는 엄청나게 싫은 사람으로 보이지 않고도 나의 섹슈얼리티에 대해서 솔직하고 공공연하게 말할 수 있다.

그리고 남성성을 갖추려는 것이 얼마나 엿 같은 일인지 최소 몇 가지

불평이 반복적으로 나온다. 첫 번째, 가장 중요한 점은 남자들은 감정을 처리하는 법을 배우거나 감정을 보여도 된다는 허락을 받았다고 느끼지 못한다는 것이다. 또 한 가지, 남자들은 직업에서 성공하지 못하면 특히 가족의 주 부양자가 되지 못하면 남자답지 못하다고 여겨진다. 세 번째, 남자들은 성적으로 만족을 모르거나 늘 성적으로 기능할 수 있어야 한다는 기대를 받는다.

물론, 여성이 경험하는 이익이란 거의 언제나 불행한 스테레오타입의 뒷면이라는 것도 언급해 두어야 한다. 예를 들어, 여성들은 비합리적이고 히스테리컬하다는 스테레오타입이 있기 때문에 감정 면에서 더 많은 사회적 공간을 갖는다고 말할 수도 있다. 그러나 그것은 우리 여성들 대부분이 쉽게 그 공간을 장악할 수 있고 반면 대부분의 남자들이 그러지 못한다는 사실을 바꾸지는 않는다. 그리고 만약 우리가 억압 올림픽을 잠시라도 거부하고 누가 억압을 더 심하게 당하는지 생각하기를 잠깐 멈출 수 있다면, 그 이익과 문제점들은 남성과 여성 양쪽에 다 얽혀 있다는 것이 분명해진다. 두 체계는 서로를 강화하고, 서로가 없이는 기능할 수 없다. 젠더 이분법은 모든 사람을 **똑같이** 해치지는 않을지 모르지만, 모두를 해친다. '모든 소녀/모든 소년'이 나오는 아름다운 포스터들이 말하는 것처럼, 가장 분명한 예는 "실제로는 강하면서 약한 척 행동하기 지친 소녀 한 명마다, 약하다고 느낄 때 강한 척하는 데 진력난 소년 한 명이 있다."[5]

약자를 사랑하는 우리 문화에서, 사람들에게 자신이 특권을 받은 사람이라는 이미지를 포용하라는 부탁은 심리학적으로 현실적 쓸모가 없을지도 모른다는 의심이 든다. 나는 백인 남성이 된다는 생각을 혐오했던 트랜스 남성을 다시 떠올리게 된다. 그러나 우리 페미니스트들이 우리의 사회적 이익을 인정하는 입장에서 생산적으로 일할 수 없다면, 이성애자/도미넌트/페니스가 큰 남성들이 그렇게 하기를 어떻게 기대할 수 있겠는가?

여성이 젠더를 토대로 이익을 얻는다는 것을 페미니스트들이 인정하면 남성들이 남성의 특권을 인정하는 길을 만드는 데 도움이 될까? 페미니즘이 젠더 이분법에서 양쪽 다 이득을 본다는 것을 인정하면 남성 노릇에서 무엇이 형편없는지 우리가 더 잘 파악하는 데 도움이 될까?

내가 여기서 토머스 매컬레이 밀러를 너무 많이 인용하는 걸까? 음, 적어도 한 번 그가 나를 좌절시킨 적이 있다. 어느 블로그 포스트에 단 댓글에서 그는 전형적인 남성들에 대해 상당히 혹독한 견해를 말하고 있는 것 같았다. 나는 공통 지점을 찾거나 적어도 좀 더 점잖게 설명하는 것이 더 나을 수 있다고 시사했다. 그는 그런 것에 흥미가 없다고 말했다.

"나는 우리 모두 자기 입지가 있는 사람들과 살아간다고 생각해요. 다른 사람을 참아줄 정도로 온건하게 우리 견해를 알릴 수는 없어요."

그는 이런 말도 덧붙였다.

"내 생각을 너무 퉁명스럽게 말한다고 누군가가 소외된다면, 나는 권리를 가진 시스 헤테로 남자들을 소외시키겠어요." [6]

이 말을 읽었을 때 웃지 않았다는 말은 못하겠다. 그러나 걱정도 되었다. 나는 페미니즘/섹스/젠더에 대해 남성들과 논의하려고 시도한 경험이 엄청나게 많다. 그 경험에서 남성들은 긴장하고, 발끈하고, 나를 배제해 버렸다. 하지만 남자들은 늘 그렇다거나, 자기 특권을 잃을지도 모른다는 생각에 견딜 수 없어서 그랬다고는 생각하지 않는다. 많은 남자들이 자기가 젠더 논의에 낄 자리가 없다고 느끼도록 오도되었을 것이다. 그들은 그런 논의가 언제나 남자들이 무엇을 잘못하는지 논하는 자리이고, 그들이 있는 곳에서 그들과 일할 마음이 있는 사람은 없다고 느꼈을 것이다.

모든 집단에는 아웃사이더들이 있다. 운동은 불가피하게 반대 세력 주위에 형성된다. 누군가가 페미니즘적 분노를 느끼고 있다면 나는 그 사람이 페미니즘적 분노로 가득 찬 것을 완전히 이해할 수 있다. 그리고 진지하게 말하는데, 내 말을 오해하지 말았으면 좋겠다. 나는 페미니스트가 아닌 남자들에게 공짜 통행권을 주고 있는 것이 아니다. 남자들의 섬약한 남성 자아가 감당하기에는 우리의 급진주의자들이 너무나 대결적이기 때문에—아니면 불편할 정도로 옳기 때문에—너무나 많은 남성들이 페미니즘에서 분명히 소외되고 있다는 사실이 마음에 들지 않는 것이다(이건 다 비꼬는 말이다!). 하지만 반-억압을 **마케팅** 할 생각을 내가 하고 있다는 것은 **정말** 싫다. 우주가 공정하다면 반-억압이 저절로 팔릴 텐데!

그러나 동시에, 나는 현실주의자다. 나는 우리 우주가 공정하지 않다는 것을 알고, 그곳에서 내 목표를 성취할 전술을 사용하고 싶다. 즉, 섹스와 젠더 전쟁에서 내 편에 설 남자들을 정말 더 많이 찾고 싶다. 페미니즘이라는 꼬리표가 찍힌 사상을 공격이라고 보지 않고 오히려 동맹하기 위한 기회로 보는 남자들에게 정말 더 많이 말하고 싶다. 우리가 현실적인 전술의 견지에서 생각한다면, 규범적 남성들이 미국의 권력 대부분을 잡고 있다는 사실은 언급할 만한 가치가 있다. (우리가 불평하고 있는 체제의 일부다, 안 그런가?) 그러니 '억압 계급'에서 우리의 세를 불린다는 것은 우리가 그들의 권력을 가차 없이 잘 쓸 수 있다는 뜻이다.

우리가 미치지 않고도 규범적 남성에게 열려 있는 젠더와 섹슈얼리티 페미니즘 담론을 더 잘 만들 수 있을까? 우리는 어떻게 규범적 남성에게 우리의 운동을 개방하고 그들을 받아들일 수 있을까? 다른 말로 해서, 어떻게 하면 규범적 남성이 우리를 지원하도록 설득할 수 있을까?

어쩌면 섹스와 젠더 급진주의 캠프에는 규범적 남성이 별로 필요하지 않을 것이다. 우리의 논의에 엉겨 붙는 멍청한 '젠더 이론 기초반' 질문들이 없으면 더 행복할 것이다. 그렇지만, 그들을 '모병'할 생각이 없다고 해도, 나는 규범적 남성들 사이에서 남성성과 남성 섹슈얼리티에 대한 광범위한 분석이 일어나는 모습을 더 보고 싶다.… 사회적 상자를 의식하는 감각을 갖는 것이 그들을 더 행복하게 해 주기 때문일 뿐이라고 해도. 그들도 자신의 해방을 열망하게 되리라고 생각하기 때문일 뿐이라고 해도.

그래서 최소한, 나는 미국을 남성성과 남성 섹슈얼리티에 대한 진지한 조사가 활발히 일어나는 곳으로 만드는 데 기여하고 싶다.

이것이 나의 마지막 질문이다.

어떻게 하면 내가 그렇게 할 수 있을까?

교육 · 이론

아프리카의 섹스 ABC
1부: 금욕

2009년에서 2010년까지, 나는 1년 동안 사하라 사막 이남 아프리카에서 HIV 퇴치 운동을 했다. 그것은 매혹적이지만 비통하고 사람을 좌절하게 만드는 경험이었다. 나는 외국 원조, 공공 보건, 전 지구적 불의의 가능성과 위험에 대해 엄청나게 많은 것을 알게 되었다. 너무 많아서 이 서두의 문단에서 요약할 수 없을 정도이다. 언젠가 나는 그런 모든 주제에 대해 더 많이 쓰게 될 것이다. 그러나 그 동안에는, 내 글들을 읽고도 더 많이 읽고 싶다는 생각이 남는다면, 두 권의 비통한 책을 추천한다. 캐서린 캠벨이 쓴 『그들을 죽게 놔두라: 왜 HIV/AIDS 예방 프로그램이 실패하는가』, 그리고 엘리자베스 피사니가 쓴 『창녀의 지혜: 관료주의자, 매춘굴과 AIDS 사업』이라는 책이다. (특히 피사니의 책은 읽다가 너무 많은 것을 인식하게 되어 화가 날 지경이었다. 젠장, 엘리자베스 피사니 속에 들어갔다 나온 것 같았다. 이건 내가 쓰고 싶었던 바로 그 책이었다!)

2010년 초반 아직 아프리카에 있을 때, 나는 내 경험에 대한 기사를 몇 편 쓰기 시작했다. 이 기사들은 명민한 섹스긍정적 저술가인 크리스 홀의 편집으로 CarnalNation.com에 실렸다.[1] 특히 크리스에게 감사하는 지점은, 많은 에디터들과 달리 그는 내가 무슨 생각에서 그 글을 썼는지 파악하려는 노력을 했다는 것이다. 그는 언제나 요구가 아니라 요청을 했고, 나와 상의하기 전에는 절대 내글을 고치지 않았다. 좋은 편집자를 만나기는 힘들다. 그래서 내가 다른 작가의 글을 편집하게 된 오늘날, 나는 크리스가 가르쳐 준 편집 모델의 면목을 세우고 싶다.

2010년 후반부터 CarnalNation이 새로 기사를 내지 않는다는 사실을 전하게 되어 슬프다. 하지만 여전히 지난 호 기사를 온라인에서 읽을 수는 있다(그리고 그렇게 하라고 권하고 싶다). 섹스 커뮤니티와 운동 등에 대해 제대로 이해하지 못하는 '섹스긍정적' 웹사이트들이 많다. 재능 있고 윤리적인 저술가들을 고용하지만 정말로 비윤리적인 사업 관행을 숨기는 웹사이트들도 많다는 것은 말할 필요도 없다. 하지만 내가 아는 한, CarnalNation은 진짜배기였다. CarnalNation에 기여한 사람들의 목록을 읽으면 섹스긍정운동 올스타전을 보는 것 같다. 나는 거기에 속하게 되어 자랑스럽다.

하여간, 이 글은 내가 원래 남아프리카의 섹스와 문화에 대해 썼던 연작 기사의 첫 번째 글이다. 내 글들이 다 그렇듯이, 이 글은 나 자신의 경험에서 우러나온 것이다(이 책에 내가 썼던 아프리카 기사들을 전부 다시 싣지는 않았다. 하지만 그 글들은 CarnalNation 보존글에서 모두 다시 볼 수 있다).[2] 이 글에 들어가기 전에 마지막으로 하나 더 언급하고 싶다. 아프리카에 대해 쓴 많은 서구인들의 글에서 보이는 문제 한 가지는 그들이 아프리카를 '하나의 나라'로 다루고 있다는 것이다. 아프리카가 여러 가지 다른 문화로 가득 찬 거대하고 다양한 대륙이라는 인식이 거의 없다. 나는 그런 시각을 피하려고 했다. 하지만 나는 필명으로 글을 쓰기 때문에 내가 아프리카 어디에 있었고 무슨 일을 했는지 자세히 적을 수는 없다. 그것이 매우 유감이고, 이 글에서 내가 너무 멍청한 식민주의자로 보이지 않았으면 좋겠다.

2009년 초에, 나는 시카고에서 섹스긍정적, 친-BDSM 교육자로서 유명해졌다. 내가 얼마나 갑자기 성공을 거두었는지 나보다 놀란 사람은 아무도 없었다! 나는 제인 애덤스 헐-하우스 박물관에서 폭발적인 친 섹스, 친 퀴어, 친 킨크 다큐멘터리 영화제 <섹스+++>를 기획했다. 시카고, 샌프란시스코, 뉴욕에서 BDSM과 성적 의사소통 양쪽 주제에 대해 다 강연했다. 심지어 오프라의 사무실에서 전화도 받았다! 그 다음, 늘 미쳐 돌아가는 내 삶이 그렇듯이, 나는 남아프리카에서 HIV/AIDS 퇴치 운동을 하라는 제안을 받았다. 오랫동안 하고 싶었던 일이기 때문에 나는 그 제안을 받아들였다. 어느 정도 자아 찾기를 하자는 생각이 없지는 않았지만.

방향 전환 한번 빠르지 않은가! 심지어 여기 오면 연애도 포기할지 모르겠다는 생각까지 했다… 하지만 그렇게까지 방향 전환이 빠르지는 않았다. 이사 온 지 겨우 한 달 후, 나는 정말 좋은 남자를 만났다. 그도 미국인이었고, 마찬가지로 HIV/AIDS 관련 일을 하러 여기에 왔다. 우리는 좀 멀리 떨어져 살았지만, 문자로 끊임없이 정담을 나누었다. 우리는 어원학에 대해 논의하고, 문학적 추천작들을 교환하고, 종교를 비교했다. 나는 유니테리언이고, 그는 바하이교* 개종자였다. 그는 시카고에서 여름 한 철을 난 적이 있었고, 우리는 같은 서점에서 책을 산 적이 있다는 사실을 알게 되었다.

어느 날 밤, 어쩌다보니 같은 나이트클럽에 있게 되었다. 우리는 담배를 피운다는 핑계로 밖에 나와 음악을 포기하고 몇 시간 정도 이야

---

* 바하이교(Baha'i): 페르시아인 바하올라(1817-1892)가 창시한 종교. 모든 형태의 편견 배제, 진리에 대한 독자적 탐구, 양성평등의 확립, 극단적인 빈부 격차의 철폐, 보편교육의 의무화, 높은 수준의 윤리적 실천 등을 강조한다.

기를 했다. 우리 친구들은 몇 번씩이나 우리를 살펴보러 와서 이런저런 능글능글한 암시를 던졌다. 우리는 계속 '담배 한 대만 피우고 도로 들어간다'고 약속하고 있었지만, 사실상 담배 피우는 것을 잊어버렸다. 그 대화는 향수병과 윤리, 롤플레잉 게임, 더 많은 문학 이야기로 흘러갔다. 나는 그에게 책 한 권을 빌려주었다. 그는 나를 찾아오겠다고 약속했다.

며칠 후 그가 보낸 문자는 눈에 띄게 초조했다. 누군가가 문자로 말을 불쑥 내뱉는 모습을 상상할 수 있는가? 자기의 바하이교 신앙에는 '혼전순결' 부분이 있다고 진지하게 말할 때 그가 바로 그랬다. 나는 얼떨떨해졌지만, 웃을 수밖에 없었다. **물론** 비혼의 친 섹스 대변인 클라리스 쏜은 자신과 자지도 않을 남자에게 반드시 눈독을 들여야 하는 것이겠지!

***

나는 금욕만 하라는 성교육을 받지 않았다. 내가 다닌 중학교 보건 선생님들은 존경스러울 만큼 솔직담백했고 심지어 그런 솔직함을 더 강하게 밀어붙이기 위해 강당에서 콘돔 사용법 교육을 주최하기도 했다. 또, 유니테리언으로 키워져서 다행이었다. 그래서 일요 학교에서 놀랄 만큼 열정적이고 완벽한 성교육을 받을 수 있었다.[3]

그렇지만, 오랫동안 나는 순결에 강하게 끌렸다. 십대에 나는 훨씬 더 나이를 먹을 때까지 순결을 잃지 않겠다고 결심했다. 그때 나는 25세를 골랐던 것 같다. 나는 섹스를 감당할 만큼 성숙했다는 것을 확인하고 싶었기 때문이다. 그 결심은 지켜지지 않았다. 그러나 내가 성적으로 능동적인 사람이 된 다음에도, 때때로 그럴 생각이 다시 들었다. 내 여자친구들 몇 명은 '일시 휴식' 기간을 가졌다. 어떤 경우 그들은 몇 년씩 꼬박 금욕하기도 했다. 나도 그럴까 하는 생각이 오랫동안 강하게 들었다.

그때는 내가 성에 대한 의사소통이 끔찍하게 서툴렀다. 노골적인 섹스 씬을 읽으면 초조해졌다. 아마 그런 모습이 내가 '수행할' 수 없는 기준을 세운다고 느꼈기 때문인 것 같다. 내 파트너들에게 터놓고 이야기하는 것도 불가능했다. 특히 내가 무엇을 원하는지 사실상 내가 몰랐기 때문인 것 같다. 최악의 사실은, 내가 내 섹슈얼리티를 둘러싼 사회적 상자를 느낄 수 있었지만 그것을 분명히 표현할 수 없었다는 것이다. 게다가 내 섹슈얼리티에는 어두운 저류가 흘렀고 나는 거기에 무서움을 느낄 따름이었다. 금욕은 나의 섹스부정적 문화적 응어리를 감싸안는 명백하고 유일한 방법이었다!

일단 내가 BDSM에서 방향을 찾고, 미국인들이 섹스에 대해 생각할 때 떠올리는 어떤 문제들을 피해가는 방법을 파악하고, 완전히 신뢰할 수 있고 모험에 가득 찬 상호 성적 의사소통을 경험하자⋯ 순결에 끌리는 마음은 엄청나게 줄어들었다. 요즘은 a)방금 연애 면에서 심신이 탈탈 털렸을 때나, b)나 자신에게 더 많은 시간을 할애하고 싶을 때만 그 생각에 매력을 느낀다.

'순결' 씨도 비슷한 이유로 불편해 한다고 생각하고, 그도 '그것을 극복할' 것이라고 생각하고 싶은 유혹이 있다. 그런 마음은 유혹적이다. 그렇지만 무례하고 주제넘다. 그는 언젠가 자신의 동기를 재고할 수도 있다. 그러지 않을 수도 있다. 그의 감정을 존중하는 것이 중요하다. 그래서 그가 내게 저런 문자를 보냈을 때, 나는 책임감 있는 섹스긍정적인 여성이 마땅히 해야 할 일을 했다. 즉 그의 경계선에 경의를 표하고 내가 그 안에 들어갈 수 있는지 진지하게 생각했다.

나는 그에게 답신을 보냈다.

당신이 진지한 어조로 문자를 보내 나한테 선서 문제를 이야기한 건 사랑스럽다고 생각해. 자기 자신과 남성성에 대한 사회적 기대감에 도전하는 당신을 매우 존경하기도 해. 내가 겪어온 성의 역사를 문자로 해설할 수는 없어. 당신이 방문하면 같이 이야기했으면 해. 당신이 마루에서 자겠다고 고집을 부려도 좋으니 방문해 주면 좋겠어. 솔직히 그 선서의 한계가 어떨지 궁금하기는 하지만, 당신을 밀어붙이지 않겠다고 약속할게. 당신이 무너지기 싫다는 것도 이해하니까.

그 다음 문자가 몇 번 오가면서 그가 안도감을 느끼는 것이 뚜렷이 드러났다. 금욕하고 싶은 남성은 여성보다 훨씬 까다로운 길을 앞에 두고 있는 것 같다. 성에 대한 미국의 전제는 전형적인 남성 섹슈얼리티를 중심에 두고 형성되어 있는 것 같다. 여자에게는 **정말 엿 같은** 일이다. 그러나 그것은 남성들을 매우 제약하는 좁은 스테레오타입이다. 남성들은 만족을 몰라야 한다는 기대를 받지만, 그들도 섹스가 한 남자의 남성성 전체에 의문을 던지지 않는 쪽을 좋아한다. 그가 금욕을 하면 여성 파트너도 불안해질 수 있다. 즉, 남자가 거의 무분별한 섹스 기계라는 전제를 고려할 때, 남성이 자신과 섹스하지 않으려고 하면 여성 쪽에서 자기가 뭔가 엄청나게 잘못되었다고 느낄 수도 있다.

'순결' 씨는 그런 문제들을 아주 많이 겪었기 때문에, 내가 조심스럽게 반응하고 그런 불안이 없다고 분명히 표시한 것은 점수를 많이 땄다. 그때부터 나는 그를 공공연하게 두 번 만났고, 우리는 심지어 애무까지 할 수 있었다! 그는 또 나를 방문할 것이다. 그를 유혹하지 않겠다고 약속하는 한 그에게 침대에 눕도록 설득할 수도 있을 것 같다.

그리고 아마, 내 희망 사항일 뿐이지만, 그가 BDSM을 한다고 해서 그의 선서에 어긋나지는 않을 것이다… 여자가 꿈 좀 꿀 수도 있지, 안 그래? 하지만 진지하게 말해서, 우리가 BDSM을 함께 할 수 있다면 나는 그의 환상의 파트너가 될 수도 있다. '실제' 섹스를 무기한으로 미루고 우리의 성적인 시간을 BDSM과 전희에 집중할 수 있다면 정말 좋겠다. 게다가, 어떤 사람들은 성적 만족을 거부하는 것이 연애라는 마술을 연장하는 최고의 전술이라고 주장하기도 한다.[4] 그러니 '순결' 씨가 내 평생의 사랑이 될 수 있는 길이 이렇게 열릴지도 모른다.

***

아프리카에서 HIV 교육자들이 외어야 할 주문은 ABC다. HIV/AIDS를 막기 위한 세 가지는 금욕, 지조 지키기, 콘돔 사용Abstinence, Being faithful, Condom usage이다. 하지만 내가 하는 일은 콘돔을 나눠주고 손가락을 까딱거리는 정도로 쉬운 일이 아니다. 신화와 오해들이 존재하지만, 사람들이 HIV를 피하는 법을 모른다는 문제는 그리 크지 않다. 문제는 사람들이 자신을 보호하기 위해 자기 행동을 바꾸려 들지 않는 것처럼 보이거나… 자기 행동을 바꿀 힘이 없다고 느끼는 것이다.

사람들이 콘돔에 대해 아는 것으로만은 안 된다. 쾌락을 상실하거나 파트너에게 반대 압력을 받는다는 문제가 있어도 콘돔 사용을 우선으로 해야 한다. HIV가 성을 매개로 전염된다는 것을 머리로만 알아서는 안 된다. 명백한 결점에도 불구하고 섹스를 자제하는 데 심적으로 개방되어야 한다. 아프리카에서 HIV 예방 운동은 이제 지식을 나누는 것보다 마케팅 면이 더 중요하다. 사람들에게 그들의 섹스와 건강, 미래에 대한 새로운 관점을 주는 것이다.

물론, 나는 성평등과 같은 사회적 측면들을 마케팅하는 것에 완전히 흥분한다. (성평등은 여러 가지 이유로 HIV/AIDS 문제이다. 제일 분명한 지점은 여성들의 힘이 약할수록, 여성들은 자신의 성행위를 통제할 수 없다는 것이다.) 그러나 다른 것들에는 멈칫하게 된다. 금욕이라고? 정말? 그 말은 목에 콱 막힌다. 분명 나는 섹스를 하지 않겠다고 **선택하는** 사람들에게 문제가 있다고는 전혀 느끼지 않는다.··· 그러나 사람들에게 섹스를 하지 말라고 적극적으로 **설득하는** 건 어떤지 잘 모르겠다.

미국에 있을 때 나는 개방적이고 솔직하고 쾌락을 긍정하는 성교육을 옹호했다. 그러나 그것은 미국에서도 급진적인 입장이었다. 나는 여기서도 그렇게 할 수 있는지 잘 모르겠다! 적어도 몇 명의 동맹군들을 발견하기는 했다. 어떤 사람들은 예상치 못한 곳에 있었다. 예를 들면, 남아프리카 공화국에 있는 아그리파 카사이드Agrippa Khathide라는 사람은 선명한 입장을 갖고 노골적으로 섹스긍정적인 교육을 하는 교육자이다. 목사이기는 해도. 나는 여기에도 훌륭한 일을 하고 문화적으로 적절한 섹스긍정적 교육을 창조할 공간이 있다고 생각하기 시작했다.

그렇지만 여전히 HIV를 피하는 백퍼센트 효과적인 전술은 금욕뿐이다. 다른 교육자도 내게 이런 말을 했다.

"난 금욕만 해야 한다는 교육을 제일 **싫어해요.** 정말입니다. 하지만··· 여기서는 필요한 요소라고 생각합니다."

나는 금욕 판촉을 하지 말아야 할까? 금욕을 마케팅하는 건 성적인 탐험을 할 가치가 없다고 말하는 것과 어느 정도 비슷할까?

나는 여전히 내 접근 방식을 신중히 검토하고 있다. 하지만 HIV와 가장 효과적으로 싸우는 방법으로, 자유로운 섹슈얼리티에 상반하는 가치들을 지지해야 한다면 어쩌지? 내 일을 제대로 하려면 **섹스부정적 의제들을 선전**해야만 할까? 꼭 그렇지는 않다. 섹스긍정적 금욕을 선전하는 방법들도 확실히 있다. '아프리카 여성들을 위한 바이브레이터' 프로그램은 어떨까? (이건 대체로 농담이다.)

이것은 밤잠을 이루지 못하게 만드는 더 큰 의문의 한 측면일 뿐이다!

치명적이고, 치료할 수 없는 성적 전염병*이 있다면, 어떤 그룹에서는 40퍼센트나 양성 반응이 나오는 인구가 있다면, 그들에게 문화적으로 적절한 메시지에는 성교육에 대한 나의 친 섹스, 친 퀴어, 친 킨크 접근법이 전혀 용납되지 않는 사회가 있다면… 섹스긍정적인 교육자가 된다는 것은 **무슨 의미인가?**

어쩌면 금욕에 대한 나 자신의 과거 느낌과 현재 느낌에서 단서를 얻을 수 있을지도 모른다. 금욕을 열정적으로, 효과적으로, 책임감 있게 홍보하는 법, 금욕 이야기를 할 때 나의 경계선을 찾아내는 법에 대한 단서를. 아마 나는 '순결' 씨와 나의 관계에 대해서도 현실적인 조언을 얻을 수 있을 것이다. 나는 그가 그렇게 큰 곤란을 겪었던 유독한 남성 규범에서 벗어나 일할 수 있고, 금욕에 대한 남아프리카 남자들의 비슷한 걱정에 대해서도 조사할 수 있다. 만약 미국 남자들이 성적 남성다움의 정의를 만족시키기 어려운 상황이라고 생각한다면, 권세 있는 남자들이 여러 명의 아내를 거느리고 수십 명의 아이들을 갖는 장소

* HIV/AIDS는 클라리스 쏜이 이 글을 쓰던 당시만큼 치명적이고 치료할 수 없는 병이 아니다. 이제는 당뇨나 고혈압처럼 관리하며 일상생활을 영위할 수 있는 질병이 되었다.

에서 살아보라. 나는 또 '막 나가면' 어떨까 하는 생각도 한다. 아마 금욕이 정말, 정말, 정말 **재미있다**는 걸 알게 될 수도 있지!

뭐, 최소한, 금욕을 하면 내가 다른 사람들에게 권장하는 것이 어떤 맛인지 알 수 있을 것이다.

교육 · 이론

아프리카의 섹스 ABC
2부: 지조 지키기

이것은 '섹스 ABC' 시리즈 3부작 중 두 번째 부분이지만, 원래는 마지막에 넣으려고 했다. 이 부분이 단연코 가장 복잡하기 때문이다.

남아프리카 공화국 대통령 제이콥 주마는 아내가 세 명이다. 한 남아프리카 공화국 사업가는 최근 신문에 대문짝만하게 실리는 예식을 벌이며 네 명의 여성과 동시에 결혼했다. 스와질란드의 음스와티 왕은 아내가 13명이고, 그의 아버지 소부자 왕은 70명(그래, 일흔 명이다)을 두었다. 여기 남아프리카에서, 아내를 여러 명 두지 않는 부자들이라고 해도 거의 언제나 첩을 둔다. 당연히, 이 지역 여성들은 여러 명의 배우자를 두지 않는다. 그리고 부정에 대한 사회적 처벌은 여성에게 훨씬 더 가혹하다. 미국에서 페미니스트들은 '종마'가 칭찬인 반면 '창녀'는 모욕이라고 자주 지적한다. 줄루어*에도 비슷한 언어학적 경향이 있지만, 줄루어의 같은 단어에 비하면 영어 단어는 온건한 편이다.

***

나 자신은 합의에 의한 비-모노가미를 실행한 적이 거의 없지만, 나는 미국에서 폴리아모리와 스와핑**의 탈낙인화를 주저없이 지지한다. 사실 나의 주 관심사는 BDSM이지만 합의 하의 섹슈얼리티라면 어떤 형태에서든 배울 것이 매우 많다. 게다가, 우리는 기본적으로 같은 편이다. 여러 가지 섹스 서브컬처에서 섹스긍정적 '의제'나 '운동'을 더 의식한다면 아주 좋을 것이다! 우리의 커뮤니티들이 서로 주안점을 두는 부분이 다르고, 때로는 가치관도 엄청나게 다르지만, 나는 스와핑하는 사람들과 폴리아모리들을 전우라고 생각한다.

* 남아프리카공화국의 11개 공식어 중 하나로, 반투(Bantu) 계열에 속하는 언어이다. 줄루어와 의사소통이 가능한 동일 언어 집단 사용자는 남아공 전체 인구의 50% 이상이다.
** 자주 쓰이는 표현은 swing이지만 '파트너 바꾸기' 행위로 우리에게 익숙한 단어는 스와핑이기 때문에 스와핑으로 주로 번역한다.

그러나 연설은 그만! 요점은 내가 폴리아모리를 변호한 일이 많다는 것이다. 그러면서 나는 흥미로운 논쟁을 하게 되었다. 어떤 친구는 폴리아모리에서 관계를 협상하기가 얼마나 힘든지 하는 문제를 잠깐 이야기했다. 그는 이렇게 불평했다.

"그건 아주 **복잡해.** 의사소통이 아주 많이 필요해. 이것만 해도 폴리아모리 반대 논점이 될 것 같지 않니? 폴리아모리가 정말로 좋은 관계 모델이라면, 사람들이 그걸 성취하는 데 그렇게 크게 노력을 들이지 않아도 될 거야."

나는 이렇게 대답했다.

"그건 폴리아모리가 우리의 사회적 기본형이 아니기 때문에 복잡할 뿐이야. 사람들은 규범에 들어가지 않는 관계를 협상할 때 추가로 노력을 들여야 해. BDSM에서도 같은 일이 일어나. 킨크스터들은 성적 관계에 대해 논의할 때 아주 많은 시간을 **들여야 해.** 우리 파트너들이 어떻게 하고 싶은지에 대해 섣불리 가정하면 더 위험하기 때문이지. 킨크가 뭔가 잘못되어 있어서 그런 게 아니야."

그리고 나는 이런 말도 덧붙였다.

"그런 추가 노력은 결함이 아니라 특성일 수도 있어! 킨크스터들이 우리 섹슈얼리티에서 서로 다른 측면을 분리해서 보는 데 그렇게 많은 시간을 보낸 덕분에 우리는 독특하고 잘 쪼개진 성적 단어들을 갖게 되었다. 대부분의 킨크스터들은 파트너의 경계선이 당연히 이럴 것이라는 가정을 바닐라보다 더 적게 하는 경향이 있다고 생각해. 그리고 우리는 환경 때문에 어쩔 수 없이 잠자리의 의사소통에 대해서 뛰어난 전략들을 발전시키게 되었어. 우리가 모두 뛰어난 의사소통이 가능한 사람들이라는 말이 아니라, 우리는 그쪽에 특별히 열린 창을 가지고 있다고 생각해. 성적 의사소통에 대한 워크샵을 열 때 내가 공유하는 전술의 절반은 BDSM 서브컬처에서 슬쩍해 온 거야. 나는 일반인들을 위해 그 전술에 다시 이름을 붙였을 뿐이야. 폴리아모리들도 관계의 의사소통에 대해 비슷한 통찰을 하고 있어."

남아프리카에 살면서 모든 남자가 여러 여자와 짝을 짓는 모습을 보자 그 대화가 떠올랐다. 남자들의 대다수는 여러 아내를 둘 여유가 없고, 어떤 교회들에서는 그런 관행에 얼굴을 찌푸리고, 폴리지니 polygyny가 꼭 표준은 아니지만 그것은 확실히 매우 존중받고 큰 욕망의 대상이 되는 관계 형태이다. (폴리지니는 여기서 실행되는, 남자는 여러 명의 아내를 가질 수 있지만 여자는 여러 명의 남편을 가질 수 없는 폴리가미 유형을 가리키는 가장 정확한 용어이다. 그러나 많은 아프리카인들이 그것을 그냥 '폴리가미'라고 부른다.)

그리고 뻥 뚫린 길로 갈 수 없는 남자들은 비슷한 일을 좀 더 신중하게 하는 경우가 많다. 『뉴 아프리칸 매거진』 2009년 7월호에, 아쿠아 댜니Akua Djanie—열 살에 영국으로 이사해 거기서 자랐다—는 이렇게 관찰한다.

"나는 한 명의 파트너만 두고 있는 아프리카 남자를 거의 알지 못한다. 아프리카 대륙에서 살고 있는 남자라면 더욱 그렇다. 나와 만난 남자들은 대부분 다중 관계를 갖고 있었다. 어떨 때는 개방 관계지만, 대부분의 경우 조용히 이루어지는 관계였다."

그녀는 또한 이런 것도 언급한다.

"어떤 경우, 남자의 남성성은 그가 가진 여자의 수로 결정된다."

그래서 이곳에서 모노가미는 표준이 아니고, 모노가미를 협상하기도 어렵다. 그러나 새로운 요소, 즉 HIV가 그것을 생사의 문제로 만든다.

        ***

HIV 예방의 가장 기본적이고 중요한 부분은 ABC이다. 금욕, 지조 지키기, 콘돔 사용. 그러나 그 세 가지 전략을 늘 똑같이 내세울 수는 없다. 헬렌 엡스타인이 쓴 2004년 『뉴욕 타임스 매거진』기사 "지조 해결책"은 어느 분석가를 인용해 이렇게 말한다. "파트너 줄이기는 ABC 접근법에서 방치된 둘째 아이였다." 엡스타인은 이렇게 썼다. "아마 그 문제는 도덕적 판단 때문에 더 무겁게 느껴진 것 같다. 서구의 조언자들은 특히 그 문제를 꺼내도 반응이 좋지 않을 거라고 느꼈을 것이다. 그들은 깊이 뿌리박은 행동 패턴을 바꾸려고 해봤자 소용없을 것이라고도 느꼈을 것이다." 그녀는 그런 패턴들을 간단히 서술하고 결론을 내린다. "지나치게 단순하고, 설교하는 것처럼 보일 수 있다고 해도, 지조 캠페인은 해볼 가치가 있는 것 같다."[1] 2007년 『워싱턴 포스트』에 실린 보츠와나의 다중 파트너에 대한 글에서 또 다른 전문가도 그에 동의한다. "'여러 파트너를 두지 말라'를 다른 것과 똑같이 강조했던 적은 한 번도 없었다…. 그냥 '콘돔을 써라'라고만 말한다면… 우리는 결코 그 바이러스가 떠나는 날을 보지 못할 것이다."[2]

이제 남아프리카에 직접 살아보니 그런 추천이 마음에 깊이 와 닿는다. 나는 지조 캠페인에 대한 포스터와 스티커, 광고판을 정기적으로 본다. 몇 년 전에는 그런 것들이 존재하지 않았던 것 같다. 여기서 문화적 자존심은 매우 큰 문제이지만, 지역민들은 결혼에 관련된 위험한 문화적 관행들을 아무렇지도 않게 폄하한다. 예를 들어, 남편을 여읜 아내가 남편의 형제와 결혼하도록 되어 있는 전통인 아내 상속제에 대해 가혹하게 말하는 사람이 많다. 이런 관행들은 점점 더 드물어지고 있다. 그러나 폴리지니라는 더 큰 현상은 움직이기 더 힘들어 보인다.

나는 최근에 어느 마을 교회 지도자의 파트너 줄이기 간담회에 참석했다. 거기에는 폴리가미 결혼을 허락하는 교회와 허락하지 않는 교회 양쪽 대표들이 참석했다. 어느 반-폴리가미 설교자가 폴리가미스트들에 대해 헐뜯는 말을 하긴 했지만, 그 논의는 매우 정중했다. 그들은 결혼상담의 부재, 설교자들이 긍정적인 역할 모델 노릇을 하지 못한 것, HIV 문제에서 교회들이 투명하지 못한 것 등을 이야기했다. (모두 남성인 그 그룹들은 지조 지키기 실패에 기여하는 요인들로 '발기 부전에 대한 여자들의 이기적인 안달', '더 오래 지속하는 남자들을 더 좋아하는 여자들', '많은 돈을 가진 남자들을 더 좋아하는 여자들', '자기 남편을 충분히 사랑하지 않는 여자들'에 대해 언급하기도 했다.) 그 그룹들은 기꺼이 협력하는 것 같아 보였고, 문제를 열성적으로 이야기했다. 구성원들이 친 폴리가미냐 반 폴리가미냐 하는 문제는 사소한 것에 지나지 않아 보였다.

공교롭게도, HIV/AIDS와 관계없는 폴리가미 문제들도 많다. 이 부분들은 그 질병이 없어도 존재할 것이다. 예를 들어, 폴리가미를 지지하지 않는 어떤 선교사들은 이혼과 재혼을 승인할 것이다. 한 남자는 내게 '진정한' 폴리가미 결혼—한 남자가 많은 여성들을 얻어 모두 동시에 부양하는—은 천천히 대체되고 있다고 말했다. 부자 남자들은 이제 더 어린 아내들을 얻지만, 먼저 그 전 아내와 이혼하고 그들을 버리는 경우가 많다. '새로운' 접근법은 '연속적 일부일처제'라는 서구 모델과 수상할 정도로 닮아 보인다… 아무 자원 없이 남겨진 그 여자들이 거의 다시 결혼하지 못한다는 점만 제외하고. (오직 한 파트너만 HIV를 가졌을 때, 성 불평등은 강조된다. HIV 양성 남자는 아내의 간호를 받을 가능성이 높다. 반면 HIV 양성 여성은 학대에서 유기까지 모든 가능성을 겪을 우려가 있다.) 부분적으로는 유기가 너무나 흔하고, 부분적으로는 교리의 교조적 해석 때문에, 교회 지도자들 중에서는 폴리가미를 거부할 뿐 아니라 이혼한 사람들을 재혼시키는 것도 거부하는 세 번째 그룹이 있었다.

매우 흥미롭게도, 어떤 관점에서 현재의 체계는 폴리지니 쪽에 도덕적 힘을 더 실어주는 것 같다. 오랫동안 사람들은 세 가지 대안밖에 없다고 주장할 것이다. 1)유기와/혹은 태만한 아버지 역할 2)부정 3)노골적인 폴리지니. 대안이 그것뿐이라면, 자율적인 힘을 가진 여성이라도 폴리지니에 찬성하는 논변을 펴게 될 것이다. 일처다부제 없이 폴리가미를 지지하는 체계는 완전히 불평등하다는 것을 매우 의식하고 있기 때문에 기분 좋게 옹호할 수는 없더라도.

예를 들어, 아까 말한 2009년 7월 『뉴 아프리칸』의 "우리 아버지들의 죄"라는 글에서 아콰 댜니는 두 번째 아내 때문에 자기 어머니를 무시한 아버지에 대해 쓰디쓰게 곱씹는다. 그녀는 "[아들들에게] 한 번에 한 여자하고만 관계를 갖도록 권하겠다, 그리고 만약 아들들이 실수로 다른 여자들에게서 아이들을 갖게 된다면, 모든 아이를 책임지도록 만들 것이다"라고 쓴다. 그러나 그 다음에 그녀는 이렇게 주장한다.

"나 자신은 결코 그런 [폴리가미] 관계에 들어가고 싶지 않지만, 그것은 과거에 기능했고, 지금도 기능하고, 기능할 수 있다고 생각한다." "그 문제는 폴리가미의 찬반과 큰 관계가 없다. 오히려 어떤 남자들의 무책임한 행동과 더 큰 관계가 있다." 그리고 "아프리카 남자들은 우리 아버지 시대 때만큼이나 여전히 폴리가미를 한다. 사실 나는 폴리가미가 결코 사라질 거라고 믿지 않는다." 댜니는 HIV에 대해서는 한 번도 언급하지 않는다.

(댜니가 서구 문화 제국주의를 아주 잘 알고 있다는 것도 언급할 가치가 있다. 그녀는 서구 편을 들며 아프리카 문화를 폄하하는 사람들을 매우 혐오하고 해체한다. 예를 들어, 그녀가 쓴 2009년 11월 『뉴 아프리칸』 글은 아프리카인들이 알프스 눈 속에서 신나게 노는 백인 아이들의 이미지를 보면서 서구 표준의 크리스마스를 따라 하는 관습에 얼마나 좌절감을 느끼는가에 대한 것이다. 따라서 폴리가미에 반대하는 그녀의 논지는 특히 두드러진다.)

최근에 나는 시골 마을에서 집집마다 찾아다니는 풀뿌리 HIV 교육자들과 이야기를 나누었다. 그들은 이웃들과 이야기할 때 다른 예방 전술의 목록을 펼친다. 그 목록을 훑어보면서, 나는 '우리 안 사육'과 '지조 지키기' 양쪽이 나란히 들어 있는 것을 알았다.

"나는 이 둘 사이의 차이를 모르겠어요."

내가 말하자 그 교육자들은 자기들끼리 줄루어로 상의했다. 마침내 한 사람이 이렇게 설명했다.

"'지조를 지키는 것'은 한 명의 파트너와 모노가미에 대한 문제입니다. '우리 안 사육'은 여러 아내를 두고 있을 때 결혼 바깥으로 나가지 않는 것입니다."

다른 사람들도 찬성하는 것 같았다. 그들의 제한된 영어 실력과 나의 제한된 줄루어 실력을 생각하고 나는 이렇게 묻지 않기로 했다.

양쪽 다 홍보하는 건 당신에게 뒤섞인 메세지라는 느낌을 주지 않나요? (대신 나는 사람들이 그들의 충고에 귀를 기울이는 것 같냐고 물어보았다. 대답으로, 그들은 의기소침한 모습만을 보였다.)

분명히, '지조 해결책'은 여기에 도착했다. 그러나 얼마나 많이, 어떤 식으로 그 메시지가 강조되고 있는지 정확히 알기 힘들다. 그 해결책이 실제로 뿌리를 내리고 있는가는 말할 필요도 없다.

***

폴리아모리에 대한 경험과 내가 솔직한 의사소통을 '만병통치약'으로 보고 거의 광적으로 선전한다는 사실을 감안할 때, 나는 계속 이런 생각을 할 수밖에 없다. '우리의 폴리아모리 동맹들이 가진 의사소통 전술을 남아프리카로 복사하면 도움이 될까?' 그러나 폴리아모리는 폴리지니와 근본적으로 다르다. 폴리아모리는 양쪽 파트너가 동등한 관계, 동등하게 협상할 수 있는 지위에 있다고 전제한다. 반면 폴리지니는 남성이 여성에게는 없는 특권을 가질 자격이 있다고 전제한다. 공명정대한 폴리아모리의 교훈을 가져와 폴리지니에 적용시킬 수 있을까?

만약 내가 폴리지니에 대해 이야기하지 않기로 한다면—문화적으로 걱정스러운 논쟁을 전부 피하고, 그냥 폴리아모리적(그리고 BDSM 적) 분석에 영감을 받은 관계 의사소통 워크숍을 만든다면? (이 방식으로는 아무도 공공연히 입장을 밝힌다고 소외되지 않고, 어쨌든 청중의 생각을 더 낫게 만들 수 있을지도 모른다.) 성평등을 전제로 한 관점에서 가르친다면, 그런 워크숍이 효과가 있을까? 내 본능은 '그렇다'고 답한다. 심지어 기운이 나는 본보기도 발견했다! 유명한 남아프리카 목사 아그리파 카사이드는 여성들을 위해서는 평등을, 모든 사람을 위해서는(물론 결혼 먼저 한 다음에) 성적 쾌락을 설교한다. 그는 기술적인 성적 조언도 넣어가며 명쾌하게 설교한다. 그리고 이런 주장으로 인터뷰들에서 인용되어 왔다. "기혼자들은 침실에서 자기들이 원하는 어떤 방식으로든 자신을 표현하는 데 자유로워야 합니다.", "그들은 쾌락의 주고받음을 탐구하고 명백히 인정하고, 기꺼이 실험할 마음이 있어야 합니다." 그리고 여성은 "남성처럼 성을 즐길" 자격이 있다고도 말했다.

그가 할 수 있다면 나도 비슷한 일을 할 수 있다! 그러면 분명 내 특유의 평등주의적 전제는 긍정적인 효과를 만들어낼 것이다. 내가 짜증나는 남성 특권에 대해 직접적으로 아무 말도 하지 않더라도. 그러나 내가 관계의 의사소통에 초점을 맞추고 모노가미라는 거대한 문제를 직접 다루지 않는다면 이런 논쟁의 중심부에서 빗겨나가게 될까봐 걱정이다. 사실, 그냥 빗겨나가는 정도가 아니라 내가 집중해야 하는 바로 그 지점에서 시선을 돌리게 될지도 모른다.

***

지조 캠페인을 둘러싼 문제를 생각할 때 가장 어려운 부분은 어떤 전술이 적절하냐 부적절하냐, 효과가 있냐 없냐의 문제가 아닐 것이다. 그런 것들은 될 수도 있고 안 될 수도 있다. 문화는 중요하지만 그 효력은 개개인에 따라 다르다. 더 중요한 것은, 문화가 금욕과 콘돔에 대한 태도에 영향을 주는 반면, 그 두 가지 금언의 **구현**을 해석하는 방식은 많지 않다는 점이다. 그러나 지조가 무엇을 의미하느냐에 대해서는 여기 사는 사람들 **자신들도** 의견이 갈린다. 지조 지키기, 아니면 우리 안 사육? 여러 명의 아내 두기, 아니면 이혼 후 재혼? **그들 자신도** 성평등을 향해 힘쓰고 있지만, 서구인들이 그렇듯 성평등의 구현에 관한 많은 논쟁점을 가지고 있다. **그들 자신은** 그들의 문화를 자랑스러워하지만, 수많은 포스터와 스티커들 사이에서 언제나 내 눈길을 끄는 반-HIV

슬로건은 단 한 가지뿐이다.

'에이즈 사망에 있어 문화적인 것은 없다.'

아프리카의 섹스 ABC
3부: 콘돔

이 글은 이 전의 두 편이 나온 후, 2010년 1월 CarnalNation.com에 실렸다. 많은 사람들은 아프리카인들이 '우리와 다르다'고, 그래서 HIV가 아프리카에 그렇게 큰 영향을 미쳤다고 믿고 싶어할 거라고 생각한다. 그리고 내가 이 전 글 '지조 지키기'에서 말한 것처럼, 어떤 문화적 패턴이 HIV 전파에 영향을 준다는 말은 정확하다.

그러나 또 다른 진실은, 모든 곳에 있는 사람들은 다 비슷하다는 것이다. 우리는 어떤 인센티브에 반응하고, 섹슈얼리티는 우리의 가장 강력한 인센티브 중 하나이다. 무시무시하게도 사실은, 아프리카인들은 우리와 특별히 다르지 않다. 그리고 환경만 맞아떨어진다면, 서구인들도 이 끔찍한 전염병에 똑같이 취약할 수 있고 그렇게 되리라. 더 많은 것을 배운 다음 고국으로 오면서, 나는 우리가 얼마나 취약한지 깨닫게 되었다. 미국의 가난하고 주변화된 지역들에서는 HIV가 아프리카에 침투한 것과 같은 비율로 침투하고 있었고, 심지어 특권을 가진 젊은 미국인들 사이에서도, HIV 비율은 수 년 만에 처음으로 올라가고 있었다.

미국에서 솔직한 성교육과 학교에서 콘돔 사용법 교육을 반대하는 주장 중 아주 흔한 것은 그런 교육이 아이들을 문란하게 만든다는 것이다. 즉, 우리가 아이들에게 섹스를 정상적인 일이라고 설명하고 그것을 안전하게 하는 법을 알려주면, 아이들이 섹스하기 더 쉬워진다는 것이다. 어쨌든 섹스를 할 아이들에 대해서는… 흠, 그 아이들은 죄를 짓고 있으니 자기가 무슨 일을 하고 있는지 알 자격이 없다.

어떤 것들은 대양을 건너와도 변하지 않는다. 나는 때때로 남아프리카에서 콘돔 사용을 선전하는 데 반대하는 비슷한 주장들을 듣는다. 그러나 여기서 HIV는 대중을 산산조각내고 있다. 그리고 당신이 사는 지역을 장례식 행렬이 매주 구불구불 지나갈 때는 콘돔 사용에 반대하는 발언을 하기 훨씬 어렵다. 때때로 종교적인 교육자들은 콘돔 사용 선전이 자신들의 메시지를 희석시켜서 반-HIV 교육을 덜 **효과적으로** 만든다고 주장한다.[1] 그러나 내가 만난 대부분의 교회들은 실용적이었고, 콘돔을 선전하는 접근법을 택했다. 사실 내가 지금까지 본 최고의 커리큘럼은 '희망의 교회' 워크샵이었다. 그 워크샵은 기독교 조직 월드비전이 만들었고 교회의 그룹들을 훈련하도록 설계된 것이었다. 그 워크샵은 노골적인 콘돔 교육을 선전할 뿐만 아니라, 성 노동자들과 동성애자들에 대한 연민을 촉구한다. **그리고** 그것은 왜 결혼 관계에서 강간이 나쁜지 논의한다! 감히 말하건대, 미국의 리버럴하고 세속적인 성교육 커리큘럼의 대다수도 그만큼 훌륭하지 못하다.

며칠 전 나는 11~13세 나이의 아이들 한 무리에게 설문조사를 하고 있었다. 그들은 내게 콘돔 끼우는 법을 물었다. 속으로 나 자신을 욕하며, 그들에게 보여줄 것이 아무 것도 없다고 털어 놓아야 했다. 그러자 어떤 아이가 방으로 달려갔다가 몇 분 후 돌아왔다. 그 아이는 콘돔과 장작더미에서 나온 약간 깔쭉거리는 나무 막대기를 가지고 왔다. 콘돔 배포는 활발하게 진행 중이다. 내가 앉아 있는 곳에서 걸어서 십 분 거리 안에 공짜 콘돔을 가져올 수 있는 장소를 세 군데나 생각해낼 수 있다. 콘돔은 어린아이들의 교과서에서 설명되고, 콘돔 시연은 모든 학교에서 환영받는다. 콘돔은 정치인들에게, 대중 아이돌에게, 종교 지도자들에게 칭찬을 받는다. 길을 막고 누구를 데려오든 그 사람은 HIV 예방 주문을 알 것이다. ABC — 금욕, 지조 지키기, 콘돔 사용. 그러나 콘돔 사용률은 여전히 치명적으로 낮다.

***

나는 생선 배처럼 허옇지만 자외선 차단제를 잘 바르지 못한다. 하지만 나는 **아프리카**에 산다. 그러므로 시도해 본다. …그러니까, 시도 비슷한 것을 한다. …내 말은, 이건 참 바르기 짜증나고 미끄덩거린다! 내가 이 글을 쓰는 지금 문자 그대로 최고급의, 끈적거리지 않는, 유분 없는 자외선 차단제를 열 병이나 맞은편에 두고 있는데도 그렇다. 반면, 나는 종교 의식을 수행하듯이 말라리아 예방약을 먹는다. 아무 부작용도 느껴지지 않고, 말라리아에 걸리게 되면 **정말로 엿 같을** 테니까.

나는 몇 년 동안이나 연애했던 옛날 남자친구와 나누었던 순환적인 대화 하나를 기억한다. 우리는 둘 다 훌륭한 성교육을 받았지만 주요 피임법으로 질외사정을 사용했다. 우리 둘 다 쓸 수 있는 콘돔이 몇 상자나 있었는데도 그렇게 했다. 둘 다 내가 임신하는 것을 바라지 않았는데도 그렇게 했다. 그리고 나는 여성의 선택 찬성파이지만 중절 수술을 받으러 갈 자신이 없었다. 우리는 둘 다 테스트를 받았고, 서로 속이지 않을 거라고 믿었다. 그러나 그것은 지속하기에는 위험한 믿음이었다—그리고 우리는 **그것을 다 알고 있었다.**

어떤 순간이 마음속에 떠오른다. 우리는 나른하게 침대에 함께 누워 우리가 얼마나 어리석은지 이야기하고 있었다.

"우린 좀 더 조심해야 해."

그가 진지하게 말했다.

"정말 그래야 해."

나는 찬성했다.

"좀 더 조심하자."

그가 제안했다. 나는 고개를 끄덕였다.

우리는 그러지 않았다.

우리가 어리석었는가? 확실히 그렇다. 우리가 정상이었는가? 불행히도 그렇다. 몇 달 전, 나는 다른 미국인 HIV 교육자와 이곳 아프리카의 상황에 대해 잡담을 했다. 그 여성은 이렇게 불평했다.

"그 사람들은 콘돔을 사용할 줄 알아요. 그리고 콘돔도 갖고 있어요! 그런데도 왜 그런지 도저히 이해를 못 하겠어요!"

"이해가 안 간다는 건 동의해요. 하지만 이봐요, **나도** 언제나 백퍼센트 조심하지는 않았어요. 나는 성교육자인데도 말이지요."

내가 말했다.

그녀는 나를 흘끗 바라보다가 눈길을 돌렸다.

"뭐, 나도 그랬어요."

그녀가 털어놓았다. 잠시 우울한 침묵이 흐른 다음, 우리는 어쩔 수가 없었다—마구 웃기 시작했다. 웃음이 수그러들었을 때 그녀가 말했다.

"난 사랑이 너무 싫어요."

그녀는 고개를 저었다.

"그 헛소리가 사람들을 너무 엿 먹여요."

왜 그 전남친과 콘돔을 쓰지 않았는가? 나는 **아직도** 모르겠다! 나처럼 자주 사람들에게 콘돔을 쓰라고 가르치면, 그 주장에 익숙해진다. 나는 우리가 콘돔을 쓰지 않는 것과 똑같은 이유들을 듣는다. 느낌이 별로 좋지 않고, 사정 순간을 방해하고 등등. 나는 그런 말을 듣고 나서 미소 지으며 청중에게 말한다.

"하여간 그걸 써야 합니다, 여러분."

나는 위선자다. 하지만 내가 달리 무슨 말을 할 수 있겠는가?

그리고 더 뿌리 깊은 콘돔 반대론들이 있다. 공공연하게 이야기하는 일은 아주 드물고, 맞서기는 더 힘든 반대론들이다. 한 가지는 신뢰 문제다. 나는 아프리카에 오기 전부터 그것과 애써 싸웠다. 콘돔 논의에서 신뢰를 중심에 두는 것은 좋지 않다고 생각하지만, 그 문제에 다시 초점을 맞추는 법을 나도 알고 싶다. "연인이고 뭐고 아무도 믿어서는 안 되니까 콘돔을 쓰세요"는 전파하기엔 참으로 추한 메시지다. 게다가, 그 말은 콘돔을 사용하지 **않는** 것을 일종의 선물로, 혹은 신뢰의 기표로 보도록 청중들을 부추길 뿐이다.

미국에서는 나는 그 문제를 이렇게 말해버리는 경향이 있다. "더 안전한 섹스가 정상적이에요. 그렇게 실천하는 사람들이 많아요. 그건 당연한 전제입니다. 그렇게 행동하세요." 이런 말이 자기 파트너의 진실성에 직접적으로 의문을 제기하지 않아도 더 안전한 섹스가 표준이라고 생각하도록 사람들에게 도움이 되었기를 바란다. 희망사항이지만, 이런 말은 콘돔을 안 쓰는 것을 신뢰의 증표로 보지 않도록 하는 데도 도움이 되었을 것이다. 그러나 사실 콘돔 사용은 늘 당연한 전제가 아니다. 심지어 미국에서도 그렇다(나 자신과 내 전 남친을 보라). 여기 아프리카에서는 더욱 그렇다. 어떻게 해야 콘돔을 사용하지 않는 것이 최고의 신뢰를 표시하는 방법이라는 관점을 정당화시키지 않을 수 있을까?

또, 아프리카와 미국 양쪽 다 깊이 뿌리내린 반대론은 콘돔을 사용하는 도중 발기 유지가 안 된다는 불평이다. 더 젊었을 때 나는 남자들이 콘돔을 끼고는 발기를 유지할 수 없다고 주장하는 건 다 엄살이라고 생각했다. 그러나 이제 내 나이가 되자 나는 '사람들은 다 다르다'고 생각한다. 대부분의 남자들은 대체로 콘돔을 끼어도 괜찮다고 여기는 반면, 어떤 남자들은 정말로 그럴 수가 없다. 사람들은 섹스에 대해 의사소통을 제대로 못 하는 경향이 있고, 비규범적인 남성 섹슈얼리티에 대해 대화할 여지를 만드는 일은 특히 잘 못 한다. 그래서 이런 이유는 잘 눈에 띄지 않는다. 다행히, 해답은 쉽다. 콘돔을 끼고 질 삽입성교에 문제가 있는 남자들에게는 다른 모든 종류의 섹스를 탐험할 영광스러운 기회가 있다!

남자가 삽입성교를 할 수 없다는 생각에 맞닥뜨리면 사람들은 공황에 빠지는 경향이 있다. 그러나 그것은 전적으로 질 삽입 성교만이 '진짜 섹스'라는 스테레오타입에 토대를 둔 섹스부정적인 헛소리이다. 발기 부전의 해답은 삽입성교가 이루어지기만 바라면서 어색하게 빈둥거리는 것이 아니다. 그 해답은 양쪽 파트너가 다 입과 손… 그리고 말로 탐험하기 시작하는 것이다. 그러나 이런 가르침은 그 문제를 매우 명백하게 말해야 한다는 뜻이고, 그런 대화를 가지면 보수적인 사회에서는 마을에서 쫓겨날 수도 있다.

***

'클라리스와 콘돔을 안 쓰는 전 남친의 이상한 사건'에서, 나는 적어도 그 전에 성병 테스트를 거친 파트너와 '지조를 지켰다'. 그리고 나는 HIV가 만연하는 주민들 사이에 살지 않았다. 그래서 위험도가 더 낮았고, 나는 장기간의 모노가미 관계를 가졌기 때문에 그 관계 밖에서 그런 종류의 위험을 마주친 적이 한 번도 없다는 것도 사실이다. 그러나 중요한 부분은 그대로 남아 있다. 내 전 남친과 나는 그러면 안 되는 사정을 잘 아는데도 노콘돔 섹스를 했다.

그와 나는 둘 다 특권을 가진 사람들이었다. 예를 들어, 우리 둘 중 아무도 상대에게 돈 때문에 의존하지 않았다. 콘돔이 필요하다고 동의하는 특권 가진 사람 두 명이 콘돔을 쓰지 못할 수 있다면, 그런 특권을 갖지 않은 사람들은 어떻겠는가?

남아프리카의 많은 곳을 포함해 세상 여러 장소에서 성 노동자들은 콘돔 없는 섹스를 하면 두 배의 가격을 받을 수 있다. 어떤 여성 업자라도 자기 이익을 반으로 나눠야 한다는 잣대를 고집할 수 없을 것이다. 특히 자신이 면도날처럼 아슬아슬한 주변부에 살고 있고, 이미 HIV에 걸려 있다면. 이와 비슷하게, 어떤 여성이 비싼 학비를 댈 수 없어서 자기 교사들과 자야 한다면, 그녀는 보호를 요구할 수 있는 입장이 아닐 것이다. 많은 기혼 여성들이 남편에게 콘돔 없는 섹스를 거부하면 이혼, 폭력이나 살해가 일어날까봐 두려워하는데, 그 두려움은 매우 정당하다. 최근의 어떤 사건에서, 아내는 HIV 음성 반응이 나온 반면 남편은 HIV 양성 반응이 나왔다. 그러나 그 여성이 콘돔 없는 섹스를 거부하려고 하자 남편은 그녀를 죽였다.

어떤 콘돔 권장 캠페인들은 주민들에게 "그건 당신의 책임입니다. 당신은 자기 몸을 존중하고 그 주도권을 쥐어야 합니다."라고 말한다. 그러나 이것이 어떤 사람들에게는 먹히는 캠페인이지만, 파트너와 협상할 입지가 없는 사람들에게는 엄청나게 잔인한 메시지이다.

만약 당신이 HIV에 걸린 채 사는 사람들을 많이 알고 있고, 당신의 삶이 이미 힘들고 목적이 없는 것 같아 보일 때, 그 질병은 훨씬 사소한 일처럼 시작되리라는 사실을 여기에 더해 보라. 한 친구는 어느 날 미용실에 앉아 있다가 성 노동자와 한 남자가 함께 나가는 것을 보았다. "콘돔을 잊지 마요!" 그녀는 직설적으로 외쳤다. 그가 한 대답은 이랬다. "내가 그걸 처음 걸린 사람도 아니고, 내가 마지막도 아닐 텐데 뭐." (사실, 이익이 있다고 생각하면 주변부 사람들이 **일부러 HIV에 걸리는** 경우도 문서화되어 있다. 예를 들어, 프랑스에서 인권장려책의 한 갈래로 HIV 양성 불법 이주민들에게 시민권을 주겠다고 제의했을 때, 어떤 사람들은 일부러 그 병에 걸리려고 했다.[2])

예방법을 무시하는 사람들은 언제나 우리와 함께 살아갈 것이다. 그들 중 어떤 사람들은 나와 내 전 남친, 혹은 그 성 노동자의 고객과 비슷할 것이다. 위험을 알아도, 순간적인 쾌락은 절대적인 안전을 이긴다. 전체 인구에 그런 사람들이 섞여 있다는 사실에 대해 우리가 할 수 있는 일은, 그들의(우리의) 어리석음으로 처하게 되는 위험이 어떤 것인지 그 결과를 진정으로 파악하도록 만드는 것밖에 없다.

그러나 어떤 사람들은 여성이거나, 어리거나, 가난하기 때문에 더 취약하다. 그 경우, 그 근본원인—성차별주의, 가난, 학대—에 대해 이야기하는 것밖에 해결책이 없다. 따라서 남아프리카에서 가장 훌륭한 HIV 예방 프로그램 중 어떤 것들은 HIV와 완전히 다른 문제들을 이야기하는 것처럼 보인다. 이런 것들이 있다.

- 여성들이 학대하는 파트너에게서 떠날 자원을 갖도록 여성을 위한 소득 생성 프로젝트들을 찾아보고 지원하기
- 학생들이 교사와 자는 원인 중 한 가지를 없앨 수 있도록 학교들을 후원해 무상교육을 하도록 하기
- 회원들이 더 안전한 섹스를 하기 위해 협상하는 전술을 공유할 수 있도록(아니면 이미 HIV 양성이라면, 서로 도와 의무적으로 치료요법을 시행할 수 있도록) 지원 그룹들을 활성화시키기
- 사람들이 좀 더 살려는 의지를 가질 수 있도록 강한 커뮤니티를 들기

***

사람들은 언제나 낯선 문화를 단일한 것으로 보고 싶다는 유혹을 느낀다. 그러나 우리는 결코 그들이 단일체가 아니라는 것을 유념해야 한다. 미국의 문화와 서브컬처들이 그렇듯이, 세상의 모든 사회 안에는 차이점들이 있다. HIV/AIDS는 매우 문화적인 영향이 큰 섹슈얼리티의 축, 즉 금기를 따라 작동하기 때문에, 금기시되는 문화적 성적 차이를 매우 두드러지게 한다.

그 질병은 미국에 도래하면서 LGBTQ와 기타 급진적인 성적 하위문화에 두드러지는 낙인을 찍었다. 미국의 HIV 예방 운동은 그 낙인을 바로잡는 것을 추구한 경우가 많다. 그 질병이 부각시킨 것이자 예방 운동이 바로잡고자 하는 한 가지는 주류 젠더와 관계 문제다. 그러나 이런 분열은 HIV가 나타나기 전부터 존재했다. HIV가 만연하면서 이런

차이에 대한 연민이 강조되고 일깨워지긴 했지만, 주류의 관념들은 우리의 생각보다 더 지속된다.

하지만 이런 잿더미에서도 불사조는 되살아난다. 첫째로, 솔직한 성교육에 반대하는 섹스부정적 주장을 근절하는 최고의 방법은 HIV의 유령을 들먹이는 것이었다. 높이 평가받는 지역 조직에서 나온 2008년의 보고서 한 편에서는, AIDS 예방 노력에는 오럴 섹스나 섹스 토이 같은 쾌락적 행위에 대한 솔직한 가르침이 포함되어야 한다고 주장했다! (나는 정말 이 조직과 일하고 싶다.)

남아프리카의 HIV에 대한 『뉴욕 타임즈 매거진』 2004년 기사는 이렇게 주장했다. "많은 전문가들은 아프리카의 성행위가 변화하기 힘든 이유는 여성들이 자신을 학대하는 파트너에 대해 두려움을 느끼기 때문이라고 주장한다. 그런 두려움 때문에 여성들은 섹스나 콘돔 사용, HIV에 대해 사적인 논의를 할 수가 없다." 그러나 그 위기는 그런 논의를 하기 더 좋은 환경을 만드는 데 기여하기도 한다. 어느 연구자의 지적이 인용된다. "젊은 남아프리카인들은 섹스에 대해 훨씬 더 많이 이야기하고, '감정과 욕망에 대해 논의하는 말'들을 발달시켜 나갈 것 같다." [3] 게다가, 남아프리카의 여성 권리 운동은 **지금** 변화가 필요한 이유로 HIV를 계속 호명한다. 그 전염병이 만연하는 요인은 젠더 억압이라고 인정받았기 때문에, 젠더 평등은 정부와 주요 HIV 퇴치 조직 양쪽의 분명한 목표이다. 성 노동에 대한 매우 합리적인 법률도 논의되고 있다. 대부분의 서구 성 노동법보다 상당히 더 합리적이다. 불행히도 그 법률들은 통과하지 못할 테지만, 적어도 사람들의 관심을 끌고 있다. [4]

좀 못된 고백을 하자면, 나는 아주 경솔한 때에 이런 생각을 하곤 한다. 신이여, HIV/AIDS를 주셔서 감사합니다! HIV가 없었다면… 여성의 권리가 이만큼 신장되었을까? 나 자신 같이 마음 여린 페미니스트들을 제외하고, 누가 성 노동자의 조건에 신경을 썼겠는가? 나 자신 같은 섹스 긍정 매니아를 제외하고, 누가 솔직한 성 교육을 옹호했겠는가?

여기서는 그 전 세계적 유행병을 저지하기 위해 더 나은 사회적 조건을 만들 수 있기를, 그 후로도 그런 조건들을 계속 진전시킬 수 있기를 바랄 뿐이다.

활동 · 이론

식민화된 리비도

이 기사는 2010년 초 CarnalNation.com에 실렸다. 반-억압 이론은 확실히 현실
과 매우 어긋나 있을 수 있다.

여기 아프리카의 게이/레즈비언 권리 상황은 최근 많은 미디어의 주의를 끌었고, 나도 스와질랜드 레즈비언 활동가와 만난 이야기를 글로 썼다. 그녀는 최근에 살해되었다.[1] 그러니 여기서 게이로 산다는 것이 얼마나 끔찍한지 이야기하느라 독자의 시간을 낭비하지는 않겠다 (호모섹슈얼리티에 중벌을 가하는 아프리카 국가들은 그나마 가장 강력한 국가적 대화가 있는 곳이기 때문에 실제로 게이로 살기 가장 좋은 곳이라는[2] 흥미로운 주장을 본 적이 있다는 언급은 할 만하다). 게다가, 나는 작년에 도착한 후부터 상황이 너무나 끔찍해서 약간 마비된 것 같다. 요즘에는 낯선 문화적 시각과 주장들이 나의 주의를 끈다.

지역 신문을 읽다가 나는 또 게이를 비난하는 기사를 마주쳤다. 그러나 그 기사는 신의 의지를 욕하는 대신 문화적 제국주의 이야기를 했다. 특히, 그것은 게이와 레즈비언이 **오직 서구의 영향 때문에** 게이와 레즈비언이 되었다고 주장했다. 그 이론은 그들이 서구라는 소돔과 고모라에 너무 큰 영향을 받아서 우리의 관대하고 가증스러운 성적 풍습을 내면화했다고 계속해서 주장한다. (물론 실제로 서구에서 온 우리들은 우리의 파편화된 토착문화가—자기 안에서도 여전히 호모섹슈얼리티에 대해 맹렬히 논쟁하고 있는—그런 영향력을 미칠 수 있었는지 약간 어리둥절하다.) 따라서 제국주의적 서구를 거부하며 자신의 아프리카인다움에 자랑스러워하는 아프리카인은 아프리카 전통 의상을 입고 아프리카 전통 의식에 참여할 뿐만 아니라 이성애자일 것이다. (아이러니컬하게도, 어떤 역사가들은 서구 선교사들이 들어오기 전 아프리카의 많은 부분이 훨씬 덜 호모포비아적이었다고 지적해 왔다.[3])

나는 신문 한 부를 복사하기 위해 우체국에 가져갔을 때 이런 태도의 최전선에 선 관점을 보았다. "또 레즈비언 기사네!" 우체국장이 코

웃음을 쳤다. 그 근처 사람들이 점점 나를 알아가고 있었다. 그는 내게서 그 신문을 받아 내가 요청한 페이지를 들춰보더니 물었다.

"오바마 대통령이 레즈비언을 지지한다는 게 사실이요?"

"네."

내가 말했다.

그는 충격을 받은 것 같았다. 설마 내가 아니라고 대답할 거라고 생각했을까.

"뭐라고?"

그는 그렇게 외치고, 잠시 후에야 침착을 되찾더니 마침내 이렇게 말했다.

"뭐, 미국 문화가 그렇지. 그건 아프리카 문화가 아니야."

나는 깊이 숨을 들이쉬고 입술을 꾹 다물었다. 우체국에서 소란을 피우면 내 고용주와 매우 곤란한 일을 겪게 될 것이다. 하지만 오, 맙소사… 그 순간 나는 정말, 정말 **그러고 싶었다.**

"얼마 드려야 되지요?"

대신 나는 그렇게 묻고, 집에 가서 훌륭한 섹스긍정적 책에 빠져들었다.

개인적으로, 문화적 제국주의에 대한 이런 주장에서 가장 흥미로웠던 것은 그것들을 서구의 비슷한 주장과 비교할 때였다. 나는 킨크스터이고 친 BDSM활동가이다. 그러나 또한 페미니스트이고, 어떤 사람들은 거기에 심각한 불안을 느낄 수도 있다. 나의 여러 가지 커밍아웃 과정은 어려운 내적 투쟁과, 킨크스터와 반-BDSM 페미니스트 사이의 논쟁이라는 양쪽에 전부 얽혀 있다. 그리고 반-BDSM 페미니스트들은 '문화적 제국주의'에 대해 말하는 이 아프리카 연사들과 매우 비슷한 주장을 자주 한다.

매우 선명한 BDSM 블로거 트리니티Trinity(최근에 그는 슬프게도 블로고스피어* 참여를 줄였다)는 그런 논쟁을 분석하고 그 논쟁에 참여하는 데 많은 시간을 들였다. 트리니티의 글 중에서 내가 가장 좋아하는 "왜 BDSM인가?"라는 제목의 포스트는 급진 페미니스트 네티즌의 이런 댓글을 불러들였다.

만약 우리가 건강한 사회에 산다면 BDSM이라는 착상은 애초에 나타나지도 않았을 것이다. 지금 여기 나타나는 BDSM은 불건강한 사회가 드러내는 모습이다. 그러나 거기에 자의로 들어가는 사람들을 '막으려고' 하는 것은 그 자체보다 더 큰 해를 끼칠 것이다….
BDSM에 대한 관용이 곧장 우리 사회를 병들게 한다는 말이 아니라, BDSM은 위계적이고 불공평하고 수모를 주는 것을 인간관계의 규범으로 보는 사회가 보이는 매우 심한 증세라는 말이다. BDSM을 받아들인다는 것은 현 상황을 받아들이는 것이다. …BDSM 속의 불평등을 포함해 모든 불평등에 도전함으로써, 우리는 다른 가능성이 존재한다는 사상을 내세우고 있다.[4]

다른 말로 하자면 이렇다. '가부장제는 나를 킨키하게 만들었다.' '내가 킨크에 도전하지 않는다면 나는 가부장제를 지지하고 있는 것이다.' 나는 문화적 제국주의 논쟁을 밀고 있는 아프리카인들도 이렇게 비슷한 말을 할 것이라고 상상한다. '서구 식민주의의 영향이 우리를 게이로 만들었다.' '호모섹슈얼리티에 도전하지 않는다면 당신은 서구 식민주의의 영향을 지지하고 있는 것이다.'

---

* 인터넷 개인 홈페이지를 의미하는 '블로그(blog)'와 장소, 공간 등을 의미하는 '스피어(sphere)'의 합성어. 인터넷상의 커뮤니티나 소셜 네트워크 역할을 하는 블로그들을 총칭한다.

자, "우리와 함께냐, 우리의 적이냐" 논쟁에는 본질적으로 흠결이 있다. 그리고 사실은, 동성애와 비슷하게 우리 킨크스터 중 많은 사람들은 우리의 욕망이 선천적이고 거의 바꿀 수 없는 것이라고 생각한다. 그래서 우리의 욕망이 바뀔 수 없다면, 반-억압 이론 연설을 통해 우리를 비난해서 무엇을 성취할 수 있는가? (오해하지 말라. 그 이론을 진지하게 받아들이는 어떤 사람들에게, 심지어 섹슈얼리티라는 사적 공간 안에서라도 우리가 억압자의 편에 섰다고 다른 사람들이 말하는 것은 정말로 큰 비난이 된다.) 나는 우리의 섹슈얼리티가 억압적인 사회 때문에 생겨났다는 말을 전혀 수긍하지 않는다. 그러나 그것이 사실이라고 해도, 그러면 나는, 혹은 아프리카 동성애자들은, 그 역겨운 현재 상황을 변화시키기 위해 무엇을 **해야** 하는가? 우리의 욕망을 포기하고 다시는 만족스러운 섹스를 하지 말라는 말인가?

나는 성적 지향이나 선천성이라는 생각은 사람을 헷갈리게 하는 미끼라고 생각하는 경향이 있다. 선천성이 존재하지 않는다고 믿기 때문이 아니라, 그것은 성도덕과 실제 관계가 없기 때문이다. **중요해야 하는** 것은 사람들의 욕망이 선천적인가가 아니라, 성행위에 연관된 모든 성적 파트너들이 동의하는 성인들인가 하는 문제뿐이다. 슬프게도, 전 세계에 걸쳐 본능적으로 대안적 섹슈얼리티를 역겨워하는 사람들은 언제나 그 문제를 달리 고쳐 말하는 방법들을 찾아낼 것이다. 그들은 우리의 **행위들**이 어떻게 그냥 잘못된 것이고 우리의 **동의**와는 관계가 없는지 말할 것이다. 그리고 그것은 성경을 탕탕 두드리며 호통치는 사람들에게 그렇듯이 어떤 페미니스트와 문화적 체제 지지자들에게도 진실일 것이다.

픽업 아티스트 추적자의 사탕발림

나는 2009년부터 베지테리언*이었고 2011년부터는 비건**이다. 나는 이 글을
2012년에 썼다.

* 베지터리언(vegetarian): 육수나 계란 등 육식의 간접적 산물 정도는 먹는 채식주의자
** 비건(vegan): 완전한 채식주의자

이 글 끝에는 맛있는 요리법이 있다! 이 기사를 읽고 요리법을 배우자!

이 글은 어떤 독자들을 소외시킬 것이다. 이 글은 비건이 된다, 즉 동물의 생산물을 먹지 않는다는 것에 대한 포스트이기 때문이다. 많은 사람들이 이 문제에 민감해 한다. 그래서 나는 어느 정도 예방적 경고를 하고 싶다. 미리 분명히 해둘 것은, **나는 누구를 못된 놈이라고 부르는 취미가 전혀 없다**는 점이다. 당신이 비건이 아니라면 나는 당신의 마음을 바꿔보고 싶다. 그러나 당신이 '이론의 여지가 없는 나쁜 사람'이라고는 생각하지 않고, 우리가 여전히 친구가 될 수 있기를 바란다.

그리고 나는 완벽한 척 하지 않을 것이다. 나는 모든 종류의 사회적 정의 문제에서 늘 실수하고, 남은 평생 계속 배워나가고 있을 것이다.

나에게는, 비건 노릇에서 제일 어려운 점은 음식과는 아무 관계가 없다. 동물의 생산물로 만들어진 많은 음식들이 맛있다고 생각하고, 때때로 그 유혹에 저항하기 힘들지만, 정말 어려운 부분은 모두 사회적 상황에 얽힌 것이다. 만약 논비건 음식이 나오는 어떤 사회적 행사에 참석했는데 다른 비건이 하나도 없다면 그냥 음식을 먹기도 한다. 특히 만약 내가 먹지 않으면 '커다란 사회적 문제'가 될 것 같으면 그냥 먹는다. 때때로 쓰레기통에 가는 신세를 면하도록 논비건 음식을 먹기도 한다(우리 중 어떤 사람들은 이것을 '프리건freegan'이라고 부른다). 또 논비건인 사람과 아주 많은 시간을 보내고 있다면, 내가 그 사람들을 도덕적으로 단죄하지 않는다고 안심시키기 위해 그들 앞에서 채식주의를 깰 때가 있다. 이것을 받아들일 수 없는 수준의 협상이라고 생각하는 비건 친구들도 있다. 미안, 친구들.

논비건들에게 낙인을 찍고, 단죄하고, 그들을 공격하는 것도 그들이 비건이 되도록 설득하기 위한 전술이라는 것을 알고 있다. 그러나 개인적으로, 나는 그것이 스트레스를 많이 주고 역효과를 낳을 때가 많다는 것을 깨달았다. 나는 차라리 좋은 본보기를 세우고 마음을 끄는 쪽을 택하겠다. (그렇지만 공격적인 비건들이 존재하지 않는다면 나도 이런 일을 효과적으로 할 수 없다는 것을 인정한다. 공격적인 비건들은 내가 '합리적이고', '마음을 끄는' 모습을 보일 공간을 만들도록 도와준다. 블로거 킨제이 호프Kinsey Hope는 이런 역학을 서술하는 매우 뛰어난 활동가 유형학에 대해 쓴 적이 있다.[1] 그리고 물론, 페미니스트들도 자주 나를 타협자로 부른다는 것도 언급할 만하다.[2])

그렇기는 하지만, 당신이 이 포스트 때문에 '상처받거나 화가 날' 것 같다면, 제발 그냥 읽지 마라. 진심이다. 하지만 당신이 잠시 평정을 유지할 수 있다면, 여기 왜 당신이 비건이 되어야 하는지 나의 두 가지 주장을 말하겠다.

1. 쉽다.

그렇다, 엿 같은 사회적 상황들이 있다. 식당에서 겪는 어색한 순간들, 논비건 친구들의 반발 등. 그렇다, 매우 맛있는 음식 중에서 어떤 것을 피해야 할 것이다. 그리고 식품 성분표를 읽기 시작하면 혼란의 신세계가 눈앞에 펼쳐질 것이다. 그러나 이런 모든 요인들이 있어도, **채식주의는 사람들의 말만큼 어렵지는 않다.**

맛있는 비건 음식들이 **많다.** 비건이 되기 전부터, 내가 아주 좋아하는 음식 중 상당수는 비건이었다. 당신이 좋아하는 음식들도 어느 정도는 그럴 것이다(요리법은 곧 나옵니다!). 이곳에는 요리법을 포함해서 공짜 온라인 비건 초심자 가이드가 있다.[3] 여기에는 비건 요리책 목록이 매우 많이 있다. '쉬운' 단계부터 '엄청나게 까다로운 마사-스튜어트' 단계까지 골고루 있다.[4] 나는 베이킹 식품에 아귀처럼 굶주려 있고, 아이사 찬드라 모스코비치와 테리 호프 로메로의 『비건 컵케익이 세계를 정복한다Vegan Cupcakes Take Over The World』를 좋아한다. 그리고 품질 좋은 완전 비건 식당들의 수가 점점 더 늘어나고 있다. 시카고에서 내가 가장 좋아하는 식당은 '네이티브 푸즈Native Foods'(맛있는 카다멈 로즈 컵케이크!)와 '어번 비건Unban Vegan'(맛있는 가짜 오렌지 치킨!)이다.

나는 '건강한 생활양식에 호소'하는 함정에 빠지고 싶지 않다. 왜냐하면 나는 건강한 비건과 건강하지 않은 비건을 양쪽 다 알고 있고, 과학은 어느 쪽이 더 건강하다는 결론에 이르지 못했다. …하지만 다시 지적하겠다. 과학은 어느 쪽이 더 건강하다는 결론에 이르지 못했다. 특이한 장애를 갖고 있는 경우가 아니라면, **현대 영양법은 비건이 되지 말아야 할 결정적인 과학적 이유를 밝혀내지 못했다.** 게다가, **당신이 비건이 아니라고 해도 평소 건강한 음식을 먹는 데 별로 주의를 기울이지 않았다면, 과학이 어떤 식으로 결론을 내렸다고 해도 논비건을 위한 '건강 논증'을 펼치는 순간 당신은 위선자다. 그리고 과학은 결론에 이르지 못했다.** 그리고 만약 당신이 정말로 건강에 신경을 쓴다면, 브렌던 브래지어Brendan Brazier라는 비건 전문 운동선수가 쓴 매우 추천받는 책 『번성Thrive』이 있다.

어떤 친구들은 특히 단기간 비건 체험을 해 보라고, 아니면 대학이든 어디든 '비건 주간'을 운영해 보라고 사람들에게 설득한다. 비건 음식이 얼마나 a)맛있고 b)쉬울 수 있는지 보여주기 위해서다. 그것은 매우 큰 효과가 있다. 내가 채식주의를 채택할 때 관건은 비건에 대해서 알고, 비건이 되는 것이 얼마나 쉬운지 직접 보는 것이었다. 나도 예전에는 정말로 심하게 반발했다. 나는 내가 동물 생산물을 먹었기 때문에 믿을 수 없을 정도로 거지같은 체제에 참여하고 있다는 것을 인정하기가 매우 힘들어서 저항했다고 생각한다. 먼저 나는 내가 정말로 **나쁜** 일을 하고 있었고, 평생 그랬고, 내가 사랑하는 사람들 대부분도 그렇다는 것을 인정해야 했다. 물론 이것은 활동가들에게는 낯익은 문제이다. 사람들은 대부분 자신들이 인종차별주의, 성차별주의 문화에 참여하고 있다는 것도 인정하기 싫어한다. (어느 비건 친구는 이렇게 말했다. '사람들은 보통 비건으로 개종하기 직전에 제일 강한 빌어먹을 반-비건 단계를 거치더라고.')

사실 온갖 사회 정의 활동 가운데 비거니즘은 가장 손쉽게 딸 수 있는 과일이라고 나는 생각한다. 비건은 정말 **쉽기** 때문에, 논비건 문화가 지속될 수 있는 유일한 이유는 높은 수준의 무관심일 따름이다. 어떤 면에서는 이해할 수 있다. 나는 동물들과 크게 연관을 맺지 않았다. 많은 비건 친구들은 동물들을 사랑하고 동물들과 내내 함께 있으려고 한다. 하지만 나는 그렇지 않다. 냄새나는 개가 내게 뛰어드는 경험은 별로 반갑지 않다. 그러나 사실 동물들은 감각과 느낌을 갖고 있다. 어떤 동물과 30초 이상 상호작용하면 동물들이 어떤 것을 좋아하고 싫어하며, 분명히 고통 같은 것을 느낀다는 사실을 알 수 있다. 그래서 나는 이렇게 생각한다….

2. 만약 동의 여부에 신경을 쓴다면, 비건이야말로 확실히 옳은 일이다.

비건을 해야 한다는 환경주의적 주장들이 있다. 하지만 진심으로 솔직히 말해 보자. 고기를 먹을 때 당신은 인간의 순간적 쾌락을 위해서라는 것 이외에는 아무 이유 없이 죽은 동물의 살해된 몸뚱이를 먹고 있다. 동물의 생산물에 대해 말하자면, 공장제 농장에서 동물들에게 일어나는 일은 어처구니없을 정도로 끔찍하다. 2분만 구글링을 하거나 이 웹사이트나 비디오를 보면 금방 알 수 있을 것이다.[5]

당신이 잘 길러진 동물들의 생산물만 먹기로 결심하더라도, 직접 키우지 않는 한 그 동물들이 실제로 잘 길러졌는지 확인할 방법이 없다. 이 비건 FAQ가 지적하는 것처럼, '인도적인' 농장에서도 여전히 엄청나게 많은 동물들이 괴로움을 겪고 있다.[6] (살롱Salon도 여기에 대해 글을 썼다.[7]) 그런 농장들 중 어떤 곳들은 확실히 동물들에게 쾌적하겠지만, 다른 곳들은… 뭐, 솔직히 말해서 공장제 농장보다 '인도적인' 농장이 자비롭다는 것은 중세의 고문 기구로 죽는 것보다 산 채로 불에 타죽는 편이 더 낫다고 말하는 것과 비슷하다.

개인적으로 내가 비건이 되기로 쉽게 마음먹은 커다란 이유는 더 이상 동정심을 억누르려고 엄청난 정신적 에너지를 쓰지 않아도 되기 때문이었다. 내가 얼마나 안도감을 느끼는지 깨닫고 놀랄 정도였다. 다시 말하지만, 나는 지금 잘난 척 하고 있는 것이 아니다. 나는 논비건 음식들이 허비될 때와 같은 사회적 상황에서 논비건 음식들을 먹는다. 때로는 그냥 내가 취했을 때도 먹는다. 당신이 여러 가지 타협을 하는 비건이 된다고 해도 나는 절대 당신을 비판하지 않을 것이다. 나는 당신이 비건이 되는 계단을 오르고 있다는 것이 기쁠 뿐이다.

나도 비건이 되기로 결정하는 데까지 매우 오랜 시간이 걸렸기 때문에, 당신에게도 오랜 시간이 걸릴 수 있다는 것을 이해한다. 나는 이 포스트에 여러 정보 출처 목록을 달아두었다. 당신이 그것을 본다면 좋겠다. 내가 대답할 수 없을 수도 있지만, 댓글로 질문이 온다면 환영한다.

당신의 앞길에 행운을 빈다. 당신이 이미 비건이라면, 축하하며 하이파이브!

이제 요리법이다!

이 요리법들은 비건 뿐만 아니라 논비건들에게도 사랑받을 것이라고 장담할 수 있다. 사실, 이 음식들은 내가 비건이 아니었을 때에도 아주 좋아하는 음식이었다. 이 요리를 해서 논비건들에게 먹였을 때 그들은 이 음식은 비건이 아니지 않느냐고 깜짝 놀랄 때가 많다. (나는 '대폭로'를 마지막 순간까지 미뤄둘 때가 있다. 후훗!)

(내가 또 좋아하는 점잖은 비건 장려 전술 한 가지는 식당으로 걸어 들어가서 메뉴에 비건 요리가 있느냐고 묻는 것이다. 없다고 대답하면 나는 미소를 지으며 고맙다고 말하고 식당을 떠난다.)

유기농과 공정무역이라는 요소들은 당연히 권장해야 한다. 나는 대체로 비용 문제 때문에 전부 유기농과 공정무역 산물을 쓰지는 못하지만, 할 수 있는 한 그런 재료를 쓰려고 한다.

끝내주는 비건 초콜릿 칩 쿠키

이것은 내가 온라인에서 찾아낸 요리법[8]을 수정한 버전이고, 설명글도 그 요리법에서 따온 부분이 있다.

+ 밀가루 1½컵
+ 베이킹 소다 1티스푼
+ 소금 1티스푼
+ 기름 ¾컵

+ 코코넛 밀크(아몬드 밀크나 두유도 괜찮다.) 2숟가락

+ 비정제 설탕 1⅓컵

+ 바나나 반 개

+ 바닐라 익스트랙트 1½숟가락(나는 가끔 대체재로 럼주를 쓴다.
  그렇게 할 때면, 시나몬을 더하는 편이 좋다.)

+ 오트밀 2½컵

+ 다크 초콜릿 칩 12온스

오븐을 350도로 데운다.

밀가루, 베이킹 소다와 소금을 섞어 옆에 놓아둔다.

기름과 설탕을 섞는다. 크림처럼 될 때까지 섞는다.

그 혼합물에 바나나를 완전히 으깨 넣는다.

코코넛 밀크를 넣는다.

바닐라를 넣는다.

색깔이 균일해질 때까지 잘 혼합해서 젓는다(그리 오래 걸리지 않는다).

밀가루 혼합물을 천천히 젓는다. 잘 섞는다.

오트밀과 초콜릿 칩을 젓는다.

오븐을 베이킹 온도로 예열한다(보통 화씨 350도.)

반죽을 가득 뜬 커다란 숟가락을 기름 바르지 않은 쿠키 유산지에 놓는다(공기를 채운 쿠키 유산지가 제일 좋다. 종이 두 장 사이의 공기가 반죽의 바닥을 타지 않게 해 주기 때문이다).

쿠키를 9분에서 13분쯤 굽는다(오븐 온도에 따라 다를 수 있다). 쿠키의 위를 살짝 눌러보아 확인한다. 안쪽이 너무 축축하지 않고 촉촉해 보이면 된 것이다. 굽는 시간을 줄이기 위해 오븐을 두어 번 써봐야 할

수도 있으니까, 시작할 때는 한 번에 몇 개만 굽자. 강조해서 말하지만, 절대로, 절대로 다 구웠을 때 약간 갈색으로 변하는 모습을 기대해서는 안 된다. 진짜 계란이 없으면 쿠키는 그렇게 짙은 색이 나오지 않는다. 하지만 금빛 색조를 띠기는 할 것이다.

다 끝나면 오븐에서 꺼내 1-2분 정도 시트 위에 놓아두었다가 철사 선반 위에 놓는다. 식기 전까지는 아주 깨지기 쉬우므로 조심해야 한다.

끝내주는 초콜릿 케이크

이 요리법도 인터넷 요리법을 수정한 것 같지만, 지금은 그 요리법을 찾을 수 없다.

+ 밀가루 1½컵

+ 설탕 1컵

+ 무가당 코코아 ½컵

+ 정향 가루 1숟가락

+ 베이킹 소다 1티스푼

+ 카이엔 페퍼 1티스푼

+ 소금 ¼티스푼

+ 아몬드 밀크(혹은 찬물) 1컵

+ 기름 ¼컵

+ 발사믹 식초 1숟가락

+ 바닐라(바닐라를 오렌지 에센스로 대체하고 시나몬을 좀 더해본 적이 있었는데, 결과가 훌륭했다.) 1숟가락

오븐을 베이킹 온도로 예열한다.

볼에 기름, 설탕, 소금, 양념과 코코아를 잘 섞일 때까지 친다. 남은 재료들을 더하고, 잘 섞일 때까지 젓는다. 기름을 바른 에나멜 판이나 케이크 접시에 붓고 20-30분 굽는다. 반죽에서 매우 강한 맛이 나도 걱정하지 않아도 된다. 구우면서 맛이 많이 날아가기 때문에 최종 결과는 끝 맛이 강한 초콜릿 같다. 매우 훌륭하다.

그 다음 아래의 재료를 함께 섞어 아이싱을 만들어 위에 붓는다.

+ 파우더 슈가 1컵

+ 무가당 코코아 ½컵

+ 코코넛 밀크(혹은 아몬드 밀크나 두유) 6숟가락

두부 티카 마살라

이것은 친구가 준 요리법을 수정한 것이다.

+ 기름 5숟가락

+ 중간 크기의 양파 2개, 얇게 썰어놓은 것

+ 큰 마늘 다섯 쪽, 곱게 다진 것

+ 월계수 잎 두 장

+ 생강 1인치, 곱게 다진 것

+ 시나몬 스틱 ½인치

+ 정향 4개

+ 후추 4알

+ 카다멈 꼬투리 하나

+ 두부 2파운드

+ 고수 가루 1숟가락

+ 가람 마살라 1티스푼

+ 큐민 가루 1티스푼

+ 카이엔 페퍼 ½티스푼

+ 강황 가루 ½티스푼

+ 통조림 토마토 14온스

+ 맛내기 소금 조금

+ 두유 요거트 ⅔컵

크고 바닥이 두꺼운 소스 팬에 기름을 데운다.

양파, 마늘, 생강, 월계수 잎, 나머지 양념 전체를 더한다. 소테 상태가
될 때까지 중불에서 부드럽게 볶는다.

두부를 더하고, 두부 조각이 모두 약간 금갈색이 될 때까지 튀긴다.
(얇은 껍질이 생기도록 두부를 튀기는 팁은 온라인에서 쉽게 찾을 수
있다.)[9]

고수, 가람마살라, 큐민, 카이엔, 강황, 토마토, 소금을 넣어 젓는다. 몇
분 정도 요리한다(10분이면 된다).

두유 요거트를 더해 약간 더 요리한다.

일반적으로 양념이 매운 요리는 오래 요리할수록 더 매워진다.

모노가미 찬양

이 포스트는 2011년 중반에 실렸고, 내가 쓴 대부분의 글들보다 더 많은 주목을 끌었다. 아주 혼란스러운 반응이 일었다. 어떤 모노가미스트들은 내가 칭찬을 약간 곁들여 모노가미를 비판하고 있다고 느꼈다. 어떤 폴리아모리스트들은 내가 이미 문화적으로 지배적인 서구 양식의 섹슈얼리티를 칭찬하는 포스트를 썼기 때문에 문제가 된다고 느꼈다. 반면, 이 글은 아주 많은 유명 웹사이트들에 중복 게시되었고, 긍정적인 댓글도 많이 받았다.

나는 이 글이 페미니스테에 중복 게시되었을 때 폴리아모리 지지자 페퍼 민트가 단 댓글을 가장 좋아한다. 내가 정말로 무엇을 하려고 했는지 페퍼가 이해했다고 느꼈다. 여기 그의 댓글 중에서 발췌한 부분이 있다.

"모노가미는 변호해야 할 선택지가 아니라 헤게모니의 필요조건으로 [인지된다], 그래서 모노가미를 지지하는 사람들은(모노가미가 확고한 헤게모니를 차지하고 있기 때문에 이런 일은 드물다) 다른 어떤 형태도 불가능하다고 주장하거나, 아니면 도덕적인 명제로 모노가미를 옹호한다. 클라리스가 이 글에서 한 것처럼 모노가미의 실용적 이득을 목록으로 만들어 내 보이는 주류 기사를 찾아보라. 나는 한 편도 보지 못한 것 같다. 사실 모노가미가 현재 주류에서 솔직하게 논의될 때면, 가끔 '모노가미는 현실적으로 가능한가?' 하는 기사를 읽고 있는 것 같다.

이것은 모노가미뿐만 아니라 논모노가미(non monogamy)들에게도 피해를 입힌다. 폴리아모리에 대해 말하면 사람들은 방어적으로 대답하는 일이 많았다. 사람들이 모노가미를 하는 까닭은 사람들은 모노가미 성향이 있어서가 아니라 자신에게 선택지가 있다는 것을 모르는 경우가 많다는 단순한 이유 때문이다. 내 책에서 모노가미를 현실적인 선택으로 보여주고 그 선택의 장단점을 보여주는 담론은 엄청나게 편파적이지만 결국은 논모노가미적이다.

내가 참여하는 폴리아모리 커뮤니티에는 이런 문제가 있다. 거기서 폴리아모리에 새로 접하는 사람들은 불공평할 정도로 모노가미를 맹비난하는 데 2년 정도를 보낸다. 부분적으로는 자신들의 과거사에서 나온 분노 때문이고, 부분적으로는 마침내 자기가 찾던 것을 발견한 후 거기에 비교하면 다른 모든 것이 초라해 보이기 때문이다. 그러나 그것은 악감정이 있을 필요가 없는 곳에 악감정을 만들어내고, 관계에 접근하는 사람들의 길을 망치고, 나중에는 모노가미로 돌아가고 싶어 하는 사람들을 물어뜯는다.

그래서 폴리아모리 운동가로서 나는 이 에세이가 쓰인 것이 매우 기쁘고, 나 자신도 여러 포럼에 비슷한 글을 포스트했다. 이것은 반드시 채워야 할 담론 속의 구멍을 이야기하는 글이다."

고마워요, 페퍼.

논모노가미 관계에 접근하는 방법들은 이렇게 많다.

+ **폴리아모리**: 보통 한 명 이상의 파트너와 최대한의 연애 관계를 발전시키는 것을 강조한다. (나는 십대부터 폴리아모리에 대해 연구하고 있었지만, 겨우 최근에야 실제로 그것을 추구하자고 결심했다.)

+ **스와핑**Swinging: 보통은 다른 파트너들과 상대적으로 일상적인 섹스를 하는 가까운 관계의 커플들을 강조한다. (스와핑과 폴리아모리 사이의 차이는, 폴리아모리들이 괴짜거나 다른 말로 '대안적'인 반면, 스와퍼들은 주류 문화 속에서 좀 더 편안해 하는 경향이 있다. <뉴스 속의 폴리아모리> 블로그에는 폴리아모리 문화 대 스와핑 문화에 대한 멋지고 긴 글이 실려 있다.)[1]

+ **불륜**Cheating: 한 파트너가 미리 받아들여지거나 알려지지 않은 관계 바깥의 파트너와 어떤 일을 한다. 모노가미 관계에서는, 불륜은 보통 관계 바깥의 파트너와 섹스를 하는 일과 관련되어 있다. 불륜은 폴리아모리나 스와핑 관계에서도 존재한다. 예를 들어, 어떤 사람은 '우리는 다른 파트너와 콘돔 없는 섹스를 하지 않는다' 같은 합의를 깨면 논모노가미 파트너에게 불륜을 저지를 수 있다.

만일을 위해 말해두겠다. 나는 절대 불륜을 옹호하지 않는다. 절대로. 폴리아모리와 스와핑에 대해 이야기하자면, 나는 아주 품위 있고 멋진 폴리아모리와 스와퍼들 양쪽을 다 알고 있다! 하지만 나는 폴리아모리 쪽에 더 개인적인 경험이 있고 흥미를 갖고 있다.

그러나 이런 모든 선택지에 대한 대화를 나누다보면 모노가미의 '이점'이 자주 사라진다. 모노가미의 이점에는 많은 것이 있다. 지금은 모노가미로 정체화하지 않지만, 나는 오랫동안 모노가미를 매우 강하게 선호했다. 나는 폴리아모리가 존재한다는 것을 알고 있었고, 흥미로웠기 때문에 그 문제를 많이 생각해 보았다. 그러나 내가 폴리아모리라고는 전혀 느끼지 않았다. (사실 나의 가장 강고한 폴리아모리 친구는 나를 자기의 '합리적인 모노가미 친구'라고 부르곤 했다. 그는 대부분의 사람들이 폴리아모리를 사려 깊은 선택지라고 깊이 생각해 보지 않은 반면, 나는 합리적으로 거부할 정도로 폴리아모리를 깊이 검토했다고 말했다.)

그리고 최근에 내 모노가미 친구들이 많이 결혼했다. 그래서 나는 그들의 결혼식에 가서 춤을 추고, 미니 키쉬를 먹고, 신랑 신부의 부모들이 화나지 않는 선에서 그 형제들과 플러팅을 하면서 그들이 선택한 관계의 긍정적인 측면에 대해 생각했다(그래, 사실 지금까지 그들의 형제 중 딱 한 명과 플러팅을 했다).

모노가미의 몇 가지 이점(완성된 목록은 아니다)

+ 질투 관리. 어떤 사람들은 질투를 다른 사람들보다 더 느끼거나, 덜 느끼거나, 다르게 경험한다. 논모노가미 관계에 있는 사람 중에도 질투를 경험하는 사람은 많다. 그리고 논모노가미 사람 중 많은 수가 허심탄회한 의사소통을 통해 질투에 잘 대처한다. ('관계 서약서' 같은 매우 세세한 관계 합의로 질투를 관리하는 경우도 많다.)[2]

그러나 '질투 쪼가리'가 없는 것 같은 사람들도 많다.

그리고 너무 큰 질투를 경험하고, 질투가 감정 구조에서 엄청나게 큰 부분을 차지한다고 느끼고, 질투를 관리하는 최고의 방법은 모노가미 뿐이라고 느끼는 사람들도 매우 많다.

개인적으로, 나는 지금보다 훨씬 더 질투가 많았다. 요즘은 '드라마적인 면이 적은' 남자들을 더 잘 찾아내게 되었기 때문에 질투를 덜 느낄 것 같다. 질투는 비합리적인 감정이라는 악명이 높고, 때때로 정말로 비이성적이고 잔인한 권력을 장악한다. 그러나 나는 질투가 감정적인 위협이나 의도적인 심리 조작에 대한 반응으로 매우 합리적일 때가 많고, 자주 일어난다고 생각한다.

그러나 다른 이유도 있다. 나는 머릿속에 어떤 스위치가 켜지면 질투를 **성애화**eroticize한다는 것을 알아차렸다. 때때로 내가 좋아하는 남자들이 다른 여자들과 자는 환상을 스스로 만들어내고, 때때로 내가 약간 질투를 **느끼기 때문에**, 그것은 흥분되는 환상이 된다. 이런 일이 어떻게 일어나는지는 설명할 수가 없다. 처음 이런 일이 일어났을 때 나는 깜짝 놀랐다. 정말이다. 매우 흥미로운 것은 나 자신이 질투를 성애화하는 **바로 그 부분**이 다른 사람과 내 파트너가 잔다는 생각에 속이 뒤집어지게 만들었던 부분이라고 생각한다는 점이다. 마조히즘은 아낌없이 주는 나무인가!

내가 '질투하지 말아야 한다'고 생각하거나 질투하지 말라는 말을 듣고 질투를 덜 하게 되지는 않았다는 점이 중요하다. 사실, 내가 질투할 때마다 내가 히스테리컬하고 못된 년인 것처럼 굴던 옛날 남자친구가 있었다. 그는 사태를 훨씬 더 나쁘게 만들었다. 그와 함께 있으면 질투를 느낄 때 끔찍해질 뿐이었다. 질투심을 그냥 흘려보낼 수가 없었다. 내가 어떻게 할 수 없는 감정에 대해서 그가 나를 심판하고 있는 것처럼 느꼈다. 외부의 도움 없이 억지로 '더 이성적으로 생각하려고' 하면서 마음이 산산조각 나는 것 같았다. 최악인 것은, 그가 내 감정을 존중한다고 믿을 수가 없었다.

내 질투를 감소시킨 쪽은 내 감정을 합리적이고 이해할 만한 것으로 대해준 남자들이었다. 당신의 파트너가 "대체 왜 그래?" 하고 말하고 있을 때보다 "아주 잘 알겠어."라고 말할 때 질투하기가 훨씬 더 어렵다. 그래서 모노가미가 그렇게 효율적인 질투 관리 전술이 되는 것이리라. 모노가미는 "나는 당신의 질투를 존중해."라고 쓴 커다란 표지판이나 스티커나 버튼을 파트너에게 주는 것과 비슷하다. 그러나 모노가미가 늘 효율적이라는 말은 아니다. 모노가미들이 늘 질투한다는 것을 우리 모두 알고 있지 않은가! (이 사실은 모노가미가 질투 문제에서 해답이 아니라 여러 가지 전술 중 하나일 뿐이라는 내 관점을 강화해줄 뿐이다.)

+ **집중.** 폴리아모리들이 자주 하는 농담이 있다. '사랑은 무한할지 모르지만, 시간은 무한하지 않아.' 때로는 다른 파트너에게로 '기어를 바꾸기' 힘들다. '새로운 관계 에너지'는 연속적인 모노가미 관계보다 폴리아모리 맥락에서 다루기가 조금 더 힘들다.[3]

나는 어떤 파트너가 다른 파트너를 정말로 원할 때 일정 기간 모노가미를 하는 폴리아모리 커플들이 있다고 들었다. 이건 문제를 일으킬 수 있다. 예를 들어, 나의 가상의 제1 파트너가 모노가미 기간을 원하는데 내게는 진지하게 감정적으로 연결된 두 번째 파트너(혹은 파트너들)가 있다면, 나는 두 번째 파트너를 몇 주나 몇 달 동안 노골적으로 무시하는 일에 동의하지 못할 것이다. 그 문제는 대화를 더 해야 할 것이다. 그렇지만, 이런 생각을 하다 보면 어떤 사람들이 한 관계에만 집중해야 한다고 느끼는 이유를 흥미롭게 바라볼 수 있다.

개인적으로, 나는 오르가즘을 억제하는 SM 게임을 성에 찰 정도로 느긋하게 즐겨볼 기회가 한 번도 없었지만 그 게임에 큰 흥미가 있다. 나는 오르가즘이나 사정 보류 성교 같은 욕망 관리의 장기 전략에도 흥미가 있다. 그런 관계에 참여하는 파트너들은 자발적으로 오르가 즘을 억누르고, 대신 내내 낮은 수준의 상호 흥분을 유지한다. 나는 내 파트너들이 포르노를 보거나 자기 나름대로 오르가즘을 느끼는 데 아무런 도덕적 문제가 있다고 생각하지 않는다. 그러나 때때로 그런 활동을 하지 않기로 선택할 때 느끼는 효과에 대해 들으면, 그런 행동은 정말로 강력한 유대감의 잠재력을 보여주는 것 같다.[4] 내가 이다음에 정말 누구를 진지하게 좋아한다면 그때는 유념해보아야겠다. 이런 일을 하는데 모노가미까지 필요하지는 않지만, 모노가미라면 확실히 이런 행동이 덜 복잡해질 것이다.

+ **사회적 수용.** 정말이지, 모노가미는 서구의 사회적 기준이다. 어떤 면에서 이 사실은 모노가미를 이해하고 모노가미에 대해 의사소통하기 힘들게 만든다. 당연하게 여기는 전제와 미리 깔려있는 기대가 너무 많기 때문이다. 그런데 사람들이 늘 그런 기대에 동의하는 것은 아니다! 최근의 연구에서 젊은 커플들의 40퍼센트가 자신이 모노가미인지 아닌지 결정하지 않는다고 밝혔다.[5] 그 결과에 나는 깜짝 놀란다. 왜냐하면 나는 파트너와 우리가 모노가미라는 것을 대화로 확인하기 전까지는 그와 모노가미라고 생각해 본 적이 없었기 때문이다… 그렇지만 그런 일이 어떻게 일어나는지는 알 수 있을 것 같다. 사람들이 의사소통에 불안감을 느끼고 대신 전제에 의지한다면 그렇게 될 것이다.

그러나 보통, 사회적 기준은 모노가미를 더 쉽게 하도록 만든다. 예를 들어 결혼은 비-헤테로에게는 분명 이론의 여지가 있는 영역인 반면, 이성애자 모노가미들은 아무 문제없이 결혼할 수 있다. '동성 결혼' 이 그렇게 큰 정치적 문제를 불러일으켰다는 것은 교훈을 준다(반면 현재 '폴리아모리 결혼'은 우익들이 게이 결혼을 갖고 사람들을 겁줄 때 쓰는 허깨비일 뿐이다).⁶ 외부인들은 당신이 파트너를 소개할 때 보통 당신이 모노가미라고 가정한다. 로맨틱 코미디들은 모노가미를 칭송한다. 미디어와 주위 사람들은 모노가미와 사랑을 결부시킨다. 모노가미는 자기 부모에게 자신의 이상한 관계 구조를 명백히 밝힐 필요가 없다. 상자 바깥의 관계 문제에 대해 생각할 필요가 거의 없고, 어떤 서구의 조언 칼럼니스트나 상담사에게 가더라도 그들이 당신의 관계를 합법적이라고 인지하리라는 것을 확신할 수 있다(특권 목록을 좋아하는 사람들이라면 이런 모노가미 특권 목록을 즐겁게 볼 수도 있다. 이것은 페기 매킨토시의 고전적인 에세이와 백인 특권 리스트를 따서 패턴화한 것이다).[7][8]

+ **어떤 사람들은 그냥 모노가미를 더 좋아한다.** 어떤 사람들은 폴리아모리나 모노가미가 '동양적인 요소'를 갖고 있다고 생각하며 재미있어 할 것이다. 어떤 사람들은 단순히 자기가 모노가미나 논모노가미에 맞는다고 느낀다(나는 여기에 대해 성적 지향으로서의 BDSM에 대한 생각과 비슷한 생각을 갖고 있다).

개인적으로, 나는 섹스-긍정적 담론에서 당신이 무엇을 좋아하든 간에 합의에 의해 행동하는 한 괜찮다고 처음부터 강조하는 것이 매우 중요하다고 생각한다. 나는 모노가미인 것에 엄청 미안해하면서 행동하는 사람들을 안다. 보통은 논모노가미가 '더 좋거나' '더 발달한' 것이라고 주장하는 '폴리 전도사'들에게 과다노출되었기 때문이다. 하지만 그런 건 웃기는 말이다! 돌아서서 논모노가미가 나쁘고 틀렸다고 비난하지 않는 한, 모노가미를 좋아하는 것은 정당화될 필요가 없다. 그리고 모노가미를 좋아한다는 것은 모노가미를 더 선호할 완벽하고 훌륭한 이유이다!

여러 애인을 사귀는 것에 대해
가장 궁금한 질문들

나는 이 글을 2011년 초에 썼다. 온라인 버전에 달린 댓글은 매우 훌륭하다. 여러 관점과 정보 출처들이 공유되었다. 때때로 내 글을 읽는 네티즌들은 나를 꼼짝도 못하게 한다.

나는 폴리아모리에 대해 개인적 경험보다는 이론적으로 아는 것이 훨씬 더 많다. 그러나 작년에 폴리아모리에 대한 개인적 경험들을 더 많이 얻었다. 흥미로울 때가 많았고, 때로는 고통스러웠다.

최근에 어떤 경험들을 하면서 나는 내 생각만큼 영리하거나 내 감정을 감당하지 못한다는 생각이 든다. 내가 무슨 생각을 하고 있는지 잘 모를 때면 기꺼이 인정해야 한다고 생각한다. 그러나 말은 쉽지만 실제로는 어렵다… 내가 늘 충분히 시간을 들여 내 감정을 이해하고 말하거나 행동하는 것이 아니기 때문이다.

여전히 어리석은 실수나 이해할 만한 실수를 하며, 둔감한 실패와 작은 실연들을 감당하며, 나는 배워나가고 있다.

이제 내가 무엇을 원하는지는 알 것 같다. 나는 여러 가지의 많은 관계를 동시에 진행하고 싶고, 특별히 열성적이고 주요한 관계 한두 가지를 갖고 싶다. 사실 이상적으로 말하면, 궁극적으로는 주요 폴리아모리 파트너와 영원한 관계를 갖고 싶다. 그 관계 안에서 함께 아이들을 갖고, 대부분의 시간을 함께 살고, 등등을 하지만 여전히 폴리아모리로 살면서. 하지만 그것은 지금으로서는 먼 미래에 다가올 일이다. 내 파트너들이 내가 정착하거나 한 장소에 머무는 것을 기대하지 않는 쪽이 편하다. 상대적으로 내 인생의 초반인 이 시간 동안에도 내가 발전시키는 어떤 관계든 결국 (지금부터 몇 년 후에는) 아이를 키우는 관계가 될 수 있다. 하지만 그렇다 해도 내가 그 관계를 모노가미로 두고 싶을지는 의심스럽다.

우리는 언제나 이상대로 살지는 못한다. 사실 보통은 이상대로 살지 못한다. 나는 폴리아모리에 높은 우선순위를 두고 있지만, 이 세상 사람들 대다수가 모노가미로 정체화하고 있다는 것을 생각하면 결국은 내가 그 부분에서 타협하게 될 수도 있다.

이런 것들을 모두 유념하면, 폴리아모리에 대한 선호는 내게 도전과 걱정스러운 문제들을 제기한다. 바로 이런 것들이다.

1. 나의 파트너들의 다른 파트너들에 대해 나는 어떤 책임을 져야 하는가? 말하자면, 당신이 결혼한 폴리아모리 남자와 관계를 시작하면 그의 배우자와도 상호작용하게 된다고 많은 폴리아모리들이 말한다. 다른 말로는, 당신이 커플의 한쪽 절반하고만 상호작용을 하는 관계가 된다고 전제하지 말라는 뜻이다. 그건 전혀 문제가 없지만, 때때로 내가 커플의 문제에 휘말려 버리거나 내 파트너와 개인적인 관계 이상을 가져야 한다는 기대를 받는 것처럼 느낄 것이다. 즉 내가 언제나 그의 주요 파트너를 그와 함께 겪어나가야 하는 것처럼.

그렇다. 내 파트너의 다른 파트너들과 상호작용을 나누고 그들과 친근하게 지내는 것은 확실히 내가 져야 할 책임이다. 그러나 거기에도 경계선을 세워야 할 필요가 있다. 폴리아모리 남자와 연애한다는 것 때문에 내가 그들 관계의 상담사가 될 필요는 없고, 그의 다른 여자 친구와(혹은 남자친구와) 내가 절친이 되어야 할 필요도 없다. 나는 내가 하는 일에 책임을 져야 하지만, 그가 하는 일에 책임질 필요는 없다. 내가 그의 배우자를 대하는 태도는 내가 책임질 일이지만, 그가 자기 배우자를 대하는 태도를 내가 책임질 수는 없다.

하지만 내가 이미 어떤 사람과 친구인데, 내 파트너 중 한 명이 그 사람과 관계를 갖게 된다면? 그 경우 나에게 특별한 책임이 있을까? 나는 여전히 이 문제를 골똘히 생각하고 있다.

2. 폴리아모리에 대해 이야기하고 우리의 관계를 정의하기 가장 좋을 때는 언제일까? 지금까지 내가 접근했던 방법은 첫 대화에서 폴리아모리를 화제에 올린 다음, 관계 문제가 대두될 때 폴리아모리 이야기를 더 하는 것이었다. 그러나 최근에는 좀 더 빨리 더 세부적인 문제로 들어가야 하지 않나 생각하고 있다. 왜냐하면 사람들은 개방적 애정관계에 대해 너무나 생각이 다르기 때문에, 폴리아모리에 대해 면밀히 논의하지 않는다면 상대가 내 이야기를 받아들이고 있는지 내가 확신할 수 없다.

나는 폴리아모리가 아무 조건 없는 무질서라고 보기 때문에 이른바 '폴리아모리' 관계를 원한다고 생각하는 사람들과 많이 이야기해 보았다. 그것은 확실히 내가 원하는 폴리아모리 관계가 아니다. 혹은 같은 이유로 폴리아모리에서 물러나는 사람들과도 이야기해 보았다. 나는 폴리아모리가 관계 협상에 '덜'이 아니라 '더' 열성적이어야 하는 것으로 본다. 경계선이 없다는 이야기가 아니다. 나는 폴리아모리가 참여하는 모든 당사자들이 안전한 상황을 만들어내어야 한다고 본다. 그 누구도 불안해서는 안 되고, 누구의 욕구도 무시당해서는 안 된다. 그리고 폴리아모리가 된다고 해서 나의 관계가 나 자신에게 중요하지 않게 되는 것은 아니다. 내게는 사랑에 빠지는 것과 폴리아모리가 모순된다고 보이지 않는다.

하지만 이런 것을 조금씩 의사소통하기는 힘들다. 그 개념에 거의 노출되지 않은 사람을 대하고 있다면 더욱 그렇다. 한편, 첫 번째 데이트에서 폴리아모리에 대해 '진지한 대화'를 나누는 것도 지나치다.

3. 궁극적으로 모노가미를 원하는 남자들과 관계를 맺는 것은 괜찮을까? 아까 말했던 것처럼, 나도 결국에는 모노가미와 타협하게 될지 모르지만 우선순위는 폴리아모리에 두고 있다. (알 게 뭔가, 언젠가는 다시 모노가미가 나의 이상적인 관계라고 결정하게 될지도 모른다. 지금 당장은 그럴 것 같지 않지만, 세상에는 무슨 일이든 일어날 수 있으니까.)

하지만 궁극적으로 모노가미를 계획하고 있는 남자와 정말로 관계를 시작한다면? 내가 잘못 판단하는 것일까? 예를 들어, 30대 중반까지는 결혼할 생각이 없지만 결혼할 때는 확실히 모노가미 결혼을 하고 싶어 하는 28세의 남자와 몇 번 데이트를 한다면… 그러니까, 관계를 가질 수도 있지 않을까? 한편, 그런 상황에서 그가 처음부터 우리 관계를 '진짜가 아닌' 것으로 생각한다면 나는 미리 실연을 준비해야 할 수도 있다. 여기서 그 다음 문제가 생긴다.

4. 어떤 사람들은 폴리아모리를 '헌신을 두려워하는 사람'의 표시로 본다. 나 자신도 이런 실수를 한 적이 있다. 사실 '헌신을 두려워하는 폴리아모리'라는 스테레오타입은 너무 강해서, 때때로 내가 폴리아모리를 욕망하는 것이 헌신을 두려워한다는 표시는 아닐까 뒤집어 생각해 보기도 한다. 하지만 사실 내가 겪어본 폴리아모리 관계는 내가 파트너에게서 무엇을 찾고 있는지 점점 더 확신하게 해 주고, 그것을 어떻게 협상해야 하는지 점점 더 이해하게 해 주었다. 폴리아모리는 관계에 대한 자신감과 이해가 있어야 할 수 있다.

나는 폴리아모리의 맥락에서 헌신을 믿어도 된다고 느끼지만, 나의 파트너가 될 사람들은 그렇지 않을 수가 있다. 나는 이미 감정적으로 신중한 경향이 있고, 때때로 너무 감정을 통제한다는 비난도 받는다. 나를 좋아하다가 단념하는 사람들이 결과적으로 나를 '선수'(혹은 '헤픈 여자')로 낙인찍을까봐 걱정이 된다. 또, 그들이 인정하건 안 하건—사실, 그들 자신에게조차 인정하지 않더라도—나를 감정 없는 선수로 보기 때문에 나한테 끌리는 사람들도 있을까봐 걱정한다. 그런 사람들은 내가 감정 없는 선수가 아니라는 것을 알면 화를 낼 것이다. 우리가 알고 있건 아니건 간에, 전형과 전제는 뿌리 뽑기 힘들다.

어떤 때는 내가 바라는 깊은 관계에 대해 이야기하고 어느 정도 인정하는 감정적 헌신과 함께 관계를 진행할 남자들이 모두 모노가미일까 봐 초조해진다. 다음 순간 나는 내가 아는 멋진 폴리아모리 남자들이 얼마나 많은지 떠올리며, 또 내가 전형적인 사고에 빠져 그런 공포를 품고 있구나 하고 생각한다.

5. 다른 질문들. 감정적인 방향으로 흐를 것 같지 않은 일상적 관계지만 좀 더 진지한 관계를 포기할 필요도 없을 때, 내가 얼마나 폴리아모리에 대한 생각을 개방해야 하는가?

내가 폴리아모리라는 것은 이별의 역학을 어떻게 바꾸는가?

모노가미가 아닐 때, 관계가 진지하다는, 혹은 진지해지고 있다는 다른 기표가 있을까? 나는 어떻게 하면 그런 기표들을 잘 보내거나 읽을 수 있을까?

내가 내면화한 또 다른 폴리아모리의 전형은 무엇이며, 그것을 깨기 위해 나는 어떻게 행동해야 할까? 다른 사람들에게서 주의해야 할 다른 폴리아모리 전형은 무엇일까?

6. 한숨. 내 질문들을 모두 다시 읽고 생각을 전부 다시 해 보면 기진맥진해진다. 관계 맺기는 힘들다. 사회적으로 기대되는 모델을 깨면 관계를 좀 더 만족스럽게 만들 수 있으면 좋겠다는 것이 내 희망이지만… 그러면 관계가 훨씬 더 복잡해지기도 한다. 내 생활은 때때로 너무나 이상해 보인다. 왜 나는 훌륭하고 판에 박힌 직업을 갖고 모노가미 남편과 2.5명의 아이들과 함께 하얀 울타리로 둘러싼 집에 정착하지 않을까 하는 생각을 일주일에 적어도 한 번은 하게 되는 것 같다. 나는 사실 그런 삶을 원하지 않지만, 때때로 그 이미지는 손쉽고 유혹적으로 보인다.

성 노동의 흐릿한 경계: 슈가베이비의 초상

2012년 1월 젠더적 시각의 웹사이트 RoleReboot.org에 이 인터뷰를 실었다. 그 웹사이트에서 나는 섹스+애정관계 지면 편집자 역할을 했다. 이 글 다음에 따라오는 글을 읽으면 알겠지만, 올리비아는 2012년 그 업계를 떠났다.

성 노동은 논쟁적이고 양극화된 주제이고, 그 주제에 대해 여러 가지 시각이 있다. 내 입장은 복잡하다. 그러나 우리가 실제로 어떻게 성 노동자들과 상호작용을 하느냐 하는 문제에서 중요한 요인은 그들이 자기 직업에 만족하고 그 직업을 즐기느냐 아니냐이다. 나는 전적으로, 자신의 직업을 즐기지 않는 성 노동자들에게 더 나은 선택지를 주어야 한다는 편이다. 그리고 어떤 사람이 자신이 즐기지 않는 섹스를 하도록 불법적으로 유인당하거나 강제당한다는 생각만 해도 무섭고 끔찍하다. 그러나 나는 백퍼센트 자발적으로 돈 때문에 섹스를 하는 사람들을 알고 있고, 그들의 경험을 부인하고 싶지도 않다.

25세의 학부생인 내 친구 올리비아는 최근에 SeekingArrangement.com이라는 '슈가 베이비'* 사이트에 자신의 서비스를 광고했다. 이런 종류의 경험을 이해하는 사람이 더 많아지는 것이 중요하다고 생각했기 때문에, 나는 올리비아에게 인터뷰를 요청했다. 일단 '성매매'**의 정의에 대해 생각하기 시작하면 성매매가 정확히 무엇인지 정의하기 어렵다는 점을 지적하는 사람들은 많다. 어떤 성 노동자 친구들은 이런 질문을 던진다. '멋진 저녁을 사 주고 저녁을 함께 먹은 후 섹스를 하는 파트너를 둔 사람과, 돈으로 섹스를 사는 파트너를 둔 사람이 대체 무엇이 다른가?' 올리비아는 여기에 대해 깊이 생각했고, 올리비아가 그 문제와 다른 문제들에 대해 자신의 관점을 공유해 준 것에 대해 감사한다.

올리비아가 예외적일 정도로 특권을 누리고 있다는 말을 일단 해 두

---

* 슈가 베이비(Sugar Baby): 슈가 베이비-슈가 대디 관계는 원조교제 관계와 비슷하나, 미성년을 대상으로 한 것이 아니다.

** 성매매(prostitute): 이 책에서는 성 노동(sex work)과 성매매(prostitute)를 구분해서 사용하고 있다. prostitute는 대부분의 경우 '성매매', 특별한 뉘앙스를 가진 경우 드물게 '매춘'으로 번역한다.

자. 당신이 읽게 될 글은 매우 큰 특권을 가진 사람에게 성산업이 어떻게 보이는지를 그린 그림이다. 올리비아는 백인 중산층 가정 출신이고, 필사적으로 돈을 벌어야 할 처지가 아니고, 많은 돈을 받고 있으며, 마약 중독에 걸리지 않았다. 성 산업에 종사하는 다른 많은 사람들의 경험은 매우 다르다.

클라리스 쏜: 안녕, 올리비아. 이렇게 엄청나게 까다로운 주제에 대해 기꺼이 대화에 응해 줘서 고마워. 슈가 베이비 사이트가 뭔지 정의하면서 이야기를 시작해 볼까? 그게 뭐야?

올리비아: 나는 SeekingArrangement.com 사이트를 이용해. 슈가 베이비 사이트가 실제로 얼마나 많은지는 모르겠지만, 여럿 있다는 생각은 들어. 그것이 정확히 뭘 하는 사이트인지 꼭 집어 말하기는 매우 힘들어. 보통 큰 나이차이가 있는 사람들을 연결하는데, 그 사람들은 물질이나 재정적 자원을 성적인 형태의 동반자 관계와 교환하는 데 흥미가 있지. 하지만 늘 그런 것만도 아니야.

내가 아는 한에서 말하자면, 그 사이트의 창립자는 이것이 성매매라는 주장에 매우 반대하고 있어. 그는 이 사이트가 성매매와 관계가 없다고 주장하는 홍보를 많이 해. 처음에는 법적인 문제를 피하려고 그런다고 생각했는데, 지금은 아마 정말로 그렇게 믿고 있을 거라고 생각해. 그 사이트에는 그가 운영하는 블로그가 있으니까, 그가 대체 무슨 생각을 하고 있는지 감을 잡고 싶다면 그걸 볼 수도 있어. 내가 정말로 흥미롭다고 생각했던 글은 "슈가 베이비와 슈가 대디: 현대의 공주와 왕자?"라는 포스트였어. 그 글은 슈가 베이비 노릇을 "영원히 행복하

게 살았습니다." 하는 공주 판타지와 비교해.[1]

지금까지 나와 만나 본 사람 중에서 '창녀' 같다고 생각하는 사람을 고용하려던 사람은 없었어. 그들은 자기가 보기에 매우 매력적이고, 지성을 존중할 수 있다고 느끼는 사람과 섹스하기를 원하는 것 같아. 예를 들어, 때때로 만나던 사람이 있는데 제일 최근에 만났을 때 그 사람은 마지막에 내게 돈을 주고 이렇게 말했어. 내가 "디자이너 핸드백"에 그 돈을 쓰지 않을 거라고 확신하기 때문에 내게 돈을 주는 게 기분이 좋대. 그는 나에게 합리적인 야심도 있고 곤란한 부분도 있다고 생각하는 것 같았어. 그리고 내게 돈을 주면서 그 돈이 내 등록금이나 신용카드 대금으로 간다는 것을 알기 때문에 더 편하게 느끼는 것 같았어. 이모티콘을 너무 많이 쓰지 않으면서 문법을 제대로 맞출 수 있는 능력이 나의 가장 큰 세일즈 포인트 같아. 남자들이 대놓고 내게 그렇게 말하더라고.

그 남자가 또 말하기를, 내가 자기와 같은 사회적 계급 출신인 것 같아서 더 편안하대. 이런 만남에서는 계급 문제가 아주 큰 것 같아. 내가 백인이고 중산층 출신이라는 게 고객을 얻는 데 도움이 돼. 또 출신배경 덕분에 매우 자신감이 있어서 협상할 때 유리해. '날 써 주세요.' 같은 기운을 내뿜지 않거든. 그리고 날 이용해 보려고 하는 남자들에게는 (좋은 말로) 꺼지라고 하고.

내가 방금 얘기했던 남자는 이런 말도 하더라고. 자기는 적어도 약간이라도 연결되어 있다는 느낌이 들지 않는 사람하고는 섹스하고 싶지 않대. 의미 없는 섹스와 일상적인 섹스 사이의 구분이 있는데, 이 남자들은 일상적인 섹스를 하고 싶어 하는 것 같아. 그들은 파트너를 두고 싶지 않은 시기에 있거나, 정말로 일이 바쁘거나, 이미 다른 파트너가 있겠지. 그 사람들은 일상적인 섹스를 하고 싶지만 의미 없는 섹스를 하고 싶지는 않은 거야.

이런 남자들과 만날 때 돈은 두 가지 역할을 해. 첫째, 돈이 없다면 불가능했을텐데 돈이 있으니까 관계를 가질 수 있는 거지. 둘째, 돈 때문에 그들은 나한테 귀중한 것을 주고 내게 감사받을 수 있는 입장에 서게 돼. 내가 만나는 남자들은 정말로 내가 고마워하기를 바랐어.

클라리스 쏜: 이 일을 하면서 젠더 역할에 대한 새로운 통찰을 얻은 것 같아?

올리비아: 흠… 이 일은 내가 좀 더 강하다고 느끼게 만들어 주었어. 이 상황에서 힘을 가진 사람은 나라고 확실히 느끼게 되거든. 만남에 나갈 때 나는 '여기 부유하고 강력한 사람이 와서 내게 돈을 주려고 한다.'고 느끼지 않아. '여기 약간 슬프고 외로운 사람이 있는데, 아마 나는 그들의 시간을 좀 더 즐겁게 만들어 줄 수 있을 거야.'라고 느끼지.

이 사이트를 이용하는 많은 남자들이 감사를 받고 싶어 해. 그래서 그들이 만난 여자들이 감사하는 모습을 보여주는 걸 매우 중요하게 여겨. 예를 들자면, 웹사이트에는 고객이라기보다 '멘토'나 '은인' 노릇을 하는 슈가 대디들 이야기가 많이 올라와. 그들은 내가 자기 일상에 대해서 물어봐 주기를 바라고, 또 어느 정도는 세상에 대한 지식을 가르쳐주고 있다는 기분을 느끼고 싶어 해. 나와 만나는 남자 한 명은 언제나 자기가 돈에 대해서 가진 의견을 이야기해. 그는 돈 있는 집안 출신이 아니기 때문에 자기가 돈이 있다는 사실에 대해 복잡한 감정을 느껴. 그래서 그걸 해결하려고 해. 하지만 언제나 내게 매우 진지한 목소리로 계속해서 말해. 돈은 나를 행복하게 만들어줄 수 없고, 내가 뭔가를 살 수 있다고 해서 행복해질 수는 없다고. 내가 그에게 '안전은 살 수 있잖아요.' 하고 말하면 '그래, 그건 살 수 있지.'하고 말하지.

다른 남자들에게는 나이 문제가 있는 것 같아. 한 사람은 방금 40줄에 접어들어서 정말로 괴롭대. 그 다음에 나한테 싫증이 난 듯이 굴더라고. 나를 만나고 싶다고 자기가 결정해 놓고, 또 그 결정이 썩 마음에 드는 것 같지 않았어. 하지만 어쨌든 이런 남자들이 여기서 얻으려는 것은 또 하나, 젊은 에너지와 낙관주의나 새로운 아이디어를 가진 사람과 만나고 싶은 거야. 막다른 골목에 있거나, 지루하거나, 냉소하거나, 지적으로 압박을 받고 있다고 말한 사람들이 많았어. 그런 의미에서 섹스는 내가 주는 여러 가지 것 중 하나에 지나지 않아. 나는 그들에게 낙관주의, 희망, 에너지 같은 것도 제공하고 있는 거야. 첫째, 섹스는 그 자체로 좋아. 대부분 그렇지 않다면 섹스하지 않겠지. 하지만 섹스는 그들이 나의 젊음 에너지 같은 것에 접근한다는 상징이기도 해.

내 생각에 첩의 원형적 이미지는 기본적으로 일하지 않고 언제든지 섹스할 수 있는 상태로 '길러지는' 여자인 것 같아. 그러나 내가 만나는 남자들이 그런 걸 원하는 것 같지는 않아. 나는 다른 일을 진지하게 하고 있고, 그러면서도 그들과 섹스를 하기 때문에 남자들에게 더 가치가 있어. 다시 말하지만, 이 남자들은 자기와 더 '동등'해 보이는 여자에게 흥미가 있어. 이 경우에는 앞으로 받을 수입으로 볼 때 그렇다는 거지. 그리고 언젠가 내가 자기들 만한 수입을 받는 계층에 들어오도록 도울 수 있어서 기뻐하는 것 같아. 물론 이것도 여전히 보호자 행세를 하는 거지. 아까 말했지만 그들은 '멘토'라는 단어를 계속 사용해. 그것도 주제넘은 일이야. 하지만 그들이 거만하고 주제넘은 건 아마 많은 부분

나이와 부유함 덕분인 것 같아. 젠더는 그 중 어느 정도일 뿐이고.

나는 젠더보다는 계급과 돈에 대해서 더 많이 배운 것 같아. 천 달러나 삼천 달러가 그렇게 큰 차이로 느껴지지 않는 사람들이 있는데, 나도 마침내 본능적인 수준에서 그걸 알겠어. 그들 대부분에게 천 달러가 의미하는 것과 내게 천 달러가 의미하는 건 달라. 그 전에도 알고 있었지만, 이제는 진짜로 그것이 무슨 소리인지 알아.

또 하나 떠올랐던 건, 연애 관계의 가치는 정확히 얼마인가였어. 고객 중의 몇 명은 자기가 부유하지 않고 돈 걱정을 매우 많이 한다고 나한테 말했어. 그들은 진심이었다고 생각해. 물론 내가 맨 처음 든 생각은 '달마다 이천 불 드는 창녀야말로 예산에서 잘라내야 한다는 생각이 안 드나?'였지. 하지만 실제로는 그렇지 않았을 거야. 그들은 내게 많은 돈을 썼지만, 나머지 생활을 잘 할 수 있게 해주는 압력 밸브를 산다 치면 좋은 투자를 한다고 생각했을 거야. 아마 그 사람들 생각이 옳았겠지.

클라리스 쏜: 이 남자들과 갖는 관계에서 네가 강하다고 느낀다고 아까 말했지. 하지만 안전 문제는 없어?

올리비아: 누군가가 제대로 알지 못하는 다른 사람을 만난다면 언제든지 안전 문제는 생긴다고 생각해. 둘만 시간을 보낼 계획이라면 특히 그렇지. 또 섹스나 돈 같은 민감한 주제에 관한 것일 때면 안전 문제는 더 커. 어떤 사람들은 정말로 돈으로 무엇이든지 살 수 있다고 믿기 때문이야. 하지만 대체로, 내가 만난 사람들은 점잖아 보였어.

나는 안전을 확보하기 위해 남편과 친구들에게 내가 있을 장소를 말하고, 정확히 지금 어디 있는지 이야기해. 고객의 차 번호를 적어 남편에게 보내고. 고객의 운전면허증을 보고 이름과 운전면허 번호도 남편에게 보내놓아야 할지도 모르겠다는 생각은 하는데, 또 어떤 고객들은 그것 때문에 위협받는다는 느낌을 받을 수도 있을 거야.

내 안전에서 가장 중요한 요소는 내가 마음대로 그런 상황에서 빠져나올 수 있다는 거야. 나는 필사적으로 매달리지 않아. 이 일을 하지 않는다고 굶어죽거나 하지는 않을 거야. 나는 모든 고객을 만날 때 처음에는 식사를 하면서 공개적으로 만나. 그 과정에서 누가 나한테 지분대면 떠나 버려. 나는 무서운 상황에 빠져 들어가야 할 정도로 필사적으로 이 돈을 벌어야 하는 건 아니니까.

나를 토막 살인해서 쓰레기통에 버리려고 하는 미친 사람을 만나면 위험하겠지. 하지만 바에서 그냥 밤을 지낼 때에도 그런 사람을 만날 수 있잖아?

성병에 걸릴 수 있다는 것도 큰 위험이야. 하지만 나는 보호책을 써. 결국은 자기가 내는 돈 때문에 내 몸에 무슨 일이든 할 권리가 생긴다고 믿는 사람과 단 둘이 있게 될지도 몰라. 하지만 지금까지는 한 번도 그런 사람을 만나지 않았어. 아까 말한 것처럼, 사실 아직 자기가 섹스를 위해 돈을 내고 있다고 생각하는 사람들을 만난 적이 없어. 이 남자들과 계속 만나는 조건을 역할대행*처럼 노골적으로 협상하지는 않는 것 같아. 예를 들면, 나는 고정 요금을 받지 않아.

역할대행들은 슈가 베이비 사이트를 이용하는 사람들이 프로가 아니라고 불평한다는 말을 들었는데, 그들의 시각에서는 아마 그럴 거야.

* 역할대행(an escort): 돈을 받고 파티나 사교 모임에 동반하는 여성

클라리스 쏜: 사람들이 실제로 돈과 섹스의 교환에 대해 이야기하는 걸 싫어한다면 너도 만남을 협상하기 힘들 텐데? 협상하는 데 어떤 단계를 밟아?

올리비아: 나도 이 일을 아주 오래 하지는 않았어. 지금까지는 다 달랐어. 보통은 식사를 하자는 명목으로 만난 다음 함께 잡담을 해. "오늘 어땠어요?" 같은 형식적인 대화를 하다가, 둘 중 하나가 "무엇을 원하는지 좀더 이야기를 해 봐요. 왜 그 사이트에 글을 올렸죠?" 하고 말하는 거야.

그 다음 우리는 서로에게 거래 조건을 설명해. 그 남자는 이런 식으로 말할 수도 있어. "난 이혼했지만, 동반자 같은 느낌을 줄 사람을 찾고 있어요." 어떤 시점에서 돈 이야기가 나와. 나는 돈 이야기를 할 때 늘 아주 모호하게 이야기해. 사람들은 돈 이야기에 비위를 상하는 범위가 아주 넓거든.

예를 들어, 어떤 고객은 재혼을 하고 싶지만 아직은 아니라는 이야기를 하고 있었어. 나는 이렇게 물었어.

"음, 좀 더 감정적인 관계에 흥미를 느끼신다면, 돈이 연관되었다는 데는 어떻게 느끼세요?"

사람들은 돈도 포함해 모든 종류의 이유로 서로에게 끌리는데, 그러면 돈이 매력적이라는 사실이 제일 먼저 나오지 말아야 할 까닭이 없다고 그는 나한테 설명했어. 왜 내가 그런 걸 물어보는지 어리둥절해 하는 것 같더라고. 나는 돈에 대한 이야기를 제대로 하기도 전에 그와 자기로 했어. 엄청난 위험 부담이었지. 하지만 난 괜찮은 거래가 될 거라고 생각했고, 실제로 그렇게 됐어. 우리는 섹스 직후 돈 이야기를 나누

2부 — 활동과 연대자들

었어. 섹스하다가 쉴 때 나는 그에게 이 관계에서 더 정확하게 무엇을 찾느냐고 물었어. 그러자 그가 일주일에 한 번 정도 나를 다시 만나고 싶다고 했어. 나는 그에게 만날 때마다 돈을 줄 게 아니라 한 달 비용을 주는 게 어떠냐고 물었던 것 같아. 그러자 그도 한 달 간격으로 지불하고 싶다고 말했어. 둘다 옷을 입고 나서, 천 달러 현금을 꺼내 주면서 말했어.

"다음에 만날 때는 나머지를 맞춰줄게."

다른 사람들에게는 더 솔직하게 대할 수 있었어. 그들은 관계를 어떻게 맺어야 할지 잘 모르는 것 같아서, 다른 고객 이야기를 넌지시 해. 말하자면 "한 달에 세 번 보는데 삼천 달러를 주는 고객이 있어." 같은 식으로. 그러면 "그거 괜찮은 걸." 하고 말하는 사람들이 있고, 어떤 남자들은 그냥 만나는 횟수에 따라 협상하려고 들어. 어떤 남자는 이메일을 몇 번 주고받은 후 그 문제를 매우 빠르게 꺼냈어. '만날 때마다' 300달러를 주고 싶다고 했어. '만날 때마다' 말이야. 나는 그건 너무 싸다고 말하면서 천 달러를 불렀어. 그러자 그는 그 중간 가격에서 보자고 말했어. 다른 남자는 나를 만나보고 지갑에 400달러를 그냥 슬쩍 넣어 주겠다고 말하더니, 그 말대로 하더라고.

돈에 대해 전혀 대놓고 이야기하지 않은 고객도 한 명 있었어. 그와 점심을 먹으면서 우리가 그 사이트에 글을 올리는 이유에 대해 약간 이야기하기는 했지만, 아무 것도 협상하지 않았어. 다음번 그를 보았을 때 우리는 어디서 만날까 하는 이야기를 했고, 그가 방을 빌려놓을까 하고 물었어. 나는 그쪽이 좋겠다고 했어. 그러면 만나서 섹스를 할 수 있으니까. 그는 곧 내 생일이라는 것을 알고 있었어. 그래서 옷을 입고 나니까 이렇게 말하더라.

"우리 돈 이야기는 하지 않았지. 그래서 당신 생일에 쓸 돈을 넣었어."

그리고 그는 400달러가 담긴 봉투를 내밀었어. 그 다음에 만났을 때는 저녁에 뭘 할 거냐고 물었어. 그래서 친구와 저녁을 먹을 거라고 말하니까, 봉투에 400달러를 넣어 주면서 말했어.

"이걸로 저녁에 보태 써."

운 좋게도 400달러는 내가 기꺼이 받는 금액이었어. 내 최저한계선이긴 하지만 기꺼이 받아. 하지만 400달러는 너무 낮아서 못 받겠다고 상상해 봐. 엄청 웃긴 상황이 되잖아. 어쩌면 그 상황에서 좀 더 명백하게 협상을 했어야 할 테지만, 그 정도면 일이 잘 풀렸어.

애매한 협상이 잘 되지 않은 상황들에 대해서도 들은 적이 있어. 그 사이트에 대한 2009년 뉴욕 타임스 매거진 기사가 있는데,[2] 그 기사에서는 애매한 협상들이 잘 풀리지 않았을 때에 대한 예가 나왔어. 하지만 그 기사에서는 여자가 정말로 자기가 무엇을 원했는지 잘 몰랐던 것 같고, 그 일을 즐기지도 않았던 것 같아. 하지만 나는 이 일을 즐기고, 나와 마찬가지로 이 일을 즐기는 다른 여자들도 알고 있어.

새 고객 한 명은 나를 한 달에 세 번 보기 위해 선불로 3천 달러를 지불했어. 하지만 처음 만난 후 그에게서 아무 소식을 듣지 못했어. 내가 그의 여자친구였다면 전화를 했겠지. 하지만 그는 내게 전화하지 말라고 부탁했어. 그래서 사실 그 사람에게 무슨 일이 있었는지는 몰라. 아마 나한테 싫증이 났겠지. 하지만 나한테 이미 3천 달러를 줬으니 이상하지만 잘 됐지.

클라리스: 그런데 아까 잠깐 네 남편 이야기를 했잖아. 네 남편은 이 일에 대해 어떻게 생각해?

올리비아: 그는 특별히 위태롭다고 생각하는 것 같지 않아. 우리는 이미 개방적 애정 관계를 갖고 있으니까. 때로는 그가 본능적인 질투를 강하게 느끼는 것 같지만, 그건 우리 중 한 명이 다른 사람과 섹스를 할 때와 똑같아. 그냥 거기에 대해서 이야기하는 수밖에 없어.

여기서 문제의 일부는 내가 돈이 없어서 이 일을 하고 있다는 거야. 내 남편은 정말로 나를 경제적으로 부양하고 싶어 하지만 지금 당장은 그럴 수 없어. 그래서 내가 이 일을 하면서 우리 둘의 생활비를 대고 있어. 이것이 그의 자아에 정말 큰 타격을 입히는 것 같아. 그가 속상해하는 이유는 다른 남자들이 나를 부양하도록 내게 돈을 주기 때문이라고 생각해. 섹스 문제는 상관하지 않아. 나는 이 문제를 일이라고 생각해도, 그는 '저 성공한 부자 남자는 방금 내 아내에게 돈다발을 주었고, 내 아내는 그와 함께 잔다. 아마 그에게 끌리는 것일 테다.'로 생각해.

나는 고객에게 끌리는 감정을 느끼고, 그들을 행복하게 해주면서 나도 기분이 좋아. 나이 차이도 좀 멋지다고 생각하게 되었어. 나는 그들과 섹스하는 게 좋아. 불쾌하지 않아. 이 남자들의 인생 이야기를 듣는 게 좋아. 흥미롭거든. 하지만 이 남자들은 절대 내 남편에게 위협이 되지 않아. 나는 돈 때문이 아니라면 절대로 그 사람들 중 누구하고도 자지 않을 테니까. 그리고 난 남편을 사랑해. 나는 언제나 내가 결혼한 사람이고 남편을 사랑한다는 사실을 고객들에게 먼저 말해. 내 고객들은 그걸 받아들이고.

성 노동 · 이론

원조교제를 그만두는 어느 슈가 베이비

나는 2012년 이 글을 실었다. 이 글은 올리비아 이야기의 후편이다. 너그럽게도 이렇게 시간과 생각을 나누어준 올리비아에게 다시 감사한다.

전에 Role/Reboot에서 나와 내 친구 올리비아가 인터뷰를 한 적이 있다. 올리비아는 SeekingArrangement.com이라는 '슈가 베이비' 웹 사이트를 통해 섹스로 돈을 막 벌기 시작한 25세의 학부생이었다. 그 인터뷰에서, 올리비아는 아주 많은 주제에 대해 이야기했다. 자신은 보통 고객과의 관계에서 권력을 가졌다고 느낀다고 했다. 그녀는 이렇게 말했다.

"나는 '여기 부유하고 강력한 사람이 와서 내게 돈을 주려고 한다.'고 느끼지 않아. '여기 약간 슬프고 외로운 사람이 있는데, 아마 나는 그들의 시간을 좀 더 즐겁게 만들어 줄 수 있을 거야.'라고 느끼지."

또, 올리비아는 협상이 까다로울 수도 있다고 말했다. 어떤 남자들은 돈에 대해 이야기할 때 아주 예민하기 때문이라고 한다. 그리고 올리비아는 자신이 결혼했지만 이미 개방적 애정 관계를 맺고 있었고, 자기는 돈 때문에 섹스하는 것을 자기 부부가 이미 다른 사람들과 했던 다른 종류의 섹스들과 다르게 보지 않는다고 설명했다. 그런 문제에 대처하기 위해 그들은 의사소통을 분명하게 해야 했다. 올리비아가 말했듯이 "그냥 거기에 대해서 이야기하는 수밖에 없어."

그 인터뷰가 끝난 후 몇 달 동안 올리비아와 나는 때때로 긴 시간을 보내며 성 노동에 대한 그녀의 경험을 들었다. 그녀는 나를 만나기 위해 도시를 가로질러 여행해 왔고, 내게 자주 커피를 사 주었다. 성 노동자에 대한 비판 없는 사회적 지원은 드문 편이고, 올리비아가 그 일을 시작한 후에도 나는 그녀를 줄곧 보아왔다. 올리비아는 정말로 처음에 그 일을 즐겼지만, 힘든 때도 있었다. 특히 처음에 느꼈던 신기함이 사라지자 많이 힘들어했다. 우리는 그 문제도 이야기했고 올리비아는 그것도 써도 좋다고 허락해 주었다(이 글이 실리기 전에 직접 검토해 주기도 했다).

확실히 처음부터 돈 조달 문제가 복잡했다. 세금은 악몽이었다. 올리비아는 세금을 내고 싶었지만 쉽지 않은 문제였다. 그 다음에는 빚을 갚아야 했다. 어떤 것은 간단했지만, 부모와 함께 서명한 대출들도 있었고 부모에게 말하지 않고는 그런 대출을 해결할 방도가 없었다⋯ 그래서 올리비아는 감당할 수 없는 허구를 꾸며내어 유지해야 했다.

그러나 그런 문제는 복잡한 감정과 의사소통에 비하면 아무 것도 아니었다. 이미 올리비아가 고객들에게 돈 이야기를 하는 것이 때로 얼마나 어려운지 독자에게 보여준 적이 있다. 그러나 공감으로만 해결하기 힘든 더 미묘하고 다른 문제들이 있었다. 예를 들어, '여자친구 경험' 페르소나를 만들어내는 일 같은 것이다.

자기 고객을 위해 '섹시한 이상형 여자의 껍질'을 만들어내는 걸 좋아하는 성 노동자들과 이야기해본 적이 있다. 그 중 어떤 사람은 이렇게 말했다. "하지만 어차피 내 남자친구들을 위해서도 그런 페르소나를 만드는 걸. 거기에 돈까지 받으면 좋지." 그러나 오랫동안 나 자신의 성적 진정성을 이해하려고 애썼던 페미니스트 섹스 저술가로서, 이 대답에 나는 움츠러들었다. 그 대답은 엄청나게 해롭고 진정하지 않은 것으로 느껴졌다.

올리비아도 진정하지 않다고 느낄 때가 많았고, 그 느낌은 점점 더 심해졌다. 올리비아는 내게 이렇게 말한 적이 있었다.

"이 남자들은 내가 이 놀이에 아주 깊이 빠져 있다고 믿기 위해 매우 큰 투자를 해. 나는 계속 적극적으로 굴어야 하고, 내가 내내 흥미를 느낀다고 그들이 느끼게 해야 해. 문자 그대로 그게 내 일이야. 그들이 내가 얼마나 행복한지 말하고, 내가 즐거워하고 있다고 나한테 알려줄 때, 그게 사실이 아니라고 해도 절대로 그들에게 반박할 수가 없어. 어떤 사람들은 나를 묘사할 때 '마법 같다'는 말을 쓰지만, 그들이 묘사하는 그 사람은 진짜 내가 아니야. 때로는 이런 생각도 들어. 직업적이지 않은 관계에서는 그가 그런 말을 할 때 여자가 반발할 수도 있으니까, 그가 그리는 자기상에 너무 많이 반발할 수도 있으니까 그 남자들은 나에게 돈을 주는 거라고."

공정을 기하기 위해 말하면, 올리비아는 중산층 성 노동자의 매력적인 스테레오타입에 자연스럽게 딱 맞는다. 성적 모험심에 찬 젊은 대학생. 아주 널리 선전된 스테레오타입이기 때문에 숙련된 성 노동자 활동가들은 그 타입을 조소하고, 어떤 역할대행 노동자들은 자기가 그런 타입에 맞지 않아도 맞는다고 거짓말을 한다. 아마 고객들은 성적으로 모험심에 찬 젊은 여대생이라고 믿는 쪽을 좋아할 것이다. 그것은 '섹시 코드'의 대문자 이미지 같은 것이고, 성 노동자가 그 노동 때문에 감정적 피해를 당하지 않는다고 고객들을 설득하기 때문이다. (나는 우리가 섹스 거래 윤리를 경쟁 무기로 삼는 '공정 무역 성매매'를 할 때가 이미 지나지 않았나 하는 생각을 자주 한다. 또, 내가 할 수 있는 가장 페미니즘적인 일은 모든 성 노동자들이 제대로 대우받는 사창가를 여는 것이라는 생각도 했다. 그것이 불법임이 너무나 안타깝다.)

물론, SeekingArrangement.com에서는 이 사이트의 주선에서 '진짜 관계'가 나올 수 있다는 생각을 활발하게 장려한다. (우리가 전에 한 인터뷰에서, 올리비아는 SeekingArrangement.com의 블로그 포스트 "슈가 베이비와 슈가 대디: 현대의 공주와 왕자?"[1]를 지적했다. 또 흥미로운 글은 "슈가 베이비들은 사랑에 빠진다."[2]였다.) 그 사이트에 있는 어떤 남자들은 진짜 노골적인 섹스만을 위해 돈을 내려고 하는 반면, 어떤 사람들은 그들이 함께 있기를 구매한 여성들에게 감정을 쏟는다. 그리고 올리비아의 대가 협상 경험에서 알 수 있듯이, 그들이 이런 행위에 돈을 지불하고 있다는 생각을 하고 싶어 하지 않는 남자들이 많다.

중요한 점은 올리비아의 고객 몇 명이 그녀에게 진심으로 빠졌고, 올리비아는 시간이 가면 갈수록 그것이 점점 더 불편해졌다는 사실이다. 한 남자는 그녀의 사진을 몰래 찍어서 '그것 빼고는 텅 빈' 냉장고 한가운데 걸어 놓았다. 다른 고객은 퉁명스러운 척 아쉬워하는 말을 했다. "당신이 결혼만 안 했어도, 하하…."

올리비아는 이런 남자 중 한 명을 어떻게 해야 할지 내게 충고를 청했다. 그는 분명 처음부터 그녀에게 사랑에 빠졌다. 올리비아는 이미 다른 성 노동자에게 그 이야기를 해 보았다고 말했다. 상대 성 노동자의 반응은 간단히 말해서 '뭐가 문제야?' 였다. 올리비아는 이렇게 말했다. "그 친구는 이제 그 남자가 고정 단골이라고, 그런데 내가 왜 그렇게 불편해 하느냐고 했어."

그러나 얼마 후 올리비아는 자기가 되돌려줄 수 없는 감정을 퍼붓는 이 남자에 대한 죄책감과 불안감을 견딜 수 없었다. 그녀는 그의 메시지에 더 이상 답장하지 않았지만, 관계가 끝났다고 그에게 분명히 말하지는 않았다. 그런 이메일을 쓰기가 너무 괴로웠기 때문이다. "나는 그 문제에서 정말 프로답지 못했어. 결국은 그가 엄청나게 달콤한 쪽지를 보냈어. 자기가 나에게 무슨 상처를 입혔느냐고. 그래서 '당신이 아니라 나 때문이야' 하고 말하는 편지를 쓰도록 남편이 나를 도와주었어. 난 여전히 기분이 매우 안 좋아."

올리비아의 남편이 성욕을 감소시키는 약을 먹기 시작하면서 그 부부에게는 또 다른 감정적 문제가 일어났다. 남편의 완전한 인식과 동의를 받으면서, 올리비아가 다른 남자와 섹스를 하면서 자기 남편과는 섹스하지 않는 이상한 상황에 놓이게 된 것이다. 남편은 올리비아를 안심시키려고 했지만, 올리비아는 집에서 점점 덜 안전하고 안정적이라는 느낌을 받았다. 그리고 성 노동은 매우 강한 스트레스를 주기 때문에 집에서 느끼는 안전감이 정말로 중요하다. 사실, 언젠가 올리비아는 이런 이야기도 했다.

"내 친구 한 명은 성 노동을 해 보라는 유혹을 받았어. 하지만 집에 자기를 사랑하고 지지해 줄 파트너가 없다면 감정적으로 자기가 그것을 견딜 수 있을 것 같지 않대. 그래서 그 친구가 굳건하고 좋은 관계를 맺기 전까지는 돈 때문에 섹스를 하면 안 될 것 같아."

결국 다른 인생의 스트레스들을 맞게 되면서, 올리비아는 더 이상 어떤 것도 계속할 수 없다고 단호하게 깨달았다. 위의 대화를 계속 해 오면서, 우리는 변화가 다가오고 있다는 조짐을 느꼈다. 그러나 변화는 갑자기 강렬하게 도착했다. 올리비아는 내게 말했다.

"어느 날 그냥, 그만둬야 한다고 깨달았어. 집세가 밀려 있었기 때문에 좋지 않은 결정이었지. 하지만 그만둬야 했어. 남편은 우리에게 그 돈이 필요하다고 부드럽게 지적했지만, 내가 끝내겠다고 하자 당연히 내 결정을 받아들였어. 하여간 이제 좋은 시간제 일자리를 얻었으니 당분간 괜찮아."

나는 원래 인터뷰에서 올리비아가 대부분의 성 노동자들에 비해 매우 특권을 가진 계층임을 보여주려고 했다. 올리비아는 백인이기 때문에 인종적 특권이 있었고, 출신배경 때문에 계급적 특권도 있었다. 그녀는 예쁘고 젊고 '가치 있었고', 도움이 되는 교육도 많이 받았다. 약물

습관이나 심신을 악화시키는 다른 문제도 없었다. 어느 정도 재정적인 스트레스를 겪고 있었지만 절망적일 정도는 아니었다.

그래서 나는 이런 질문에 다다르게 되었다.

잘 대접받고, 많은 돈을 벌고, 덫에 걸렸다고 느끼지 않는, 현대 고급 콜걸의 멋진 판타지같이 보이는 생활을 하는 **올리비아 같은 여자마저도** 결국 돈을 위한 섹스를 그만둬야겠다는 필요성을 느낀다면, 그런 특권이 없는 여성들의 경험에서 이것은 무엇을 암시하겠는가? 내게는 성 노동자 친구들이 많기에, 여성이 백퍼센트 합의 하에서 자기 직업을 즐기는 성인 성 노동자가 될 수 없다는 말은 절대 하지 않을 것이다. 그러나 여기서 지적하고 싶은 것은, 심지어 '고급'일 때도 성 노동은 믿을 수 없을 정도로 부담스럽다는 것이다. 성 노동이 최대한 쾌적할 때에도, 매우 힘든 경우가 많다.

나는 감정적으로 강렬하고 도전적이며, 많은 사람들의 생활에서 여러 경우 나쁠 수 있는 직업으로서의 성 노동의 실체를 인정하는 더 많은 대화를 보고 싶다. 하지만 어떤 사람들은 그 직업에 자유롭게 동의할 수 있고 동의한다는 사실을 놓치지 않은 채 말이다. (성 노동자 미스트리스 마티스Mistress Matisse는 성 노동과 감정 노동에 대한 멋진 글을 쓴 적이 있다.[3] 그리고 남성 성 노동자들이라고 늘 쉽게 일을 해나가는 것은 아니다. 포르노 스타 타일러 나이트Tyler Knight도 자신이 겪는 힘든 순간들에 대한 글을 썼다.)[4]

중요한 점은 '성 노동은 나쁘고 금지해야 한다'가 아니지만 '성 노동은 매력 만점이고 재미있다!'도 아니라는 것이다. 중요한 점은, 성 노동은 나쁜 대우를 받거나 학대받지 않는 사람들에게도 힘든 일이다. 그런 의미에서, 외부인은 성 노동을 존중해야 하고, 성 노동을 시작할지

고려하는 사람들은 세심하게 조심해야 한다.

올리비아는 자기가 영원히 성 노동과 작별할지는 확신하지 못했다. 우리가 마지막으로 커피를 마시러 만났을 때 그녀는 이렇게 말했다.

"앞으로도 들어갈 문은 아직 열려 있어. 만약 돌아간다면 난 솔직하게 역할대행을 시도할 것 같아. 하지만 정말 모르겠어…."

아마 '슈가 베이비'가 되는 것보다는 역할대행으로 일하는 쪽이 이렇게 혼란스럽고 이상한 협상을 거치는 상황을 어느 정도 피할 수 있을지도 모른다. 하지만 그렇다고 모든 상황을 피할 수 있을까? 그건 모르는 일이다.

하여간 올리비아에게 행운을 빈다.

이번 부는 내가 섹스나 운동에 중요하다고 생각하는 여러 가지 '타자적' 시각을 강조하려는 의도를 깔고 있다.

1. 당신의 성적 정체성은 커뮤니티에 잘 맞는다고 보는가, 아니면 좀 더 사적인 관계에 맞는다고 보는가? 아니면 양쪽 다 조금씩 걸쳐 있다고 생각하는가?

1a. 만약 당신이 섹스 커뮤니티에 잘 맞는다고 정체화한다면, 그 커뮤니티에 기여할 수 있는 방법들이 있는가? (예를 들어, 당신의 커뮤니티 안에서 학대 관계가 문제라는 확증이 있다면, 당신은 그 상황에서 무엇을 할 수 있는가?)

2. 섹슈얼리티에 대한 어떤 종류의 교육적 욕구가 있다고 보는가? 당신이 긍정적인 성교육에 기여할 수 있는 방법이 있는가?

2a. 당신의 커뮤니티에는 성 교육에 대한 특별한 요구가 있는가?

2b. 당신에게 아이들이 있다면, 그들에게 섹스에 대해 어떻게 교육할 계획인가? 특히, 이번 부에서 묘사된 여러 가지 그룹들에게 영향을 미치는 전형과 한계들에 대해 어떻게 말할 계획인가?

3. 당신은 커뮤니티의 다른 구성원들을 어떻게 찾아내고 지원하는가? 특히 섹스 커뮤니티일 때?

4. 당신과 성적 취향을 공유하지 않는 사람들에게 당신의 섹슈얼리티에서 얻은 어떤 교훈을 적용할 수 있다고 생각하는가?

4a. 이번 부에 당신의 경험이나 선호에 대해 직접적으로 말하고 있지 않아도, 당신에게 연관되어 있다고 느끼는 글들이 있는가?

5. 당신은 이번 부의 글들에서 어떤 중요한 패턴을 읽을 수 있는가? 이 이질적인 주제들이 서로 어떤 관계를 갖고 있는가?

5a. 이 부분의 글들 중에 당신이 관계를 맺기 힘든 사람들에 대한 글이 있다면, 당신은 그런 사람들과 관계를 더 잘 맺을 수 있는 방법들을 생각해 낼 수 있는가?

3부

SADIST AND
MASO
CHIST

우리가 정말 깊이 들어갈 때
복잡해지는 것

3부에는 이 말을 붙이고 싶다.

인간이 자신의 감정적·육체적 경험과 감각을 이해하는 능력에는 한계가 있다. 그가

물어보거나 알아도 되는 것이 무엇인지, 경험의 원재료를 가려낼 수 있도록 만들어진 해석

체계가 어떤 것인지, 그리고 이런 문제에 대해 다른 생각을 가진 사람과 소통할 수 있는지

여부에 따라 그 한계가 그어진다.

– 팻 칼리피아

관계 · 이야기 시간

케미스트리*

『픽업 아티스트 추적자의 고백』의 초고를 끝내던 2011년 말 이 글을 썼다. 나는 그때 픽업 아티스트들의 전술과 그들의 태도에 대해 알게 된 사실들을 정리하고 있었고, 이 글에도 그것들이 반영되어 있다. 그러나 폴리아모리에 대한 몇 가지 생각부터 결혼에 대한 느낌까지 더 많은 이야기들도 들어 있다. 이런 주제에 대한 내 생각들은 『픽업 아티스트 추적자의 고백』에 더 많이 전개된다.

* 케미스트리(Chemistry): 여기서는 일반적으로 '케미가 맞는다'고 이야기하는, 사람간의 성적/애정관계적 궁합을 가리키는 용법으로 쓰이고 있다.

이것은 길고도 짧은 이야기다. 그러나 이야기는 다 그런 법이라고 생각한다.

나는 스물일곱이다. 이 글은 그 나이에 대한 이야기이다. 최근 내 친구들이 많이 결혼하고 있다. 대부분은 모노가미이고, 어떤 사람은 폴리아모리의 주 파트너와 결혼했다. 내 과거에는 애정 관계들이 한 무더기 쌓여 있다. 어떤 관계는 모노가미였고 어떤 관계는 폴리아모리였다. 어떤 사람과는 보다 말다 하는 사이였고 어떤 관계는 단기간, 어떤 관계는 장기간(제일 긴 것은 5년인가 6년이었다)에 걸쳐 있었다. 최근 나는 폴리아모리에 대한 어려운 문제를 겪고 있지만, 그 관계를 계속하고 싶다.

그리고 내가 폴리아모리의 주 파트너에 대해 무엇을 원하는지 많이 생각하고 있다. 내가 결혼할 수 있는 남자라. 그런 시점이 오게 될지 궁금하다. 그런 사람을 만나면 알아볼 수 있을지도 궁금하다.

***

나는 전에 이야기했던 결혼식 중 한 군데에서 '야심' 씨Mr. Ambition를 만났다. 나더러 그와 이야기해보라고 권한 사람이 몇 명 있었고, 우리는 금방 서로 좋아하게 되었다. 우리 둘 다 아는 친구들은 그를 이야기할 때 '열성분자'라는 단어를 썼다. 그가 헌신적으로 활동해온 강렬한 역사를 갖고 있다고만 말해 두자. 그에게서는 카리스마, 진실성, 순수한 에너지가 뿜어져 나온다. 그의 말은 거의 늘 명징하고 도전적이다. 그는 무심결에 자신이 있는 공간을 사회적으로 지배해 버린다. 그는 도전적인 직업에서 하루에 열 시간씩 일하고, 두 시간 운동하고, 몇 시간 동안 사람들과 어울리면서 짬이 날 때나 잠을 자고 밥을 먹는다. 사람들과 즐겁게 허그하고, 즐겁게 웃고, 사탕을 주듯 칭찬을 나누어 준다.

'야심' 씨는 절대 중립적인 인물이 아니다. 물론 나도 그렇지 않다.

그 당시 나는 픽업 아티스트에 대한 연구를 하다가 최악의 단계에서 막 빠져나오고 있었다. (픽업 아티스트란 여성을 유혹하는 팁을 교환하는 남자들의 서브컬처다.) 또, 막 실연을 했지만 너무 바빠서 내가 얼마나 상처 받았는지 제대로 느끼지도 못했다. (그런 거 싫지 않은가?) 당신은 앞으로 나올 『픽업 아티스트 추적자의 고백』이라는 책에서 그런 '드라마틱한 사건'들을 전부 읽을 수 있다. 그 동안… 나는 맛이 가 있었다고 말하면 충분하리라.

틀림없이, '지금은 감정적으로 이용할 수 없습니다' 라고 쓰여진 표지판이 내 이마에 붙어있었을 것이다.

나는 그 주에 '야심' 씨와 저녁을 먹었다. 식사가 끝날 때쯤 그는 뒤로 기대 앉아 나를 바라보았다.

"당신 정말 **진짜배기**네요."

그가 말했다.

"최근에 별로 그렇게 느껴본 적이 없는데요."

나는 솔직히 말했다. 하지만 그의 말을 듣자 기분이 좋았다. 연고를 바른 것 같았다. 내가 낫고 있는 것 같았다.

***

우리는 아주 잘 지냈고, 공통점이 많았고 등등. 전형적인 '이 관계는 순탄하게 시작되고 있다'였다. 어느 날 저녁, 우리가 여러 철학적 동료들과 무리지어 밥을 먹으러 나갔을 때 '야심' 씨는 나의 강렬한 이론적 경향이 섹시하다고 말했다.

"당신이 오늘 저녁 사회정의와 윤리에 대해 이야기하고 있을 때, 테이블 너머로 손을 뻗어 당신을 움켜쥐고 싶었어요."

그는 몇 주 후 결혼에 대해 언급했다.

"전에는 한 번도 해본 적이 없던 생각이에요. 난 정말로 결혼할 수 있다고 생각한 여자와 연애한 적이 한 번도 없어요."

'우와, 깜짝이야.'

나는 그렇게 생각했지만 그가 나의 '이상적 성격'을 많이 갖추었다는 것은 인정할 수밖에 없었다. 지성, 추진력, 카리스마, **그리고** 도덕성. 그것을 반박하기는 힘들었다.

우리의 성적 케미스트리는 괜찮았지만 천국에 갈 정도는 아니었다.

'점점 나아질 거야. 그는 나보다 성경험이 적잖아. 우리는 서로 잘 배울 거야.'

나는 그렇게 생각했다. 다행히 그는 폴리아모리 경험이 어느 정도 있었다. 그러나 SM 면에서는 그도 '바닐라지만 그게 궁금해' 유형의 남자였다(나는 여러번 경험을 하고도 비슷한 실수를 한다). 우리가 함께 SM을 했을 때 그에게는 그것이 너무 새로운 경험이었기 때문에, 내가 주의 깊게 상황을 모니터해야 했다.

하지만 그가 그렇게 지성적인데도, 그와 감정에 대해 이야기하기는 정말 힘들었다. 그가 차갑다거나 아득히 멀리 있다는 뜻이 아니었다. 반대로 그는 내가 만난 사람 중에 가장 맹렬한 감정을 가진 사람이었다. 그러나 자기 머릿속에서 무슨 일이 진행되고 있는지 설명을 못해 매우 곤란해 했다. 사실 그는 자기 머릿속에서 무슨 일이 진행되고 있는지 **아는** 것이 아주 힘들다고 내게 말하기도 했다. 친구가 자기 감정을 상하게 할 때는 웃음거리로 넘겨버렸고, 내 눈에는 그가 충격 받은 표정이 여실히 보이는데도 자기가 상처받지 않았다고 부인했다.

그가 SM에서 언어적이기 보다 육체적인 방법을 쓰는 데 나는 놀라지 않았다. 그는 매우 단순했다. 나를 내동댕이치고, 머리카락을 잡아 뒤로 당기고, 손으로 피부를 마구 움켜쥐었다. 그는 엄청나게 힘이 셌기 때문에 때때로 순전히 그의 힘에 겁을 먹어 세이프워드를 말한 적도 있었다.

우리가 특별한 SM 만남을 가진 적이 한 번 있었다… 이른 저녁에, 나는 그가 제대로 하고 있는지 잘 알 수가 없어서 세이프워드를 말했다.

"빨강."

내가 말하자 그가 행동을 멈추었다.

"당신 괜찮아요?"

내가 묻자 그는 고개를 끄덕였다.

"괜찮아요. 좋은데요. 계속합시다."

그는 낮고 약간 거친 목소리로 말했다. 놀라울 정도로 확신에 차 있었다. 그는 즉시 다시 내 몸에 손을 댔다. 나의 의심이 사라졌다.

우리는 플레이를 계속했다. 나는 내 몸과 호흡을 모니터했다. 목이 부풀어 오르고 숨이 빠르고 거칠어지는 것을 느꼈다.

"빨강."

내 말에 그는 동작을 멈추었다.

"당신 날 부숴버릴 기세예요. 울 것 같아. 그런 상황을 바라지 않는다면 그만해요."

어쨌건 내 SM 반응을 이 정도로 분명하게 추적하며 느끼는 능력은 내가 어렵게 익힌 기술이었다. 칠 년 전이라면 절대로 이렇게 할 수 없었을 것이다. 그리고 지금도 까다로운 SM 만남을 하는 동안에는 그렇게 할 수 없다. 그러나 단순한 만남을 할 때는 그럴 수 있다. ('단순'과 '까다로움'은 보는 관점에 달린 것이긴 하다.)

눈물이 터지기 직전 SM 만남을 딱 멈추는 건 정말 싫다. 오르가즘을 방해받는 것보다 더 나쁘다. 그렇지만 울음을 터뜨린 **다음** 겁에 질린 파트너를 달래느니 그쪽이 더 낫다.

"괜찮아요."

'야심' 씨의 말에 우리는 계속했다. 결국 나는 울었다. 그는 무슨 말을 하기 시작했는데, 그의 말이 어찌나 거친지 깜짝 놀랐다. 나는 생각했다.

'더 위험한 걸?'

어떤 SM 만남은 좋은 시처럼 스스로의 운율을 가지고 있다. 참여하는 사람들은 함께 어울리며 시작과 끝을 분명히 느낀다. 이번 만남은 그렇지 않았다—적어도 내게는 그렇지 않았다. 그래서 여기서 그만둘 거라고 그를 믿을 수가 없었다. 잠시 후 나는 세이프워드를 외쳤고, 눈물을 달래기 위해 숨을 들이켰다.

'야심' 씨는 다시 조용해졌다. 나는 그의 마음을 읽기가 힘들었다. 그의 내부에는 어떤 에너지가 용처럼 똬리를 틀고 들어앉아 있었다. 그러나 그것이 폭력성인지 다른 감정인지 알 수가 없었다. 나는 내 감정 주기가 치닫는 것을 막고 그에게 집중하려고 했다.

"기분이 어때요?"

내가 물었지만, 그는 내게 말을 하지 못했다. 몇 가지 질문을 더 했지만 전혀 대답을 하지 못했다. 자기 감정을 알지 못했다.

그는 그 만남을 어떻게 느꼈는지 내게 한 마디도 더 하지 않았다. 나는 내가 너무 조심스럽게 물어보았나 생각했다. 그가 나를 더 세게 밀어붙이기를 원했던 걸까. 아니면 내가 이미 그를 너무 멀리까지 밀어붙인 걸까.

'야심' 씨 안에는 극단적인 감정들이 갇혀 있는 것 같다는 의심이 들었다. 그러나 그 당시 그 감정들을 잘 달래서 풀어낼 만큼 내 마음속에 다정한 기운이 있는지 나는 확신할 수 없었다.

***

옛날에는 사랑에 너무 강렬하게 빠지는 바람에 애인에게서 떨어져 있으면 세상이 흑백으로 보였다. 오직 애인과 함께 있을 때만 세상의 색채를 볼 수 있는 것 같았다. 나는 나와 케미스트리가 아주 강하고 분명해서 우리 사이의 공중에 연기처럼 자욱하게 끼어 있는 것 같은 남자들과 연애를 했다. 텔레파시 같은 느낌이 드는 섹스도 해 보았다. 제대로 되면 정말 멋진 경험이었다. 그리고 어떤 사람들과 할 때는 다른 사람들보다 그렇게 하기가 더 쉽다. 어떤 남자들은 만나는 순간부터 나와 같은 언어를 이야기하는 느낌이 든다.

하지만 어떤 남자들과는 즉각적으로 그렇게 되지 않는다. 그러나 서로를 읽어내는 단어력을 쌓는 데 그렇게 오래 걸리지도 않는다.

그리고 나는 학습 곡선—성적으로든 기질적으로든 양쪽 다—이 훨씬 긴 남자들과도 연애를 했다. 즉각적이지는 않지만 불가능하지도 않다. 그래서 나는 **케미스트리도 쌓을 수 있다**는 사실을 안다. 때로 케미스트리는 처음부터 그곳에 있다. 그러나 때로는 그것을 만들어낼 수도 있다.

'야심' 씨와 나의 관계는 분명히 폴리아모리였다. 그러나 몇 주 지나자 나는 정말 그에게 빠져들었다고 생각하고, 그런 방향으로 갈 촉진책을 만들어내기 시작했다. 내가 가끔 만나던 다른 남자가 있었다. 그와 나의 본능적 케미스트리는 훨씬 더 강했다. 그 남자는 우리가 '대단하고 중요한 관계'를 원하지 않는다는 내 말에 동의했다.

'이 사람과 너무 오래 어울리면 '야심' 씨와 같이 있으려는 동기가 약해질 거야.'

나는 그렇게 생각하고 그와 함께 지내는 시간을 제한했다. 나는 스스로 규칙을 세워, 그에게 전화도 문자도 하지 않았다. 이 남자에게 너무 강렬하게 빠져들어 버리면 '야심' 씨와 유대감을 쌓을 힘이 줄어들어 버리리라는 것을 알고 있었으니까.

나는 그 남자에게, 일단 '야심' 씨와 내 관계가 좀 더 안정되면 더 강렬한 것을 추구해 보자고 말했다. 그런 대화를 하자 그는 자기가 이미 비슷한 생각을 하고 있었다고 말했다. 자기는 내게 아름다울 수 있는 관계에서 다른 곳으로 한눈을 팔게 만들고 싶지 않다고 했다.

이와 비슷하게, 내 삶에는 매우 끌리지만 성적인 관계는 전혀 갖고 싶지 않은 남자들이 두어 명 있다. 그래서 나는 그들에게 면역력이 생겼다는 느낌이 없으면 그들을 만나지 않으려고 한다. 내가 다른 남자와 감정에 빠져 있다고 확신하지 않으면 그런 사람들과는 어울리지 않는다.

'사랑은 무한하다', '우리는 여러 사람을 사랑할 수 있다' 등등을 말하는 폴리아모리스트들이 많다. 이론적으로는 나도 여기에 동의한다. 그러나 '사랑은 무한할지 모르지만 시간은 무한하지 않다'는 폴리아모리 속담도 있다. 그리고 호르몬도 무한하지 않다. 나는 자신의 호르몬 반응에 대해 알게 되었고, 어떤 사람들이 내게 각인을 새기는 모습도 보아 왔다. 한 남자에 대한 감정과 판타지가 발전하면 다른 멋진 남자의 매력에 백퍼센트 면역이 되는 일도 직접 겪어 보았다.

내가 자기 조절을 완벽하게 하는가? 단연코 그렇지 않다. 그래서 나는 내 선택을 아주 조심스럽게 조정하려고 한다. 우리가 관계를 쌓을 때 선택이 커다란 역할을 한다는 것을 나는 안다. **거의 이론의 여지가 없이, 헌신하겠다는 선택은 본능적인 케미스트리 만큼이나 커다란 관계 요인이다.**

…거의 이론의 여지가 없다.

***

오래 전 처음 대학에 입학했을 때, 내 룸메이트는 중매결혼의 전통을 갖고 있는 이민자 가족 출신이었다. 어느 날 밤 우리 둘은 기숙사 방 매트리스에 올라앉아 늦게까지 깨어 있었다. 그리고 나는 룸메이트의 아버지가 룸메이트 자신이 아니라 아버지가 선택한 남자와 결혼하라고 한다는 말을 정신없이 푹 빠져 듣고 있었다.

"그렇게 하게 될지 잘 모르겠어."

룸메이트가 말했다. 그녀는 대수롭지 않다는 듯이 한 손을 저었다. 내게는 야만적으로 느껴지는 관습을 아무렇지도 않게 받아들이는 그녀의 모습을 보자 넋이 나간 듯한 기분이었다.

"내 말은, 우리 아빠가 내게 찾아준 이 남자도 괜찮아. 하지만 **아주** 괜찮은지는 모르겠어. 반면에 중매결혼의 이점도 부인할 수 없어."

"이점이라고!"

나는 외쳤다. 그때 나는 아주 어렸다⋯ (그래, 지금도 어리다.)

"**이점**이라니 무슨 뜻이야?"

"중매결혼은 안정적이야. 훨씬 더 안정적이지. 나는 사랑 때문에 결혼하고 싶은지 잘 모르겠어. 그건 너무 애매한 헛소리야."

내가 아는 한 그 문제에 대한 연구들이 나와 있었다. 연구 결과는 중매결혼을 한 사람들이 아주 행복하고 안정적이라고 보고한다.

물론 그 전에도 '성공적인 결혼은 정열로 이루어지지 않는다'는 메시지를 받아본 적이 있었다. 백인 상류층 미국인에게 그런 말을 듣는 때가 많았다. 예를 들어, 악명 높은 2008년 기사 "충분히 좋은 남자를 만나면 그와 결혼하라."[1]가 있다. 그 기사는 확실히 내 나이대의 모든 여성들을 공황상태로 몰아넣었다. 기사가 실린 지 4년이 다 되어 가는데도, **아직도** 내 나이대의 다른 여자들과 그 이야기를 할 정도로 깊은 인상을 준 기사다.

나는 '결혼하라' 작가의 태도를 좋아하지 않는다. 예를 들어, 그녀는 다른 글을 쓸 때 SM에 대한 공포와 분노를 드러냈고 '결혼하라' 기사는 전체적으로 보수적인 경향을 보였다. 그러나 그녀는 진실한 감정과 중요한 생각들을 명징하게 말하고 있었고, 나는 전부 동의하지는 않지만 어떤 것에는 동의한다. 어떤 지점에서, 텔레비전 프로그램을 분석하면서 그녀는 이렇게 말한다.

레이첼과 아마도 그녀의 소울메이트인 것 같은 로스가 (몇 번째인지도 모를 정도긴 해도) 마침내 함께 맺어지지만, 그녀가 십 년 전 치과 교정 전문의 배리와 정착했더라면 누렸을 생활보다 로스와 함께 누릴 생활이 더 행복할 거라고 우리는 자신할 수 있는가? 레이첼과 로스는 열정을 갖고 있지만 장기간

의 안정성은 없고, 레이첼이 배리와는 경험하지 못했지만 로스와 경험한 불꽃
놀이가 안정성이었다고 밝혀질 수도 있지만, 그들의 관계가 얼마나 많이 불길
속에서 타올라 잿더미가 되었었는지 생각하면 그것도 마찬가지로 의문의 여
지가 있다. <섹스 앤드 더 시티>의 캐리 브래드쇼가 친절하고 너그러운 남자
친구 에이던을 속이고, 사람을 더 흥분시키지만 자기에게만 관심이 있는 '미스
터 빅'과 맺어지는 결말은 결혼과 가족이라는 틀 안에서 더 나을 것인가. (에이
던과 깨지고 나서 얼마 후 캐리가 거리에서 에이던과 마주쳤을 때, 그는 베이
비분에 자기 아이를 안고 다니고 있다. '미스터 빅'이 베이비분을 메고 걸어다
니는 상상을 대체 누가 할 수 있는가?)[2]

나는 <프렌즈>나 <섹스 앤드 더 시티>를 한 번도 보지 않았지만, 그
것이 어떤 감정인지 안다.

개인적으로, 나는 좀 더 문학소녀에 가깝다. 며칠 전 나는 모니카 알
리Monica Ali의 아름다운 책 『벽돌길Brick Lane』을 읽으면서, 나도 모르게
옛날 룸메이트와 중매결혼에 대한 그녀의 말을 생각하고 있었다. 모니
카 알리는 영국으로 이민왔고, 그녀의 소설 속 인물들은 모두 방글라데
시에서 영국에 왔다. 어떤 인물들은 전통적인 중매결혼을 받아들이고
다른 인물들은 그 대신 '연애결혼'을 한다. 그러기 위해 그들은 자신의
부모와 문화적 규범 전체에 반항해야 할 때가 많다. 소설 마지막에 가
서, 한 남자는 자기 결혼 초창기를 이렇게 회고한다.

우리는 사랑이 결코 닳아 없어지지 않을 거라고 생각했어. 사랑은 계속 퍼내
도 결코 바닥이 보이지 않는 마법 쌀자루 같았어. 알잖아, 그런 게 '연애' 결혼
이었지. 내가 몰랐던 건—나는 그때 젊은 남자였으니까— 사랑에는 두 종류의

길이 있다는 거였어. 커다랗게 시작해서 천천히 닳아 없어지는, 처음에는 절대로 다 써 버릴 수 없을 것 같아 보이지만 어느 날 끝나버리는 사랑이 있어. 그리고 처음에는 알아차리지 못하지만 굴이 모래 한 알 한 알에서 보석을 만들듯이 매일 그 자리에 약간씩 쌓여가는 사랑이 있어.

눈치 챌 만하지만, 이 인물은 현재 자신의 '연애결혼' 생활이 불행하다. 물론 언제나 남의 떡이 더 커 보인다. 커다란 사랑과 진주 같은 사랑 사이의 차이가 무엇인가? 심지어 그것이 비교의 대상이 될 수나 있는가? 사과와 오렌지를 비교할 수 있을까?

하지만 이 모든 것이 잘못된 이분법일 수도 있지 않을까? 이것은 중매 대 무작위의 사랑 문제라고—케미스트리 대 선택이라고 누가 말할 수 있을까? 우리는 양쪽을 다 가질 수 있을까? 커다란 사랑을 발견하고 그것이 진주 같은 사랑으로 발전할 수 있도록 잘 키워나갈 수 있을까?

픽업 아티스트들과 내 평생에 대한 '연구' 끝에 '썸타기의 예술과 과학'에 대해 내가 내린 궁극적 결론은, 썸은 모두 전술적인 애매성을 띤다는 것이다. 고의적인 불확실성. 애매함과 불확실성을 조작하면 많은 강렬한 감정을 불러일으킬 수 있다.

어떤 사람들은 케미스트리 관계를 갖는 유일한 방법은 꾸준히 사랑이나 지조, 혹은 그만큼 중요한 것들에 약간의 불확실성을 너그럽게 포함하는 것임을 학습하고, 그렇게 하기로 결정한다. 이런 사람들은 케미스트리는 약간 혼란이 있어야만 나올 수 있다고 판단한다. 사람들을 하나로 묶는 유사점 아래에 자리 잡고, 따끔거리는 정전기처럼 관계를 끊임없이 동요시키는 작은 불일치. 그러나 내가 그걸 원하는 것 같지는 않다.

그리고 결국, SM은 엄청나게 특별한 감정들도 창조해 낸다. 그러나 미리 논의를 거치고 세이프워드를 두는 등 매우 잘 통제된 환경에서 SM을 하는 사람들이 많다. SM은 불일치와 대조, 불확실성의 한 가지 형식이라는 것은 거의 틀림없다. 그러나 그것은 조절할 수 있는 형식이다. 그래서 나는 잘 조절된 환경에서 강렬하고 불안정한 감정을 만들어내는 기술, 그리고 그런 기술을 사용해 안정적이고 믿을 만한 사랑의 관계에 기여하는 법을 잘 알고 있다. 안 그런가?

결국, 나의 대학 룸메이트는 중매결혼을 거부해서 자기 가족에 엄청난 타격을 입혔다. 그녀의 아버지는 아주 오랫동안 그녀와 말도 섞지 않았다.

***

내 생일날 '야심' 씨는 나와 함께 외식을 했다. 그 다음에는 호숫가로 반딧불이들을 보러 갔다. 시카고에서 여름을 지내면 불가피한 일이듯이, 우리는 아는 사람들을 많이 마주쳤다. 그 중 한 무리에는 나와 '만났다 떨어졌다' 하는 파트너 한 사람이 끼어 있었다. 리처드. 그와 나 사이에는… 복잡한 이야기가 있다고 말해 두자. 나는 리처드를 매우 존경하고 좋아하고, 그에게 매우 끌린다. 그러나 그를 병적으로 경계한다. 그 이유는 앞으로 분명해질 것이다.

우리는 친구들과 인사했다.

"잘 지내?"

리처드가 물었다.

"내 생일이다, 나쁜 녀석. 어떻게 잊어버릴 수가 있어?"

나는 그를 놀렸다.

리처드는 한숨을 쉬며 말했다.

"세상에, 만나자마자 15초 안에 생일 축하를 안 해서 미안하다 미안해."

나는 잠깐 침묵하며 그를 다시 재어보았다. 보통 때라면 그는 적대적이고 나를 마주 놀리는 태도로 반응했을 텐데, 지금은 그렇지 않았다. 한편 우리 사이의 역사에서 나는 리처드가 예상 밖으로 약한 모습을 보일 때 거기에 홀딱 빠지지 말 것을 배웠다.

"미안, 내가 너 사랑하는 거 알지?"

나는 가볍고 친밀한 어조를 유지하며 말했다.

"그런가?"

리처드가 물었다.

나는 그에게 고개를 기울였다. 무심코 내 손가락에 키스한 다음 그의 얼굴에 부드럽게 그 손을 댔다. 그의 뺨을 톡톡 치거나 찰싹 갈길 것 같은 몸짓이었다. 나는 그것이 그와 적당한 거리를 두는 동시에 그에게 키스하는 방법이라고 생각했다. 내가 애매하고 친밀한 동작을 하려고 그렇게 했다는 것을 그도 이해했다고 생각한다. 그러나 나는 리처드를 전혀 모르겠다.

"전화해."

내가 말했다.

"**싫어. 네가 전화해.**"

리처드가 말했다.

몇 시간 후, '야심' 씨가 그의 이야기를 꺼냈다. 우리는 달콤하고 친밀하고 일관성 없는 베갯머리 이야기들을 하고 있었다. '야심' 씨는 뒤로 기대 누워 몸을 반쯤 시트로 가리고 있었고, 나는 그의 가슴팍에 빛이 노니는 모습을 감탄하며 지켜보았다. 그가 말했다.

"리처드는 정말로 당신을 좋아하나 봐요."

나는 몸이 뻣뻣해지는 것을 느끼고 일어나 앉았다.

"그럴지도 모르죠. 하지만 나는 리처드를 믿을 수 없어요."

"그는 당신을 볼 때 아쉬운 것 같은 분위기를 풍기던데요."

나는 방금 전에 한 말을 되풀이했다.

"나는 리처드를 믿을 수 없어요. 그건 그와 늘 하는 게임이에요. 때때로 우리가 정말 감정적으로 연결되었다고 생각하지만, 내가 그 문제에 대해 이야기하거나 그에게 감정적으로 피드백을 주려고 하면 그는 나를 무시해 버려요."

"정말로 당신을 무시하는 건 아닐 거예요."

'야심' 씨가 반론했다.

"당신이 무슨 말을 할 때마다, 혹은 조금씩 뭔가를 줄 때마다 약간씩 차이가 생길 거예요. 그에게 마음을 열어놓고 있어야 할지도 몰라요. 계속 노력해 봐요. 이런 일들은 쌓이니까."

나는 그에게 쏘아붙였다.

"당신은 이해 못 해요. 당신은 그를 모르잖아요! 그가 정말로 신경을 쓸 수도 있죠. 하지만 그렇다고 해도 그건 중요하지 않아요! 모든 게 언제나 똑같이 끝나요. 내가 감정 문제를 언급하거나 그에게 따뜻하게 행동하면, 그는 한동안 나를 무시할 거예요. 그 다음 다시 나를 차갑게 대하겠죠. 정말이에요. 전에도 리처드와 함께 이런 처지에 있어 봤어요. 이건 덫이에요."

'야심' 씨는 흔들리지 않았다. 그는 이렇게만 말했다.

"충분히 강하다면 당신은 덫 속으로도 걸어 들어갈 수 있어요."

그의 말에 내 가슴이 갈라지고 숨이 멈추는 것 같았다. 내가 사랑에 대해 알고 있던 모든 것을 잊어버렸다가 다시 깨닫는 느낌이었다.

젊었을 때 나는 내 감정적인 힘이 물 같다고 생각했다. 내가 사랑하는 사람을 좀 더 가볍게 떠오르게 만들 수 있는 포용. 물은 느리고, 사물을 침식해서 예기치 못한 것에서 아름다움을 끌어내는 힘이다. 물은 나무에서 뒤틀린 유목 조각을 만들어내고, 유리를 흐릿하고 불투명한 보석으로 만든다. 바위를 부드러운 모래로 만든다. 물은 결국 자신이 어루만지는 모든 것의 핵심을 드러낸다. 물이 그렇게 하도록 놔둔다면.

나는 오랫동안 나 자신을 그런 식으로 생각해 보지 않았다. 내가 어떤 사람이 되고 싶었는지 '야심' 씨가 내게 일깨워주고 있는 것 같은 느낌이었다. 아마 이제는 내가 나 자신을 더 잘 보호할 수 있을 것이다. 하지만 약하다는 것이 늘 나쁜 것은 아니다.

'난 정말로 이 남자를 사랑할 수 있어.'

나는 깨달았다.

"당신은 정말로 놀라워요."

나는 그렇게 말하면서 그의 가슴에 몸을 던졌다. 그는 내게 팔을 둘렀다.

"당신도 그래요."

***

이야기꾼 역할을 할 때, 나는 내 관계들을 돌이켜보고 나쁜 징조와 불길한 그림자들을 찾아낼 때가 많다. 이제는 현재 일어나고 있는 징조까지도 알아챈다. 그리고 때때로 그 징조에 맞추어 행동을 바꾼다. 그러나 보통은 그러지 않는다. 이게 사람들이 '성숙'이라고 부르는 상태이리라.

어느 날 밤 우리가 데이트를 할 때, '야심' 씨가 불현듯 한숨을 쉬었다. 그는 지치고 언짢아 보였다.

"그냥 누가 나를 감정적인 여행에 데리고 가 주었으면 좋겠어요."

그는 그렇게 말하더니 덧붙였다.

"…기분 나쁘게 듣지는 말아요."

나중에 이 이야기를 어느 친구에게 했다.

"'야심' 씨는 내가 자기를 감정적인 여행에 데리고 갔으면 좋겠대."

"'감정적인 여행'? 그건 낡아빠진 헛소리 아니야?"

친구가 말했다. 나는 웃으며 그의 말에 찬성했다.

또 다른 날 밤, '야심' 씨는 드라마를 즐긴다는 언급을 했다. 그때 나는 여성 절친과 함께 있었다. 그녀와 나는 서로 바라보았다.

"소원을 빌 때는 조심해야 해요."

내가 말했다.

"그래요. 클라리스는 언제든지 엄청난 드라마를 만들어내는 법을 확실히 알고 있어요."

내 친구가 말했다.

"하지만 그러고 싶지 않다는 것도 확실해."

내가 말했다.

나중에 '야심' 씨는 보통 자기의 느낌을 잘 모르겠다고 말하면서 덧붙였다.

"내 친구들이 나보다 내 감정에 대해서 더 자주 말할 수 있을 걸요."

"그럼 기본적으로 당신의 감정 진행 과정을 당신 친구들한테 외주를 준다는 이야기예요?"

내가 물었다.

그는 긍정했다.

최악의 징조는 '야심' 씨가 나한테 한 이 말이었다.

"나는 한 번도 사랑 때문에 상처받은 일이 없었어요."

"한 번도?"

내가 물었다.

"한 번도."

그가 말했다.

그가 너무 확신에 차서 말하는 것 자체가 불편했다. 나는 분명히 사랑에 상처받은 적이 있었기 때문이다. 그리고 자기가 나를 사랑한다고 확신하는 것 같은 남자들이 내게 가장 큰 상처들을 주었다. 확신에 찬 것처럼 보이는 남자는 실제로 확실할 수도 있지만, 자신을 이해하지 못하는 것뿐일 수도 있다. 그래서 요즘, 나를 가장 불확실하게 만드는 사람은 확신에 찬 남자들이다.

모니카 알리의 소설 『벽돌길』에서 또 하나 멋진 인용이 있다.

"나이가 든다는 것은 더 이상 모든 일이 가능하지 않아도 된다는 것이다. 그냥 어떤 것들이 확실하기만 하면 된다."

***

내가 멀리서 관계를 지켜보는 사람 같다는 느낌이 자주 든다. 차갑고 조직적인 픽업 아티스트의 용어와 전술들을 사용해서 우리의 관계를 생각하지 않으려고 애를 쓴다. 하지만 때때로 참을 수가 없다. 이 이야기는 하지 않는 편이 좋겠다.

나는 관계 촉진책을 조종하는 방식들을 점점 더 많이 찾아냈다. 그중 하나는 내가 '야심' 씨를 아주 많이 좋아한다고 친구들이나 부모님에게 말하는 것이었다. 심지어 그것은 사실이었다고 생각한다.

무엇보다도 자연스러운 케미스트리가 없다는 건 좋은 일이지 나쁜 일이 아니라고 나는 스스로에게 말했다. 자연스러운 케미스트리가 없다는 것이 이 관계가 지속적일 수 있는 **이유**라고.

나는 정말로 그렇게 생각하고 있었고, 그래서 그와 깨졌을 수도 있다. 밝은 면을 보자면, 나는 실연기간 동안 냉정을 유지했다. 그건 좋은 일이었다. 그 전 실연 동안에는 냉정을 유지하지 못했기 때문이다. '야심' 씨와 깨질 때는 내 자기 통제력이 빠져나간다고 전혀 느끼지 않았다.

"우리 이야기 좀 합시다."

'야심' 씨를 그의 아파트 로비에서 만났을 때 그는 단도직입적으로 말했다.

"난 우리 관계가 좀 불안해요."

일단 우리가 그의 아파트에 들어가자 그가 말했다.

"솔직히 말해서 내가 왜 당신에게 끌렸는지 모르겠어요."

나는 그의 표정을 재어보려고 했다. 다시 그 기분이 느껴졌다. 에너지가 그의 내부에 용처럼 꽁꽁 똬리를 틀고 있다는 느낌.

"나랑 헤어지자는 거예요?"

내가 물었다.

"그냥 대화를 하는 것뿐이에요."

그가 재빨리 말했다.

우리는 잠시 섹스 이야기를 했다. 케미스트리. 그가 말했다.

"솔직히 난 SM을 좋아하는 것 같지 않아요. 거기에 안 끌려요."

'확실해요? 당신 정말로 거기에 영향 받은 것 같던데.'

그런 생각이 들었지만, 다른 사람의 경험에 의문을 제기하는 것은 윤리적이지도 현명하지도 않은 일이었다. 그래서 나는 이렇게만 말했다.

"알잖아요. 당신이 하고 싶지 않은 일이라면 나도 전혀 시키고 싶지 않다는 걸. 나한테 어떤 압력을 받았다고 느꼈어요?"

"아뇨, 물론 아니에요."

우리는 조금 더 이야기했다. 결국 그가 말했다.

"이봐요, 당신은 우리 섹스에 완전히 만족해요?"

"그러니까… 내가 했던 것 중에서 제일 강렬한 섹스는 아니에요. 하지만 점점 나아지고 있어요."

내가 말했다.

"우리 그냥 친구 사이로 지내야 할 것 같아요."

그가 말했다.

"…좋아요. 음, 또 이야기하고 싶은 것 있어요?"

내가 그렇게 말하자 '야심' 씨는 동요하는 것 같았다. 안절부절 못하는 것 같았다.

"나는 당신만큼 존경하는 사람과 연애해 본 적이 한 번도 없었어요. 당신의 카리스마와 지성, 윤리성. 하지만… 모르겠어요. 우리가 서로 진짜 좋아한다고 느껴지지 않아요. 우리 사이에는 커다란 온기가 있는 것 같지 않아요."

'당신 말이 맞겠지. 하지만 어느 쪽이든 이제 너무 늦었어.'

나는 그렇게 생각했다.

"좋아요."

나는 잠시 생각하다가 덧붙였다.

"유감이에요. 난 정말로 이 관계가 잘 되었으면 좋겠다고 생각했어요."

잠시 눈물이 눈에 괴기 시작했다. 그러나 나는 눈을 깜박여 눈물을 참았다.

"괜찮아요? 내가 해 줄 일이 있어요?"

그는 내게 몸을 숙이며 물었다.

나는 그를 바라보며 생각을 가다듬으려 했다. 15분쯤 후에는 내가 엉망진창이 될 것 같았다. 그는 상처 받은 것 같아 보였고, 나는 그를 위로해 줄 말을 하고 싶었다. 내가 울고 간청하고 드라마를 찍기를 원하는 걸까 궁금했다. 그런 일은 하지 않을 것이다. 그러나 내가 단순한 부탁을 한다면 도움이 될지도 모른다.

하지만 아무 것도 생각나지 않았고, 그저 떠나고 싶었다. 그래서 잠시 침묵한 후 나는 말했다.

"내가 집에 가서 울게 해 줄 수 있죠."

나는 최대한 부드럽게 그 말을 했지만, '야심' 씨는 엄청나게 괴로운 것 같았다.

"아아아아."

그는 얼굴을 찌푸리며 펄쩍 뛰듯이 일어났다.

"미안해요."

"괜찮아요. 다른 할 말이 있나요?"

내가 물었다.

"때때로 남자들은 여자들만큼 헌신할 수가 없다는 생각을 해요."

'야심' 씨가 말했다. 나는 아무 비난도 하지 않았는데 그는 방어하듯이 이야기했다.

"다시 말하지만 당신은 대부분의 여자들과 달라요…. 당신은 단단한 사람이에요. 지금까지 연애한 많은 남자들과 이런 문제를 겪었겠죠. 단단한 당신이 했던 연애에서…. 그리고 솔직히 말해서, 남자들은 자기만큼 똑똑한 여자들과 연애하는 걸 진심으로 바라는 것 같지 않아요."

'맙소사. 당신 이미 나와 깨졌잖아. 그냥 날 보내줄 수 없어? 왜 나를 이렇게 공격하려는 거야?'

나는 그의 말 중 어느 정도가 나에 대한 말이고 어느 정도가 자기 감정을 정당화하려는 말인지 궁금했다. 그도 혼란스러워하는 것이 확실했지만, 그의 말은 내 마음속에 차가운 얼음송곳을 똑바로 박아 넣었다. '남자들은 자기만큼 똑똑한 여자들과 연애하는 걸 진심으로 바라는 것 같지 않아요.'라니….

"나는 따지지 않는 사람이 되려고 정말로 애썼어요. 내가 십대일 때 당신이 날 만났어야 하는데…. 나는 지금까지 한 것 이상으로 나를 더 누그러뜨릴 수 있을지 모르겠어요."

이런 말을 하면서도, 방금 '남자들은 자기만큼 똑똑한 여자들과 연애하는 걸 진심으로 바라는 것 같지 않아요.'하고 말한 남자와 내가 왜 아직 이야기를 하고 있는지 알 수가 없었다. 나는 형편없는 페미니스트가 된 기분이었다.

"오, 당신은 자기를 누그러뜨릴 필요 없어요! 그건 당신의 매력이에요…. 그러니까, 지적인 매력이에요."

'야심' 씨가 말했다.

나는 한숨을 쉬었다.

"그래요. 지적이라고요."

"미안해요."

그가 다시 말했다.

"난 집에 갈래요."

내가 말했다.

"우리 아직 친구죠, 맞죠?"

그가 물었다.

"그래요. 하지만 내가 이걸 극복할 시간을 좀 줘요. 한 달쯤."

내가 말했다.

내가 문으로 걸어가자 그가 나를 따라왔다.

"무슨 말이에요? 그럼 한 달 동안 나를 전혀 보고 싶지 않다는 말이에요? 당신에게 전화하거나 연락하거나, **아무 것도** 하면 안 된다는 거에요?"

나는 다시 그를 한참 바라보았다. 그의 충격 받은 얼굴을 보자 후회가 되었다. 다시, 나는 최대한 부드럽게 말했다.

"한 달 정도는요."

그는 나를 태워다 주겠다고 했고, 나는 거절했다. 15분 정도 걸릴 것이라는 내 추정은 거의 정확했다. 이십 분 후, 나는 내 침실로 들어와 문에 등을 기대고 울음을 터뜨렸다.

***

다음 날 저녁 리처드를 만났고, 우리는 함께 그날 밤을 보냈다. 리처드는 '야심' 씨와 이야기해보라고 나를 열심히 설득했다.

"정말로 너와 헤어질 생각은 아니었을 거야. 대화를 하다가 제멋대로 튀어나온 말 같아. 너와 헤어지려는 마음으로 그 대화를 시작한 게 아니야. 아마 그는 네가 안심시켜 주기를 바라고 있었을 텐데, 네가 그의 질문에 너무 논리적으로 다가가는 바람에 그는 네가 신경 쓰지 않는다는 결론을 내렸을 거야. 너는 정말로 그를 좋아하잖아. 문제를 해결해볼 가치가 있을 거야."

이 남자들이 둘 다 다른 남자가 나를 좋아한다고 나를 열심히 설득하려 했다는 것을 당신도 알아차렸을지 모른다. 관계에 대한 나의 현재 접근법을 써서 나 자신에게 그것이 무슨 의미인지 분석하고 싶지 않다.

그러나 나는 오랫동안 리처드를 대하던 태도보다 더 많이 감정적인 피드백을 주려고 했다. 심지어 그가 휴가를 갔을 때 그를 그리워했다는 말도 했다. 그리고 '야심' 씨와 다시 이야기도 해 보았다. 그는 자기가 꼭 나와 헤어지려는 생각은 아니었다고 인정했다.

그러나 그 다음에도 '야심' 씨와 나는 '헤어진 후의 대화'라는 생각이 드는 만남을 몇 번 가졌다. 나는 그런 헛소리를 아주 싫어한다. 매일 저녁은 혼란스럽고 결론 없는 어조로 끝났다. 그는 계속 자기가 '확실히 양가감정이 있다'고 말하고 있었다. 우리는 연애를 하는 것도 아니고, 안 하는 것도 아니었다. 내가 모노가미 시절에 예전 대학 남자친구와 거쳐 왔던 어느 단계가 생각났다. 전 남친과 나는 관계가 깨진 후 몇 주 동안 '독점적이지만 연애는 아닌' 상태로 보냈다. 정말 말도 안 된다. 사람들은 그 정도로 망가진다.

'야심' 씨 자신은 불확실성이 '감정적인 증폭기'라고 말했다. 그러나 때로 그것은 잘못된 방향으로 증폭한다. 일주일 정도 지난 후 나는 질려버려서 모든 것을 끊었다. 그는 언제 다시 이야기할 수 있느냐고 물었고, 나는 한동안 그와 이야기하고 싶지 않다고 말했다. 며칠 후 자전거 사고로 내 목이 부러졌다.

망할 연속극 같다, 그렇지 않은가? 때로는 이런 일이 나에게 일어났다는 걸 믿을 수가 없다.

***

'야심' 씨는 다른 사람이 아무도 곁에 없을 때 내 병실에 나타났다. 더 이상 죽을까봐 두려워할 정도로 심한 상태는 아니었다. 그러나 모르핀으로 멍하고 초조했다. 나는 커다랗고 무서운 척추 교정기를 가져와 내게 설치해 줄 신경외과의를 기다리고 있었기 때문에, '야심' 씨를 보자 고맙고 기뻤다. 그가 그런 사고를 당했다면 무슨 일이 있든 그를 보러 갔겠지만, 그가 나를 보러 올 거라는 확신은 없었다.

"친구들이 이야기해주자마자 왔어요. 당신을 사랑하는 사람들이 많아요."

그는 내 이름을 부르며 부드럽게 말했고, 그 말들은 나를 의기소침하게 했다.

"고마워요."

나는 어색하게 말했다.

"일을 빠지고 여기 왔어요."

그는 그렇게 말하더니 내 침대 옆에 앉았다.

"중요한 협상을 하고 있었는데. 십억 달러짜리래요."

"안 됐군요. 여기 오지 말지 그랬어요."

내가 말하자 그는 웃었다.

"당신한테 십억 달러 가치가 있다고 생각하지 않아요?"

"없을 걸요."

내가 말했다. 그는 내 손을 잡았다.

"뭔가 가져다줄 만한 게 있을까요?"

그가 물었지만, 수술 전에는 아무 것도 먹거나 마실 수 없었다.

"나한테 아무 이야기나 해 줘요."

내가 부탁했다.

'야심' 씨는 도스토예프스키의 『백치』 이야기를 들려주었다. 그것은 작은 공동체에 나타나 따돌림을 받는 '타락한 여자'와 친구가 된 관대한 남자의 이야기였다. 그 관대한 남자는 공동체에서 높은 지위를 얻지만, 그가 주변화된 성 노동자의 친구라는 것을 알고 사람들은 화를 낸다. 사람들의 비난에도 불구하고 그 남자는 변함없이 친구에게 충실한 태도를 보인다. 그리고 그가 그녀에게 관심을 쏟는 방식을 보고 결국 그 공동체도 그녀를 받아들인다.

딱 그가 할 만하다고 내가 생각했던 종류의 이야기였다. 나는 그가 침대에 앉아서 '충분히 강하다면 당신은 덫 속으로도 걸어 들어갈 수 있어요.'라고 말했던 순간을 생각했다. 내가 그와 사랑에 빠졌다고 생각한 그 순간을.

'야심' 씨가 그 이야기를 끝낸 다음 의사들이 교정대를 가지고 도착했다. 이 장치는 전동 공구를 사용하여 내 두개골에 나사 네 개를 직접 꽂는 것을 포함했는데, 이는 7파운드의 금속을 고정시키기 위해서였다. 정말인데, 의사들이 그렇게 할 때 나는 깨어 있었다. 다행히 국소마취를 했기 때문에 나사못이 들어올 때 아프지는 않았다. 그러나 뼈가 부서져나가는 소리가 들리고 압력이 가해지는 느낌이 났다. 또, 목이 아주 아팠다. 매우 끔찍했다.

친구들 몇 명이 병원에 와서 내 병실에 들어오려고 했지만 교정대를 설치하는 동안이라서 들어올 수 없었다고 나중에 말해 주었다. 그러나 그들은 내 비명 소리를 들었다고 했다. 나는 비명을 지른 기억이 없었기 때문에 모든 것을 부인했다.

나는 그 수술을 하는 동안 정상적으로 이야기하려고 했다. 그 일이 나보다 의사들에게 더 힘든 것 같이 느껴졌다. 적어도 나는 모르핀을 맞았으니까.

"미안해요. 이런 일들을 하는 동안 환자들이 당신에게 끔찍한 말을 하죠?"

나는 의사 한 명에게 말했다.

"한 여자는 나를 얼마나 증오하는지 말하더라고요."

그 의사는 차분하게 말했다.

나는 울지 않으려고 했지만 울었다. 아까 말한 것처럼, 연속극의 영역이었다.

'야심' 씨는 내내 내 손을 놓지 않았다.

***

'야심' 씨는 나를 방문하러 병원에 와서 매일 몇 시간씩 있었다. 그는 내게 온갖 종류의 멋진 비건 스무디를 가져다주었다. 우리 부모님을 만났고, 사이도 좋았다.

나의 절친 여자 친구와 둘만 남게 되자, 친구는 그와 내가 어떻게 된 거냐고 물었다.

"너희 깨졌잖아, 안 그래? 이 다음에는 어떻게 되는 거야?"

"나도 모르겠어. 그런 이야기는 해 보지 않았어."

내가 말했다.

집에 갈 수 있게 되자 '야심' 씨는 내가 집으로 들어가는 일을 도와주었다. 에어컨디셔너가 작동하지 않았고, 시카고의 8월에 그건 심각한 사태다. 특히 안쪽에 털가죽을 댄 교정대를 끼고 있는 사람에게는. 그는 내게 선풍기를 빌려주겠다고 약속했다.

나는 머리를 돌릴 수 없었기 때문에, '야심' 씨가 선풍기를 갖고 왔을 때 바로 내 옆에 올 때까지 그가 왔다는 것을 깨닫지 못했다. 나는 교정대와 속옷만 걸친 채 방에서 혼자 침대에 누워 문자 메시지에 답을 하고 있었다. 당신이 의료기기 페티쉬스트가 아니라면, 이건 말로 듣는 것처럼 섹시한 모습이 아니다. 의료기기 페티쉬스트에게라면 딱 상상만큼 섹시하겠지만.

그는 재빨리 내 침대 옆에 선풍기를 놓았다. 나는 반쯤 벗은 상태에서 복잡한 교정대를 차고 있었기 때문에 매우 어색했다. 또, 모든 면으로 보아 나의 전 남친인 남자에게 갚을 수 없는 빚을 쌓아올리고 있었기 때문에 어색했다. 나는 답문 몇 개를 더 보내면서 불편한 마음을 숨기다가, '야심' 씨를 쳐다보았다. 그의 얼굴을 읽을 수 없었다.

나 자신도 이상하게 무표정하다는 느낌이 들었다. 피곤해 죽을 지경이었다. 할 말이 아무 것도 생각나지 않았다.

아마 그것이 우리 사이의 진실의 순간이었을 것이다. 그 순간에 우리에게는 아무런 케미스트리가 없었다.

나는 '야심' 씨에게 손을 내밀었다.

"모두 다 고마워요."

"당연한 일 가지고."

그는 내 손을 꼭 쥐더니 떠났다.

*　*　*

내가 사고를 당한 후 리처드는 빠르게 이메일을 보내더니, 그 다음 한 달 넘게 연락하지 않았다. 나는 리처드에게 감정적 신호를 더 많이 보내라고 격려하던 '야심' 씨의 말을 떠올리고 그를 저녁 식사에 초대하려고 했으나, 그는 내 문자 메시지에 대답하지 않았다. 마침내 리처드와 마주쳤을 때 왜 나를 무시했냐고 묻자 그는 웃었다.

"자기를 무시했다고 당신이 날 비난할 줄 알았지."

그가 말했다. 나는 덫에 걸려 들어간 듯이 느꼈다.

당연히 나는 상처를 입었다. 내가 얼마나 상처 입었는지 나도 놀랐다. 젊었을 때의 물 은유의 문제는, 물은 기본적으로 상처입지 않는다는 것이었다. 나는 그렇지 않았다. 그리고 내가 더 젊고 마음이 더 열려 있었을 때, 중요한 경계선을 세우는 것은 훨씬 더 힘들었다.

한편 재미있기도 하다는 사실을 인정할 수밖에 없었다. 그러니까, 나는 이런 일이 닥치리라고 생각하지 못했던 것 같지 않다. 내 말은, 내 커밍아웃 이야기에는 리처드가 가장 힘들게 굴 때의 모습이 포함되어 있다. 나와 리처드가 함께 아는 친구 하나는 표범과 반점에 대한 이야기를 했다. 아마 내 삶은 연속극일 것이다. 하지만 아주 재미있는 인물 묘사가 들어있는 시트콤일지도 모른다.

나는 리처드에게 보낼 마지막 편지의 초안을 잡기 위해 가장 냉정하고 영리하며 사악한 친구의 도움을 청했다. 그 편지는 아주 짧았다. 거의 야만적이기까지 했다. 이런 편지였다.

'경제학자들은 수많은 암묵적 합의를 통해 가장 견고한 관계가 형성된다고 해. 확실히 이런 합의는 우리 사이에 없고, 아마 앞으로도 없을 거야. 안녕.'

이 말에 나오는 경제학에 대한 이야기가 더 나왔으면 좋겠다. 더 중요한 건, 이 글의 독자들은 자기 사슬을 잡아당기려는 사람 누구든지에게 저 편지를 마음대로 가져다 써도 된다.

***

선풍기를 받고 며칠 후 나는 '야심' 씨에게 두어 개의 문자를 받았다. 그는 자기 집안에 부고가 있었다고 말했다.

"하지만 사실 그 이야기는 하고 싶지 않았어. 그냥 당신이 어떻게 지내는지 슬쩍 알고 싶었을 뿐이야."

나는 그가 아플 때 어떻게 웃었는지 생각해 냈다. 자기가 드라마를 원한다고 말했던 것도 기억해 냈다. SM에 대한 그의 혼란스러운 반응과, 자신이 해야 할 감정적 노동을 친구들에게 외주로 준다는 것을 기억해 냈다. 그의 감정이 내부에 도사린 채 갇힌 용처럼 안으로 똘똘 뭉쳐 있다고 느꼈던 것을 기억했다.

그는 내가 자기에게 그 이야기를 해달라고 하기를 바라는 것이 아닌가 궁금해했다. 나는 답문을 보냈다.

"정말 안됐네요. 하지만 그 이야기를 하고 싶지 않다면 이해해요. 난 잘 지내요."

그는 일주일 후 나를 사교행사에 초대했지만 나는 거절했다. 그 후 한참 동안 그에게 연락을 하지 않았고, 그도 나에게 연락하지 않았다.
나는 '야심' 씨가 내 친구 한 명에게 자기가 나에게 빚진 것 있냐고 물어보았다는 말을 나중에 들었다.

내 친구는 그에게 아주 정확하게 말했다.

"아니, 넌 그 애한테 아무 빚도 지지 않았어."

오히려 **내가 그에게** 빚을 졌다. 무슨 빚을 졌는지는 확실히 모르겠지만 **뭔가** 빚진 건 확실하다. 십만 달러? 비건 스무디?

케미스트리?

힘을 가진 위치에서 시작하기

나는 이 포스트를 2011년에 썼다. 서브미시브 파트너 쪽에 BDSM에 대한 책임을 너무 많이 둔다고 해석될까봐 걱정스러워서 매우 조심스럽게 썼다. 분명히 해 두자. 나는 BDSM 상황에서 양쪽 파트너에 다 책임이 있다고 믿는다. 그러나 도미넌트 파트너가 특히 조심하고 반응에 민감해야 한다고 믿기도 한다. 이것이 내 글의 주제 전부였으면 좋겠다. 나는 사람들이 희생자를 비난하는 데 힘을 싣는 사태를 정말로 바라지 않는다. 그러나, 서브미시브 파트너들이 BDSM을 할 때 내면적인 힘과 자원뿐 아니라 자신에 대한 감각도 필요하다는 사실을 부인할 수 없다고 생각한다. 특히 매우 강렬한 BDSM을 할 때는. 이 포스트를 쓴 목적은 그것이 무슨 의미인지 알아보자는 것이다.

얼마 전에, 나는 교육자 새러 슬로운Sarah Sloane이 운영하는 <BDSM과 학대>를 주제로 한 워크샵에 참석했다. 새러는 내가 "힘을 가진 위치에서 시작하고, 결국에는 힘을 추구하라"고 변형시킨 격언을 중심으로 워크샵을 진행했다.

나는 폴리아모리와 BDSM의 관점에서만이 아니라 일반적인 섹스라는 관점에서 이 문제를 아주 많이 생각하고 있었다. 모든 섹슈얼리티는 어떤 사람들에게는 더 즐겁고, 다른 사람들에게는 덜 즐겁다. 어떤 사람들에게는 감정적으로 더 쉽고, 다른 사람들에게는 더 어렵다. 사람들이 합의를 하고 진행하는 한, 다른 사람들에게 그들의 섹슈얼리티를 '어떻게 다루어야 한다거나 어떻게 다루면 안 된다거나' 하는 말을 할 생각은 전혀 없다. 내가 쓰려는 것은 다른 사람들이 SM을 '해야 하느냐 혹은 하면 안 되느냐' 같은 말과는 전혀 상관이 없다고 확실히 말하고 싶다. 그것은 내가 어떻게 내 경험을 선택하고 처리해 나가느냐에 대한 나 자신의 생각일 뿐이다.

나는 분명히 무엇에든지 동의할 수 있다. 문제적이거나 무시무시하고 복잡한 일이라고 해도 동의할 수 있다. 중요한 것은, 어떤 경험에서 놀랍고 긍정적인 것을 끌어내고 싶다면, 힘을 가진 위치에서 시작하는 것이 좋다고 생각한다.

어떤 의미에서는 자명한 말이다. 예를 들어, 정말로 내게 좋은 경험을 갖게 해 주려고 하고 내게 신경과 관심을 쓰고 나를 다시 보고 싶어 하는 파트너와 함께 있다는 것은 힘을 가진 위치에 있다는 것이라고 생각한다. 내가 그 사람과 매우 강렬하고 어두운 SM 만남을 한다고 해도 그가 나를 존중하며 대할 것이라고, 그는 내게 마음의 공간을 주고 그 다음에 감정적인 과정을 겪어낼 힘을 줄 것이라고 자신 있게 느낄 수 있다.

또, 내가 무엇을 원하는지 안다는 것도 힘을 가진 위치이다. 내가 어떻게 느끼는지 이해하는 것도 힘을 가진 위치이다. 나의 감정적인 어려움, 작은 문제, 트리거와 지뢰들을 알고 있다는 것도 힘을 가진 위치이다. 필요하면 내가 세이프워드를 말할 수 있다고 확실히 아는 것도 힘을 가진 위치이다. 육체적인 면에서, 나는 내 몸 상태가 좋을 때 SM을 하기를 좋아한다. 잘 쉬고 건강한 음식을 먹었을 때 말이다. 그것도 힘을 가진 위치이다.

어떤 면에서는 이것도 흐릿해질 수 있다. 예를 들어 나는 원나잇 스탠드에 거의 관심이 없다. 이유는 아주 많은데, 한 가지는—특히 여성으로서—자기가 '매춘부'가 된 느낌은 문화적으로 무섭고 어려운 영역이라는 것이다. 그리고 나 자신에 대해서 만족하지 않는다면 원나잇 스탠드에 대한 흥미는 훨씬 더 낮아진다. 왜냐하면 '매춘부가 된 느낌'이라는 힘든 영역은 자존감이 낮을 때 다루기 더 어렵다는 것을 알기 때문이다. 내가 행복하고, 강하고, 자신 있고, 가치 있고, 세상이 나를 사랑한다고 느낀다면… 원나잇 스탠드가 재미있을 수도 있다. 그러나 내가 내 가치를 의심하고, 내가 얼마나 사랑받을 자격이 있는지 의심하면… 원나잇 스탠드는 자기파괴적일 수 있다.

나에 대해 관심과 배려를 주지 않는 사람과 관계를 맺는 것도 마찬가지다. 어떤 남자가 내게 감정적 흥미를 느끼지 않는다고 확신하면, 그 남자와 섹스하는 것은 내게 위험한 감정적 문제를 불러일으킬 수 있고, 나는 마음을 더 강하게 먹어야 할 것이다. 그러나 늘 그렇게 사실이 정리되지는 않는다. 나는 분명 감정적인 영향을 남기지 않은 성적 만남을 가진 적이 있다. 그러나 내가 상대 남자에게서 더 많은 감정적 투자를 원할지 어떻지 예측하기는 힘들다. 그래서 나는 모든 만남에서 그 사실을 유념하려고 한다. (폴리아모리 관점에서는 이미 다른 사람과 굳은 관계를 갖고 있을 때 감정이 덜 섞인 섹스를 대하기 쉬운 경향이 있다.)

지역 SM 커뮤니티에서 내가 아는 어떤 커플은 때때로 나를 아주 정신없게 만드는 만남을 가진다. 그 만남들이 너무 어렵고 심리학적으로 보이기 때문이다. 예를 하나 들어보자. 어느 커플은 결혼하고 오랫동안 자식을 두지 못한 끝에 부인 쪽에서 결국 자기가 아이들을 원하는 것 같다고 깨달았다. 둘 다 아이를 원하지 않는다고 생각하고 결혼한 남편에게는 문제가 되었다. 그들은 그것을 계속 논의했다. 그 다음 새디스트 도미넌트 파트너이기도 한 그 남편은 부인에게 그 문제에 초점을 맞추어 SM 만남을 할 수 있겠느냐고 물었다. 그녀는 할 수 있다고 말했다.

그래서, 서로 가르치는 SM 수업에서 남편은 부인이 아이들에 대해 갖게 된 새로운 감정으로 그녀를 공격했다. SM 만남을 하면서 그는 부인이 너무 오래 시간을 끌었기 때문에 아이를 갖기에는 너무 늦었을 것이라고 말했다. 그는 부인이 아이들에게 너무 변덕이 심한 나쁜 어머니가 될 것이라고 말하고, 자기는 언제나 아이를 원하지 않는다고 분명히 말해 왔다고 덧붙였다. 그녀는 아이를 원하지 않는 사람과 결혼하는 어리석은 행위를 했으니, 이 문제는 그녀 자신의 잘못이라고 말했다.

나는 이 수업에 참석하지 않았지만, 참석했던 사람에게서 이 이야기를 들었고 그건 정말 극렬하게 들렸다. 그는 부인에게 동의를 받은 상태에서, 그녀가 심리적인 SM 시련을 겪게 하기 위해 진실되고 힘든 아픈 부분을 이용했다.

요즘은 그런 만남에 매우 끌린다. 중요한 약점과 불안감을 이용해 마음속 깊은 수준에서 나를 찢어놓을 수 있는 만남에. 나는 그런 만남을 준비하려고 하면서 내 충고를 구하는 사람들에게 이메일을 받은 적도 있다. 분명한 것은, 그런 관계는 쉽게 학대의 영역으로 미끄러져 들어갈 수 있다는 것이다.

그래서 나는 이 문제를 아주 많이 생각했고, 내 결론은 이렇다. 그런 강렬한 심리학적 만남도 다른 BDSM과 마찬가지로 똑같은 격언에 따른다. "힘을 가진 위치에서 시작하고, 결국에는 힘을 추구하라."

따라서, 이런 강렬한 심리학적 만남을 갖기 전에는 그 만남이 궁극적으로—고통과 불안과 눈물을 통해—나를 세상에서 좀 더 든든하고, 좀 더 능력 있고, 좀 더 강력하게 만들 것이라고 느껴야 한다. 한 가지 방법은 내 파트너를 단단히 믿고, 그가 내게 가장 좋은 것을 원하고 있다고 확신하는 것이다. 결국에는 만남을 시작했을 때만큼 내가 강하기를… 혹은 더 강해지기를 그가 바라고 있다고 확신하는 것.

내 삶의 다른 부분에서 지원을 받고 있다면, 파트너의 지원이 그렇게 많이 필요하지 않을 수도 있다. 친구들이라든가, 킨크 어웨어 상담사라든가, 멋진 직업이나 엄격한 식단과 운동 계획, 심지어 다른 파트너에게서 지원을 받을 수도 있다. (물론 다른 사람에게서 광범위하게 감정적인 과정의 지원을 얻으려고 한다면, 그 전에 그들의 동의를 얻어야 할 것이다.)

그래도, 다른 누구보다 더 많은 경험을 함께 나눈 파트너에게서 지원받는 것이 가장 쉬운 방법인 것 같다. 이 방법은 우리의 친밀성도 더 높이 쌓을 것이다. 그것이야말로 애초에 강렬한 SM 만남을 갖는 주요한 요인이다.

아슬아슬한 본디지

나는 2011년 초반에 이 글을 썼다. 재미있게도, 이 글을 쓴 후 사람들이 내 블로그로 오기 위해 최고로 많이 구글링한 검색어가 '아슬아슬한 본디지'였다. 그 사람들은 아마 포르노를 찾고 있었을 텐데, 내 글이 그들을 실망시키지 않았을까 하는 생각이 든다.

어떤 사람들은 마조히스트(고통을 즐기는 사람)지만 서브미시브(음, 복종을 즐기는 사람)가 아니다. 어떤 사람들은 정말로 (체벌이 많이 따르는) 훈육을 좋아하지만, 본디지(로프, 우리 등등)는 좋아하지 않는다. 어떤 사람들은 사디스트(감각에 고통을 주고 싶어 한다)이지만 도미넌트(지배하는 것을 좋아한다)는 아니다. 어떤 사람들은 스위치다. 자기가 이 역할 저 역할 사이를 오갈 수 있다는 것을 발견한 사람들이다. 그들은 도미넌트나 서브미시브, 사디스트나 마조히스트가 될 수 있다. 예를 들면 나는 확실히 스위치다.

내 경우, 누가 나를 묶는 데 시간이 오래 걸리면 반드시 지루해진다. 그러나 다른 사람들에게는, 45분이 걸리는 공들인 매듭은 정말로 뜨거운 전희가 된다. 나는 이해하지 못하지만, 멋진 일이다. 나의 선호를 이해하지 못하는 사람도 아주 많지만 어쨌거나 우리는 모두 아주 행복하게 공존한다.

그렇다, '본디지'—로프, 우리 등등—는 딱히 내 취향은 아니다. 그러나 내가 절대적으로 사랑하는 문구가 하나 있다. '아슬아슬한 본디지.' 아슬아슬한 본디지는 보통 매우 정교한 방식을 취한다. 예를 들어, 어떤 서브미시브는 팔이 아프게 묶였지만 만약 팔을 움직이면 다리가 아프게 되는 식이다. 아슬아슬하다! 그리고 본디지다! 우와! 아슬아슬한 본디지!

그러나 아슬아슬한 본디지가 꼭 정교할 필요는 없다. 나는 로프 장애물 코스를 좋아하지 않지만, 어느 친구가 페티쉬 디바 미도리Fetish Diva Midori가 주최한 워크샵에 다녀와 알려 준 이후 '아슬아슬한 본디지'라는 문구를 사랑하기 시작했다. 그는 다녀와서 내게 말했다.

미도리는 물 두 주전자를 가져왔어. 주전자 하나와 유리컵 한 개인지도 모르겠다. 미도리는 우리에게 "이것이 제일 간단한 형태의 아슬아슬한 본디지입니다"라고 말하고 조교 역할 서브미시브에게 어깨 높이에서 손을 똑바로 앞으로 내밀도록 시킨 다음, 그의 손에 물을 부었어. 서브미시브는 손에 계속 물을 담고 있어야 했어. 그가 실패하면 자기가 미도리를 실망시켰다는 것을 알게 되는 거지. 하지만 미도리를 실망시킨다고 해도 그녀의 분노가 쏟아지리라는 위협은 전혀 없었어. 사실 미도리는 마치 서브미시브와 한 팀이고 그의 편인 것처럼 말했어. 많은 면에서, 그가 처한 곤경에 대해 그녀가 보인 동정은 훨씬 더 잔인했어. 그에게 그런 일을 하고 있는 사람은 그녀였으니까.

미도리는 이것을 설명했어. 그가 자기를 '실망시킬' 때 느끼게 될 열패감이 실제로 자기가 그에게 할 수 있는 어떤 괴롭힘보다 더 심하다는 걸 알고 있었어.

그래서, 이 경우의 '아슬아슬함'은 서브미시브의 팔이 점점 아파지는 것 대 미도리를 실망시킬 사태에 대한 그의 두려움이다. 나에게, 그런 상황은 로프 장애물 코스보다 무한히 더 섹시하다. 사실, 나는 그 고통이 약간 더… 음… 개인적이었으면 싶기도 하다.

***

처음 채찍으로 맞았을 때, 나는 그가 무슨 일을 할지 미리 알지 못했다. 그와 나는 그때까지 내가 느껴본 것 중 가장 강한 도미넌트/서브미시브 역학 속에 있었고, 나는 거의 완벽한 신뢰를 느끼며 그의 손에 나 자신을 맡겼다. 밤이 될 무렵 어둠이 마음 한구석에서 타오르고 몸이 막 근질근질해지면서, 그를 보러 가야 한다는 생각이 들었다. 그때까지 경험은 많지 않았지만, 그 느린 불길이 무엇을 뜻하는지는 잘 알고 있었다.

늦은 시간이었다. 그는 침대에 누워 있었고, 나는 그의 곁에 누웠다.

"그러니까… 네가 나를 아프게 해 주면 좋겠어. 아주 많이."

나는 천천히 말했다. 옆에서 그의 몸이 긴장하는 것이 느껴졌다.

"왜?"

그가 물었다. 나는 그를 보지 않고 대답했다.

"대답을 이미 알면서 왜 물어 봐?"

"네가 말하는 걸 그냥 듣고 싶을 때가 있으니까."

그는 일어났다.

"옷을 벗고 무릎을 꿇어."

나는 숨을 멈추고, 그의 말대로 했다. 그가 채찍 끝으로 가볍게 내 등을 훑을 때 나는 그 부드러운 느낌이 무슨 뜻인지 잘 알지도 못했다. 그러나 하여간 이미 떨고 있었다. 그가 때렸을 때 얼마나 아팠는지 기억하면 놀랍다. 요즘에는 채찍이 특별히 아프다고 생각하지 않지만, 다시 그때로 돌아가면 그는 내가 보통 맞던 정도보다 더 많은 자국을 남겼던 것 같은 기억이 난다. (나는 셔츠를 벗고 거울 속에서 멍 자국을 뜯어보는 것을 좋아한다. 그 후 며칠 동안 내 얼굴은 환히 빛났다.) 그러니 아마 그의 솜씨나 도구가 뭔가 특별했거나, 그냥 내 첫 경험이어서 그랬을 것이다.

내가 울고 움찔거리며 피하기 시작했을 때 그는 아슬아슬한 느낌을 만들어냈다. 매우 간단했다. 그는 내 위로 몸을 숙이고 말했다.

"이 다음 세 번 동안, 얼굴을 숙이고 손은 가만히 두고 있어. 나한테 약속해."

"못해. 약속 못 하겠어."

나는 미친 듯이 말했다. 그를 실망시킬까봐 두려웠다.

"해야 해. 하게 될 거야."

그가 부드럽게 말했다.

나는 더 심하게 울었다. 너무 심하게 흐느끼느라 말이 나오지 않았다. 그는 자리를 옮기지 않고 그대로 내 위에 몸을 숙인 채 무자비한 침묵을 지켰다.

"약속할게."

말을 할 수 있게 되자 나는 마침내 말했다. 나는 그에게 등을 향하고 있었기 때문에 그의 얼굴을 볼 수 없었다. 그러나 그가 미소 짓고 있었다고 맹세할 수 있다.

그가 다시 나를 때렸을 때, 나는 거의 움직이지 않았다. 세 번 때린 후 그는 내가 얼마나 더 오래 버틸 수 있는지 보고 싶다고 말했다. 그러나 나는 그렇게 할 수 없었다. 나는 다시 심하게 움찔거리기 시작했다. 사실만 말하자면 물론 그는 나를 계속 때린 것이다. 그러나 결국 나는 약속을 깨지 않았다. 그를 실망시키지 않았다.

***

이런 게임 이야기를 들은 적이 있다. 서브미시브 파트너가 벽 앞에 서서 한 손으로 하나씩 두 개의 동전을 벽에 대고 있다. 그 다음 도미넌트는 서브미시브에게 자극적인 일들을 한다. 서브미시브 편에서는 동전을 떨어뜨리면 실패다. 이것은 아주 섹시해 보이고, 세밀하게 아슬아슬한 상황을 만드는 방법이기도 하다. 그러나 위에서 말한 만남 동안—

내가 처음으로 채찍질을 당했을 때—동전 같은 것 없이도 아주 섹시했다고 분명히 말할 수 있다. 내 약속과, 약속을 지키겠다는 자의식만으로도 충분했다.

아무리 열심히 노력해도 명령에 복종할 수 없을 때가 있다. 예를 들어, 내가 움직일 수밖에 없을 때 파트너가 내게 움직이지 말라는 명령을 할 수가 있다. 내가 동전을 들고 위에서 말한 시나리오를 수행하고 있다면 나는 떨어뜨리지 않을 자신이 없다. 무서운 일이다—특히 내가 그를 사랑한다면. 그럴 때는 모든 감정들이 증폭되기 때문이다. 그러나 내가 그를 사랑하지 않는다고 해도, 그가 나를 알맞은 정신적 공간에 가두고 있는 한, 실패했을 때 나는 계속해서 '잘못했어요'라고 말할 것이다. 그가 분노할까봐 겁을 먹을 것이다. 내가 벌을 받아 마땅하다고 느낄 것이고, 그가 계속해서 나를 아프게 하지 않는다면 버림받은 느낌이 들 것이다.

실패가 클수록 더 상처가 된다. 육체적인 고통으로 아픈 것보다 훨씬 더 큰 상처가 된다. 나 자신의 한계에 부딪치면 끔찍하게 모자란 인간이 된 느낌이다. 그것은 섹시하지만 위험하다. 나를 갈기갈기 찢어놓을 수 있다. 그럴 때는 우리가 플레이를 다 끝낸 다음 파트너가 내게 이렇게 말해줄 필요가 있을 때가 많다.

"난 여전히 널 좋아하고, 네가 좋은 사람이라고 생각해."

내가 그 말을 꼭 들어야 할 때도 있다. 특히 내가 만남에서 세이프워드를 말했을 때다. 언제나는 아니지만 때로는, 세이프워드를 말한 것이 최악의 실패처럼 느껴질 수 있기 때문이다.

***

내가 흥분했던 가장 이상하고도 마구잡이인 상황들을 되짚어보면, 항상 그런 아슬아슬함을 느꼈다는 것을 알 수 있다. 예를 들어, 내게는 어디 가기 직전에 파트너와 함께 흥분하려 하는 끔찍한 경향이 있다. 떠나기 30분 전까지는 완전히 냉정할 수 있다. 그러나 떠날 시간 10분 전에, 땡! 마치 스위치가 들어오는 것 같다. 우리는 나가야 한다. 그러나 나는 그를 움켜잡고 그는 흥분한다. 아, 안 돼! 이제 우린 늦어버렸다! 우와!

어느 전 남친은 나에게 차를 세우고 있다가 신호등이 막 녹색으로 바뀌려고 할 때 그를 자극하는 경향이 있다고 지적했다.

"나도 알아. 나도 내가 왜 그러는지 잘 모르겠어."

나의 말에 그는 대답했다.

"아슬아슬한 본디지지!"

***

때때로 고통이 강렬해질 때 나는 파트너들과 사소한 게임을 하곤 한다. (진지하다는 것만, 최소한 그 당시에는 진지하게 느껴진다는 것만 제외하면 게임이다. 보통 이 게임을 시작할 때면 나는 전술이고 뭐고 생각할 수 없을 정도로 정신이 없다. 나는 본능에 따라 달린다.) 나는 이것을 '이웃이 두렵지 않니?' 게임이라고 생각한다. 게임에서, 나는 낯선 사람들의 주의를 끌 수 있을 정도로 크게 소리를 내기 시작한다. 마음속 한구석에서는 파트너가 이웃의 주의를 끌까봐 걱정하기를 바란다. 그의 마음이 누그러들고, 내가 이 작은 이점을 이용해 그에게 하지 말라고 설득할 수 있기를 바란다. 안도의 순간을, 아주 작은 자비의 한 조각을 느끼기를 바란다.

물론 운이 좋으면 내 파트너들은 나를 아프게 하면서 조용히 하라는 명령만 내릴 것이다. 이러면 아슬아슬함이 생겨난다! 실제로는 조용히 하는 것이 전혀 쉽지 않고, 아플수록 더 어려워지기 때문이다.

그 다음에는 한눈팔기 게임이 있다. 나는 늘 성적으로 끌리는 파트너들과 BDSM을 하지는 않는다. 심지어 성적으로 끌리는 파트너들이라고 해도, BDSM 만남을 하면서 늘 상대를 성적으로 느끼지는 않는다. 그러나 BDSM 만남 중에 매우 끌린다고 느끼면, 오오. 그때야말로 한눈팔기 게임을 할 때다. 그를 흥분시켜 BDSM에서 한눈을 팔게 하려는 게임이다. 다시 말하지만, 나는 이럴 때 전략을 짜고 있을 정도로 일관성 있는 사람이 아니다. 나는 본능에 더 따라서 행동한다. 마치 내가 본능적으로 거래를 하려는 것 같다. '그를 흥분시킬 수 있다면 그는 나를 아프게 하는 대신 나와 섹스를 하겠지.'

운이 좋으면 그는 내가 무슨 일을 하고 있는지 알아차릴 것이다. 그는 즐거워하고 심지어 재미있어할 테지만 BDSM을 멈추지 않을 것이다. 최근 파트너 한 명은 나를 차 시트에 수갑으로 묶어놓고 고통을 주었다. (그의 차 안에서 이렇게 하자는 것은 내 아이디어가 아니었지만, 최소한 우리는 이동하고 있지 않았다. 교통 신호에 멈춰 있지도 않았다.) 나는 별로 움직일 수가 없었기 때문에, 그가 내게 손을 뻗었을 때 그의 손바닥을 핥고 손가락에 키스하기 시작했다. 그는 신음하더니 웃었다.

"너 **정말** 스위치야. 지금마저도 나를 조종하려고 한다니."

그리고 그는 멈추지 않았다.

***

"그만."

나는 숨을 거칠게 쉬었다. 몇 달 전 이걸 정말 잘 하는 사람과 만남을 가졌을 때였다.

"넌 '그만'이라고 말하면 안 돼."

그의 대답에 나는 그 말을 도로 삼켰다. 그 말을 하고 싶은 나 자신의 필사적인 본능과 계속 싸워야 했다.

나중에, 그는 이렇게 중얼거렸다.

"네가 이걸 원하지 않는 것처럼 행동할 때 참 귀여워."

그러면서 그는 몸을 앞으로 숙여 내 어깨에 검은 멍을 만들었다. 그 말에 나는 울음을 터뜨릴 지경이었다.

'하지만 난 이런 걸 **원하지 않아**, 안 그래? 내가 어떻게 이렇게 아픈 걸 원하겠어? 그렇지만 그를 막지는 않을 거야―내가 정말로 이걸 부탁했으니―이걸 원해야 해.'

억지로 내가 동의했다는 사실을 직면하게 만드는 것, 이것도 아슬아슬함일까?

그가 나를 아프게 하자 나는 그와 몸싸움을 했다. 본능적으로 그를 밀어냈다.

"날 밀어내지 마. 네 팔로 나를 안아."

그가 지시했고, 나는 그 말대로 했다. 그러나 우리는 계속 엎치락뒤치락했고, 나는 팔을 도로 뺐다. 또 본능적인 몸부림을 참을 수가 없는 것 같았다.

그래서 그는 잠시 멈추더니 내 팔을 꽉 잡고 강압적으로 말했다. 그는 내가 어떤 고통을 다른 고통보다 매우 좋아한다는 것을 알고 있었기에, 이렇게 말했다.

"네가 **좋아하는** 아픔을 원한다면 내가 더 가까이 가도록 해 줘야지."

설상가상이었다. 그는 내게 강제로 그 고통을 받아들이라고 하는 것이 아니라, 거기에 참여하도록 만들고 있었다. 내가 아주 심하게 몸부림을 치면 얼마나 나를 아프게 할지 통제하기가 어렵다는 점을 실용적으로 고려했다고 생각한다. 그러나… 그것이 너무 섹시해서 나는 숨을 헐떡였다.

확신할 수는 없지만, 몇 년 전이었다면 나는 그런 수준의 참여를 할 수 없었을 거라고 생각한다. 내가 좋아한다고 인정하라는 강요를 견딜 수 없었을 것이다. 그 당시에는 나 자신의 욕망에 너무 겁을 먹고 있었기 때문이다. 지금은, 이런 수준의 참여는 또 다른 수준의 고통을 심화시킨다. 감정적인 고통, 내가 참을 수 있는 부드러운 고통—그건 정말 멋지다. 참여한다고 느끼는 것은 새로운 전술이지만, 오랜 게임의 일부이기도 하다. 이것도 또 다른 종류의 아슬아슬함일 뿐이다.

기본적으로, 아슬아슬한 본디지에서 섹시한 부분은 파트너가 말하거나 행동하는 기술이 아니다. 시나리오나, 장비나, 상황에 걸맞는 말이 아니다. 아무리 내가 싸우거나 빌거나 비명을 질러도 그가 멈추지 않고 계속 나를 아프게 하리라고 깨닫는 것이다. 내가 그의 손아귀에 있는 정도를 매 순간, 모든 행동이 강화시키는 느낌이다.

빠져나갈 길이 없다는 깨달음이다.

관계의 도구: 모노가미, 폴리아모리, 경쟁, 질투

이 글은 2012년에 쓴 글이지만, 10년 넘게 해 온 생각의 결실이다. 나는 매우 어릴 때 폴리아모리 책을 처음 읽었고, 폴리아모리에는 아무 경험도 없었지만 대부분의 폴리아모리스트들이 질투에 대해 논의하는 방식이 매우 불만스러웠다. 그들은 거기에 전혀 감정이입을 하지 않았다. 그들의 충고는 언제나 '질투를 극복하라'로 요약될 수 있는 것 같았다. '이기적으로 굴기를 그만둬라'도 조금 섞이고. 그리고, 질투를 느끼는 사람에게 질투가 얼마나 고통스러울 수 있는지 전혀 인정하지도 않았다. 그러나 대부분의 모노가미스트들도 이 주제를 다룰 때 폴리아모리스트들보다 별로 나은 점이 없었다! 많은 모노가미스트들은 별 조사가 필요없는 문제를 대하듯이 질투에 접근했다.

이 에세이에서, 나는 이런 역학 전체에 대해 더 잘 이해하려고 노력한다. 또, 그것을 BDSM 이론과 통합하려는 시도도 한다. 나는 BDSM 이론이 대부분의 사람들이 기꺼이 인정할 만한 정도보다 질투와 훨씬 더 강한 관련을 가지고 있다고 확신한다.

작년에 나는 '모노가미 찬양'이라는 글을 한 편 썼다. 현재 나는 애정 관계에서 폴리아모리를 실천하고 있지만, 오랫동안 모노가미 연애를 했다. 모노가미 이야기를 할 때, 사람들은 보통 그것만이 갈 수 있는 유일한 길이라고 생각하거나, 모노가미와 완전히 연을 끊어야 하는 것처럼 생각한다는 것도 깨달았다. 나는 '이것 아니면 저것' 식의 접근방식이 완전히 틀렸다고 생각한다. 그래서 좀 더 중립적이고 미묘한 방식으로 모노가미의 좋은 점에 대해 이야기할 목적으로 '모노가미 찬양'을 썼다. 여러 가지 관계 모델들은 모두 도구 상자 속의 도구와 같고, 어떤 사람은 이 도구보다 저 도구를 더 잘 다룬다.

'모노가미 찬양'은 내가 가장 성공을 거둔 글일 것이다. 그 글은 엄청나게 많은 웹사이트에 재게재되었고, 그 중에는 〈더 가디언〉 같이 높이 평가받는 곳도 있었다. 동시에, 그 기사에는 정말로 혼란스러운 댓글들이 아주 많이 달렸다. 어떤 사람들은 내가 모노가미를 충분히 찬양하고 있지 않다고 생각했고, 다른 사람들은 내가 비-모노가미를 충분히 찬양하고 있지 않다고 생각했다. 다른 부분에서도 좌절이 많았다. 나의 변명은 이 주제로 충분히 많은 대화가 오가지 않았다는 것이다. 그래서 대부분의 사람들은 이런 대화에 익숙하지 않고, 어디서부터 시작해야 할지도 정말 알기 어렵다.

질투는 분명히 시작점이 된다. 비-모노가미에 대한 대화를 할 때 사람들은 언제나 질투 이야기를 꺼내기 때문이다. 나도 '모노가미 찬양'에서 질투에 대해 약간 이야기한 부분이 있다. 최근에 그 글을 읽은 사람이라면 이 발췌 부분은 읽지 않고 뛰어넘어가도 된다.

어떤 사람들은 질투를 다른 사람들보다 더 느끼거나, 덜 느끼거나, 다르게 경험한다. 논모노가미 관계에 있는 사람 중에도 질투를 경험하는 사람은 많다. 그리고 논모노가미 사람 중 많은 수가 허심탄회한 의사소통을 통해 질투에 잘 대처한다('관계 서약서' 같은 매우 세세한 관계 합의로 질투를 관리하는 경우도 많다.[1]

그러나 '질투 쪼가리'가 없는 것 같은 사람들도 많다.

그리고 너무 큰 질투를 경험하고, 질투가 감정 구조에서 엄청나게 큰 부분을 차지한다고 느끼고, 질투를 관리하는 최고의 방법은 모노가미 뿐이라고 느끼는 사람들도 매우 많다.

개인적으로, 나는 지금보다 훨씬 더 질투가 많았다. 요즘은 '드라마적인 면이 적은' 남자들을 더 잘 찾아내게 되었기 때문에 질투를 덜 느낄 것 같다. 질투는 비합리적인 감정이라는 악명이 높고, 때때로 정말로 비이성적이고 잔인한 권력을 장악한다. 그러나 나는 질투가 감정적인 위협이나… 의도적인 조작에 대한 반응으로 매우 합리적일 때가 많고, 자주 일어난다고 생각한다.

그러나 다른 이유도 있다… 나는 내 머릿속에 어떤 스위치가 켜지면 질투를 '성애화eroticize'한다는 것을 알아차렸다. 때때로 내가 좋아하는 남자들이 다른 여자들과 자는 환상을 스스로 만들어내고, 때때로 내가 약간 질투를 '느끼기 때문에', 그것은 흥분되는 환상이 된다. 이런 일이 어떻게 일어나는지는 설명할 수가 없다. 처음 이런 일이 일어났을 때 나는 깜짝 놀랐다. 정말이다. 매우 흥미로운 것은 나 자신이 질투를 성애화하는 '바로 그 부분'이 다른 사람과 내 파트너가 잔다는 생각에 속이 뒤집어지게 만들었던 부분이라고 생각한다는 점이다. 마조히즘은 아낌없이 주는 나무인가!

내가 '질투하지 말아야 한다'고 생각하거나 질투하지 말라는 말을 듣고 질투를 덜 하게 되지는 않았다는 점이 중요하다. 사실, 내가 질투할 때마다 내가 히스테리컬하고 못된 년인 것처럼 굴던 옛날 남자친구가 있었다.… 그는 사태를 훨씬 더 나쁘게 만들었다. 그와 함께 있으면 질투를 느낄 때 끔찍해질 뿐이었다. 질투심을 그냥 흘려보낼 수가 없었다. 내가 어떻게 할 수 없는 감정에 대해서 그가 나를 심판하고 있는 것처럼 느꼈다. 외부의 도움 없이 억지로 '더 이성적으로 생각하려고' 하면서 마음이 산산조각나는 것 같았다. 최악인 것은, 그가 내 감정을 존중한다고 믿을 수가 없었다.

내 질투를 감소시킨 쪽은 내 감정을 합리적이고 이해할 만한 것으로 대해준 남자들이었다. 당신의 파트너가 "대체 왜 그래?" 하고 말하고 있을 때보다 "아주 잘 알겠어."라고 말할 때 질투하기가 훨씬 더 어렵다. 그래서 모노가미가 그렇게 효율적인 질투 관리 전술이 되는 것이리라. 모노가미는 "나는 당신의 질투를 존중해."라고 쓴 커다란 표지판이나 스티커나 버튼을 파트너에게 주는 것과 비슷하다. 그러나 모노가미가 늘 효율적이라는 말은 아니다. 모노가미들이 늘 질투한다는 것을 우리 모두 알고 있지 않은가! (이 사실은 모노가미가 질투 문제에서 해답이 아니라 여러 가지 전술 중 하나일 뿐이라는 내 관점을 강화해줄 뿐이다.)

이제, 다시 원 기사로 돌아오자. 질투는 엄청나게 중요한 주제라서 이야기하기 불안해지지만, 여기에 약간 더 초점을 맞추어 보자.

1. 질투라는 감정

질투와 그 사촌인 경쟁은 양쪽 다 관계에서 아주 많이 벌어지는 일들이다. 어떤 사람들은 이 사실을 인정하는 것이 너무 불편해서 그런 감정들을 억압하거나 그에 따르는 행동들을 무시한다. 그러나 그렇게 해서 좋게 끝나는 꼴을 별로 본 적이 없다. 어떤 사람들에게는 질투나 경쟁의 충동이 없는 것 같다고 생각한다. 그러나 그런 감정을 느끼지만 심지어 자신에게도 그것을 인정하지 못하는 사람들도 많이 보아왔다.

나는 작년에 한 남자와 연애를 했다. 그 남자는 관계가 시작할 때 자기는 절대로 질투하지 않는다고 내게 말했다. 처음에는 그의 말을 믿었다. 그러나 내가 지나간 연인들을 언급할 때 그가 주제를 공격적으로 바꾼다는 사실을 금방 알아차렸다. 우리 서로 다 아는 친구가 하나 있었는데, 그 친구와 나는 매우 강한 케미스트리를 느꼈다. 우리 셋이 함께 있을 때 내 남자친구는 불편해 하고 화가 난 듯이 행동했다. 그리고 내가 다른 남자 앞에서 '공공연한 애정 표시'를 해 주는 것처럼 그와 연애하는 티를 내면 그의 긴장이 풀어졌다.

이것을 깨달았을 때 나는 마음속으로 한숨을 쉬며 좌절했다. 그러나 이 문제를 어떻게 말해야 그를 거짓말쟁이라고 말하는 것처럼 보이지 않을 수 있는지 알 수가 없었다. 다행히도, 나중에 그가 그 문제를 꺼냈다.

"나는 때때로 질투감을 느끼는데, 그 문제를 그냥 생각하기 싫은 것 같아. 생각하면 내가 나쁜 사람인 것처럼 느껴지기 때문에."

같이 저녁 요리를 하던 어느 날 밤 그가 그렇게 말했다. 그 순간, 그에 대한 경의가 치솟았다. 사람들이 새로운 증거와 마주쳤을 때 자신을 그만큼 추적해서 자아 이미지를 바꾸는 건 매우 힘든 일이다.

어떤 사람들은 연인의 질투를 사랑의 표시라고 해석하는 것 같다. 내 남자친구들이 질투의 표시를 인정할 때, 아니면 조금 경쟁적으로 행동할 때 기분이 들뜨거나 기뻐진 순간이 있었다는 걸 나도 인정한다. 그러나 어떨 때 그런 것들은 무시무시하거나, 위협적이다. 아니면 내가 위에 든 예처럼 좌절감을 준다. 아주 복잡하다!

그러나, 아무리 많은 증거가 나와도 참여자들이 인정하지 않는 방식으로 그런 역학들이 펼쳐지는 모습을 자주 본다. 사람들이 질투를 성적인 것으로, 자신을 흥분시키는 것으로 겪을 때 사태가 특히 복잡해지는 것 같다. 애초에 대부분의 사람들은 자기 섹슈얼리티에 대해 논의하는 것만 해도 충분히 힘들어 한다. 질투 같이 논쟁적인 요소를 덧붙이면, 잠복해 있던 논쟁에 불이 훨씬 더 잘 붙는다.

『픽업 아티스트 추적자의 고백』을 쓰느라고 내가 픽업 아티스트들을 조사할 때, 그 커뮤니티에서 경쟁의 감정을 찬양하는 주장을 많이 발견했다. 그런 감정이 관계를 더 재미있게 만드는 것으로 보이기 때문이다. 이런 남자들 중 많은 사람들은 개방적인 연애 관계 속에서 서로 다른 연인들이 경쟁하는 것이 멋지다고 말한다. 그런 경쟁은 모든 사람들을 늘 약간 불안하게 만들고, 계속 게임을 하도록 만들기 때문이다. 이것은 대부분의 폴리아모리적 시각과 철저하게 대조를 이룬다. 내 경험으로는, 폴리아모리들은 질투와 경쟁을 독려하거나 칭송해야 할 감정이라기보다 분리해서 매우 조심스럽게 다루어야 할 것으로 본다. 폴리아모리 이론가들은 경쟁이라는 감각과는 대조적으로 안전하다는 느낌을 목표로 삼을 때가 많다.

그리고 감정적인 안전은 확실히 중요한 문제다. 질투는 가장 강렬하고 압도적인 감정 중 하나이기 때문이다. 질투는 받아들이고 통과하기 매우 힘든 감정이다. 최악의 질투심을 느꼈을 때 나는 숨이 막히는 것 같았다. 숨을 못 쉬고, 속이 뒤집히고, 끔찍한 강박관념에 사로잡혀서, 질투와 질투가 주는 고통에 대해서밖에 생각할 수 없는 것 같았다. 그렇지만 때때로 약한 질투를 느낄 때는 기분이 좋을 지경이다. 조금의 질투를 느끼며 연인을 향해 관심을 기울이고 다시 안심하는… 그것은 내가 더 안전하고, 더 큰 관심을 받고, 더 사랑받는다고 느끼게 한다.

요컨대 사람들은 질투와 경쟁 충동을 여러 가지 다른 방식으로 경험한다. 그것을 인정하고 존중하는 것이 중요하다. 나는 '질투는 나쁘다'거나 '경쟁은 훌륭하다' 같은 표현이 생산적이라고 보지 않는다. 오히려 질투와 경쟁은 때때로 생겨난다. 그런 일들이 일어날 때 우리는 어떻게 하면 거기에 연관된 모든 사람들이 편안하고 행복하게 느끼도록 할 수 있는가? 라는 틀에서 보는 게 훨씬 낫다고 생각한다.

2. 도구상자

질투와 경쟁적 충동을 다루는 최고의 도구는 정직과 선의와 존중이라고 나는 단호하게 믿는다. 만약 당신이 질투를 느끼고 있다면 깊이 숨을 들이쉬어라. (더 많은 사람들이 깊이 숨을 들이쉬면 관계에 얽힌 드라마를 대부분 피할 수 있다고 나는 확신한다.) 바라건대, 당신은 자기가 좋아하고 신뢰하는 사람과 연애하고 있다(그렇지 않다면 무슨 의미가 있겠는가?). 당신이 좋아하고 신뢰하는 이 사람은 선의로 행동하고 있고 당신에게 고통을 줄 생각이 없다는 점을 스스로에게 일깨워주어라. 그 사람은 자신의 욕망을 갖고 있다는 사실을 존중하라. 그 욕망이 언제나 당신의 욕망과 완벽히 일치하지는 않을 것이다. 당신의 파트너가 당신이 원하는 모든 일을 해야 한다고 생각하지 말라. 하지만 당신을 고통스럽게 만드는 문제에 대해서는 정직하라. 그래야 그것을 함께 풀어나갈 수 있다.

반대로, 당신의 파트너가 질투하고 있다면 그 감정을 존중하라. 당신이 좋아하고 신뢰하는 이 사람은 아마 선의에서 행동하고 있을 것이고 당신을 조종하려는 것이 아니라고 스스로에게 일깨워라. 파트너의 질투에 당신이 어떻게 느끼는지 정직하게 말하고, 당신 자신의 욕구와 경계선을 보호하면서 파트너를 안심시킬 방법을 생각해 보라.

질투와 경쟁적 충동을 **가장 안정적으로** 처리하는 관계 진형은 모노가미인 것 같다. 확실히, 사람들이 모노가미를 선택하는 다른 이유도 아주 많을 것이다. 그러나 가장 많은 사람들에게, 가장 자주, 가장 철저하게 작용하는 듯이 보이는 관계 도구는 그냥… 모노가미로 사는 것이다.

비-모노가미에 접근하는 방식은 많다. 그러나 내게 가장 낯익은 방식은 폴리아모리이다. 전부는 아니라도 많은 폴리아모리스트들이 위계 구조 속에 자신들의 관계를 만든다. 하나 혹은 여럿의 '주 관계'를 갖고 그 다음에 '이차 관계'나 그보다 소원한 다른 관계들을 갖는다. 어떤 때는 주 파트너가 '거부권'을 갖기도 한다. 즉, 어느 파트너가 새 파트너를 얻고 싶을 때 주 파트너는 그 파트너를 확실히 막을 수 있다. 이것은 여러 가지 질투와 경쟁적 행동을 통제하는 데 도움이 되는 것 같다.

어떤 폴리아모리들은 위계질서와 거부권을 '조야한 수단'으로 보고, 모든 상호작용을 상황에 따라 협상하는 쪽이 더 좋다고 말한다. 물론 그대로 순조롭게 흘러간다면 좋은 이야기이다. 그러나 나는 이렇게 제안하겠다. 나는 이 프로젝트에서는 때로는 조야한 수단이 가장 쓸모 있는 도구라고 생각한다. 그리고 사실, 조야한 수단은 더 섬세하게 조정된 수단보다 쓸모가 있을 **때가 더 많다.** 더 섬세하게 조정된 수단이라는 아이디어 자체가 그것들이 정확히 환경이 갖추어졌을 때 쓸모가 있다는 것이다. 그러나 그런 수단은 사용하기 더 어렵고, 더 부서지기 쉽다. 어떤 사람들은 개인적인 관계마다 맞추어 완전히 새로운 도구 상자를 만들어낼 시간이 없거나, 그런 경향을 갖고 있지 않다. 어떤 사람들은 약간 부정확하고 덜 완벽하더라도 더 안정적인 관계에 안착할 것이다. 때로는 더 조야하더라도 더 보편적이고 효과 있는 도구를 쓰는 편이 훨씬 더 쉽다.

또, 나는 **암묵적인** 위계 구조가 있고 **암묵적인** 거부권이 있는 폴리아모리 관계들을 **아주 많이** 보아 왔다는 말도 덧붙이겠다. 이런 관계는 내 생각엔 공정하지 않고 불필요한 계략을 쓰는 결과를 낳았다. 나는 언제나 그런 역학이 표면으로 드러나는 쪽이 그 관계와 연관된 모든 사람들에게 더 좋을 것이라고 느낀다.

마지막으로, 질투와 경쟁을 좋아하는 사람들에게 말하는데… SM이 내게 가르쳐준 것이 있다면, 그것은 **안전하고 다정한 틀 안에서** 고통과 권력을 가지고 유희를 벌이는 일이 전적으로 가능하다는 것이었다. 관건은 그 과정 전체를 현실과 구분하고 거기에 대해 공개적으로 논의하는 것이다. 사람들이 경쟁적인 관계를 좋아한다면, 그건 괜찮다. 사람들이 질투를 좋아한다면, 그것도 좋다. 그러나 그런 경우 정말로 그 취향들을 공유할 파트너들을 찾고, 그 문제를 공개적으로 솔직하게 다룰 수 있는 방법들도 찾아내야 한다.

SM은 조심스러운 의사소통 전술에 대해 엄청나게 강조한다. 세이프워드가 가장 유명한 예시이지만, 다른 것들도 아주 많다. 또, SM 만남에 대해 이야기하고 나중에 그것을 함께 진행해 나가는 것도 엄청나게 강조한다. 우리는 이것을 애프터케어라고 부른다. 질투와 경쟁을 고통과 권력에 대한 합의 하의 게임이라고 이해할 수 있다면, 그런 게임을 하고 싶은 사람들은 SM 의사소통 전술에 대해 배우는 게 좋을 거라고 생각한다. 만약 당신이 파트너에게 질투 같이 강렬한 감정을 느끼도록 만드는 것을 재미있어한다면, 파트너에게 세이프워드를 주는 것도 고려해 보아야 할 것이다.

언제나 자기 마음을 제대로 알지는 못한다

이 글은 2010년 말에 썼다. 지금은 이 글에 대한 감정이 혼란스럽다. 내가 중요한 지적을 했다고 생각하긴 하지만, 이 말도 하고 싶다. 당신 머릿속에서 무슨 일이 진행되는지 단서가 잡히지 않고 어디서 시작해야 할지도 모르겠다면 그건 나쁜 조짐이다. 사람들이 불행하거나, 자기에게 버거운 상황에 놓여 있을 때 그들은 그 문제를 생각하지 않기 위해 정신적 '안개' 속에 들어갈 때가 많다고 생각한다. (페미니스트 저술가 어텀 화이트필드-매드라노Autumn Whitefield-Madrano가 학대 관계 안에서 이런 일이 어떻게 일어나는지 멋지게 서술한 기사가 있다. 그녀는 그것을 '학대의 안개'라고 부른다.)[1]

그렇지만 동시에 나는 우리가 새로 감정이 나타날 공간을 우리 마음속에 의식적으로 만들어야 한다고 믿는다. 특히 우리가 우리의 한계를 밀어붙이고 있을 때, 자기인식은 새로운 감정이 스스로에게 맞는 속도로 나타날 여유까지를 포함해야 한다.

2010년 5월, 나는 '내가 모노가미에서 떠나가고 있는가?'라는 포스트를 썼다. 그 포스트에서 나의 폴리아모리 충동과 그 충동 때문에 겪는 혼란에 대한 이야기를 했다.[2] 예전에 폴리아모리에 대해 가졌던 반감과, 폴리아모리가 되고 싶다는 느낌이 내게 얼마나 새로운지 이야기했다. 나는 정말로 많이 이야기했지만, 일주일 후에는 전부 다 말하지 못한 것 같이…아니면 내가 썼던 어떤 글이 옳지 않았던 것처럼 느끼기 시작했다.

하지만 내가 어떻게 옳지 않았을 수가 있는가? 결국 나는 **나 자신**과 나 **자신의 감정**에 대해 썼는데? 나 자신이 생각하는 것에 대해 어떻게 틀릴 수가 있는가?

나는 완전히 옳지는 않았던 내 과거의 자아에 의거해서 주장을 했구나 하고 재빨리 깨달았던 것 같다. 그 자아는 나 자신의 복잡성을 잘 알지 못했다. 예를 들어, 나는 과거에 폴리아모리를 깨작거려 보았지만, 최근의 폴리 성향은 내가 '불지옥' 씨라고 부르는 신사에게 실연당했기 때문에 나타났을 뿐이라고 썼다. 나는 한 사람에게 헌신하는 데 겁을 먹었을 뿐이라는 이론을 세웠다. 내가 요즘 헌신에 엄청나게 열광하지 않는 건 확실하지만, 사실 '불지옥' 씨와 나의 관계 초입 때도 모노가미라는 것에 대해 어느 정도 의심을 품었다는 것을 나중에 떠올렸다. 그는 자기가 모노가미를 원한다고 매우 확신했기 때문에 나는 모노가미를 했다. 그러나 내가 뭔가 다른 것을 협상하려고 했던 것도 생각났다.

폴리아모리들은 헌신을 두려워하는 포비아라는 스테레오타입이 붙어 있다. 나는 그런 전형을 속속들이 안다. 사실, 오랫동안 그런 전형화에 분개하며 내 폴리 친구들을 방어해 오기도 했다! (나는 매우 맹렬한 모노가미였지만, 폴리아모리에 대해 아무 것도 모르는 사람들이 나의 폴리 친구들에 대해 무식한 소리들을 하면 아주 화가 났다!) 그러나 어쨌든 그런 전형이 내게 미친 영향을 조심해야 했다. 내가 '불지옥' 씨와 폴리아모리를 할까 했던 것을 잊어버렸을 때, 나는 그 전형의 영향을 받고 있었던 것일까? 아니면 그냥 그 당시 '불지옥' 씨를 아주 그리워하면서 그와 이야기하고 싶었기 때문에, 그가 실제보다 내 인생에 더 영향을 끼친 것으로 기억하고 있는 것일까? 아니면… 무엇일까?

나는 당시 아버지를 방문하고 있었다. 우리는 며칠 전 저녁 외식을 나가 연애 관계에 대해 이야기했다. 나는 우리 부모에게 거의 모든 것을 개방한다. 우리의 성생활에 대해 노골적으로 말하지는 않지만, 폴리아모리 같은 주제에 대해 자세히 대화한다. 우리 아버지는 폴리아모리에 전혀 끌리지 않는다. 우리는 서로 도닥이며 왜 우리가 폴리아모리를 절대 이해할 수 없는지 이론을 세우곤 했었다.

이제 내가 폴리를 하기로 했다고 결심하자, 아빠는 어리둥절해 했다. 나는 저녁을 먹으면서 아빠에게 말했다.

"이게 이상하다는 건 알아요. 우리는 이 문제에 완전히 똑같은 입장을 갖고 있었으니까요."

아빠는 고개를 끄덕였다. 아빠는 여러 질문을 하고, 내가 어쩌다 그렇게 되었는지 추측해내려고 했다. 전부 내가 품위 있는 이론적 대답을 할 수 있는 질문들이었다. 그 대답 속에는 이런 말도 있었다.

"자, 물론 한 번에 여러 명의 사람을 사랑할 수 있어요. 엄마는 여러 명의 아이들을 사랑할 수 있고, 아이들은 여러 명의 부모를 사랑할 수 있고, 친구들은 서로 사랑할 수 있어요. 그러니 여러 사람과 성적이고 감정적인 관계를 갖는 건 왜 불가능하겠어요?"

또는

"파트너들이 의사소통을 잘 하고 정말로 서로의 감정에 대해 신경을 쓴다면, 질투는 문제없이 처리할 수 있어요."

사실, 어떤 대답들은 둘 다 확고부동한 모노가미였을 때 아빠와 함께 논의했던 것과 **똑같은** 이론적 대답이었다. 이번에는 내가 아빠의 반대편에서 그런 대답을 하고 있다는 것만 제외하면. 그렇지만 이번에는 아빠가 그 문제로 나를 이길 수가 없었다.

***

나는 언제나 나 자신의 감정을 집요하게 분석하는 데 **많은** 시간을 보냈고, 그 주제로 자주 글을 썼다. 어렸을 때부터 그랬다. 그러나 내가 늘 발전시킬 수 있었던 분석적 기술은 이런 것이었다. "난 여기에 대해서 어떻게 느끼는지 잘 모르겠어."라고 말해야 할 때를 아는 것.

또 하나의 중요한 기술은 내가 나 자신에 대해 무슨 이야기를 하는지 훤히 알고 있으려고 하는 것이다. 내가 나와 잘 맞추어보려고 하는 착상과 밈memes과 이미지와 서사들. 내 심리에 미친 모든 영향, 모든 사회적, 문화적, 심지어 생물학적 힘들을 추적하는 것은 불가능해 보인다. 그런 모든 프로그래밍의 영향을 받은 나는 이제 어디에 있는가? 절대로 정답을 얻을 수 없다고 해도, 그것을 알아내려는 노력은 가치가 있다.

나는 내가 무슨 생각을 하는지 언제나 알지는 못한다. 누구든지 자기가 생각하고 있는 것을 언제나 안다고 믿지도 않는다. 이 점을 인정하는 것이 중요하다. 사람들이 이것을 인정하지 않으면, 자기가 원하는 방향과 썩 맞지 않는 존재가 되기로 그냥 결정해 버릴 때가 많기 때문이다. 때때로 이렇게 한다고 해도 아무 문제가 없다. 어떤 사람이 자기 자신에게 부과한 견본이 잘 기능한다면, 그것이 완벽하게 맞아떨어지는지 아닌지 누가 상관하겠는가? (내 말은, 거의 예외없이, 사람들은 자기의 생각과 자기 자신에게 잘 맞지 않는 견본을 부과하고 있다는 뜻이다.) 그러나 때로는 아무 문제없이 기능하지만, 제대로 기능하지 않을 때도 아주 많다. 아니면 전혀 기능하지 않을 때도.

나의 성적 의사소통 워크숍에는 격언을 말하는 부분이 있다. 작은 슬로건 같은 것이다. 나는 최근에 정말 마음에 드는 새로운 말을 덧붙였다.

"당신은 자신이 무슨 생각을 하고 있는지 늘 알지는 못한다."

***

나는 이제 BDSM을 수행한지 꽤 되었고, 그것은 놀라웠다. 매우 강렬한 성경험을 아주 많이 가져보았고, 나의 섹슈얼리티에 대해서 믿을 수 없을 정도로 단단한 자신감을 느낀다. 자기가 BDSM을 좋아한다는 것을 깨닫고 완전히 겁에 질렸던 어렸을 때의 자아에서 매우 멀리 떨어져 있다고 느낀다. 그러나, (비록 드문드문 쓰기는 했지만) 나는 매우 자세하게 일기를 썼고, 그 덕분에 스물아홉 살 때 클라리스의 머릿속을 들여다볼 수 있다. 여기 내가 처음 진지하게 만난 BDSM 파트너인 리처드를 만나고 겨우 두 주 후에 썼던 글이 있다.

표면적으로는 나는 왜 여기에 그렇게 큰 충격을 받았는지 이해하느라 힘든 시

간을 보냈다. 그가 나를 아프게 하고 싶어 한다는 사실, 내가 나의 악마와 직
면하고 울면서도 말도 안 되게 그가 나를 계속 물어주고, 할퀴고, 멍들게 해
주기를 바란다는 사실. 하나님 맙소사, 그건 심했다. 그러나 심지어 지금도 그
것이 훨씬 더 심했으면 좋았겠다고 바란다. …어떤 면에서는 육체적으로 흉
터가 났으면 하고 바란다. 내가 '그만'이라고 말하고, 그가 진심이냐고 물었을
때 울음에 차서 제대로 대답을 할 수 없게 되자 그는 마침내 멈추었다. 그러나
물론, 그때는 진심이었지만 그가 멈추기를 바라지도 않았다. 물론. 물론 나는
그가 그만 하라는 내 말을 듣고 나의 항의를 무시하며 계속하기를 바랐다. 내
가 제대로 대답할 수 없었던 이유는 그 대답이 "아니, 계속해."라는 것을 몰랐
기 때문이 아니다. 내가 그 대답이 "아니."라는 것을 알고 있었기 때문이다. 그
리고 그 사실에 직면했을 때 나는 너무 심하게 울기 시작해서 말을 할 수가 없
었고, 그는… 내 생각으로는 분별 있게… 멈추어야 할 때라고 판단했다.
나는 정말 상투적이다. (하나님, 나는 사드 후작 플레이 같은 곳에 마구 나오
는, 방금 섹슈얼리티를 발견한 순진한 처녀 같은 소리를 하고 있다.) 얼마나
자의식에 차 있는가. 얼마나 굴욕적이고 수치스러운가. 무엇보다도 이것이 내
가 원하는 것이었다면, 절대로 진짜 수치스럽지는 않을 거라고 생각했다.

이 문단에서 특히 흥미로운 지점은 내가 나의 BDSM 정체성을 어느
정도 인지하고, 내게 필요한 것은 불가피하게 배워야 한다고 느꼈던 것
이다. 그건 이해가 된다. 나는 계속 '물론'이라고 쓰면서, 동시에 전에
도 BDSM을 해 볼 생각을 했지만 실제로는 그것이 무슨 의미인지 몰랐
으며, 알고 있었다면 어떻게 느꼈을지 모르겠다고 인정했다. 나는 내가
무슨 생각을 하는지 안다고 생각했다. 그 전에 무엇을 생각했는지 알
았지만 동시에 몰랐다. 나는 아무 것도 몰랐다. 완전히 혼란에 빠져 있

었다.

이제는 그렇게 혼란스럽지 않다. 요즘은, 내가 모르는 것이 많지만, 아는 것도 엄청나게 많다. 나는 내가 원하는 것을 잘 알아내게 되었다. 심지어 그것이 이해하기 어려울 때에도. 그리고 나는 나 자신의 경계선을 잘 이해하고 있다.

하지만 그것을 확장시키는 법도 계속 알아내려 하고 있다. BDSM에 대해서만 그런 것은 아니다. 아프리카에 가서 극도의 문화적 충격을 겪도록 만들었던 충동과 내가 BDSM에 대한 이해를 넓히려고 했던 충동은 비슷하다. 내가 내 삶과 몸과 내 자아를 가지고 하고 싶은 일들 중 어떤 것들은 거의 불투명하고, 완전히 불합리하고, 심지어 나에게도 약간 무시무시하다. 나는 감정을 경험하고 분석하기, 개인적인 관계의 연결을 경험하고 분석하기를 아주 좋아한다. 감정적인 위험이 있다고 해도 그런 일은 더 하고 싶다. 그 감정을 넘어서면 무엇이 있을까? 내 마음 아래 무엇이 있을까? 나는 다른 사람에 대해 얼마나 많이 느끼고, 어떤 방식으로 그것을 다룰 수 있을까? 내가 결국 선을 넘어가게 된다면, 내 마음속 어떤 부분이 나를 붙잡을 것인가? 그럴 부분이 있을 것인가?

***

그래서, 나는 경계선 감각이 좋지만, 무슨 일이든지 일어날 수 있다는 감각도 때때로 느낀다.

이것은 늘 드라마틱하지는 않다. 때로는 현재 내 폴리아모리 성향처럼 아주 순탄한 것이 될 수도 있다. 아버지와 저녁을 먹을 때, 아버지는 폴리아모리가 되면 내가 감정적인 영향을 받을지도 모른다고 점잖게 걱정을 표현했다. 아버지는 내게 무엇을 어떻게 하라고 하려는 것은 아니었다. 그저 내가 왜 그러는지 이해하기 힘들다고만 했다.

"나한테는 성적 관계는 감정적인 애착을 강하게 하는 거야."

그러면서 한 번에 한 사람과 유대를 갖게 된다고 이야기하더니, 이렇게 덧붙였다.

"내 관계가 정말로 만족스럽다면 여러 사람을 원하지 않게 된다는 것뿐이야. 나는 여러 파트너에 흥미를 가질 수가 없어."

나도 전에는 똑같이 느꼈다. 아버지는 그것을 알고, 나도 안다. 우리는 전에도 이런 문제를 이야기한 적이 있었다. 아버지의 기분을 이해하지 못할 것 같지는 않았다. 아니, 완전히 이해한다.

그리고 폴리아모리를 실험하는 과정에서 내가 어떤 파트너와 모노가미 같은 방식으로 유대감을 느꼈다가, 그 파트너가 나와 모노가미가 아닐 때 상처를 받지 않는다는 보장도 없다. 폴리아모리를 계속 추구할 때 완전히 안정감을 느낀다는 확신은 없다. 최근 어느 날 아침 나는 동시에 두 번의 실연을 당했고, 그건 좀 버거웠다! 간단히 말해서, 나는 폴리아모리가 내 이상이라고 확신하지 않는다. 하지만 더 이상 그렇지 않다는 확신도 없다. 그리고 그것을 시험해 보는 것이 정말 즐겁다.

요점은 이런 것이다. 나는 내가 무슨 생각을 하고 있는지 확실히 알지 못한다. **하지만 그래도 괜찮다.** 결국 내가 상처받는 것으로 끝날 수도 있다는 걸 알고 있다. **하지만 그래도 괜찮다.** 나는 실연을 당할 수도 있다. 그것은 자신의 감정과 호르몬, 몸과 자아를 가지고 실험을 할 때 무릅쓸 수밖에 없는 위험이다. 그러나 나는 스스로를 지켜보고 신중하게 행동하며 최대한 분명하게 의사소통을 하고 있다. 그리고 잘되어가는 것 같다. 그리고 만약 폴리아모리가 정말로 내게 잘 맞지 않는다면, 나는 모노가미로 돌아갈 수 있다.

게다가, 적어도 내가 실연을 당한다면 그것을 집요하게 분석한 다음 또 다른 글로 쓸 수도 있다! 기대할 만한 일이다.

BDSM과 학대에 대해 더 분명히 사고하기

나는 2011년에 이 포스트를 썼다. "대안적 반反 성학대 드림 팀" 서두에서 언급한 것처럼, 다른 비디에세머들은 여기에 대해 더욱 더 많은 글을 써 왔고, 이 논의는 2012년 지금 마구 달아오르고 있다. 토마스 매컬레이 밀러가 그 주제에 대해 다룬 연재 포스트는 특히 훌륭하다. 그 연재는 이 글로 시작한다.

http://yesmeansyesblog.wordpress.com/2012/03/23/theres-a-war-on-part-1-troubles-been-brewing/

오래 전, BDSM과 학대에 대해 처음 생각하기 시작했을 때, 나는 많은 페미니스트 비디에세머들처럼 그 문제에 방어적이었다.

우리는 'BDSM은 언제나 학대'라는 비난에 겁을 먹었다. 그리고 'BDSM을 좋아한다는 당신들은 가부장제 스톡홀름 증후군을 앓고 있을 뿐이고 당신들이 정말로 원하는 것이 뭔지 모른다'는 어떤 페미니스트들의 비난에 익숙해졌다. 그리고 우리 자신의 마음속에 찍힌 BDSM 낙인의 악마들과 싸울 때도 많다. 우리는 우리의 성적 욕구가 정치적으로 문제가 있거나 중요하지 않다고 보이는 것에 화가 난다.

그래서 우리는 BDSM 커뮤니티 속에서 일어나는 학대에 대해 즉각적으로 이렇게 반응할 때가 많다. "입 닥쳐! 여기서 그런 일은 일어나지 않아!" 그러나 이것은 문제다.

확실히, 나는 BDSM이 원래 학대적이라고 생각하지 않는다! 사적인 BDSM 욕망을 탐구하면서 나는 특별하고, 합의에 따르며, 초월적인 경험과 관계를 겪었다. 또, 나는 BDSM이 권력을 통제하고 전복하며 조정할 수 있는 잠재력을 가졌다고 진심으로 믿는다. **BDSM에서 사람들은 과거의 관계에 작동하던 나쁜 권력 역학을 이해하는 법을 배울 수 있다. 현재 관계에서 나쁜 권력 역학을 조정하거나 파괴하는 법을 배울 수도 있다. 권력에 대한 자신들의 반응과 반작용을 조작함으로써 자랑스러움과 자기 인식, 자유를 찾을 수도 있다.** 섹스 이론가 페퍼 민트는 여기에 대해 'BDSM과 권력의 일반 이론을 향하여'[1]라는 복잡하고 훌륭한 에세이를 썼다. 그리고 그 문제에 대해 내가 가장 좋아하는 인용문은 서브미시브이자 예전의 블로거였던 어떤 사람이 바이올렛화이트violetwhite라는 이름으로 남긴 글이다.

내 인생에서 권력을 가장 변태적으로 조작당한 일이 과거의 바닐라 관계에서 일어났다는 것은 아이러니컬한 일이다. 그 관계의 규범적 구조가 그것이 압제 라는 사실을 알기 힘들게 했기 때문에, 나는 그 압제를 견뎠다.

여전히 BDSM 커뮤니티에서는 내 속을 뒤집는 일들이 일어난다. 아 주 훌륭한 평판을 가진 사람들이 보이는 끔찍하고 조작적인 행동, 희 생자들이 소리내어 말하려고 할 때 그들을 비난하기, 사람들이 커뮤니 티의 문제 구성원에 대해 공개적으로 말하려고 할 때, '소문을 퍼뜨리 는 사람들'에게 입 닥치라고 말하기, BDSM 서브컬처는 그 나름대로의 강간 문화를 가지고 있다. 거기서는 학대 생존자들에 대한 비난을 할 때 '거짓말쟁이 꽃뱀'과 '드라마 퀸'과 '의사소통 오류'라는 말이 사용된 다. 의사소통 오류는 일어날 수 있다. 그러나 의사소통 오류라고 일컬 어지는 모든 것이 진짜 의사소통 오류는 아니다.

그렇다, 강간 문화는 '바닐라' 주류에서 일어나는 것과 마찬가지 방 식으로 BDSM에서도 일어날 수 있다. 그리고 확실히 나의 지역 커뮤니 티에는 내가 절대로 어울리지 않을 믿을 수 없는 사람들이 있다.

BDSM과 학대에 대해 방어적인 태도를 취하는 것은 도움이 되지 않는다. 그렇다, BDSM은 낙인찍혔고 전형화되어 있다. 그래도 그 안 에서의 학대는 문제다. 그래서 블로깅을 시작한 후 나는 스스로의 방 어적인 면을 극복하고, BDSM 커뮤니티가 학대에 반대하는 어떤 행동 을 하고 있는지 더 자세히 쓰려고 했다. BDSM에 대한 나의 초기 포스 트 중 하나는 'BDSM 커뮤니티가 학대를 불가능하게 한다는 증거'라는 제목을 달고 있었다. 그것은 BDSM 커뮤니티 안에서 반 학대 동기 부여 가 된다는 점을 강조했다. BDSM과 학대에 대해 더 많은 것을 알게 되고 내 시각이 더 미묘하고 정밀해졌을 때, 나는 "대안적 반反성학대 드림 팀"이라는 더 포괄적인 포스트를 썼다. 거기에는 내가 그 전 포스트에 썼던 모든 정보가 담겨 있고, 내가 대안적 섹스를 하는 사람들을 의중에 두고 개인적으로 반 학대 동기부여책을 어떻게 구조화할 것인지 이야기했다.

지금 와서 되돌아보면, 그 포스트들도 여전히 방어적이라고 느껴진다. 나는 요점을 잘 지적하고 있었지만, BDSM에 대해 부정적으로 반응하는 페미니스트들이 왜 그러는지 완전히 이해하지 못하고 있었다는 생각도 든다. 지난 1년 간 나는 젠더를 바탕으로 한 학대적인 폭력과 권력, 지배에 대해 훨씬 더 많이 알게 되었고, BDSM은 절대로 학대와 같은 것이 아니지만 BDSM과 학대 사이의 차이를 서술하기 위해서는 더 나은 이론이 필요하고, 그 이론을 자세히 말하는 동안 방어적인 태도를 피해야 한다는 결론을 내렸다.

나는 전에 사람들이 "힘을 가진 위치에서 시작하고, 결국에는 힘을 추구"해야 한다고 쓴 적이 있다. 그 격언의 전체 요점은 어떤 BDSM 활동도 결국은 모든 참여자들을 세상에서 더 지원받고, 더 유능하고, 더 강인하다고 느끼게 만들 수 있다는 것이었다. 그것은 나의 이상이고 목표이다. 내가 BDSM을 실천하면서 개인적으로 추구하는 목표이다. **나는 그 순간—혹은 아주 많은 순간—끔찍한 느낌이 드는 강렬한 BDSM 씬을 겪을 수 있다. …그러나 나중에는 그 경험이 나를 더 지원받고, 더 유능하고, 더 강인하다고 느끼게 만들 것이라고 확신하고 싶다.**

하지만 이 격언은 엄청나게 애매하고, 모든 사람에게 각자 다르게 적용될 수 있다. 나는 1984년의 어느 반 학대 개념에서 더 상세한 문제의

초점을 찾아냈을지도 모른다―권력과 통제 조종대the Power&Control Wheel
라는 것이다.

1984년에, 가정학대 개입프로젝트DAIP, Domestic Abuse Intervention Project의 직
원들은 구타하는 남자들과 가정폭력의 희생자들 모임을 위한 커리큘럼을 개
발하기 시작했다. 우리는 사법정의 체계와 일반대중 속에 있는 희생자, 범죄
자, 전문직 종사자들을 위해 구타를 서술할 방법을 원했다. 몇 달 동안 우리는
구타당한 여성들의 초점 그룹focus group을 모았다. 우리는 폭력, 공포와 생존
에 관한 가슴을 쥐어짜는 이야기들을 귀 기울여 들었다. 이야기를 듣고 질문
을 통해서, 우리는 이 여성들에게 사용된 가장 공통적인 학대적 행동과 전술
들을 기록했다. 권력과 통제 조종간에 선택된 전술들은 구타당한 여성들이 가
장 보편적으로 경험한 것들이었다.[2]

BDSM의 맥락에서, '권력과 통제 조종대'에 올라 있는 많은 행동은
합의에 따른 만남에서 일어날 수 있다. 폭력, 심리적 조종, 욕하기 등,
모든 일들이 BDSM이 될 수 있다. 그러나 여기서 이 부분이 중요하다.

<최소화, 부인, 비난>
• 학대를 경시하고 학대에 대한 희생자의 불안을 진지하게 받아들
  이지 않는 것
• 학대가 일어나지 않았다고 말하는 것
• 학대적 행동에 대한 책임을 다른 곳으로 옮기는 것
• 희생자가 학대를 야기했다고 말하는 것

(원래 조종대는 젠더화된 언어를 사용한다. 그러나 남자가 여자에게 학대를 매우 자주 저지르지만, 학대는 어떤 관계, 어떤 젠더의 사람들에게도 일어날 수 있다는 점을 언급하고 싶다.)

이제는 존재하지 않는 BDSM 포르노 사이트에 개요가 나와 있는 <그린 듯한 성적 공포Graphic Sexual Horror>라는 훌륭한 다큐멘터리에서, S4라는 포르노 모델과 신을 갖는 장면이 있다. 도미넌트 파트너는 S4의 얼굴을 갈기고, S4는 화난 반응을 보인다. 그녀는 이런 말을 한다.

"이런 걸 한다고는 미리 이야기하지 않았어!"

도미넌트는 사과하지 않는다. 그녀의 말을 진지하게 받아들이지 않고, 조심스럽게 말하거나 그녀를 진정시키기 위해 노력하지 않는다. 그 대신 도미넌트 파트너는 이렇게 쏘아붙인다.

"모든 걸 미리 이야기하고 할 수는 없어."

그리고 그녀가 계속할 수 있는지 공격적으로 묻는다. 이것은 최소화, 부인, 비난의 본보기이다.

나는 그가 놓인 어색한 입장에 약간 동정을 느낀다. 나도 도미넌트 파트너로서 사소한 실수를 해 보았다. 그리고 모든 것을 미리 이야기하고 할 수는 없다는 점에서 그의 말은 옳다. 그러나 **그런 실수를 처리하는 방식은 진심으로 사과하고 다시는 그런 실수를 하지 않겠다고 확실히 말하는 것이다.** 예를 들어 내 전 남친 한 명은 입술을 깨물리는 것을 아주 싫어했는데, 어느 때 내가 그의 아랫입술을 깨물어 버렸다. 그는 내게 그만두라고 했고, 나는 "미안해." 하고 말했다. 나는 그를 위로하기 위해 팔을 두르고 "다시는 그러지 않을게."하고 말했다. 그리고 다시는 그러지 않았다.

BDSM 관계에 대한 내 경험에 따르면, 양쪽이 미리 의사소통을 하고, 많이 논의한 다음 실행하는 것이 최선이다. 양쪽 파트너 다 자신이 절대로 하고 싶지 않은 '하드 리미트'를 세워야 한다. 한쪽 파트너가 불안해한다면 그 불안을 말할 시간을 가진다. 양쪽 파트너 다 BDSM 절차에서 자기가 맡을 역할을 인지하고, 비난은 밖으로 퍼져나가지 않는다. 뭔가 잘못되더라도, 논의는 그것을 비난하기보다 어떻게 그런 일이 다시 일어나지 못하게 막을 것인가에 초점을 맞춘다.

그리고 BDSM이 행해지고 있다면, 미묘한 상황이더라도 그것을 인정할 수 있어야 한다. 예를 들어, 나는 며칠 전 거리에서 한 파트너와 마주친 적이 있다. 그는 나를 가볍게 껴안고 내가 몸을 빼려고 했는데도 잠깐 동안 그 자리에 꼼짝 못하게 했다. 친구들이여, 이것은 미묘한 BDSM이다. 나한테는 괜찮았다! 하지만 오직 내가 나중에 그에게 뭐라고 말을 하고 그가 그 말을 인정할 것이라고 확신했기 때문에 괜찮았던 것이다!

나는 나중에 그 이야기를 했고, 그는 그것을 인정했고, 우리 둘 다 웃으며 그것은 화끈했다고 말했다. 내가 그에게 그러지 말라고 말했다고 해도 상관없었을 것이다. **내가 그 문제에 대해 말할 수 있다는 것을 내가 안다는 사실, 그에게 그러지 말라고 말할 수 있고 그가 그 말을 들을 것이라고 내가 안다는 사실. 그것은 내가 그 이야기를 하지 않을 수도 있었고, 그래도 괜찮다고 느꼈으리라는 것도 의미한다.**

여기서 또 하나 인지할 만한 것은 시간 경계선이다. 어떤 사람이 정말로 욕을 하고, 다른 사람이 하는 일을 통제하는 등등의 일을 한다면, 거기에 대해서 의사소통을 하고 시간도 제한하는 것이 쓸모있을 때가 많다. 예를 들면, "이 성적 만남 동안에만 나를 한심하다고 부를 수 있어. 다른 때에는 그러지 마."

시간 경계선을 없애고 BDSM 관계 상황을 계속 진행하는 BDSM 커플들이 있다. 또, 세이프워드를 사용하지 않는 커플들도 있다. 그런 관계는 그 관계에 연관된 모든 당사자의 아주 많은 이해와 주의력을 요구한다고 생각한다. 나는 절대로 세이프워드 없이 해 본 적이 없다. 하지만 때로는 시간제한 없이 해 본다. 그리고 그렇게 할 때 나는 파트너를 믿을 수 있고 그와 의사소통을 잘 할 수 있다는 것을 반드시 확인한다(토머스 매컬레이 밀러는 세이프워드 없는 BDSM을 '고급반'이라고 부른다).

'권력과 지배 조종대'를 만든 단체는 쓸모 있는 조종대를 하나 더 만들었다. '평등 조종대Equality Wheel'이다. 이것은 그 조종대의 내용이다.

<경제적 파트너십>

- 돈에 대한 결정을 함께 하기
- 양쪽 파트너 둘 다 재정적 협정에서 이익을 보도록 하기

<협상과 공평함>

- 갈등에서 상호만족할 해법을 찾기
- 변화를 받아들이기
- 기꺼이 타협할 자세를 갖추기

<협박하지 않는 행동>

- 상대가 자신을 표현하고 어떤 일을 할 때 안전하고 편안하게 느끼도록 말하고 행동하기

<존중>

• 상대를 일방적으로 판단하지 않고 상대의 말을 귀 기울여 듣기

• 감정적으로 긍정적이고 이해심 있게 대할 것

• 상대의 의견에 가치를 둘 것

<책임의 공유>

• 일을 공평하게 배분하기로 상호 동의하기

• 가족에 관한 결정들을 함께 만들기

<책임감 있는 육아>

• 부모의 책임을 공유할 것

• 아이들에게 긍정적이고 비폭력적인 역할모델이 될 것

<정직과 의무>

• 자기 자신의 책임을 받아들이기

• 과거의 폭력 사용을 인정하기

• 잘못을 인정하기

• 개방적이고 진실하게 의사소통하기

<신뢰와 지원>

• 상대의 인생 목표를 지원하기

• 상대의 감정, 친구들, 활동과 의견에 대한 권리를 존중하기[3]

BDSM 관계는 이런 모든 것을 포괄해야 한다! 어떤 사람들은 특정

한 페르소나를 사용하는 중요한 롤플레이 상황극을 하면서 그 페르소나를 깨고 나오기 싫을 수도 있다… 그러면서도 여전히 이 모든 요소를 포함시킬 수 있다. 예를 들어, 그들은 관계에 대한 공동 일기를 써서 자기 역할에서 빠져나오지 않으면서도 서로의 감정과 동의 여부를 계속 알 수 있다.

또, 특히 **동의하지 않는 조종이 일어나기 쉬운, 그래서 비디에세머들이 특히 조심해야 하는 곳을 강조한다는 점에서 그 목록이 쓸모 있**다고 생각한다. 예를 들어, 강렬한 BDSM 만남을 하는 도중에는 파트너의 인생 목표를 지원하지 않아도 괜찮을 것이다. 그러나 그 후에는 추가 지원을 하는 쪽이 좋을 것이다. 그 문제가 정말로 중요하고 위험한 지점이 될 수 있기 때문이다.

바닐라들과 마찬가지로 비디에세머들도 관계에서 암묵적인 요소들을 아주 많이 갖고 있다. 예를 들어 아까 언급한 파트너는 내가 거리에서 가볍게 껴안았을 때 나를 붙잡았다. 우리는 미리 그런 특별한 행동을 하자고 협상하지 않았다. 그러나 우리에게는 이미 확립된 관계가 있었고, 전에도 비슷한 일을 한 적이 있었다. 내가 그 문제를 이야기한다면—혹은 그에게 그러지 말라고 한다면—그가 내 말을 들으리라는 것도 알고 있었다. 그리고 더 중요한 점은, 우리 관계의 나머지 부분은 '평등 조종대'에 따라서 간다.

SM 만남이 '잘못되면' 일어나는 일들

이 글은 2011년 말에 썼다. 그 당시에는 망쳐버린 SM에 대해 말하는 것이 왜 중요한가 하는 또 하나의 요인은 언급하지 않았다. 즉, 진짜 실수에 대해 공개적으로 말을 해야 실제 학대자들이 SM 커뮤니티에 숨기가 더 힘들어지기 때문에 그 이야기를 해야 한다는 요인 말이다. 이 글 마지막에 언급한 것처럼, 때로는 의사소통 오류가 정말 오류에 지나지 않는다. 그러나 그것은 때로는 학대를 덮어주는 '의사소통 오류'이다. 그 두 가지의 구별법을 배울 수 있는 단 하나의 방법은 우리의 망쳐버린 SM에 대해 공개적으로 이야기하는 것이다. 이것은 겁나는 제안이다. 우선 첫 번째 이유는, BDSM에 '언제나 이건 다 학대다'라는 꼬리표를 붙이려고 안달 난 외부인들이 많기 때문이다. 그리고 우리는 아무도 그런 사람들에게 실탄을 주고 싶지 않다. 그러나 우리는 이 문제에 대해 더 공개적으로 이야기를 시작해야만 한다. 그 문제의 대안은 학대를 없애기에 훨씬 쉬운 커뮤니티를 창조하는 것이기 때문이다.

BDSM 커뮤니티 속에서 일어나는 학대에 대한 토마스 매컬레이 밀러의 장대한 연작 글에는, 일어날 수 있는 의사소통 오류와 의사소통에 얽힌 잘못된 믿음의 여러 가지 유형을 다루는 포스트가 있다. http://yesmeansyesblog.wordpress. com/2012/04/30/theres-a-war-on-part-5-wallowing-in-the-sl-op/

그 외에는, 이 글이 이 엄청난 어려운 문제에 대한 완전한 논의가 되기를 바란다.

나는 비디에세머들이 실패한 만남에 대해 더 많이 이야기해야 한다고 자주 생각했다. 때로는 '실패'를 통해서나, 다른 사람들의 '실패'를 보면서 무언가를 배우는 것이 가장 좋다. 그러나 BDSM 현장이 '잘못될 때', 그것은 거기에 연관된 모든 사람들에게 매우 개인적인 일일 때가 많다. 그래서 그 문제를 이야기하기가 정말로 어렵다. 도미넌트와 서브미시브 양쪽 다 그렇다. 사실 이것은 어느 관계나 마찬가지다. 결국, 바닐라 섹스를 하는 사람들도 가장 당황했거나 어색하거나 힘든 '실수를 저질렀던' 이야기를 하는 일은 아주 드물지 않은가, 안 그런가?

(나는 '실패한 만남'이나 '잘못되었다'나 '실수'했다는 말을 조심스럽게 쓰고 있다. 이런 상황들은 학습 경험으로 볼 수 있고, 따라서 여러 가지 목적에서 성공이라고 생각할 수 있기 때문이다! 그러나 확실히 실패라고 느껴지는 순간들이 있고, 많은 경우 그것은 관계 전체를 매우 힘들게 만들 수 있다. 그리고 그것을 겪은 사람들은 대부분 어떤 실패를 한 것처럼 느낀다고 생각한다… 이해의, 의사소통의, 감정이입의, 주의의, 다른 무엇의 실패이건 간에.)

내 생각에는, 심각한 의사소통 오류와 실수를 '한 뒤'에는 의사소통하기가 아주 힘들다는 것이 문제의 큰 부분인 것 같다.

이 다음의 인용은 스테이시 뉴마의 『경계에서 플레이하기』에서 가져온 것이다. 그 글은 BDSM 커뮤니티 문화기술지로서 훌륭하다. (나는 쉽게 접근하기 위해 몇 가지 용어를 바꾸었다.)

소피와 칼은 길고 친밀한 SM 관계에 참여하고 있었다. 칼은 그녀가 깊이 신뢰하는 친구다. 소피가 아래에 이야기한 만남을 하는 동안 칼은 자기 접근법을 바꾸었고, 그 때문에 소피는 칼이 왜인지 몰라도 그답지 않다고 느꼈다. 소피와 칼은 그 사건에서 완전히 회복되지 못했다. 그들은 친구로 남아 있었고 다시 SM을 하려고 시도했지만, 소피의 말에 따르면 절대 전과 똑같지 않았다. 소피는 이렇게 말한다. "그는 매우 로프를 잘 쓰는 탑이었어요. 사람들을 묶는 건 그에게 중요한 부분이었어요. 그리고 아주 잘 묶었죠. 우리의 역학은 언제나 — 그러니까, 그래요, 그런 일을 할 때 그는 나를 아주 아프게 했어요. 그렇지만 언제나 이런 요소가 있었어요. 그는 나를 아주 아프게 할 때도 믿을 수 없을 정도로, 그러니까, 감동적이고 세심한 방식으로 했어요. 특히 그가 나를 묶어서 매다는 건 아주 위안이 되고 멋진 일이었어요."

소피는 말을 계속한다. "그런데 어느 날… 칼은 나와 만남을 시작했어요. 내가 다른 파트너와 어떻게 플레이를 하는지 들은 이야기를 기초로, 내가 정말로 상호작용에서 원하던 것이 무엇인지 자기 머릿속에 다 판단해 놓았어요. 그걸 가장 흐뭇하고 값진 걸로 만들기 위해서요. 그래서 우리는 만남을 진행했는데, 칼이 자기답지 않은 지점까지 갔어요. 그런데 나는 진짜, 무슨 일이 일어나는지 이해할 수 없었기 때문에 그것을 멈추지 않았어요. 왜 그것이 그렇게 끔찍하게 느껴졌는지 알 수가 없었어요. 내가 그를 못 믿어서도 아니었어요. 나는 그를 완전히 믿고 있었으니까요. […] 문제가 무엇인지 알 수 없었을 뿐이에요. 나는 그 일을 겪으면서 끔찍한 기분을 느꼈고, 그와 나는 의사소통을 할수가 없었어요. 그래서 그는 내가 얼마나 끔찍하게 느끼고 있는지 알지도 못했어요. 만남은 어느 정도 시간 동안 계속되었고… 그것이 끝난 순간 나는… 그러니까, 말이죠, 트라우마를 입었어요. 그런데 그는 이런 식이었어요. "오 세상에, 뭐가 잘못된 거야?" [그리고] 그는 나를 다른 방으로 데려갔어요. 내가 "나의 칼은 어디로 갔어?"하고 말하자 그가 울기 시작했어요. […] 그는 이렇게 말했어요. "나는 당신에게 사디스틱한 경험을 주고 싶었어.""

소피의 이야기에서, 칼이 감수한 위험은 역효과를 낳았다…. 그 위험은 성공하지 못했다. 서로 감정적으로 넋이 나가고 멀어지는 것으로 끝났다. 궁극적으로, 그들은 그 관계를 희생시켰다(179-180쪽).

아이고, 이 이야기는 너무나 강렬하다. 여기에 대해 이야기해 보자.

소피의 이야기에서 언급해야 할 첫 번째 문제는 그녀가 세이프워드를 갖고 있었겠지만 그것을 사용하지 않았다는 점이다. 소피는 자기가 '그것을 멈추지 않았다'고 말한다. 때때로, 정말로 혼란스러운 SM 현장에서 서브미시브들은 세이프워드를 쓰기 힘들어 한다. 세이프워드가 쓸모없기 때문이 아니다… 그러나 토마스 매컬레이 밀러의 말처럼 세이프워드를 쓸 때도 '탑은 절대로 자동주행을 하면 안 된다.' 비언어적 신호는 중요하다. 그리고 바텀이건 탑이건, SM 파트너가 이상한 방식으로 반응하기 시작하면, 그들이 세이프워드를 사용하지 않아도 말을 걸어보는 것이 매우 좋다. **세이프워드는 섹스에 대한 의사소통을 할 때 쓸모 있는 부가 장치이다. 그러나 그것이 모든 의사소통을 대신할 수는 없다.**

또, 그 상황이 바텀뿐 아니라 탑 파트너에게도 얼마나 힘든지 알아두자. 그 후 결국 칼은 울음을 터뜨리지 않았는가!

그 다음 내가 의아했던 것은 이 사건 후 소피와 칼이 의사소통을 할 수 있지 않았을까 하는 점이었다. 소피는 분명 칼을 믿었고, 칼도 그녀를 믿었을 것이다. 그들은 그 문제에 대해 철저히 이야기해 보고 그 다음 성공적인 관계를 가질 수 없었을까? 어려운 일이었을 것이다. 그러나 그들은 할 수 있었을 것이다.

(드물지만) 나 자신도 비슷한 경험을 했다. 내 경계선은 심한 시험을 받았고, 그 후 나와 내 파트너 양쪽 다 그 문제를 해결하기 힘들었다.

그것은 관계에 엄청난 충격을 줄 수 있다. 나는 『픽업 아티스트 추적자의 고백』에 이 문제에 대해 약간 글을 썼다. 여기 내 책의 한 부분을 인용하겠다. 방금 아주 힘든 만남을 한 도미넌트 파트너와 내가 이야기하고 있는 부분이다.

때때로 이런 일들이 일어난다. 어느 파트너가 경계선을 밀어붙이다가 파괴한다. 암묵적인 경계선이었을 것이다. 도미넌트가 신호를 잘못 읽었을 수도 있다. 서브미시브는 거기에 경계선이 있다는 것을 아직 깨닫지 못했을 것이다. SM에서는 이런 일들이 아주 드라마틱할 수 있다… 하지만 그게 누구의 잘못도 아닐 때가 있다. 우리는 이런 정신적 감정적 차단물을 발견하게 되면 그걸 '지뢰'라고 부른다.

내 파트너는 일부러 지뢰를 밟은 것이 아니었다. 그는 나를 그만큼 세게 밀어붙일 마음이 아니었다. 나도 그에게 그러지 말라고 경고하지 않았다. 그래서 중요한 질문이 생기는데—이런 상황은 나중에 어떻게 다루어야 할까?

"미안해요. 정말로 미안해요. 절대 당신에게 다시 그렇게 하지 않을 거예요." 그가 말했다.

"괜찮아요. 이런 일들은 늘 일어나니까. 하지만 조심해요. 그래도 걱정 말고…."

나는 말꼬리를 끌며 알맞은 말을 찾았다.

이런 일에 대해 이야기하는 법은 너무 어렵다. 특히 SM에 대해 이야기하는 데 익숙하지 않은 사람들과 이야기할 때는. 일이 다 망쳐지면 양쪽 다 상대에게 배신당한 것처럼 느낄 때도 있다. 서브미시브는 이렇게 생각할 수 있다. '내가 무엇을 피해야 하는지 제대로 이야기하지 않았을지도 모르지. 하지만 그걸 생각하기 너무 힘들 때가 있단 말이야. 그 순간에는 이해하기 너무 힘들 때가 있다고. 내가 미리 알지 못할 때도 있고. 좋아, 그래서 나는 스스로를 너무 세게 밀어붙였어. 하지만 당신에게 푹 빠져 있기 때문에 그렇게 한 거야. 그 순간 내가 넋을 놓았기 때문에 그랬어. 하지만 하여간 당신이 날 읽을 수 있다고 생각했어. 당신이 날 이해했다고 생각했어. 당신이 아는 줄 알았어. 전에는 나를 완벽하게 잘 읽었잖아. 이번엔 왜 그렇게 안 된 거야? 당신이 신경을 쓰지 않은 거야?'

반면 도미넌트는 이렇게 생각할 수도 있다. '내가 너무 멀리 나갔을지도 모르지만, 난 당신이 나를 멈출 거라고 믿어도 된다고 생각했어. 나한테 말할 거라고 믿을 수 있다고 생각했어. 난 당신을 해치려고 한 게 아니야. 그냥 당신을 밀어붙이고 싶어. 당신과 함께 벽을 무너뜨리고 싶어. 당신의 눈이 깊고 부드러워지는 것을 보고 싶어. 나 때문에 망쳤다고 느끼는 건 공평하지 않아. 당신도 망쳤으니까. 당신이 자기 몸을 챙길 수 있다고 생각했어. 당신이 자기 한계를 안다고 생각했어. 전에는 당신이 완벽하게 의사소통을 했잖아. 이번엔 왜 아니야? 내가 당신을 믿을 수 있을까?'

이 관계는 오래 가지 못했다. 내 생각에는 우리의 가장 힘들었던 만남 끝부분이 서로에 대한 신뢰에 영향을 미친 것 같다. 그래도 우리가 그때 애를 썼던 것은 정말이다. 그것이 진짜 좋았다는 말도 할 수 있다. 우리는 서로에게 귀를 기울였을 뿐이다. 그리고 양쪽 다 상대가 좋은 의도를 가지고 있었다고 생각했다. 그 이야기를 마지막으로 할 때쯤—긴 시간이, 여러 날이 걸렸다는 것은 인정한다—나는 그를 어느 때보다도 더 신뢰했고 놀라울 정도로 가깝게 느꼈다.

나는 고전적인 페미니즘적 반 학대 모델에 대해 아주 많이 생각해 보았다. 그 모델은 학대자들이 어떻게 학대를 하는지 말해준다. 학대자

들이 지속적으로 사용하는 전술은 '최소화, 부인, 상대에 대한 비난'이
다. 학대자들은 그런 학대는 없었다고 주장한다. 그것이 중요하지 않았
다고 주장한다. 그들은 상대 때문에 그런 일이 일어났다고 상대를 비
난한다. 귀 기울여 듣고 변화하려고 하는 파트너는 비판과 실수에 개
방적으로 반응할 것이다. 학대하지 않는 파트너는 최소화, 부인, 비난
을 하지 않을 것이다.

그리고 내 전 파트너는 그 세 가지를 하지 않았다. 그는 우리 만남이
힘들지 않았다고 주장하지 않았다. 절대로 나를 비난하지 않았다. 그
것이 큰 일이 아니었다고 주장하지 않았다. 심지어 우리가 그 이야기를
할 때 그런 말을 할 낌새도 보이지 않았다. 그는 자기 감정에 솔직하게
대처했고, 나도 그렇게 하려고 최선을 다했다.

또, BDSM에서 우리는 애프터케어 개념을 자주 이야기한다. 그것은
BDSM 현장이 끝난 후 우리가 땅 위에 내려오기 위해, 다시 세계에 들
어오기 위해, 그리고 파트너와 연결되기 위해 하는 말과 행동이다. 어
떤 BDSM 만남을 한 후라도 조심스러운 애프터케어는 매우 중요하다.
그러나 그 만남이 특히 힘들었다면 애프터케어는 두 배로 중요하다. 나
는 앞에서 말한 '매우 격렬한 대화'를 끝내면서 애프터케어 이후까지
개인적으로 좋은 경험을 했다. 애프터케어 후에는 모든 파트너들이 침
착해지고 즉각적인 감정적 반응을 감당할 수 있게 되었다.

내가 지금 좀 모호하게 쓰고 있기 때문에, **힘든 BDSM 만남 후 대화
에서 할 말을 구체적으로 몇 가지 제안해 보고자 한다.**

- "미안해요."
- "나는 여전히 당신을 좋아하고, 당신이 좋은 사람이라고 생각해요."

- "이 이야기를 지금 할래요? 지금이 아니라면 나중 약속을 확실히 잡읍시다."
- "지금 당장은 정말로 상처받기 쉽고 혼란스러워요."
- "왜 이런 일이 일어난 것 같아요? 내 상태가 어떤 것 같았어요? 나한테 반응하면서 무슨 생각을 하고 있었어요?"
- "지금 우리가 이 이야기를 하는 거 어떻게 느껴요? 어떻게 해야 이런 일이 다시 일어나지 않게 할 수 있을까요?"
- "지뢰에 대해 무엇을 알게 된 것 같아요? 이제부터 절대로 하지 말아야 할 특별한 말이나 행동이 있나요?"

마지막으로 아주 중요한 경고 하나를 덧붙이겠다. **'망침'이라고 다 같은 망침은 아니다. 어떤 망침은 학대일 뿐이다.** 인두겁을 쓴 포식자는 자기가 한 일을 덮기 위해 '의사소통 오류'라든지 '실수' 같은 말을 **사용할 것이다.** 이 포스트는 솔직한 실수를 중심으로 하고 있지만, 세상에는 부정직하고 사악한 인간들이 있다. 특히 어떤 사람이 '계속 망쳐버린다면'… 그건 엄청나게 나쁜 조짐이다. BDSM 만남 후에 흐리멍텅하고 혼란스럽고 소외된 기분을 느끼는 것은 당연한 일이 아니다. 대부분의 비디에세머들은 만남에 성공한 다음 더 친밀하고 상대와 연결된 것처럼 느낀다.

2012년 3월 업데이트: 지난 12월 몰리나 윌리엄스의 워크샵을 하는 동안 내가 BDSM 경계 플레이edgeplay에 대해 적어놓은 짧은 글들을 방금 발견했다. (경계 플레이는 참여자들에게 특히 강렬하게 느껴지는 BDSM 활동을 가리키는 용어이다.) 몰리나는 그 전에 몇 가지 질문을 해 보라고 제안했다.

- 나는 전에 파트너와 SM을 해 본 적이 있는가? 그들의 어떤 행동과 말에 기분 좋고 편안해졌는가? 그들의 무슨 말에 강렬한 반응을 느꼈는가?–이 정보를 사전에 파트너에게 알려주어라.
- 이 사람에 대한 나의 직감은 어떤가? — 만약 어떤 사람에게서 나쁜 직감을 느낀다면, 직감에 귀를 기울여라! 특히 경계 플레이를 할 때는.

몰리나는 비디에세머들이 경계에서 플레이할 때 미리 '긴급 대책'을 만들어둬야 한다고 제안했다. 그것은 참여자들뿐만 아니라 지켜보는 모든 사람들을 위해서이기도 하다. 던전에서는 그런 행동이 자주 일어나기 때문이다. 몰리나는 그런 '긴급 대책'에는 이런 것이 포함되어 있어야 한다고 말했다.

- 당연한 일이지만, 솔직하고 철저할 것
- 각 파트너는 다른 파트너에게 세이프워드를 명시적으로 허락한다.
- 각 파트너는 다른 파트너에게 '괜찮지 않았던 부분'을 사후에 이야기하도록 명시적으로 허락한다.
- 파트너 각각이 사후에 이야기하고 도움을 청할 수 있는 사람을 둔다. 꼭 동일한 사람이어야 할 필요는 없다. 그 사람은 관찰자일 수도 있고, 현장에 관련되어 있던 모든 사람들을 알 수도 있고, 킨크 어웨어 상담사처럼 그런 모든 사람에게서 상대적으로 분리되어 있을 수도 있다. 그러나 정말 중요한 것은 그 사람이 가능한 모든 시나리오에서 감정적인 지원을 해 줄 수 있어야 한다는 것이다.

워크샵을 열고 이런 생각들을 하게 해 줘서 고마워요, 몰리나. 나는 그런 긴급 대책을 만들어 본 적이 한 번도 없지만, 강렬한 현장을 만들려고 계획하고 있는 사람들은 이런 걸 꼭 고려해야 한다고 생각해요.

애프터케어일까 세뇌일까?

그렇다, 이 기사도 학대와 SM에 대한 것이다. 그러나 그보다 훨씬 더 많은 문제를 다룰 것이다. 친밀함과 육체적 반응, 그리고 이런 것들이 합의 관계든 학대 관계든 관계를 쌓을 때 어떤 영향을 미치는지 이야기할 것이다. 그리고 이런 문제를 다루는 법에 대해서도 이야기할 것이다.

작년에 나는 한 여성에게서 이메일을 받았다. 그녀는 진짜 학대와 공존하는 성적 욕망에 대해 이야기를 하고 싶어 했다. 그녀는 학대를 받았지만, SM 때문에 성적으로 흥분한다. 그리고 자기 경계선과 매우 심하게 싸우고 있다. 그녀는 이렇게 썼다.

당신을 파괴하는 건 이런 문제입니다. 우리 중 어떤 사람들은 경계를 폐쇄하고 공포와 경악과 흥분과 수치를 전부 동시에 느끼도록, 끔찍한 사람들 앞에서 허물어지도록, 심지어 그 사람들이 정말로 자기를 파괴할 때도 흥분을 느끼도록 만들어졌습니다. 이건 아무에게도 득이 되지 않습니다. 화끈한 것도, 멋진 것도 아닙니다. 그렇지만 그런 일이 있습니다.

우리에게 비명을 지르고 싶고 꺼져버리고 싶고 죽고 싶다고 온 세상에 비명을 지르고 자기 몸에서 도망치고 싶게 만드는 최악의 고통은 그가 돌아올까봐 느끼는 두려움이 아닙니다. 그가 돌아올 거라는 가능성에 흥분하는 것입니다. 자기 자신의 자아를 파괴해버리지 않는다면 그것을 막을 수가 없습니다. 이건 가장 잔인한 설계 오류이고, 최악의 사람들이 그것을 이해하고 동정심 많은 사람들은 이해하지 못합니다.

그러나, 결론은 어떤 사람들이 학대를 원한다는 것이 아닙니다. 정의상, 학대는 당신을 파괴하고, 당신이 원하지 않는 방식으로 훼손당하고 피해를 입었다고 느끼게 만드는 것입니다. 그리고 학대가 계속되었으면 좋겠다는 소망에 연관된 메커니즘은, 우리가 일단 어떤 사람과 친밀감을 느끼게 되면 더 많은 친밀감을 원하도록 만들어져 있다는 것입니다. 우리는 혼자 남겨지기를 바라지 않습니다.

그리고 애초에 절대 관계를 맺고 싶지 않았던 사람이 떠났을 때 피해를 입었다는 고통스러운 느낌은 혼란스럽고 심신을 악화시킬 수 있습니다.

아무도 이런 식으로 해를 입고 싶어 하지 않습니다. 학대 생존자 커뮤니티에서는 학대 상황에 연결된 흥분을 '육체의 배신'이라고 부를 때가 많습니다. 하지만 이 말은 어떤 사람들에게 그 욕망이 얼마나 뿌리깊을 수 있는지 보여주지 못하는 것 같습니다. 근원적으로 그 욕망들은 정상적이고 건강하고 친밀한 관계에 어울리는 욕망과 같은 욕망일 때가 많습니다. 사랑받고, 상호작용을 계속 진행하고, 상대가 당신의 모든 감정의 뿌리를 지켜보고 이해하고, 성적으로 상대에게 받아들여지고 당신의 성적 흥분을 즐기는 상대의 쾌락을 느끼고 싶다는 욕망. 그러나 이런 감정들은 타인의 이익을 위해 착취되고 조종당했습니다.

학대를 경험한 많은 사람들에게, 자아의 가장 큰 분열은 그 행위들이 얼마나 끔찍했는지가 아니라, 끔찍하고 원하지 않는 행위 도중에도 인간 내부에서 일어날 수 있는 욕망과 쾌락의 감정에서 옵니다. 우리 중 누군가에게 BDSM은 이러한 욕망의 일부를 풀어내고 어떻게 이런 자극적인 패턴들이 끔찍한 것들과 섞이게 되었는지—또는 원래 끔찍한 것들과 연관되어 있었고 그 기존 사실이 해로운 사람에게 악용되었는지를 조사하는 안전한 방법이 될 수 있습니다. 그리고 어떤 사람들에게는 그 부분을 꺼내어 만지작거리는 것이 전혀 회복에 필요한 부분이 아닐 수도 있습니다.

하지만 해로운 사람들이 당신의 흥분과 쾌락 시스템을 활성화시킬 수 있다는 사실을 알고 받아들일 수 있다고 해서 당신이 그것을 원한다는 뜻은 아닙니다. 그것이 당신에게 좋다는 뜻도 아니고, 누군가 당신을 그런 식으로 취급할 만하다는 뜻도 아닙니다. 이것이야말로 그 자체로 가장 큰 치유일 수 있습니다.

그녀가 메일을 싣도록 허락해 준 것에 감사한다. 그녀의 말은 보통 내가 하는 SM의 논의나 경험과 아주 동떨어져 있다. 하지만 연결되어 있는 부분도 보인다. 사람들이 그런 연결에 대해 논의하는 일은 거의 없지만.

1. 애프터케어: 합의 하의 긍정적 SM 안에서 누리는 친밀성

얼마 전 합의 하의 긍정적 SM 경험을 한 후에는 커플의 친밀성이 증가한다는 것을 확실히 밝힌 연구가 나왔다.[1] 나는 그 연구를 늘 인용하지만, 그래도 그 연구의 존재가 좀 터무니없다는 생각을 한다. 내 말은, 그 체험이 어떻게 느껴지느냐고 그냥 우리에게 물어볼 수도 있지 않았느냐는 것이다. 밝은 면을 보면, '진짜 연구자들'이 SM을 연구하고 있다는 것은 SM이 더 널리 받아들여지고 있다는 신호이다. 그렇지만 거기 나오는 온갖 호르몬 수준 측정과 감정 조사를 보아도, 나는 그 연구가 SM의 중심과, SM이 어떻게 그런 특별한 친밀성을 창조하는지 설명하는 것 근처에도 가지 못했다고 느꼈다. 왜 그럴까? 연구는 과학이고, 애프터케어는 예술이기 때문이다.

나는 전에 애프터케어를 이렇게 정의한 적이 있다. "SM 만남 후 분위기를 식히는 기간이다. 이때 상대를 안심시키고 플레이가 어떻게 되었는지 논의하곤 한다." 짧은 정의로는 적절하지만, 훨씬 더 많은 이야기들이 숨어 있다. 신체적인 폭력은 때때로 정신적인 순응성과 취약성을 만들어내는데, 그것은 좋은 방식으로 사용될 수 있지만… 끔찍한 방식으로도 사용될 수 있다. 나는 경쟁적인 스포츠들에서 이런 측면을 본다. 특히 다른 사람들과 싸우고 서로 매우 직접적으로 아프게 하는 스포츠들에서. (두 남자들이 서로 싸운 직후 '절친'이 되는 현상을 본 적이 있는가?)

SM 파트너와 함께 애프터케어를 하는 것은 사람들을 자유롭게 하고, 즐겁게 느끼고, 특별한 종류의 친밀성을 확립하는 데 쓰일 수 있다. 그러나 사람들을 다치게 할 수도 있다. 무시무시하게 다치게 할 수 있다.

애프터케어는 서브스페이스와 마찬가지로 SM에서 가장 신비로운 부분 중 하나이다. 서브스페이스처럼, 많은 에세머들이 거의 신비주의적 언어로 애프터케어를 서술한다. 애프터케어에 대해 조언하는 어느 뛰어난 페이지는 이런 말로 시작한다.

애프터케어는 SM 드라마의 마지막 장면이다. 모든 것을 매듭짓는 화룡점정이고, 마지막 한 획이다. SM 제의를 공유하는 사람들끼리 나누는 마지막 성찬식이다. 참여자들(보통 탑)이 판타지의 한 장면에 일상적 현실의 맥락을 가져오는 단계이다. 그 구체적인 목적은 양쪽 참여자들이 현장[즉, SM 만남]에서 느끼게 된 고양된 상태에서 도로 정상 상태로 돌아가도록 돕는 것이다. 일단 현장이 끝나면 집으로 돌아가기 위해 필요한 운동제어 능력과 현실적인 의식으로 돌아오게 돕는다. 그러나, 훌륭한 SM 현역 플레이어들이라면 모두들 '그보다 훨씬 더 큰 의미가 있다'고 말할 것이다. 애프터케어는 행위 후, 참여자들이 특별한 것을 창조하고 공유했다는 상호 확인을 함께 나누는 시간이다. 애정과 친밀함을 주고받는 때이다. 가장 축소시켜 말하더라도, 당신 삶의 작은 부분을 함께 나눈 사람에게 감사를 표현하기 알맞은 시간이다. 현장에서 가장 아름다운 부분이 될 수 있는 시간이고, 실제로도 그런 경우가 많다. 그리고 현장의 일부분이기도 하다. 그것을 완전히 생략한다는 것은 친구 집에서 저녁을 먹을 때 자기 음식만 실컷 먹고 허겁지겁 가버리는 것만큼 무례한 짓이다.[2]

SM이 늘 특별하지는 않은 것과 마찬가지로, 애프터케어도 늘 특별하지는 않다. 모든 사람이 애프터케어를 원하거나 애프터케어가 필요하다고 느끼지는 않는다. 나는 당신이 '애프터케어를 하지 않을 거라면' 미리 파트너에게 경고해 주어야 한다고 늘 생각하지만.

외부에서 보면 애프터케어는 서로 품에 파고들고 수다 떨고 킬킬거리고 때로는 울거나 위안하는 행동의 조합으로 보일 거라고 생각한다. 그러나 내부에서는, 애프터케어는 순수하고 강렬한 감정이입으로 느껴질 수 있다. 더없이 행복한 연결감. '빛을 쪼이고' '빛나고' '초월한다'는 단어들이 마음속에 떠오른다. 내가 처음 SM을 시작할 때 누군가가 이렇게 말해 준 것처럼. "실제로 고통을 주거나 받는 걸 즐기는 에세머는 매우 적어. 사람들이 좋아하는 건 고통이 그들을 어디로 데려가느냐야."

2. SM 친밀성의 실질적인 측면

나는 에세머들이 SM 상호작용 주위에 경계선을 매우 열심히 세워야 한다고 믿는다. 우리는 신중하게 의사소통을 하도록 노력하고, 우리가 하는 일을 현실과 구분해야 한다고 믿는다. 동의와 의사소통이 잘 되는 경계선은 SM과 학대를 가르는 요인들이다. 나는 "BDSM과 학대 사이에서 더 분명히 사고하기"에서 그 경계선들에 대해 이야기했고, "SM 만남이 '잘못되면' 일어나는 일들"에서도 말했다. 나는 세이프워드나 검토목록부터 동시에 일기쓰기까지, 의사소통과 경계선 세우기를 돕는

SM 의사소통 전술들에 대해 글을 썼다.

애프터케어는 그런 경계선 세우기 과정의 한 부분이다. 그러나 사람들은 SM 직후 또렷이 생각하거나 말하기가 힘들 때가 많다. 어떤 사람들은 놀랄 정도로 언어를 잘 쓰지 못하거나, 모호하고 혼란에 빠지거나, 킬킬거린다. 이런 모든 것을 한꺼번에 다 하기도 한다. 이런 이유 때문에 어떤 사람들은 나중의 후속 조치(다음 날 전화 걸기 같은 것)까지 모두 '애프터케어'라는 우산 속에 포함시킨다. 애프터케어의 목표는 SM 이후 진정하고 이완할 시간을 두고, 그 다음 모든 사람의 머리가 좀 더 맑아졌을 때 했던 일들을 찬찬히 이야기해 보는 것이다. SM 만남 후 했던 일들을 찬찬히 이야기해 보는 것은 정말로 중요하다. 그 플레이에 연관된 사람들이 플레이를 다시 하려고 계획한다면 특히 그렇다. 그것은 두 가지 이유에서 중요하다. 첫째, 플레이에 연관된 사람들이 자기가 원하는 것과 원하지 않는 것을 더 잘 이해하도록 도와준다. 둘째, 그들이 파트너와 의사소통하는 법을 더 잘 알도록 도와준다.

최근에 나는 어느 파트너에게 최초의 강렬한 SM 경험을 하게 해 주는 특권을 누렸다. 나중에 그 상태에서 빠져나오면서 그는 이렇게 말했다.

"전에는 아무도 이렇게 깊이, 이렇게 빠르게 내게 닿은 적이 없었어요."

나는 그와 함께 누워 그의 말을 듣고 있었다. 나는 그가 정상 상태로 돌아가는 것을 잘 도왔다고 확신하지만, **내가 무엇을 했는지** 생각해 보려고 하면 제대로 이야기하기가 힘들다.

그래서 내가 '애프터케어하는 법'을 단계별로 가르쳐줄 수는 없다. 그러나 몇 가지 힌트를 줄 수는 있다. 우선 첫 번째로는, 만남 중에 도미넌트 쪽이 보통 애프터케어를 한다. 내가 도미넌트 역할을 할 때, 애프터케어 동안 전달하려는 메시지는 이런 것이다.

"나는 여기 있어. 당신 말을 잘 듣고 있어. 당신을 보살피고 있어. 당신은 나와 함께 있고 지금 안전해. 필요한 만큼 이렇게 있을 수 있어."

서브미시브 입장에서는 파트너에게 무슨 메시지를 전달하고 있는지 주의 깊게 생각하고 정리하느라 너무 정신이 없을 때가 많다. 그러나 상대가 혼란스럽거나 불안하거나 피드백이 필요하다는 것을 알 수 있을 때가 있다. 그럴 때는 나는 이런 메시지를 전달하려고 한다.

"난 당신에게 마음을 쓰고 지금 그 힘을 맡아주는 데 매우 감사하고 있어. 당신이 이야기할 필요가 있으면, 내가 좀 더 정신을 차린 다음에 그렇게 하자. 하지만 지금은, 제발 그냥 이렇게 함께 있으면서 우리의 친밀성을 다졌으면 좋겠어."

그리고 내가 스위칭을 할 때―아니면 권력 역학이 불분명할 때―음, 그럴 때는 저 메시지들을 조합해서 전달하려고 하는 것 같다.

3. SM 친밀성의 경계선

나는 파트너를 거의 모르는 '첫 번째 만남'에서 SM을 하는 것을 더 좋아했다. 그러나 두 가지 이유로 변했다. 첫 번째는, 관계에 대한 확고한 기초 없이 행하는 SM을 훨씬 더 경계하게 되었다. 나는 운이 좋았다. 내 파트너들은 한두 번 만난 사람들마저도 나를 아주 잘 대해 주었다. (SM과 학대에 대한 이야기가 더 많이 공공연히 드러나면서, 점점 더 내가 얼마나 운이 좋았는지 깨닫게 된다.) 그러나 강렬한 SM을 하고 난 다음 파트너를 신뢰할 수 없는 입장에는 절대 서고 싶지 않다. 그리고 믿을 수 있는 기초를 쌓는 최선의 방법은 우리가 깊은 관계를 하기 전에 함께 시간을 많이 보내는 것이다.

두 번째로, SM이 얼마나 빠르게 내게 영향을 미칠 수 있는지 더 잘 알게 되었다. 내가 신뢰하지 않는 사람과 훌륭하고 강렬한 SM을 하는 것도 전적으로 가능하다. 그런데 만약 그런 일이 일어난다면, 쾅! 나는 그와 강렬한 유대를 갖게 되겠지만, 그를 신뢰할 수 없을 것이다. 나는 그런 위치에 서고 싶지 않다. 내게는 가볍거나 심지어 비인격적이라 느껴지는 SM 관계들이 있다. 그러나 내가 강렬하게 느끼는 일을 할 때… 유대감이 너무 빠르게, 믿을 수 없을 정도로 강하게 형성된다. 그건 케미스트리에 연관된 일이라고 장담할 수 있다. 두뇌로는 그것이 아주 나쁜 생각이라는 것을 알아도, 몸은 말할 수 없이 상대를 열망한다.

일상적인 섹스를 할 때는 오르가즘을 억제하는 여성 이야기를 들은 적이 있다. 그 오르가즘 때문에 파트너에 유대감을 갖게 되리라는 것을 알기 때문이다. 나는 그런 식의 오르가즘을 경험하지는 않는다. 그러나 어떤 파트너가 정말 SM으로 나를 마취시킨다면, 깊이 끌어들인다면, 그 다음 표면으로 떠오르는 동안 애프터케어를 해 준다면? 나는 사랑에 빠져버릴 것이다.

나는 주 관계 파트너가 아닌 파트너들에게는 주 파트너가 SM을 허락하지 않는 폴리아모리 SM 관계도 있다고 들어보았다. SM은 주 관계를 위해 남겨두고 싶다는 마음은 확실히 이해할 수 있다. 또, 외부 파트너와 SM을 할 수는 있지만 애프터케어는 허락하지 않는 폴리아모리 SM 관계 이야기도 들었다. 그것은 훨씬 더 잘 이해할 수 있다.

4. 세뇌: 학대 속의 친밀성

2010년 말, 나는 <페미니스테> 블로그에 강렬한 SM 경험을 다룬 기사를 중복 게시했다. 그 기사에서, 나는 이런 말들을 썼다.

그랬다. 나는 눈물이 치솟아 오르는 것을, 헐떡이느라 목구멍이 찢어질 것 같은 감각을 느꼈다. 나 자신이 산산이 부서졌다 다시 만들어지기 시작하는 것을 느꼈다. 그의 옆에서, 그의 인도와 힘과 요구 옆에서. 말을 할 수가 없을 지경이었다. 그가 진정해서 내 이름을 부르며 '돌아와'라고 부드럽게 말하고, 안심시키듯 손으로 내 머리를 쓰다듬을 때까지.
그랬다. 내가 정말로 바라던 것이었다.

포머와일드차일드FormerWildChild라는 네티즌이 거기에 대한 반응을 댓글로 썼다.

어떤 사람들은 다른 사람에게 매를 맞는다는 생각을 하면 펄쩍 뛰어 일어나 죽을 둥 살 둥 도망치고 싶을 것이다. 그것은 우리를 정말로 길길이 날뛰게 만든다. 도덕적인 판단이 아니라, 다른 사람에 대한 진짜 공포이다. 그것을 보자 우리가 아이들과 함께 그랜드 캐년의 야생의 가장자리에 있었을 때가 생각난다. 명확한 죽음과 내 아이들 사이에는 느슨하게 붙어 있는 모래땅 몇 인치밖에 없었다. 관광을 끝냈을 때, 나는 조심스레 밴 뒤에서 걸어가며 다 토하고 나서야 다시 숨을 쉴 수 있었다.
당신의 마지막 세션에 대한 설명을 읽었을 때, 그때와 똑같이 겁에 질린 감정을 느꼈다. 나는 당신에게 담요를 씌워 주고, 당신을 내 팔에 안고 차와 쿠키를 먹이고 나서야 다시 숨을 쉴 수 있을 것 같았다.
내가 느낀 공포는 당신의 경험을 정말로 '이해'하지 못했기 때문이 아니다. 당신이 서술한 것을 너무나 잘 알 수 있기 때문에 느낀 것이다.

나는 당신이 BDSM 세션 마지막에 서술한 경험을 한 적이 있다. 누군가의 옆에서 자신을 부수고 재형성하는 것. 정확히 당신이 말하는 것을 느껴본 적이 있다. 마침내 의식을 놓아버리고 항복하는 감각. 그리고 당신이 마침내 거기까지 갔다는 것을 다른 사람이 느낀 다음 멈추는 것을. 나는 매를 맞은 후 방안에 다정한 기운이 떠돌기 시작하는 것 같은, 달콤한 친밀감의 순간을 느껴보았다. 그 다음날 따라올 수 있는 강렬한 친밀감을 안다. 공기는 깨끗한 카타르시스로 채워진다. 고통을 가하고 받는 경험은 남쪽의 뇌우보다 공기를 더 맑게 만든다. 나는 심지어 당신이 말한 방식으로 그 느낌을 열망하는 상상도 할 수 있다.

그러나 나는 그런 감정을 모두 어린아이일 때 경험했다. 당신이 쓴 것은 '뭔가'가 부서지고 맞는 사람과 때리는 사람 양쪽 다 카타르시스의 순간을 느낄 때까지 학대자가 제멋대로 학대를 계속할 때의 감각이다. 내 경험으로는, 그 관계는 그랜드 캐년 가장자리에서 노는 것과 같다. 사람들이 떨어지고, 죽는다. 자, 나는 두 가지를 기꺼이 믿는다. 첫째, 나의 어머니와 다른 학대자들이 사랑하는 사람들을 때릴 때 실제로 일종의 BDSM 강간을 하고 있다고 볼 수 있다. 섹스가 압도적일 때 아름답고 친밀해야 하는 무엇인가를 빼앗는 것과 카타르시스를 느낄 때까지 사랑하는 사람을 때리는 것은 마찬가지일 수 있다. 아마 그것은 학대 전문가들이 살펴보아야 할 일일 것이다.

나는 또, 당신이 자신의 그랜드 캐년 가장자리에서 유희를 하고 있을 때 보이지 않는 울타리를 세워놓고 있다는 것도 믿는다. 당신이 심연에 떨어지지 않고 거기 머무는 법을 안다는 것도 기꺼이 믿을 것이다. 그러나 그렇다면—당신은 거기에 안전하게 있고, 나는 그냥 그것을 받아들여야 할 것이다. 하지만 내가 밴 뒤로 가서 점심을 토하는 것도 당신이 받아들여 달라고 부탁할 것이다.[3]

처음에는 그 댓글을 보고 좌절했다. 누군가가 '나는 당신의 섹슈얼리티에 대해 읽고 토하고 싶었다'고 말하는 것만 보였기 때문이다. 그리고 '으르릉' 거리고 싶은 상태였다. 그러나 지금은 그 댓글에서 아주 중요한 점을 본다. SM과 학대를 구분하는 언어를 개발하는 데 아주 중요한 지점들이다.

우선 나는 한 번도 개인적으로 그런 종류의 학대를 받고 생존한 경험이 없다고 말하겠다. 그러나 나는 이 문제에 대해 써 달라고 부탁하는 이메일들을 계속 받았고, 내 생각을 쓰는 것이 그런 사람들에게 도움이 되었으면 좋겠다. 또, 비밀 엄수라는 조건으로 학대 전문가들이 이렇게 말하는 것도 들어보았다. 그들은 학대라는 맥락 안에서 진정한 욕망, 진정한 카타르시스, 진정한 친밀감의 존재가 SM 만남에 대한 묘사와 무서울 정도로 비슷해 보인다고 말한다.

모든 젠더의 강간 생존자들은 때때로 폭행당하는 도중에 육체적인 쾌락을, 심지어 오르가즘까지 경험한다. 여기에 대한 논문이 2004년 『임상법의학회지*Journal of Clinical Forensic Medicine*』[4]에 실려 있고, 인터넷에는 생존자의 직접 서술도 아주 많다. 여기 그 중에서 나온 엄청나게 슬프고 솔직한 글을 인용한다.

나는 몸싸움으로 그를 계속 밀어내면서, 당신을 목사로서, 아버지 같은 존재로서 존경하지만 여기서 그만두라고 계속 말했다. 그는 나를 밀어붙여, 옷을 찢고 강간했다. …매우 거칠고 강압적이었기 때문에 믿을 수 없을 정도로 고통스러웠다. 영원한 것 같은 시간이 지난 후 나는 기절했다. 그 목사가 나를 세게 흔들며 뺨을 갈겼던 것이 기억난다. 그 다음 그는 나를 깨우려고 열 알 정도의 엑시드린*Excedrin**을 목구멍에 밀어넣었다.

그날 밤 일어났던 일 중에 가장 충격적이었던 것은 내가 오르가즘을 느꼈다는
것이다. 몇 년이나 결혼생활을 했지만 처음으로 느낀 오르가즘이었다. 그것
때문에 정말로 혼란스러웠다. 이런 무서운 트라우마 도중에 오르가즘을 느끼
다니 나는 정신의 어느 부분이 확실히 병들어 있다고 생각했다.[5]

여기 동의에 대한 것을 짚고 넘어가자: **오르가즘은 동의가 아니다.**
육체적인 쾌락은 어떤 종류의 자극에 대한 신체의 반응일 뿐이다. 또,
성적인 욕망도 동의가 아니다. 그리고 **사랑도 동의가 아니다.** 내가 파
트너에게 성적인 욕망을 느끼고, 그가 나를 어루만질 때 몸이 흥분하
고, 나는 그를 사랑한다, 그렇지만 나는 지금 당장 섹스를 하고 싶지는
않다는 것을 분명히 밝힌다… 그런데 그가 나와 섹스를 하고 있다면 그
래도 그는 나의 동의권을 침해하고 있는 것이다. (확실히, 내가 '싫다'
고 말하면서 '좋아'라는 뜻을 표현하고 싶다면, 그 문제를 미리 협상하
고 세이프워드를 만들어놓는 것은 내 쪽의 책임이다).

간단히 말하자. **쾌락과 욕망, 심지어 사랑까지도 학대와 공존할 수
있다. 그러나 그렇다고 그것이 학대가 아니라는 뜻은 아니다.** 이것은
비SM 섹스에서도 SM 섹스에서도 진실이다.

한번은 자기가 학대범이라고 말한 사람과 이야기한 적이 있다. 그는
SM 애프터케어의 서술을 읽은 적이 있는데 거기서 자기가 쓰던 전술을
보았다고 말했다. 그는 그 문제에서 언제나 그것을 '세뇌'라고 생각했
다고 말했다.

나는 그것이 무슨 말인지 안다. 무서운 부분은 그것이다. 나는 정말

* 엑시드린(Excedrin): 진통제와 카페인의 혼합제

로 그것이 무슨 말인지 안다. 강력한 SM 경험을 할 때 우리는 우리 두 뇌에서 심리학적 조작과 파괴에도 이용될 수 있는 부분을 사용한다. SM은 우리에게 폭력을 통해 엄청난 정신적 취약성을 만들어내고 이용하는 법을 알려준다… 그리고 취약성은 언제나 학대받을 수 있는 지점이다. 학대 주기를 연구하는 문헌에서는 '화해 국면reconciliation phase'이라는 말을 많이 쓴다. 그 국면에서 학대자는 자신의 희생자에게 아주 달콤하고 밝게 대한다.[6] '화해 국면'에서 얼마나 많은 부분을 합의 없는 애프터케어로 인식할 수 있는지 생각할 수밖에 없다. 학대자가 희생자에 대해 갖는 권력 중 얼마나 많은 부분이 신중한 에세머가 존중하는 정신적 유연성에서 나오는 것인가?

이것은 우리 몸이 부서진다는 뜻은 아니다. 이 글 맨 처음에 내가 인용한 여성은 "이건 가장 잔인한 설계 오류이고, 최악의 사람들이 그것을 이해하고 동정심 많은 사람들은 이해하지 못합니다."라고 썼다. 그러나 우리가 이것을 오류로 여길 필요는 없다. 그것은 유기체를 오류라고 할 수 없는 것과 마찬가지로 오류가 아니다. 어떤 SM 교사들은 SM의 정신적 상태를 취한 상태 같은 '변성 상태altered states'에 비교한다. 취하는 데는 잘못이 없지만, 알코올은 조심해야 한다. 우리의 육체는 우리가 존중해야 하는 힘과 취약성을 가진 기구이다.

내가 이런 글을 쓰는 가장 큰 이유가 이 힘과 취약성 때문이다. 눈에 보이지는 않지만 나는 포머와일드차일드가 <페미니스테>에 단 댓글에서 이야기하는 울타리에 대한 감각을 갖고 있기 때문이다. 에세머들이 학대의 그랜드 캐년에서 떨어지지 않도록 지켜주는 울타리. 협곡 주위의 그 보이지 않는 울타리들은 자기 인식, 자존감, 존중, 동의로 만들어진다.

5. 협곡 주위에 울타리를 만들기

우리는 협곡 주위에 어떻게 울타리를 만드는가? 우리의 욕망을 이해하려고 하고, 파트너와 솔직하게 이야기하고, 파트너의 한계를 존중함으로써 만든다. 그래서 나는 의사소통과 자신에 대한 연구, 나의 경계선에 가치를 두는 법에 대해 쓴다. 그리고 이런 글이, 협곡에 떨어지지 않고 아슬아슬한 경계에서 플레이를 한다는 것의 의미를 사람들에게 알리는 데 도움이 되었으면 좋겠다.

이것은 무시무시하고, 위험하고, 복잡한 영역이다. 확실히 내가 모든 답을 갖고 있는 것은 아니다. 그러나 나는 우리가 대답을 찾을 수 있는 방법이 몇 가지 있다고 생각한다.

첫째, 에세머와 페미니스트들은 양쪽 다 이 감정적이고 생물학적인 현상에 대해 알고 있어야 한다. 그것은 예상하지 못한 파트너와 압도적인 친밀감의 감각을 만들어낼 수 있다. 그리고 학대자들은 그것을 도구로 사용해서, 합의 하에 시작한 관계를 학대 관계로 길들일 수 있다.

둘째, 우리는 의사소통과 경계선 세우기를 계속 이야기해야 한다. 이 논의에서 중요한 부분은 선의를 가진 에세머들이 만남을 망칠 때 무슨 일이 일어나며, 우리는 그것을 어떻게 처리하는지 공개적으로 논의하는 것이다. 나는 "SM 만남이 '잘못되면' 일어나는 일들"에서 그 문제에 대해 썼다. 토머스 매컬레이 밀러는 SM 안에서 일어날 수 있는 실수의 목록을 담은 훌륭한 포스트를 썼다.[7] 예를 들어 그는 때때로 정말로 육체적인 면의 '기술적' 잘못들이 있을 수 있다고 말한다. 또, 사람들이 '지뢰'나 예상치 못한 심리학적 문제를 터뜨릴 때도 있다. 망친 부분을 솔직히 이야기해야 학대자들이 '그냥 망쳤을 뿐'이라고 주장하기 더 힘들어진다.

셋째, 우리 커뮤니티 안에서 우리는 말을 퍼뜨릴 필요가 있다. 특히 경험이 없거나 취약해 보이는 사람들, 이런 사실이 그들에게 적대적인 방향으로 사용될 수 있는 입장에 있는 사람들에게 이야기해야 한다.

픽업 아티스트 공동체에서 받은
페미니스트 SM 수업

이 글은 원래 세 부분으로 나뉘어 있었고 2011년 *GoodMenProject.com*에 실렸다. 이 글은 내가 『픽업 아티스트 추적자의 고백』에서 다룬 영역의 일부분에 대해 쓰고 있다. 그러나 그 책이 훨씬 더 수다스럽고 더 재미있는 일화가 많다. 정말로 그 책을 사기를 권한다. 자, 이제 광고는 그만하겠다.

남자들에게 여자를 유혹하는 방법을 가르치는 데 전념하는 거대한 서브컬처가 있다. 지난 5년 동안, 지하에 있던 이 '픽업 아티스트'들은 닐 스트로스Neil Strauss의 베스트셀러 『게임』과 VH1의 히트 리얼리티 쇼 <픽업 아티스트>의 도움을 받아 대중의 의식 속으로 터져나오듯 나타났다.

'유혹 커뮤니티'로 알려지기도 한 '픽업 아티스트'들은 수천 개의 온라인 포럼에서 그 집단 안에서 쓰이는 광범위한 용어들을 사용하며 아이디어를 교환한다. 한 픽업 아티스트 사이트는 그 목록 용어가 '715개가 넘고 지금도 늘어나고 있다'고 한다.[1] 픽업 아티스트 만남, 클럽, 서브컬처의 유명 인사들이 전 세계에 있다. 유혹에 대한 여러 가지 이데올로기적 접근법과 이론적 학파들이 있다. 유명한 픽업 아티스트 '구루'들은 일 년에 수백만 달러를 벌 수 있다. 그들은 책을 팔 수도 있고, '강습' 시간을 팔 수도 있다. 값나가는 표를 사야 들어갈 수 있는 '훈련소'나 대회를 주최할 수도 있다. 자기 나름의 방식에 따라 훈련을 받은 강사들이 가득 찬 회사를 운영할 수도 있다. 그 커뮤니티는 심지어 스스로 '면밀한' 내부 평론들도 생산한다.[2]

나는 섹스긍정적 페미니스트 강연자이고 저술가이다. 나는 주로 사도마조히즘 경험에 대해 글을 쓰지만, 섹슈얼리티 전반에 대한 흥미를 가지고 있다. 나는 영리한 픽업 아티스트들이 나의 교육 행사에 참석하고 내 블로그에 댓글을 달기 시작했을 때 처음 픽업 아티스트들을 만났다.

픽업 아티스트 기술의 어떤 측면들은 엄청난 문제를 갖고 있다. 커뮤니티의 많은 부분에서 여성 혐오를 전시하고 독려한다. 픽업 아티스트라는 정글을 탐사하는 동안, 속이 뒤집어지고 눈물이 나는 일들을 많이 관찰할 수 있었다. 한편 어떤 픽업 아티스트들의 시각은 매우 흥미로웠다는 것도 인정해야 한다. 어떤 사람들은 젠더 이론과 사회적 권력에 대해 매혹적으로 통찰하고 있었다. 나는 그들의 착취 방식에 끌림을 느끼기도 했다. 유혹에 대해 배우고, 가상의 눈부신 카사노바들이 궁정 게임을 하는 것을 지켜보면 엄청나게 재미있게 시간이 잘 갔다.

　나는 픽업 아티스트 몇 명과 이야기를 나누고 그들의 포럼을 읽으면서 이 여행을 시작했다. 마지막에는 유혹 대회에서 강연을 했고, 내 스스로 교습 사업을 열 뻔 하기도 했다. 이제는, 내 개인사를 짧게 펼쳐 보이면서 왜 내가 그렇게 픽업 아티스트들에게 관심을 느끼게 되었는지 설명할 수 있다. 나는 유혹 커뮤니티에 있는 남자들 사이의 기본적인 구분을 무너뜨릴 것이다. 마지막으로, 픽업 아티스트들에게 영향을 받은 몇 가지 생각을 페미니즘적 목표를 위해 내놓을 것이다.

***

　나는 어릴 때 작고 서투른 책벌레였지만, 적어도 창조적이었다. 나는 그림 그리기, 게임 만들어내기를 좋아했고, 아마추어 사회 실험들을 했다. 고등학교 때 내 친구들은 대부분 인터넷에 있었다. 나는 대학에 갈 때까지 현실 남자친구와 연애하지 않았다. 어쩔 수 없이 동료들에게 놀림을 받았지만, 심지어 주변에서 잘 대접해줄 때도 나는 주위에 있는 사회적 위계질서에 거의 참여하지 않았다. 나는 사회적 역학이 어떻게 '작동해야 하는지' 파악하기 힘들었다. 다른 사람들에게는 분명해 보이는데 나에게는 분명해 보이지 않는 일들이 많았다.

　예를 들어, 6학년 때 한 여자 친구가 나에게 어느 소년과 썸을 탄다고 놀렸다.

"내가 뭘 했는데?"

내가 묻자 그녀는 "이봐, 너 걔랑 썸 타잖아!" 하고 대답했다. 무슨 뜻인지 알 것도 같다고 생각했지만 확실하지는 않았다. 그래서 나는 내가 아는 모든 사람들에게 '썸 타는' 게 무엇인지 설문조사를 하기 시작했다. 응답에는 일관성이 없었다. 어떤 사람은 매우 단호하게 '킬킬거리는 거'라고 말했고, 다른 사람들은 '강렬하게 쳐다보는 것'이나 '농담을 주고받기' 같은 예를 들었다.

이 실험이 끝날 무렵, 나는 아무도 '썸 타기'를 일관성 있는 행동이라는 관점에서 설명할 수 없는 것 같다는 결론을 내렸다. 내 최종 목록에는 공통성이 거의 없었다. 썸 타기는 사람 간의 보이지 않는 역학이라는 면만을 알 수 있었다. 이건 재미있지만 불만스럽기도 하다는 생각이 들었다.

현대의 픽업 아티스트 커뮤니티가 그때에도 존재하고 있었고 내가 그것을 알게 되었다면 어떻게 되었을까 궁금할 때가 있다. 픽업 아티스트들은 유혹을 행동 관찰이라는 관점에서 이해하기 위해 많은 시간을 바친다. 그들은 관계를 만들어내는 것부터 시작해서 신뢰를 이끌어내고, 성적 긴장감을 쌓고, 사회적 권력을 이동시키는 것에 이르는 사회적 전술들에 용어를 붙인다. 이런 사회적 전술의 목적이 감정을 조작하는 것이기는 하지만, 그 전술들은 보통 최대한 상세하게 설명된다. 어떤 픽업 아티스트 강사들은 오래 암기해야 하는 '일상적인 틀'을 제공하지만, 특별한 사회적 행동이나 더 넓은 범위의 전략 이야기가 더 흔하다.

'네그'라는 유명한 픽업 아티스트 전술 하나가 있다. '네그'는 '부정적 충격negative hit'이라는 뜻이고, 어느 사이트에서는 네그를 '때때로 유머러스하게, 어떤 여성의 결점을 지적하는 데 쓰이는 말'**3** *로 정의한다. 많은 픽업 아티스트 용어들이 그러하듯이, 더 깊은 의미나 사용법은 픽업 아티스트마다 다르다. 그러나 '네그'의 의미 범위는 특히 드라마틱하다.

어떤 픽업 아티스트들은 네그를 친밀하게 놀리는 것으로 본다. 픽업 아티스트가 품위 없이 보이거나 목을 매는 것처럼 보이지 않고도 상대에게 주의를 기울이고 있음을 보이는 방법. 나는 생활에서 접한 이런 접근법의 귀여운 예를 직접 들 수 있다. 예전에 픽업 아티스트이던 남자와 카페에 앉아 있는데, 그가 내 눈을 똑바로 들여다보았다. 그가 천천히 말했다.

"잠깐만요. 안경을 에폭시로 붙였나요? 모서리를 수리해야 할 것 같은데요."

"맞아요."

내가 인정했다.

그가 웃었다.

"당신의 모든 면이 '나는 배고픈 예술가야' 하고 소리치고 있네요, 안 그래요?"

그 말에 나는 한동안 웃었다. 그는 내가 (지금으로서는) 돈 없는 저술가가 되겠다고 선택했다는 것을 이해했지만 내가 그 선택에 대해 느끼는 긴장도 알아차리고 있었다. 그래서 그것이 효과가 있었다고 생각한다. 이 남자는 자기가 나의 우선순위를 제대로 식별했고, 나의 자의

***

* 현재의 인터넷 은어로는 '후려치기' 정도일 것이다.

식 어린 선택을 싫어하지 않으며, 나를 놀릴 만큼 자신감이 있다는 것을 그 말로 나타내고 있었다.

또, 전직 픽업 아티스트가 내 눈을 칭찬할 거라고 내가 생각한 순간, 그는 로맨틱 패턴을 깨버림으로써 나의 예측을 뒤흔들어 놓았다. 유혹은 자신감 더하기 매력적인 참신함 더하기 상대에 주의 기울이기를 제대로 혼합해 내어놓을 때 효과적인 경우가 많다.

어떤 픽업 아티스트들은 네그를 더 전략적으로 본다. 여성의 '시험'을 통과하거나 여성의 무관심에 구멍을 뚫는 방법으로 생각한다. 그들은 이것이 매우 아름답거나 사회적 지위가 높은 여성 등등에게 필요하다고 주장한다. 어떤 여성들은 칭찬에 대해 면역이 생겼고, 어떤 여성들은 적극적이고 거침없고, 적대적으로 보이는 썸 타기를 더 좋아한다고 주장한다. 대부분의 픽업 아티스트들은 '최소한의' 매력 수준을 충족하는 여성이나 특별히 거침없는 여성에게 네그를 사용하는 것만 옹호한다. 베스트셀러 『게임: 픽업 아티스트의 비밀 사회를 뚫고 들어가기』를 쓴 유명한 픽업 아티스트 닐 스트로스는 이렇게 썼다.

통속적인 찬사를 흔히 받는 여성에게 비슷한 찬사를 던진다면, 그녀는 보통 그 말을 무시하거나 당신이 그녀와 자고 싶어서 그런 말을 한다고 생각한다. 그녀를 놀리면서 당신이 그녀의 아름다움에 영향을 받지 않는다는 것을 보여주고, 당신이 그녀의 영역 밖에 있다는 것을 증명할 때―'그 다음' 그녀가 당신을 이기기 위해 애쓰도록 내버려두었다가 궁극적으로 그녀를 인정한다는 '상을 주면', 그녀는 그날 밤 특별한 일을 겪었고 '자신이 정말로 누구인지' 알아봐 준 사람과 관계를 맺은 것 같이 스스로 기분 좋아하면서 떠날 것이다. 간단히 말해, 네그는 당신에게 필요한 신뢰성을 얻어줄 것이다.

그렇긴 하지만 네그를 딱히 변호할 생각은 없다. 네그는 많은 면에서, 당신이 진짜 자신감과 의지력을 소유하는 법을 배우는 동안 당신의 개성 위에 붙이는 임시 땜빵이다.[4]

이것은 조작적인 접근법이지만, 꼭 해로운 것은 아니다. 성적 관계라는 구역에만 제한되어 있는 것도 아니다. 사람들은 다른 사람이 무슨 생각을 하는지 신경 쓰지 않는 척 할 때가 많고, 다른 사람들에게 진지하게 받아들여지려고 꾸준히 시도한다. 게다가, 많은 사람들에게 썸타기는 어느 정도의 전술적 애매함과 사실을 그럴싸하게 부인하는 능력이 필요한 게임이고, 네그는 그런 게임에 유용한 전술이다. 모든 사람들이 그렇게 암묵적이고 혼란스러운 게임을 좋아하는 건 아니지만, 좋아하는 사람도 많다.

그러나 이런 것들은 어떤 픽업 아티스트들이 네그에 대해 하는 이야기에 비교하면 모두 귀엽고 온화한 정도다. 어떤 사람들은 네그를 여성을 기분 나쁘게 만들기 위한 전술이라고 분명히 말한다.

타일러 더든Tyler Durden이라는 이름으로 통하는 유명한 픽업 아티스트는 이렇게 썼다. "당신은 목표의 자존심을 낮추고, 목표가 자신을 재확인하기 위해 당신의 주의를 끌도록 열망하게 만들려고 자존심 네그를 쓴다."[5] 이와 비슷하게, '픽업 아티스트계의 다스 베이더'라고 불리곤 하는 특별히 냉정한 픽업 아티스트 블로거는 이렇게 쓴다.

가장 좋은 네그는 칭찬처럼 들리지만 그 후 몇 시간 동안 여성의 심리 속에 남아 그 여성의 자아개념을 약화시키고 당신에게 자격 있는 여자가 되라고 격려하는 [즉, 왜 자기가 당신의 시간을 얻을 가치가 있는지 스스로에게 설명하도록 애쓰게 만드는] 것… [네그는] 여성의 잠재의식에 침투해 그 여성이 당신의 가치보다 자기 가치를 분석하는 데 정신적 에너지를 더 많이 쓰도록 만든다.**6**

위의 블로거의 말에 어느 네티즌은 이런 댓글을 덧붙였다. "당신에게 선발권이 있는 오디션을 보는 여성이 있는 한, 권력은 있을 곳에 있기 마련이다. 바로 당신 호주머니 속에."

달리 말하면, 초조하고 자신에게 가치가 없다고 느끼는 사람은 조종하기 쉽다. 이 잔인한 픽업 아티스트들은 수천 명의 사람들이 학대 관계에서 알게 된 것과 같은 교훈을 배웠다.

'다스 베이더'의 블로그에 달린 댓글 중에서 특히 많은 것을 가르쳐 주는 인용구가 있다. "[여자들은] 정말로 재미없고 김빠진 멍청이들이다. 보지라도 갖고 있지 않다면, 여자들에게 사냥 현상금을 걸어야 한다."**7** 이 말은 거기에 깃든 증오 때문이 아니라 공포 때문에 흥미롭다. 어쨌든, 위험하지 않은 목표에 사냥 현상금을 거는 사람은 아무도 없다. 픽업 아티스트 서브컬처에서 가장 심한 여성혐오적 극단은 공격적으로 여성의 심리를 조작할 방법만 논의하는 것이 아니라, 여성을 이기적이고 기만적이고 위험한 존재로 그린다.

네그에 대한 여러 가지 접근법은 서브컬처 전반에 걸친 서로 다른 색조의 의견들과, 픽업 아티스트 자신들 속에 있는 특히 중요한 구분 양쪽을 다 강조한다. 이 남자들 중 어떤 사람들은 정말로 여성과 연결되는 관계를 갖고 싶은 욕망에서 픽업 아티스트 기술을 배우러 온다. 한 픽업 아티스트는 나에게 이렇게 말했다.

"처음 픽업 아티스트라는 것을 보았을 때 나는 '이건 너무 추잡하고 역겨워.' 하고 생각했어요. 그렇지만 나는 한 번도 여자친구를 사귄 적이 없었기 때문에, 계속 스스로에게 이렇게 말했어요. '이봐, 넌 외롭고 불행하고, 혼자 죽고 싶지 않잖아.'"

한편, 여성에 대한 일방적인 권력과 지배력을 갖고 싶기 때문에 픽업 아티스트가 되는 사람도 많다. 그리고 많은 픽업 아티스트들은 여성에 대한 공포와 분노를 독려하는 서사와 농담을 통해 이것을 정당화하려고 한다.

***

'관계' 대 '조종'이라는 구분 외에도 픽업 아티스트 사이에는 근본적 자립 추구파와 그렇지 않은 사람들 사이의 구분이 있다.

이것을 가장 분명히 보여주는 픽업 아티스트의 개념은 '내적 게임'이다. '내적 게임'은 근본적으로, 진짜 자신감과 목적의식이다. 그것은 픽업 아티스트가 여성을 유혹하기 위해 하는 말과 행동인 '외부 게임'과 대조된다. 예를 들면, 네그는 외부 게임으로 친다.

어느 강사의 말마따나, 아주 성공적인 픽업 아티스트는 그것을 결정해야 하는 지점에 이르게 된다. 감정 없는 '스포츠 같은 섹스는 엿 같다.' (어떤 픽업 아티스트들은 이 지점에서 시작하지만, 그건 좀 특이한 경우다.) 그들은 그때 게임에서 물러나야 한다고 결론을 내린다. 더 장기적이거나 더 많이 감정적으로 연결된 섹스를 추구하고, 우선순위를 점검하고, 새로운 여자를 찾는 것 말고 다른 흥미를 발견할 때라고. 이런 방식으로 자신을 찾는 것은 '내적 게임'이라고 말할 수 있다. 내적 게임에 대해 논의하는 남자들은 자기 사업을 발전시키고, 정기적으로 운동을 하고, 더 건강한 식이요법을 지키고, 자기 자신의 취약성을 받아들이고, 취미를 추구하고, 모든 젠더의 사람들과 연결된 관계를 증진시키는 문제에 대해 이야기할 때가 많다.

또, 대부분의 픽업 아티스트들은 여성들이 진짜 자신감과 목적의식에 잘 반응한다는 것을 깨닫는다. 아이러니컬하게 보일 수도 있는 일이지만, '내적 게임'이 자기 계발을 강조한다는 사실에도 불구하고 여전히 그 개념의 중심은 여성을 유혹하는 것이다. 그러나, '내적 게임'이 여성들을 노리는 것에 중심을 두고 있지만, 그것의 궁극적인 결과는 보통 픽업 아티스트들이 인생에서 정말로 원하는 것이 무엇인지 생각해보도록 독려하는 것이다. 픽업 아티스트 강사 마크 맨슨Mark Manson은 이런 글을 쓰기도 했다. "당신이 픽업 아티스트 커뮤니티에 들어오게 된 것은 무엇 때문에 엄청나게 불안하거나 만족하지 못했기 때문이다. 그것은 의식적일 수도, 무의식적일 수도 있다. 단기간의 문제일 수도 있고, 장기간의 뿌리깊은 문제일 수도 있다."[8] 그는 나중에 내게 이런 이메일을 보냈다. "이것은 허울을 쓴 거대한 자립 커뮤니티입니다." 나는 닐 스트로스를 직접 인터뷰한 적도 있다. 그는 자신의 유명한 책 『게임』이 "남자들이 자립 운동을 시작하는 단초가 될 수 있기를 바란다. 섹스를 하기 위해서 자립을 한다고 해도, 자립해서 나쁠 일은 없다."[9]

흥미롭게도, 닐 스트로스는 자기가 많은 면에서 페미니즘에 찬성한다는 말도 했다. "우리는 여전히 가부장제 사회에 살고 있습니다."라고 말하기도 했다. 내가 그와 한 인터뷰에 문제 많은 진술들이 가득 찼다고 느낀 페미니스트들이 많았고, 페미니스트 독자들은 그의 말을 조목조목 분석했다. 나는 스트로스의 말에 대한 많은 페미니즘적 비판에 반대하지 않는다. 그러나 스트로스의 정신적 뿌리가 있는 곳을 고려하면 그는 놀라울 정도로 페미니즘을 지지하고 있었다. 한 페미니스트는 내게 이런 댓글을 달았다. "나는 왜 당신이 이 남자를 더 비판하지 않는지 모르겠다."[10] 거기에 대한 대답으로, 반 페미니스트 저술가 한 명이 스트로스의 말에 한 대답을 언급할 가치가 있다.

스트로스가 무지한 바보인지 부정적인 피드백을 피하기 위해 페미니스트와 타협하고 싶은 기회주의적 거짓말쟁이인지는 아무도 확실히 모르지만, 그의 말에 의거해서 판단한다면 『게임』의 가장 유명한 공적 대리인은 페미니스트들의 도그마를 앵무새처럼 흉내내면서도 아무 문제도 못 느끼는 것이 분명하다.[11]

스트로스가 말한 몇 개 안 되는 온건한 친 페미니즘적 진술 때문에, 몇몇 픽업 아티스트들은 그를 '무지한 바보인지 기회주의적 거짓말쟁이인지' 모르겠다고 조롱했다. (다른 사람들은 '보빨남mangina' 같이 특별히 여성혐오적인 모욕들을 던졌다.) 이것은 픽업 아티스트들의 반 페미니즘 감정이 얼마나 독기에 차 있는지, 그리고 픽업 아티스트 커뮤니티의 남자들이 페미니즘 사상이나 여성친화적 시각과 조금이라도 비슷하면 뭐든지 연루되지 않으려고 피하게 만드는 사회적 수치 주기의 예시 양쪽을 다 보여준다.

분명히, 많은 남자들이 픽업 아티스트 기술을 일종의 치료법으로 보고 있다. 그 커뮤니티는 자신감과 자기 계발을 위한 지원 모임이 될 수 있다고 본다. 불행히도, 유혹 커뮤니티의 많은 부분은 악성 여성혐오의 지원 모임이기도 하다. 어떤 페미니스트들은 유혹 커뮤니티를 통해 자립을 하려는 남성은 누구라도 사실상 여성 혐오를 포용하고 있다고 주장한다. 그 커뮤니티의 대부분이 여성혐오자로 이루어져 있기 때문이다. 그러나, 어떤 픽업 아티스트 학생들은 자립을 남성적이지 않거나 반 남성적인 것으로 정의하는 문화 출신이기 때문에 자신이 받아들일 수 있는 유일한 방식으로 자립하려 한다고 해석할 수 있다. 다시, 닐 스트로스의 말을 언급하겠다. 섹스를 하기 위해서 자립을 한다고 해도, 자립해서 나쁠 일은 없다.

픽업 아티스트들의 여성혐오에서 가장 혼란스러운 것은, 극도로 여성혐오적인 픽업 아티스트들이 비 여성혐오적인 픽업 아티스트들과 자신들 사이에 의식적으로 선을 긋고 그 역도 성립하지만, 그 그룹들은 여전히 아주 많이 겹친다는 것이다. 심지어 비 여성혐오를 우선순위에 두고 나 같은 페미니스트 저술가와 기꺼이 이야기하는 픽업 아티스트 남자들도 어떤 지점에서는 그 서브컬처의 나머지 부분에서 여성혐오적인 사상을 흡수하는 것 같다. 나는 성차별주의자가 되지 않으려고 한다고 내가 생각했던 어느 픽업 아티스트와 이야기했지만… 그는 자기가 가장 좋아하는 픽업 아티스트 블로거는 여성들이 투표를 하지 않을 때 미국이 더 나아질 것이라고 생각한다고 아주 진지하고 자세히 설명하고 있었다. 내 책 『픽업 아티스트 추적자의 고백』의 목표 중 하나는 더 분명하게 선을 긋는 것이다. 대체로 유희적이고 무해하며 심지어 긍정적으로 보이는 접근법들과 더욱 학대적이거나 해를 끼칠 것 같은 픽업 아티스트와 그들의 접근법을 대조시키는 것이다.

**

"보지라도 갖고 있지 않다면, 여자들에게 사냥 현상금을 걸어야 한다"는 말을 보았을 때는 울고 싶었지만, 그것 때문에 유혹 커뮤니티에서 보이는 어떤 통찰을 놓치지는 않으려고 한다. 성적인 가속 과정에 경험적으로, 실용적으로 집중함으로써, 픽업 아티스트들은 페미니스트를 포함한 많은 사람들이 보통 쓰지 않는 방식으로 젠더 규범에 접근하고 있다. 또, 어떤 픽업 아티스트들은 나와 비슷한 사회적 불안의 개인사를 가지고 있기 때문에 나는 그들을 이해할 수 있다.

페미니스트들이 픽업 아티스트들의 섹슈얼리티 접근법을 비판할 때 그들을 '적'으로 그리는 것이 불편하게 느껴지는 개인적 이유가 하나 더 있다. 나 자신도 어떤 페미니스트들에게 그다지 인기가 없는 성적 욕망을 가진 것으로 알려져 있기 때문에, 양가 감정을 느끼는 것이다. 서투른 꼬마 책벌레에서 자라나 연애를 시작하고 내 성적 욕구를 탐험하기 시작하면서, 나는 내 섹슈얼리티가 BDSM과 매우 강한 연관을 갖고 있다는 것을 이해하게 되었다.

어떤 성 과학자들은 BDSM을 성적 지향으로 보아야 한다고 주장하지만, 합의에 따른 BDSM은 가장 심하게 낙인찍힌 섹슈얼리티 유형이다. 많은 페미니스트들은 사회의 다른 부분과 마찬가지로—혹은 그보다 더 심하게 BDSM을 주변화한다. 유명한 독일 페미니스트 알리스 슈바르처Alice Schwarzer는 "여성 마조히즘은 [가부장제에 대한] 부역이다." 라고 말한 적도 있다. 그리고 『미즈 매거진』의 최근 역사에는 공동창립 편집자의 이런 회상이 인용된다.

나는 우리의 예전 편집자였던 여성이 쓴 원고를 넣지 말자고 주장했다. 그 원고는 왜 자기가 마조히스트인지 쓰고 있으며, 그것이 나쁘지 않은 선택이라고 말하는 글이었다. 나는 그 글을 잡지에 싣느니 차라리 내가 잡지 일을 떠나겠다고 했고, 우리는 그것을 싣지 않았다.**12**

결과적으로, 페미니즘적 글과 활동을 활발히 해 왔음에도 나는 내 BDSM 정체성 때문에 나의 '페미니스트 ID 카드'가 취소될 수도 있다는 공포를 느끼며 살고 있다.

하지만 동시에, 나의 BDSM 실천은 내 페미니즘 이해에 커다란 영향을 미쳤다. 강간과 동의는 둘 다 매우 중요한 페미니즘의 이슈이고, 여러 BDSM 커뮤니티에서 성적 동의에 대해 집요하게 연구한다. BDSM 커뮤니티에서 지배적인 슬로건은 'SSC: Safe, Sane, and Consensual'(안전하고, 제정신이고, 합의에 따른다)이다. 어떤 사람들은 다른 슬로건이 더 나을 수 있을지 토론하지만, 누구도 '합의'라는 부분을 빼는 것은 들은 적이 없다. 사실, 비디에세머들이 성적 동의에 대해 생각하는 방식과 페미니스트들이 그 문제에 대해 생각하는 방식은 드라마틱할 정도로 많이 겹친다.

세이프워드는 신중한 BDSM 의사소통 전술로 높이 평가받는 유명한 예시이다. 그것은 어떤 참여자든지 어떤 순간에라도 성적 행동을 멈추기 위해 사용할 수 있는 특별한 암호이다. 세이프워드는 어느 파트너가 실제로 행동을 멈추고 싶은 의도가 없이 '안 돼!'나 '제발 하지 마요!'나 '그만요!' 하고 외치고 싶은 맥락에서 중요하다.

세이프워드는 눈에 잘 띄지 않지만 마찬가지로 중요한 또 한 가지의 기능을 한다. 그것은 동의가 연속적으로 변화하는 과정이라는 생각을 보편화시킨다. 동의는 두 사람 사이에서 계속 진행되는 성적 협상의 일부이다. 여기서, BDSM의 동의 개념은 페미니스트의 동의 개념과 매우 많이 겹친다. 예를 들어, 높은 평가를 받는 페미니스트 재클린 프리드먼Jaclyn Friedman은 어떤 글에서 '동의는 전등 스위치가 아니다'라는 말로 동의의 지배적 개념에 반발한다. 프리드먼은 이렇게 쓴다.

성적인 동의는 '켜짐'이나 '꺼짐'이 될 수 있는 전등 스위치 같은 것이 아니다. 당신은 '섹스'라는 한 가지 문제에 동의할 수 있는 것이 아니다. '섹스'는 행동과 상호작용이 연속적으로 발전하며 이루어진다. 당신은 그 모든 과정에서 파트너의 열성적인 동의를 얻어야 한다. 그리고 어떤 특별한 행동에 대해 파트너의 동의를 얻지 못한다면, 그것을 변경할 준비가 되어 있어야 한다.[13]

세이프워드는 사실상 '당신은 [동의를 얻기 위해] 변경할 준비가 되어 있어야 한다'는 것을 끊임없이 다시 알려주는 장치이다.

비디에세머들과 페미니스트들은 유혹 커뮤니티와 대조적으로, 노골적이고 솔직한 언어적, 성적 의사소통을 하라고 가르치는 경향이 있다. 유혹 커뮤니티에서는 보통 비언어적이거나 유희적이고 암묵적인 성적 의사소통을 가르친다. 예를 들어, 유혹 커뮤니티는 추파를 던질 때 신체적 접촉을 시작하는 법에 대해 대규모의 논의를 한다. 픽업 아티스트들은 그것을 키노kino라고 부른다. 또, 유혹 커뮤니티에서는 무슨 일이 벌어지고 있는지 정확히 묻지 않고 사회적 상황을 읽어내는 기술을 발전시키라고 강하게 강조한다. 픽업 아티스트들이 암시적인 사회적 신호를 이해하는 기술이 뛰어나다면, 그가 '보정되었다'고 말한다.

비디에세머와 페미니스트들에게, 세이프워드 말고도 성적 동의 영역은 계속 겹친다. 양쪽 그룹의 대부분까지는 아니더라도, 커다란 부분에서는 이런 결론을 내렸다. 동의를 하도록 격려하는 최선의 방법은 사람들에게 어느 순간에든 동의를 철회할 수 있다는 것을 이해하라고 하는 것이 아니라 섹스에 대해 열린 의사소통과 자기 인식을 잘 하도록 격려하는 것이다.

페미니스트 중에서 이런 접근법의 예로 들 만한 것은 재클린 프리드먼의 새 책 『당신이 정말로 원하는 것: 영리한 여성을 위한 섹스와 안전에 대한 부끄러움 없는 안내서』이다. <살롱>의 트레이시 클라크-플로리Tracy Clark-Flory는 프리드먼과 인터뷰를 하며 이렇게 말한다.

이 책에는 독자들에게 신체 이미지부터 성폭행까지 모든 것에 대해 생각해 보도록 유도하는 글쓰기 연습이 가득하다. 이것은 본질적으로 개인적인 성적 선언을 쓰도록 하는 안내서이다.[14]

비디에세머들에게 이 접근법의 예는 어떤 비디에세머들이 사용하는 몇 장짜리 검토목록이다. (나는 이 책 전반부에 나온 "SM에서 나온 섹스 소통 전략: 검토목록"이라는 글에서 이미 이 문제에 대해 썼다. 당신이 읽지 못했을 경우를 생각해 그 내용을 간단히 쓰겠다.) 검토목록은 근본적으로 생각할 수 있는 모든 BDSM 행동의 목록이다. 검토목록에서 각각의 행동은 이렇게 쓰여 있다.

채찍질 – 하기 _____ OOOOO
채찍질 – 받기 _____ OOOOO

파트너들은 한 개부터 다섯 개까지 동그라미를 채워 각각의 항목에 등급을 매긴다. 동그라미 하나를 칠하면 '흥미 없다'는 뜻이고 동그라미 다섯 개는 '이거 정말 하고 싶다!'는 뜻이다. 이런 종류의 솔직한 의사소통은 파트너들이 서로의 욕망을 이해하도록, 그리고 서로의 경계선을 이해하도록 도와주는 아주 훌륭한 방법이다. 어떤 면에서, 이런 일은 동의에 대한 의사소통 '고급반' 과정으로 보일 수도 있다.

내가 픽업 아티스트 기술을 조사하기 시작한 맥락은 여기였다. 나는 페미니스트이다. 그러나 그 운동 안에서 문제가 많은 개인사가 있는 페미니스트이다. 나는 솔직한 의사소통을 옹호하는 사람이지만 동의의 어떤 측면도 무시되어서는 안 된다고 믿고 있고, 많은 페미니스트와 비디에세머들이 암시적이거나 비언어적인 의사소통보다 솔직한 언어적 의사소통에 부적절할 정도로 높은 특권을 주는 게 아닌지 불안하다.

사람들은 솔직한 의사소통이 더 필요해 보인다면 그쪽에 대한 선호를 발달시키는 것 같다. 예를 들어, 많은 비디에세머들이 솔직한 의사소통에 대한 선호를 발달시킨다. 우리의 욕망이 특이하고 정밀하고, 우리가 얻고 싶은 것을 얻는 데는 섬세한 말들이 도움이 되기 때문이다. 솔직한 의사소통이 성적 동의를 확인하는 가장 분명한 방법이기 때문에 페미니스트들도 같은 종류의 선호를 발달시킨다. 그래서, 어떤 사람들은 언어로 분명한 성적 의사소통을 촉진시키려고 한다. 그러므로 우리는 그것이 필요하도록 만들어야 한다.

여기 어느 사려 깊은 페미니스트 BDSM 블로그에 달린 댓글에서 서로 생각을 교환한 예가 있다. 한 남성 네티즌이 댓글에서 이렇게 묻는다.

나는 아주 친한 여성 친구와 키스에 대해 논쟁한 적이 있습니다. 친구는 어느 데이트에서 남자가 자기에게 키스해도 되냐고 묻자 동요했습니다. 친구는 그 남자가 그냥 알았어야 한다고 말했습니다. 그 순간은 본능적이어야 하고 그걸 물어보는 순간 그 때는 지나간다고. 나는 그런 건 말도 안 된다고 말했습니다. 처음 행동할 때가 가장 신경이 타들어가는 순간이고, 그가 의사를 물어보았다는 바로 그 사실이 그가 예의바르고 눈치 있고 주제넘지 않다는 것을 솔직히 보여준다고⋯ 당신은 어떻게 생각합니까? 예의와 소극적인 태도 사이의 선은 무엇입니까?

홀리 퍼보크라시Holly Pervocracy라는 이름으로 통하는 그 페미니스트 블로거는 매우 지성적이고 뛰어난 여성인데, 이렇게 대답한다.

이런 말은 자주 하지 않습니다. 하지만 당신의 "물어보는 순간 그 때는 지나간
다"는 친구들은 나머지 우리들의 입장을 정말로 망쳐버리고 있습니다.
내 생각으로는, 그 사람들은 좀 현명해질 때까지 계속 키스 받지 않아도 됩니다.
그러나 대부분의 여성들은 당신 친구 같지 않으며 여성들이 당신 친구 같을
거라고 예상해서는 안 된다고 생각합니다(적어도 그렇게 생각하고 싶습니다.
아이고). 나는 상대의 의사를 묻지 않아서 화나게 하느니 반드시 물어보고 화
나게 하겠습니다.[15]

홀리는 은연중에 솔직한 의사소통을 좋아하지 않는 사람들은 키스를 할 자격이 없다고 암시한다. 그녀는 '그 사람들은 좀 현명해질 때까지 계속 키스 받지 않아도 됩니다.'라고 말한다. 나는 좀 심술궂지만 이런 시각에 확실히 동감을 느끼며, 나 자신도 과거에는 비슷한 대답을 했다. 그러나 픽업 아티스트들에 대해 연구하다보니, 세상 사람 대부분이 암묵적인 의사소통을 엄청나게 즐기고 거기에 참여하며 사는 것 같은 현실을 고려하면 이런 시각을 쉽게 옹호할 수 있는지 궁금해졌다.

나 자신에 대해서만 말하자면, 나는 어떤 남자가 입 밖에 내어 묻지 않고도 언제 키스할지 알 수 있을 정도로 나의 비언어적 신호를 잘 읽을 때 흡족하다는 점을 인정해야겠다. 그러나 그가 키스에 대한 내 무언의 의사를 읽을 수 있다면, 나의 다른 무언의 의사도 많이 읽어낼 수

있다는 뜻이다.

게다가, 많은 사람들이 정말로 암묵적인 사회적 게임과 전술적 불확실성을 즐긴다면, '게임'은 절대로 사라지지 않을 것이다. 사람들이 그런 것을 즐긴다는 증거는 픽업 아티스트 서브컬처만 있는 것이 아니다. 결국 로맨틱 코미디와 로맨스 소설의 시장은 지속적으로 나타나고 있으니까.

그에 더해, 성적 의사소통을 발전시킨다는 것에는 언어적 의사소통뿐 아니라 암묵적인 의사소통에 대해 더 배운다는 의미도 있다. 선구적인 사회경제학자 피터 F. 드러커Peter F. Drucker는 '의사소통에서 가장 중요한 것은 말해지지 않은 말을 듣는 것이다.'라고 한 적이 있다. 이 격언은 인간 행동의 다른 영역에서와 마찬가지로 섹스에서도 참이다. 픽업 아티스트들은 오랜 시간을 들여 무언의 성적 의사소통에 대한 정보를 모았다. 그러니 페미니즘의 목표 중에서도 그들이 알게 된 것을 이해하려는 시도가 있어야 할 것이다. 훌륭한 사회적 '보정' 같은 지식 말이다.

암묵적이거나 무언의 의사소통에 대해 가르치는 문제를 많이 생각하는 페미니스트와 비디에세머들은 이미 존재한다. 페미니스트 시각에서, 어느 웹페이지는 이렇게 말하고 있는 여성의 이미지를 특집으로 실었다. '나는 당신의 키스에 키스로 대답하지 않았다. 당신의 손을 밀어냈다. 나는 당신을 떠나고 싶다고 말했다. 모두 '싫다'는 뜻이다.' [16] BDSM 편에서 보면, BDSM 파트너들은 일단 BDSM 행위를 끝내면 서로 무언의 신호를 읽는 법을 더 잘 알기 위해서 자신들의 경험과 반응에 대해 논의할 것이라는 기대를 자주 품는다. 그러나 나는 언어적 의사소통에 대한 세미나는 몇 번 참석해 보았지만, 비언어적 의사소통이라는 주제를 다루는 BDSM 세미나를 한 번도 보지 못했다.

픽업 아티스트들에 대해 광범위하게 다루려는 나의 열의는 선례가 없을지 몰라도, 비언어적 의사소통에 대해 내가 가진 시각은 페미니스트 비디에세머들 사이에 선례가 없지 않다. 그러나 여전히, 비언어적 의사소통에 대해서 우리는 잘 배우지 못하고 있으며 페미니스트와 비디에세머들은 성적 상호작용에서 그런 의사소통의 역할을 충분히 논의하지 않는다고 생각한다. 양쪽 커뮤니티 전부 동의와 의사소통이 결정적으로 뒤얽혀 있다고 강조한다는 사실을 감안하면, 양쪽 커뮤니티 다 '키노'나 '보정'이나 암시적인 의사소통을 살펴보는 픽업 아티스트들의 방식과 개념들에서 통찰을 끌어낼 수 있을 것이다.

나는 대규모 페미니스트 블로그에 픽업 아티스트에 대한 글타래를 쓰기 시작한 적이 있다. 거기에 어느 페미니스트가 이런 답글을 달았다. "나는 이 픽업 아티스트 타래가 너무 역겹다…. 그래서 그냥 논쟁을 그만두고 이렇게 말하겠다. 픽업 아티스트들은 강압과 조작을 통해 여자들을 강간한다. 끝."[17]

픽업 아티스트의 기술들에는 내가 정말로 싫어하는 것이 많다. 픽업 아티스트의 세계에서 모험을 하던 도중 내가 노골적인 강간으로 보이는 전략과 사건들에 대해 알게 된 시점들이 있다. 이것은 엄청나게 뜨거운 감자고, 그 문제는 내 책에서 상세하게 논의했다. 지금은 '마지막 순간의 저항Last Minute Resistance'(혹은 'LMR')이라고 불리는 픽업 아티스트들의 탐구 부문이 있다는 이야기만 해 두겠다. 즉, 여성이 섹스하기 싫다고 저항할 때 어떻게 해야 하느냐의 문제다. '마지막 순간의 저항 전술'('LMR 전술')은 어쨌든 섹스하기 싫다고 머뭇거리거나 불쾌감이나 불편을 표현하는 여성을 설득하도록 만들어진 전술이다.

"처음 두 번 '싫다'고 말하는 건 큰 의미가 없고, 그럴 거라고 예상해야 한다."

LMR 전술 개요를 설명하면서 어느 픽업 아티스트는 이렇게 충고한다.[18] 바로 이런 것 때문에 그 커뮤니티에 악명이 붙는다. 공평하게 말하면, 어떤 픽업 아티스트들은 왜 여자가 불편해 하는지 이해하려고 하고, 그 다음 그녀가 느끼는 불편의 근본적인 이유를 다루어 보라고 말한다. 예를 들어, 어느 픽업 아티스트는 여성에게 월경 중인지 물어보고 월경을 한다고 해도 섹스를 하는 데 역겨워하지 않겠다고 안심시키라고 충고할 수도 있다. 어떤 픽업 아티스트들은 LMR 전술이 대부분 해롭지 않고 의사소통을 하려는 것이라고 주장하지만, 이것은 옹호하기 힘든 주장이다. 마지막 순간의 저항을 그냥 존중하라고 옹호하는 얼마 안 되는 픽업 아티스트들 쪽이 늘 더 깊은 인상을 남긴다. 예를 들어 데이비드 셰이드David Shade가 그렇다.

마지막 순간의 저항을 밀어붙이지 마라. 당신은 여성들을 진짜 인간으로 존중하지 않고 대상화하는 다른 모든 남자들과 똑같아질 것이다. 그리고 섹스를 하려고 필사적이라는 티가 날 것이다.

…사실, 여성이 내켜하는 정도보다 약간 더 느리게 움직여라. 여성 쪽이 기다리게 만들어라. 그러면 성적 긴장감이 쌓여간다. 그리고 그녀는 저절로 생각하게 된다. 당신과 떨어져 있을 때, 그녀는 그 일에 대해 아주 많이 생각하게 될 것이다.[19]

물론 셰이드는 자기 고객들에게 경계선을 존중하라고 충고하지만, 그것은 궁극적으로 그 여성을 유혹하기 위한 전술로서 경계선을 존중하라는 충고이다. 마크 맨슨도 이런 접근법의 또 다른 예를 들고 있다. 그는 여성 존중 그 자체를 위해 여성을 존중할 마음이 있는 것처럼 보이지만, 그의 주요 취지는 여전히 유혹하는 법 조언이다.

[LMR 상황에서,] 언제나 갈림길이 있습니다. 당신은 그녀의 심리를 조작하기 위해 전형적인 냉대를 하거나 고압적으로 픽업 아티스트들이 늘 하는 헛소리를 하거나, 그녀의 성질을 건드려 저항을 포기하도록 할 수 있습니다. 아니면 상황을 정직하게 받아들이고, 운명이라고 체념하고 당신이 오늘 밤 섹스를 하지 못하리라는 사실을 수용할 수도 있습니다.

여러분, 잘 들어요. 언제나, 언제나, 언제나 두 번째 선택지로 가십시오. 그것이 옳은 일이기 때문만이 아닙니다. 존경할 만한 인간이라면 그렇게 해야 하기 때문만도 아닙니다. 당신이 그 여성에게 함께 자자는 압력이 전혀 없다는 것을 분명히 보여주면, 당신은 신뢰할 수 있고 그녀가 어떤 결정을 내려도 괜찮다는 것을 보여준다면(여하간, 당신은 그녀가 어떻게 결정을 내리든 괜찮아야 합니다.) 그러면 그 여성은 당신과 함께 있는 것을 열 배는 더 편안하게 느낄 것이기 때문입니다. 따라서 실제로 당신과 섹스를 하기를 '바랄' 가능성이 더 크기 때문이죠. [20]

픽업 아티스트의 체계와 전술은 동의 친화적일 때가 많다. 하지만 자신만만한 태도를 보이고 심지어 여성이 '싫다'고 말해도 무시하는, 노골적으로 합의 없는 행동을 하라고 독려하는 'LMR 전술'도 많다. 그러나 내가 기사 앞부분에서 논의한 '네그'나 신체언어 '키노' 전술 같은 것은 분명 중립적이다. 그런 전술은 대체로 각 픽업 아티스트의 목표와 사회적 맥락에 따라 사용된다. '내적 게임'과 사회적 '보정'—사회적 상황을 읽는 능력을 증가시키는 것―, 그리고 자신을 계발해서 매력을 갖자는 것은 일반적으로 긍정적인 목표일 것이다. 사실, 어떤 픽업 아티스트 전술도 그 자체로 학대는 아니라는 주장을 할 수도 있다. 그러나 어떤 것들은 더 나쁘게 사용되기 쉬울 수 있다. 칼이 테이블보다 더 사악한 용도로 사용되기 쉬운 것과 마찬가지로.

예전의 페미니스트 저술가들은 보통 유혹 커뮤니티를 깊이 조사하기보다 그런 커뮤니티의 여성혐오에 대해 항의하는 쪽을 더 선호했다. 나는 긍정적인 픽업 아티스트 이론을 이해하고 그것을 이용할 수 있을지 아는 데 더 흥미가 있었다. '다스 베이더' 유형의 이해에도 쓸모가 있을 수도 있다. 합의하지 않고 여성들에게 상처를 입히는 픽업 아티스트들이 있는데, 그 남자들이 어떻게 그렇게 하는지 알아둔다면 그들을 무장해제하는 법도 알아낼 수 있을 것이다.

궁극적으로는 나도 그 커뮤니티가 해롭고 유독하고 병들었다고 느낀 것은 인정한다. 거기서 빠져나와 디톡스를 해야 할 정도였다. (픽업 아티스트 디톡스는 픽업 아티스트들과 예전에 픽업 아티스트였던 사람들 사이에서도 인정받는 현상이다.)[21] 그러나 그 안에는 흥미롭고 중요한 진실들이 있다.

나는 나의 '페미니스트 ID 카드'가 취소될지도 모른다는 공포를 전혀 떨지 못했다. 매우 까다로워 보이는 '페미니스트들'이라는 그룹이 그 운동에서 내 존재를 어떻게 빼낼 수 있는지는 모르지만. 페미니스트를 위한 '중앙표준국'은 없다. 당연한 일이었겠지만, 『픽업 아티스트 추적자의 고백』에 대한 페미니스트들의 반응은 매우 혼란스러웠다. 하지만 어떤 페미니스트들은 젠더와 문화, 페미니스트 동의 모델에 대해 픽업 아티스트들에게 배울 만한 중요하고 흥미로운 것들이 있다는 데 찬성하는 것 같았다.

여기서 우리가 얻을 전반적인 교훈은 상세하고, 배타적이고, 흥미 본위의 서브컬처들이 점점 발칸화*되어가면서 서로 공통점이 많은 사상가들도 점점 더 고립되어 간다는 것일 수도 있다. 학계 안에 학제간 연구를 위한 추동력이 있는 것처럼, 다리를 불태우기보다는 건설하는 데 관심이 많은 사람들이 학제간 서브컬처 접근법 같은 것을 개발하고 있을 수도 있다.

---

* 발칸화(Balkanization): 너무 작아 제 기능을 다하지 못하는 단위로 분열되는 현상

지배와 복종이라는 이상한 이진법

이 글은 2012년 초에 쓰였고, *RoleReboot.org*에 처음 실렸다. 만약 오늘날 이 남성과 나의 관계를 요약해야 한다면, 매우 아이러니컬하지만 '그 관계는 복잡해졌고 이제는 확실히 끝났다'고 말할 것이다. 하지만 나는 여전히 이 글을 좋아한다.

누군가에게 서로 매우 빠져들었다고 느끼고 확신한 지 꽤 시간이 지났다. 이제는 낯선 감정이다. 나는 '썸 타기는 기본적으로 전술적 모호성을 행사하는 것이다'나 '로맨틱한 도취에서 불안은 필요불가결한 부분이다', '불확실성은 감정적인 증폭기이다' 같은 이론을 집적거리고 있었다. 그리고 그런 개념들이 여러 모로 사실이라고 생각한다. 그러나 나는 이론에 꽁꽁 싸인 나머지 누군가에게 빠져드는 것이 어떤 느낌이었는지 잊어버렸고… 조금밖에 겁을 먹지 않았다.

***

나는 토요일 밤 파티에서 마이카Mica를 만났다. 그 다음 날 아침 헤어질 때 그는 최대한 빨리 나를 다시 만나고 싶다고 말했다. 그가 물었다.

"월요일? 화요일?"

"월요일. 내일."

내가 말했다.

그는 영리하고 창조적으로 생각하는 사람이었다. 다층적인 인물이었고, 실제로 빛이 났다. 그러니 그를 광물 '운모(마이카)'를 따서 이름 짓는 게 어떨까? 나는 그런 이유들만으로도 그와 이야기하는 것이 아주 좋았다. 그러나 그에게는 확실성 같은 것도 있었다. 차분한 존재감. 특별한 종류의 관심. 일단 그가 파트너에게 집중하면 그의 모든 행위에 리듬이 깃들었다. 그는 매우 단정했기 때문에, 그에게 키스할 때 나는 서툰 강아지가 된 느낌이었다.

나는 이런 것을 매우 빨리 관찰해 냈고, 또 다른 것도 깨달았다. 그의 관심은 질적으로 그의 의식을 **앞지를** 때가 많았다. 그를 조종했다. 성적인 상호작용을 할 때 그의 관심은 나에게 집중적으로 맞추어져서 잘 흐트러지지 않았다. 그리고 그는 내 욕망을 매우 잘 읽어냈기 때문에, 나는 보통 그의 주의를 흩트리고 **싶지 않았다.**

그러자 오래 전에 나의 서브미시브 경향을 이해하지 못했을 때 내가 어땠는지 생각났다. 마이카는 예전에 분명하게 SM을 해본 적이 없었고, SM을 했을 때 그는 도미넌트였다. 나는 너무 많은 것을 투영하거나 그에 대해 어떤 가정도 하고 싶지 않았다. 그러나 알아차릴 수밖에 없었다.

그와 두 번째 밤을 보낼 때 나는 그에게 가벼운 고통을 가해 달라고 부탁했다. 아주 가볍게. 아직 그와 함께 더 멀리 가고 싶지는 않았다. 그러나 내가 생각했던 것처럼, 고통을 주면서 내 반응을 보려는 그의 본능은 매우 잘 보정되었다.

세 번째 밤을 보낼 때, 그는 내 얼굴을 쓰다듬으며 키스했다. 나는 속눈썹이 파르르 떨리며 몸이 녹아내리는 기분이었다. 그러자 그는 미소를 짓고 말했다.

"난 오늘 밤 정말 부드러운 기분이야. 내가 얼마나 플레이를 하고 싶은지 모르겠어."

'그는 지금 당장 SM을 하고 싶어 하지는 않는구나.'

나는 생각했다. 남자들은 나와 연애를 하다가 자기가 SM을 하고 싶지 않으면 내가 실망할까봐 불안해 할 때가 있다. 내가 SM 저술가라는 것을 고려하면 이해할 만한 일이다. 그러나 나는 그것이 아주 싫다. 파트너가 의무감을 느끼는 것은 전혀 바라지 않기 때문이다. 그 외에도, 아무리 나라도 언제나 SM을 하고 싶어 하는 건 아니다. 나는 마이카의 눈을 똑바로 들여다보며 미소를 지었고, 괜찮다고 말했다.

침대에서 나는 그를 지켜보았다. 그의 뛰어난 조심성을 지켜보았다. 결국 내가 그의 몸 위에 몸을 굽히고 키스하는 지점까지 왔다. 나는 그 키스에 그의 몸이 녹아내리는 것을 지켜보았다. 나는 생각했다.

'그는 지금 당장 SM을 원하지 않아… 하지만 지금까지 그가 한 주요 SM 경험은 자기가 주도권을 잡는 것이었지.'

"날 믿어?"

나는 그에게 물었다.

"그래. 절대적으로."

그가 말했다.

내가 마이카의 옆구리에 손톱을 박자, 그의 등이 휘었다. 내가 그에게서 가장 확실하게 본 초대의 반응이었고, 자기가 상대를 초대하고 있다는 것을 알고 있는지 모르겠지만 그가 해 본 것 중에서도 제일 분명한 초대일 것 같았다. 서브미시브가 피드백을 제대로 줄 수 있을 정도로 자기가 원하는 것을 알기 위해서는 많은 시간과 경험이 필요할 수 있다. 그것은 사람들이 충분히 생각해 보지 않는 서브미시브의 기술이다. 어떤 이유 때문인지 몰라도 우리는 늘 도미넌트 기술만 가르치느라 바쁘기 때문이다.[1]

나는 마이카에게 다시 키스하면서 그의 등을 공략했다.

그는 그 자극을 받아들일 준비가 되어 있었다. 그의 호흡은 불규칙적으로 빨라졌다. 그는 헐떡이며, 내 손 안에서 몸을 떨었다. 어느 정도 지난 후 나는 몸을 빼고 그의 몸속에 강렬하게 흘러넘치는 반응만 관찰했다. 그의 몸은 파도처럼 요동쳤다.

"당신이 바로 내가 원하는 방식으로 위험하다는 걸 알고 있었어."

그가 헐떡이며 말했다.

"위험하다니."

나는 그 말을 되풀이하며 머뭇거렸다.

"무슨 뜻이야?"

그의 속눈썹이 파닥거렸다. 그가 너무 아래로 내려가 있어서 대답할 수 없다는 것을 알았다. 그는 아마 자기가 무슨 말을 하고 있는지 거의 몰랐을 것이다. (SM에서 우리는 이런 정신 상태를 서브스페이스라고 부른다.)

나는 그를 조금 더 밀어붙였다. 나는 손톱만 사용했지만, 손톱으로 할 수 있는 일은 많다. 나는 계속 되풀이해서 그의 이름을 불렀다. 그는 몸부림치며 자신의 몸과 싸웠다. 나는 그 투쟁을 관찰하며 그 모습에서 나 자신을 보았다.

"나도 알아."

나는 그에게 말했다.

결국 마이카가 그만하고 싶다고 매우 진지하게 말했다. 나는 그가 더 많이 받아들일 수 있다고 확신했다. 훨씬 더 많이. 그에게 계속하자고 설득할 수 있었을 것이고, 나중에 그가 그것 때문에 나에게 감사했을 수도 있다. 그러나 그는 자기가 그만두자고 말할 때 내가 자기를 존중하리라는 것을 알아야 했다. 또, 어느 정도 이기적이기는 하지만, 나는 그의 경계선이 전적으로 비언어적인 곳에서, 그를 꿰뚫어볼 수 있는 내 능력에 그의 한계선이 의존하는 선례를 만들고 싶지 않았다. 언젠가 우리가 서로 정말로 잘 알게 되면 그럴 수도 있으리라. 그러나 지금 당장은, 그렇게 되면 그에게 심각하게 해로워지고… 나중에 그가 나를 증오하게 될 가능성이 너무 높았다.

그래서 나는 멈추었다.

"전에는 아무도 내게 이렇게 빠르게, 이렇게 깊이 닿은 적이 없었어."

마이카가 나중에 말했다. 그 다음에는 이렇게 말했다.

"이건 **모든 것을** 바꿔놓았어."

나는 가만히 누워 그에게 팔을 두르고 그의 말을 듣고 있었다.

"완전한 카타르시스였어. 내 말은…"

그의 목소리에 의심의 기운이 스며들었다.

"당신은 정말 그렇게 하는 걸 **좋아해?**"

"그래."

나는 빠르고 단호하게 말했다. 그가 내 말을 믿어야 할 필요가 있었기 때문이다. 나는 그가 왜 그렇게 묻고 있는지 알았다. 나도 그곳에 있어 보았으니까. 처음 SM을 시작했을 때, 처음으로 그렇게 느꼈을 때, 나도 내 파트너가 정말로 나를 위해 그렇게 하는 것을 좋아했다는 사실을 믿기가 힘들었다. 너무나 믿을 수 없게 느껴졌다. 도저히 내가 받은 만큼 돌려줄 수가 없을 것 같았다. 때때로, 나는 아직도 그런 불안감을 느낀다.

"당신이 좋아해서 기뻐."

마이카가 말했다. 내 몸에 닿아 있는 그의 몸에서 긴장이 풀리는 것을 느낄 수 있었다.

"난 다시 그러고 싶으니까."

"나도 알아."

나는 부드럽게 말했다.

나는 걱정하지 않으려고 했다. 그를 아주 좋아한다는 것만 해도 걱정이 되지만, 그것 때문만이 아니라 상대에게 너무 많은 것을 주고 싶어

하는 마이카 같은 사람은 파트너가 정확히 그의 정체성을 지켜줄 공간을 신중하게 주지 않는다면 심각한 피해를 받을 수 있기 때문이다.

그리고 무엇보다도, SM은 복잡하고 변덕스러운 주인이다. 내가 그 일을 정기적으로 할 수 있을 것이라고 기대하면 마이카는 실망하게 되리라는 것을 나는 알고 있었다. 그는 그쪽에 경향이 있었고, 나는 그것을 배울 수 있다. 하지만 이번의 '완전한 카타르시스'는 여러 요인들이 합해진 지점에서 일어났다. 무엇인가가 그의 표면 가까운 곳까지 떠올라 있었고, 그는 사실상 그것을 끌어내 달라고 내게 애원하다시피 했다. 그리고 그것은 그의 첫 번째 경험이었다.

게다가, SM은 자기 유지와 합리적인 기대, 그리고 우리의 실패를 존중하는 자세에 달려 있다. SM을 하는 사람들이 불완전성을 받아들일 수 없다면, SM 관계는 훨씬 덜 안정적일 것이다.

내가 가진 가능성 이상으로 내가 더 놀라운 존재라고 마이카가 믿게 될까봐 겁이 나고, 겁이 나고, 또 겁이 났다.

***

다음날, 마이카는 자기가 긁힌 자국에 전율하면서 그 자국을 내게 보여주었다. 그가 그 자국을 얼마나 섹시하다고 느끼는지—나도 그랬다—알고 나는 매우 기뻤다. 그러나 한순간 찌르는 듯한 죄의식을 느끼기도 했다.

"미안해. 그런 자국을 남기기 전에 좀 더 조심할 걸. 미리 물어볼 걸 그랬어."

내가 말했다.

마이카는 내 눈을 똑바로, 끈질기게 들여다보았다.

"아니, 미안해하지 마. 지난밤은 놀라웠어. 너는 내가 어디로 가야 하는지 정확히 알고 있었어."

나는 그가 내게 너무 많은 것을 기대하고 있다는 공포를 도로 눌러 참으며 결국 조용히 이렇게 대답했다.

"SM이 늘 그럴 수는 없어."

그는 고개를 끄덕였다. 그가 그 말을 귀 기울여 듣고 있기만 바랐다.

다행히, 그는 그렇게 했다. 우리가 그 다음에 SM을 했을 때 마이카는 넋이 나갈 정도로 흥분하지 않아서 약간 실망했다. 그럴 거라고 생각하고 있었다. 그러나 그는 그것을 감당해 냈다. 그는 실망했다고 내게 확실히 말했지만, 내가 경고했던 것을 기억하고 일이 되어가는 대로 받아들일 준비가 되어 있다고 말했다. 그 다음, 내 옆자리에서 옆구리를 바닥에 대고 누운 채 나를 바라보며 물었다.

"넌 고통을 원해?"

나도 모르게 눈이 휘둥그레졌다. 공포가 대못처럼 가슴에 박혔다. 나는 이미 그만큼 그에게 빠져 있었다. 그가 나를 서브스페이스로 데려가도록 놔둔다면, 도로 돌아올 수 없을 것 같았다.

"그래."

내가 말했다.

그리고 다시, 그가 쏟는 주의. 어떤 의미에서 마이카의 주의력은 이상할 정도로 불편할 때가 있었다. 그는 거의 지나칠 만큼 내 욕망에 맞추었다. 심지어 내가 눈을 감으라고 해도, 그는 그렇게 넋을 놓고 눈을 감을 수가 없었다. 특히 그가 나를 아프게 할 때 그가 기울이는 주의는 놀랄 만큼 예민했다.

"여기서 넌 나를 산산이 부숴놓을 수도 있어."

나중에 나는 그 끔찍하게 취약한 공간에서 표면으로 떠올라오면서 말했다.

마이카는 내게 머리를 괴고 나를 바라보더니 말했다.

"난 그냥 너를 돌봐주고 싶어."

***

내가 더 젊었을 때는 도미넌트 역할을 맡을 때까지 어느 정도 시간이 걸렸다. 그리고 여전히 내가 서브미시브이고 마조히스틱할 때는 손에 닿지만 도미넌트일 때는 결코 손에 닿지 않는 것들이 있다. 그래도, 이제 나는 스스로 확고부동한 스위치라고, 서브미시브도 도미넌트 역할도 맡을 수 있는 사람이라고 생각한다. 그렇지만 이건 아주 이상한 이진법이다, 그렇지 않은가? 만약 그가 나를 산산이 부숴버린 다음 "난 그냥 너를 돌봐주고 싶어." 하고 말한다면, 우리 중 누구에게 책임이 있는 것인가?

최근에 마이카는 내게 이렇게 말했다.

"네가 나를 아프게 할 때 내가 제일 좋아하는 네 말은 '나도 알아.'야. 너는 정말로 **아니까**. 넌 그것이 어떤 건지 정확히 알고 있어."

지금은 별로 겁이 나지 않는다. 시작한 지 그리 오래 되지 않았고, 나는 '새로운 관계 에너지'가 발동하도록 허락하려고 한다. 여전히 이 관계가 다 타버릴 수 있다는 건 안다. 그렇지만 우리는 서로 기대하는 것들에 대해서, 우리 둘 다 찾고 있는 것에 대해 자세히 이야기했고, 둘 다 서로를 장기간에 걸친 상대로 생각하고 있다.

마이카가 잠재적으로 가진 큰 가능성을 '증명하는' 사건들을 지적한다면, 목록 맨 위에 올라갈 사건 두 가지가 있다. 첫 번째, 그는 처음으로 놀라운 SM 경험의 후폭풍 속에 휩쓸렸을 때 SM이 언제나 그럴 수 없다는 것을 깨닫고 실망하자—그것을 조용히, 현명하게, 드라마적으로 굴지 않고, 나한테 이야기하는 것으로 끝냈다. 그리고 두 번째, 그는 가장 공격적이고 전형적인 도미넌트 역할에 반기를 들고 내게 이렇게 말했다.

"난 그냥 널 돌봐주고 싶어."

페미니즘 · 이야기 시간

우리 엄마의 강간 이야기와,
페미니즘과 맺은 혼란스러운 관계

나는 이 글을 2012년 '어머니날' 기념으로 썼다. 이 글은 여성 자주권 사이트인 *OffOurChests.com*에 처음 실렸다.

나의 어머니는 강간 생존자다. 어머니가 20대이던 1970년 어느 날 어머니는 식료품을 사들고 혼자 집으로 돌아갔다. 문을 열고 있을 때 한 남자가 뒤에서 다가와 어머니를 아파트에 억지로 밀어 넣은 다음 폭력으로 폭행했다. 오랜 시간이 지난 후, 우리 어머니는 '강간 트라우마 신드롬Rape Trauma Syndrom'에 걸렸다. 그것은 강간 생존자들에게 일어나는 외상 후 스트레스 장애이다. 그러나 RTS도 PTSD도 아직 확인되지 않았던 때라서, 정신과 의사들은 어머니를 치료할 방법을 몰랐다.

십 년 후 어머니는 그 당시 남자친구를 찼다. 그 다음 어느 날 그놈은 어머니의 아파트에 침입해, 어머니를 강간했다. 그가 침대에 들어왔을 때 어머니는 플래시백에 빠졌다. 어머니는 울면서 '안 돼' 하고 말했지만 어쨌든 그는 어머니에게 섹스를 했다. 어머니가 나중에 그가 한 짓은 용납할 수 없는 짓이었다고 말하자, 그는 연애 관계에서 어머니가 자기를 쫓아다녔기 때문에—처음에 사귀자고 한 사람이 어머니였기 때문에 법정에서 강간이 절대로 성립되지 않는다고 말했다.

이 사건들이 일어나고 한참 후에 엄마는 아빠를 만났다. 엄마는 내가 십대 후반 때 처음으로 자기가 강간당했다는 이야기를 했다. 엄마는 우리 교회 집회에서 자기 이야기를 할까 고려하고 있었기 때문이고, 이야기를 하기 전에 내가 먼저 알기를 바랐다. 이야기 전체는 내가 20대를 보낼 때 간헐적으로 엄마와 대화를 나누면서 나왔다. 나는 천 개의 태양에서 솟아오르는 불길처럼 강렬하게 우리 부모님 양쪽을 다 사랑했고, 그래서 우리 엄마를 공격한 남자들을 살해하는 환상 속에 터무니없을 정도로 오랫동안 빠져 있었다. 첫 번째 남자는 찾을 수 있을 것 같지 않았지만, 두 번째는 찾을 수 있을 것 같았고, 이십 대 초반에 나는 그의 머리를 총으로 쏴서 날리는 상상을 자주 했다. (걱정 마세요,

엄마. 이제는 더 이상 그런 생각을 하지 않아요.)

지난 몇 년 동안 나는 엄마의 경험과 거기에 대한 내 반응을 써도 되냐고 엄마에게 허락을 구할 생각을 하기 시작했다. 그러나 그 이야기는 내가 할 것이 아니라고 느꼈기 때문에 그 아이디어를 언제나 보류했다. 작년에, 대화 중에 그 주제가 나왔기 때문에 마침내 나는 허락을 청해 보았다. 어머니는 즉시 그래도 된다고 말했다. 그 해 나는 엄마의 동의를 두 번 재확인했고, 엄마는 두 번 다 그래도 된다고 말했다. 그래도 여전히 망설이다가 이제야 겨우 이 글을 쓰게 되었다—어머니날 기념으로. 나는 어머니에게 이 글을 리뷰하고 글 안의 어떤 요소라도 마음에 안 들면 거부권을 행사해 달라는 부탁도 했다.

나는 우리 어머니 이야기를 억지로 끌어들이거나 무단으로 쓰지 않으려고 최선을 다하고 있다. 그러나 어머니의 이야기와 삶은 직접적으로 나의 이야기와 삶을 만들었다—젠더 문제에 대한 내 시각과, 페미니스트 활동가와 저술가로서 내가 가는 항로까지 포함해서. 저명한 페미니스트 수전 팔루디Susan Faludi가 써서 몇 년 전 널리 읽혔던 『하퍼스』의 기사에서는 젊은 페미니스트와 나이 든 페미니스트 사이의 관계는 소녀들과 엄마들의 전투와 같다고 주장했다.[1] 나는 그 기사를 흥미롭게 읽었지만 이질감도 느꼈다. 십대 때 나는 우리 엄마와 내내 싸웠지만, 더 이상은 거의 다투지 않는다. 그리고 우리는 페미니즘이나 섹슈얼리티에 관한 주제로는 결코 다투지 않는다. '젊은' 페미니즘이 엄마들에 대해 반란을 일으키는 것이라면, 나는 그 차를 완전히 놓친 셈이다.

공평하게 말하자면, 우리 엄마에게 반란을 일으키기는 쉽지 않다. 열다섯 살 때, 나는 엄마에게 만약 내가 폭주족과 함께 달아나면 어떻게 할 것이냐고 물어보았다. 엄마는 웃으며 말했다.

"아마 질투할 걸."

***

나는 2008년, 섹슈얼리티, 특히 SM에 대해 쓰고 싶었기 때문에 블로깅을 시작했다. 그러나 처음부터 나 자신이 페미니스트라고 정체화했다. 왜냐하면 SM과 페미니즘이 상호배타적이지 않다고 분명히 말하고 싶었기 때문이다. 페미니즘과 SM 사이의 갈등은 '페미니스트 섹스 전쟁'*내내 주요 주제였다. 이 주제에 대해서 쓸 때 나는 했던 말을 되풀이하는 경향이 있기 때문에, 그냥 이 문제에서 내가 가장 좋아하는 말을 인용하겠다. 그것은 독일의 래디컬 페미니스트 알리스 슈바르처가 한 말이다. "여성 마조히즘은 [가부장제에 대한] 부역이다."

우리 엄마에게 커밍아웃을 했을 때, 나는 한참 동안 나의 SM 정체성 때문에 겁에 질려 있었다—하지만 거기에 대해 말하지는 않았다. 나는 심리치료를 받고 싶었지만, 내가 SM을 선호한다고 나에게 수치심을 주지 않을 킨크 어웨어 심리치료사에게 가고 싶었기 때문에 부모님에게 내 섹슈얼리티에 대해 말했다. 내가 고른 심리치료사에게는 의료보험이 하나도 적용되지 않았다. 즉 내가 그 돈을 내려면 누군가의 도움이 필요하다는 뜻이었다. 아빠는 그 문제를 시원하게 허락했지만, 많은 말은 하지 않았다. 어머니는 내 말을 듣고 잠시 침묵했다··· 그 다음 어머니 자신에게도 SM은 섹슈얼리티의 일부라고 설명했다.

나는 충격을 받았다. 또 믿을 수 없을 정도로 안도감을 느꼈다. 훌륭

* 페미니스트 섹스 전쟁(feminist sex wars): 레즈비언 섹스 전쟁(lesbian sex war)으로도 불린다. 1970년대 말에서 1980년대 초에 시작되어 지금까지도 영향을 미치는 페미니스트 간의 견해 차이. 반 포르노 페미니스트와 섹스긍정적 페미니스트 사이에서 포르노, 성 노동, 트랜스젠더, BDSM 등의 주제로 벌어졌던 논쟁이다.

하고 독립적인 우리 어머니가 SM을 했다면, 나도 그런 성향을 가지고 있다는 것이 갑자기 훨씬 더 괜찮다고 느껴졌다. 알고 보니 어머니는 인생에서 좀 늦은 시기에 SM을 탐험했고, 내가 페미니즘과 SM 문제로 느낀 것과 같은 불안을 겪었다. 어머니는 나에게 말해주었다.

"너는 네 해방을 포기하고 있는 게 아니야."

엄마는 또 SM이 학대받은 경험에서 일어난다는 편견에 대해서도 알고 있었다.

"나도 한때 강간을 당해서 SM을 하게 되었나 하고 걱정했어. 하지만 어렸을 때와 십대 초반부터 SM에 대해서 특별한 느낌을 갖고 있었던 기억이 나. 나는 늘 이랬던 거야."

엄마가 말했다. 그 말을 들을 때, 나는 숨을 들이키며 공감했다.

이것도 내가 자주 되풀이하는 주제지만, 이 문제가 그만큼 중요하기 때문이다. 공교롭게도, 가장 잘 설계된 최대 규모의 SM 연구는 학대받은 경험과 SM 입문 사이에 아무 연관성이 없다는 것을 밝혀냈다.[2] 또, SM 커뮤니티 안에서 전부는 아닐지라도 많은 에세머들이 우리의 SM 정체성(때때로 '지향'이라고도 말하는)을 타고났다고 느낀다는 일화적 증거들이 많다. 이것은 합의 하의 SM을 통해 학대를 이해하거나 천천히 치유하는 것이 잘못되었다는 말은 전혀 아니다. 심리학자 페기 클라인플라츠Peggy Kleinplatz는 「특별한 연인들에게서 배우기: 칼날 위에서 얻는 교훈」이라는 논문을 출간한 적이 있다. 그 논문은 임상심리사들이 대안적 섹슈얼리티를 공부함으로써 내담자들을 돕는다고 주장한다.[3] 클라인플라츠는 SM 경험으로 그들이 받은 학대의 역사를 천천히 치유하는 데 도움을 받은 커플의 사례연구를 그 글에 포함시켰다. 그러나 일반적으로 학대 경험이 SM 욕망을 '만들어낸다'고 보아서는 안

된다. (여기에 대해 더 알기 위해서는, SM과 정신질환 시설에 대한 내 기사를 참고하라.)[4]

SM이 학대 '때문에 생긴다'는 편견은 내가 이 기사를 쓰면서 걱정했던 또 하나의 이유다. 기본적으로, 이것은 내가 얼마나 신세를 망쳤는지, SM이 얼마나 문제가 큰 것인지에 대해 포스트나 증오 메일을 쓰기 좋아하는 인터넷 네티즌들에게 얌전하게 싸서 내놓는 선물이나 다를 바 없다. 그건 어쩔 수 없다고 생각한다.

***

"네가 페미니즘을 그렇게 철저하게 체화한 게 신기해. 나는 너처럼 페미니즘에 빠져 있다고 느낀 적이 없었거든."

엄마가 내게 이렇게 말한 적이 있다.

"뭐라고요? 정말이에요?"

내가 물었다.

"음, 페미니즘이 내 삶의 틀을 잡아주긴 했지. 나는 정말 경험 때문에 페미니즘 의식을 갖게 되었어. 강간 경험이 아니라, 우리 엄마와 이모들 사이의 분노와 원한을 본 경험 때문이었을 거야. 우리 위에서 권력을 행사하는 남자들 때문에 여자들이 경쟁하고 서로 깎아뭉개는 처지에 빠진다는 걸 페미니즘 덕분에 이해하게 되었어. 우리는 굶주렸기 때문에 찌꺼기를 얻기 위해 싸우게 되는 동물 같이 될 때가 있지."

엄마는 말을 계속했다.

"하지만 확실히 나 자신이 페미니스트라는 생각을 해 본 적은 없어. 언제나 내가 환영할 수 없다고 느끼는 페미니즘 영역이 많았어. 너희 아빠와 내가 만났을 때 그는 전미 여성 연합National Organization for Women의 열성회원이었지만, 나는 거기 가입하지 않았어. 우리는 그 문제로 농담을 하곤 했지. 그리고 최근에 네가 이메일로 보내준 『미즈 매거진』의 역사에 대한 기사를 기억하니?[5] 그 기사에서 글로리아 스타이넘은 1970년대에는 누구든지 미즈 사무실에 걸어 들어와서 일자리를 얻을 수 있었다고 말했어. 하지만 나는 그렇게 할 수 있었다는 확신이 안 들어. 나는 『미즈』가 창간되었을 때 사실 뉴욕에 있었고, 심지어 출판계에서 일하고 있었어… 하지만 나는 중서부 농장에서 자랐고, 『미즈』에 근무할 만한 여자가 아니었어. 그들은 동아리처럼 느껴졌어.”

　나는 우리 어머니같이 양육받지 않았다. 나는 훨씬 더 많은 특권을 누리며 자라났다. 우리 어머니는 화가 났을 때도 나를 버릇없는 '공주님'이라고 부르곤 했고, 내 전 남친 한 명은 나를 '동부 출신 지성인'이라고 불러서 놀렸다. 그러나 여러 방면에서, 나도 페미니즘에 입문하는 데 어느 정도 시간이 걸렸다. 젠더 문제는 언제나 내 생각의 한 줄기를 차지하고 있었지만, 페미니즘 담론의 많은 부분은 내게 하나도 인상을 주지 못했다. 대학에서 페미니즘에 대해 들은 모든 것은 뒤틀린 음모이론 같았고, 블로깅할 때 맨 처음부터 '페미니스트'라고 정체화했지만 그것은 내가 페미니스트에 포함되어 있다는 느낌보다는 거기에 저항하는 의미에서 나온 것이었다. 나는 이렇게 느꼈다. '제기랄, 내가 투표와 낙태권과 동등한 기회와 동의에 가치를 두는 독립적이고 이성적인 여성이면서도 동시에 망할 SM을 할 수 있다는 걸 너희에게 보여주겠어.'

　글을 계속 쓰면서, 나는 젠더와 섹슈얼리티에 대한 다른 블로그들도 보았다. 정말로 내게 말을 거는 분석을 담은 것들은 보통 페미니스트 블로그들이었다. 그리고 반대로 나를 알아채는 블로거들도 자주 있었다. 내 글은 많은 페미니스트 저술가들에게 조명을 받았다. 그들은 나를 높이 평가해 주고 싶어 했다. 그들과 이야기하면서 나는 전에 '음모이론' 같다는 꼬리표를 붙였던 복잡한 비판들을 이해하기 시작했다. 나는 인종과 계급 같이 '별로 관계가 없는' 사회 정의 문제와 함께 강간문화 같은 주제에 대해서도 이해를 넓혔다. 한참 지난 후 어머니는 내게 이렇게 말했다.

"정말로 페미니즘이 손을 뻗어 너를 그러쥐었어, 안 그러니?"

2011년, 나는 어느 페미니스트 친구에게 강간 생존자들을 위한 자원봉사 대리인들을 훈련시키는 조직에 대해 들었다. 시카고와 많은 다른 도시들에서, 강간당한 사람들이 응급실에 가면 병원에서는 대리인을 세우고 싶냐고 물어볼 것이다. 대리인의 역할은 위기 상담을 즉시 제공하고 생존자에게 복잡한 의료와 법적 체계를 처리하도록 도와주는 것이다. 대리인 이야기를 듣자마자, 내가 그 역할을 하고 싶다는 것을 깨달았다.

1970년에, 대리인이 아직 존재하지 않는다는 이유 때문에 우리 어머니에게는 대리인이 없었다. 1970년대에 페미니스트들이 '강간 트라우마 신드롬'을 처음 인식했고, 폭행 피해자 대리인도 그 시기 페미니스트들이 발전시켰다.

나는 대리인 커리큘럼을 이수하면서 엄마에게 그 내용을 전부 말했고, 엄마는 세부 사항을 모두 쭉쭉 흡수했다.

"나는 한 번도 이런 지원을 받지 못했어. 내 남자친구는 응급실에 가야 한다고 주장했고, 그래서 그가 나를 대리해줄 거라고 생각했지. 하지만 의사와 간호사들은 20시간 동안 나를 무시한 다음 나를 집으로 보냈어. 간호사들이 했던 게 훨씬 더 나빴어. 자매애라는 게 강력하다면, 나한테 어떻게든 관심을 보이지 않았을까?" (적어도 일리노이에서, 이제 강간 생존자는 응급실에서 생명이 경각에 달한 상황에 버금가는 우선순위에 있다.)

엄마는 옛날에는 어땠다는 이야기를 자주 푸짐하게 들려주었다. 예를 들어, 1980년대 엄마가 자기가 다니는 대학 신문의 편집자가 되었을 때, 모든 남자 직원들이 여자 아래에서 일하지 않겠다고 사퇴했다고 한다. (어떤 사람들은 나중에 좀 멋쩍어하며 돌아왔다.) 엄마가 좋아하는 다른 주제는 월경에 대한 이야기였다. 그 시절에는 의사들—물론 언제나 남자들이었다 —은 PMS(premenstrual syndrome, 월경전 증후군)가 존재한다는 사실을 받아들이지 않았다. 내가 들은 말로는, 의사들은 월경 중에 경련을 느끼는 여자는 '증세를 꾸며대는' 거라고 받아들였다. (실제 느낌을 말하려고 한 여성 간호사들은 무시당했다.) 월경 중에 이상하게 감정적이거나 심지어 육체적인 고통을 느끼는 여성은 그냥 기분이 안 좋거나 히스테리컬하다고 생각했다. ('여자들이 어떤지 다들 알지!') 의사가 되는 여자들이 더 많아지고, 페미니즘에 견인력이 생기고 과학이 더 넓은 관점에서 발전하고 과학자들이 경련의 육체적인 실제 원인을 발견하면서, PMS는 실제 일어나는 현상으로 인정되었다. 경련은 더 이상 '전형적인 여성 히스테리'가 아니었다.

물론 모든 것이 더 아이러니컬해져서, 이제 PMS는 여성이 히스테리컬하다고 무시하는 변명으로 사용될 때가 많다. 그런 것을 보면 나는 시니컬하게 웃게 된다.

우리 어머니 같은 여성이 페미니즘과 강한 연관이 없다고 부인하게 된 것은 놀라운 일이다. 그렇지만 어머니는 그렇다.

***

올해 나는 처음으로 '인터넷 최대 페미니스트 스캔들'을 겪으면서, 다른 페미니스트들에게서 증오 메일과 증오 댓글을 받았다. (나는 이 사건에 따옴표를 붙이겠다. 알지도 못하는 사람들까지 섞여 있는 다른 페미니스트들이 내게, 인터넷 페미니즘에 오래 동참한다면 이런 일을 겪는 것은 기본적으로 피할 수 없다고 말했기 때문이다.) 그 중 최악의 글을 받았을 때 나는 휴일을 맞아 엄마 집에 가 있었다. 엄마는 교회에서 일을 돕고 있었고, 내가 설교에 참석했으면 좋겠다고 했다. 나는 집에서 나오기 전에 몇 시간 동안 흐느꼈다. 교회에는 간신히 갈 수 있었지만, 교회에 닿았을 때 내가 너무나 폐인 꼴이었기 때문에 엄마는 내가 혼자 울 수 있도록 뒷방에 밀어 넣었다.

분명히 해 두자면, 나는 과거에 사회 정의 문제에서 실수한 적이 있고 미래에도 그럴 거라고 확신한다. 나는 성실한 자세를 유지하고 내가 부름 받은 분야에서 열심히 일하려고 최선을 다하고 있다. 그것은 사회 정의 운동에서 중요한 부분이고, 나는 그것을 진지하게 받아들이려고 한다.

그러나 꼭 말해둘 것은, 내가 쓴 글 중에서 가장 큰 반동을 불러온 글은 우리 어머니가 아주 좋아한 것이었다.[6] (글에 대한 책임을 다하기 위해 나는 옳고 중요한 여러 비판들이 있었다고 생각한다는 말을 해 두겠다.[7] 그리고 페미니즘의 호출 문화에 익숙한 청중에 속하는 사람들에게는, 사우루스라는 이름의 <페미니스테> 네티즌이 단 통찰력 있는 댓글 두 개를 추천하겠다.)[8] 그 글의 초고를 쓰고 자신이 없어서 엄마에게 리뷰를 해 달라고 부탁했는데, 엄마는 이렇게 말했다.

"나는 이게 네가 쓴 글 중에 최고인 것 같다."

그러나 이 많은 비판들 중에서 중요한 요인 하나는 내가 강간 생존자들을 위해 충분한 여지를 만들지 못했다는 것이다. 앞으로는 그 주제에 대해 다르게 쓸 계획이다. 그러나 내 인생에서 가장 중요한 강간 생존자가 내 최고의 글이라고 믿는 바로 그 글이 강간 생존자들을 실망시켰다고 증오 메일을 쏟아지게 만들었다는 사실은 정말로 아이러니다. (물론, 나의 성생활에 대해 놀랄 정도로 개인적인 말을 하는 댓글도 받았다. '페미니스트 섹스 전쟁'은 아직 끝나지 않았다.)

물론 엄마와 나는 나중에 이 일에 대해 토론했다. 엄마는 어떤 댓글들을 온라인에서 읽어보고 고개를 흔들며 돌아왔다.

"어떤 페미니스트들이 너를 두고 하는 말들을 보니 정말로 어안이 벙벙해지는구나."

엄마가 말했다.

"하지만 완전히 깜짝 놀란 건 아니야. 페미니즘은 언제나 자신의 젊은이들을 먹어치우는 그런 운동이었어. 내가 절대로 페미니스트로 정체화할 수 없었던 이유 중 하나란다. 내 나이에는 페미니스트로 살기 시작했지만 지금은 스스로를 페미니스트로 부르는 일에 사로잡히지 않을 사람들이 많다고 생각해. 직업생활을 해온 여자들, 예민하고 다정한 아들과 강한 딸들을 키운 여자들… '페미니스트'라는 꼬리표가 붙은 짐이 비위에 안 맞는다는 걸 깨달은 여자들."

나는 페미니즘이 '자신의 젊은이들을 먹어치운다'는 엄마의 말에 대해 아주 많이 생각했다. 애리얼 레비Ariel Levy가 페미니즘에 대해 쓴 2009년의 한 『뉴요커』 기사는 페미니스트들의 분열에 대한 흥미로운 분석을 내놓았지만, 그 중에서 한 가지 설명되거나 정당화할 수 없고 확인할 수도 없는 주장이 들어 있었다. "혁명은 자신의 젊은이들을 먹어치우는 것이다."[9] 그런가? 아무도 내게 그렇게 말하지 않았다. (아마 아이러니이겠지만, 레비는 페미니즘이 실제로 선배 세대들에게 적대적으로 변하고 있다는 말을 하면서 이런 주장을 내놓았다.)

어떤 네티즌들은 페미니즘의 열기를 참을 수 없다면 그냥 페미니즘에 대해 쓰지 말라고 내게 말했다. 그렇게 생각하면 마음이 아프지만, 그들의 말이 옳을 것이다. 어쩌다 이렇게 되었는지 몰라도, '좋은 페미니스트'라는 개념은 내 정체성과 완전히 얽혀 버렸다. 내가 예상하지 못했고 완전히 이해하지도 못했던 방식으로 약점이자 아픈 지점이 되어버렸다. 나는 사회 정의를 위한 비판이 관대하고 건설적일 때, 때로는 심지어 공격적일 때도 양분이 된다는 것을 깨닫는다. 하지만 때로는 그것이 믿을 수 없을 만큼 파괴적으로 느껴진다. 하지만 내가 말했던 것처럼, 페미니스트 커뮤니티가 내면을 파괴할 수 있다고 느끼는 페미니스트 저술가는 나뿐만이 아니다. 그 문제에서 비판이 품은 독설이 얼마나 많은지, 페미니즘이 '우리가 하는 일'이 아니라 '우리가 누구인가'로 얼마나 많이 귀결되는지 누가 알겠는가?

누군가가 일을 망치고 있으면 말리는 것이 좋다는 데 우리 모두 동의할 수 있다고 생각한다. 그러나 우리에게는 우리의 젊은이들을 먹어치우지 않고 운동을 만들어갈 방법이 있어야 한다. 그렇지만 우리 엄마가 한 말에 따르면, 우리는 결코 그 일을 잘 해내지 못했다.

그 말의 밝은 면을 본다면, 나는 페미니스트가 되기 위해서 페미니즘에 정치적으로 참여할 필요가 없고, 페미니즘의 대의에 자원하거나, 페미니스트가 해야 할 일을 할 필요가 없다. 그리고 우리 엄마가 자랑스러워할 '좋은 페미니스트'가 될 필요도 없다는 것도 이해할 수 있다.

(우리 아빠는 또 다른 문제다.)

***

최근에 어머니와 대화하면서 나는 엄마의 경험에 대해 써도 된다는 허락을 다시 확인했다. 그때 나는 어머니에게 강간 생존자로서 벽장 밖으로 나온 거냐고 물었다. 어머니는 생각에 잠기더니 말했다.

"모르겠는데. 그런 것 같아. 나는 사실 거기에 대해 아무 생각도 하지 않아. 지금의 내 삶이 행복하단다."

어머니는 말을 멈추고 잠시 차를 마시더니 덧붙였다.

"나는 나 자신을 이제 강간 생존자라고 생각하지 않아. 폭행 십 년 후인 1980년 즈음, 나는 내가 동굴에서 빠져나오고 있다고 생각했어. 실제로도 그러고 있었고. 하지만 은유적으로 말해서, 나는 여전히 입에 모래를 물고 먼지와 거미줄에 덮여 있었어. 1980년대 초반 처음 네 아빠와 지내던 몇 년 동안 아직 내게는 공포가 남아 있었어. 지하철이나 엘리베이터, 갑자기 나는 소리에 겁을 먹었고, 네 아빠는 내가 그런 것들을 버티며 살아갈 수 있도록 매우 효과적으로 도와주었어. 25년이 지난 지금 그런 건 이제 내 현재의 자아에 남아 있지 않아. 그 문제에 대해서라면 나는 더 현명하고 강해졌다고 말하겠어. 하지만 어떤 덕성을 기르기 위해 그렇게 충격적인 경험을 할 필요는 전혀 없다고 생각해. 시간 낭비야! 나는 너무 오랜 세월을 잃었어. 희생자 대리인 같은 일이 사람들을 도왔으면 좋겠어."

이제 우리 어머니가 인생을 좋은 것으로 느끼게 되어 기쁘고, 나 자신도 그 남자들을 추적해서 갈갈이 찢어놓고 싶은 충동이 (별로) 없다.

하지만 엄마를 폭행했던 그 남자들이 자기가 한 짓에 대해서 생각이나 해 보았을까 궁금하다. 엄마의 예전 남자친구가 자기가 사랑한다고 주장했던 사람을 얼마나 철저하게 짐승처럼 대했는지, 자기 행동에서 남성 특권이 차지하는 역할이 얼마나 컸는지 알기나 할지 궁금하다. 요즘 나는 남성성에 대해 글을 아주 많이 쓰고, 젠더 이슈에 대한 남자들의 시각을 이해하려고 한다. 하지만 남성과 젠더에 대해 글을 쓰는 것은 까다로운 영역이다. 만약 내가 우리 엄마를 폭행한 그 개자식들에게 폭행 근거나 만들어주는 꼴이 되면 어쩌지?

엄마는 자신을 강간한 전 남친을 구글로 찾아보았다고 했다. 그에게는 딸이 세 명 있다고 했다. 엄마는 그가 그 사실에 대해 생각이나 할지 궁금해 했다.

당연히 나는 페미니즘에 대해 아주 많이 생각한다. 어떻게 페미니즘을 효과적이면서 외부자를 따뜻이 맞이하는 운동으로 만들 수 있는지 생각한다. 사람들이 페미니즘을 '자신의 젊은이들을 먹어치우는' 운동이라고 부르는 건 무슨 의미인가? 직업 생활을 하고 페미니스트 딸을 키운 강간 생존자가 자신을 페미니스트라고 부르지 않는다는 것은 무슨 의미인가? '페미니스트' 꼬리표를 붙인다고 다른 연대자들 한 무리가 따라붙는다면 그것은 무슨 의미인가? 심지어 우리 엄마 같은 여자들이 받아들이기를 내켜하지 않는 연대자들이라면?

1부에서는 독자들이 개념의 블록을 단단히 쌓고, 2부에서 부가적인 시각들을 확립한 다음, 3부는 진지하게 다층적인 시각을 합성하게 하려는 의도를 품었다.

1. BDSM 이론과 페미니즘이나 반 강간활동을 연결하고 실천하기가 어려운가? 어렵다면 어떻게 어려운가? 만약 그렇지 않다면, 왜 어떤 사람들은 그것이 어렵다고 생각하는가?

2. 당신은 섹슈얼리티에서 어떤 문제가 분명하다고 느끼고, 어떤 문제가 어렴풋하거나 불확실하다고 느끼는가? 어떤 식으로, 왜 그렇게 느끼는가?
2a. 당신은 섹슈얼리티와 관계에서 자신을 강하게 느끼게 하고 당신의 섹슈얼리티와 관계 중심에 자리잡고 있는 것이 무엇인지 알고 있는가? 만약 그렇다면, 당신은 자신의 삶에서 그런 요인들을 어떻게 확립하고 있는가?

3. 당신은 이 글 중 어떤 글에서 특별히 적대적이거나 흥분된 반응을 느끼는가? 만약 그렇다면, 왜 그렇게 느끼는가?

4. 당신이 이 글들을 읽고 의문을 품게 된 이분법적인 기준 혹은 명백한 기준이 있는가?
4a. 그런 구분들에 의문을 품는 것이 당신의 아이덴티티에, 혹은 당신이 다른 사람들에게 행동하는 방식에 영향을 끼치는가?

5. 이 3부의 글들 속에서 매우 중요한 패턴으로 보이는 것은 무엇인가? 이 이질적인 주제들은 서로 어떤 관계를 맺고 있는가?
5a. 이런 것들이 정말로 이렇게 복잡해야 하는가?

클라리스의 강의,
워크샵과 행사

지금까지 내 글을 읽어준 데에 매우 감사한다. 이제 더 나아가 보자!

나는 저술만 하지 않는다. 강의와 워크샵도 하고, 행사도 기획한다. 여기에 내가 제의하는 강의와 워크샵, 행사를 짧은 목록으로 실었다. 나를 초대하고 싶다면 clarisse.thorn@gmail.com 이메일로 연락해 주기 바란다.

● **픽업 아티스트 추적자의 고백.** 남자들에게 여자를 유혹하는 방법을 가르치는 데 전념하는 거대한 서브컬처가 있다. 지난 몇 년 동안, 지하에 있던 이 '픽업 아티스트'들은 닐 스트로스의 베스트셀러 『게임』과 VH1의 히트 리얼리티 쇼 〈픽업 아티스트〉의 도움을 받아 천천히 표면으로 부상했다. 나는 2년 동안 이 카사노바들에 대해 간헐적으로 연구했다. 이 강연에서 나는 픽업 아티스트들과 이야기를 나누고, 그들의 기술을 배우고, 그들의 커뮤니티의 틀과 규범을 이해하고, 궁극적으로는 그들에게 여성을 유혹하는 법에 대한 힌트까지 준 경험을 논의했다. ⋯ 이 모든 것이 합쳐져 내 책 『픽업 아티스트 추적자의 고백: 끔찍한 남성들과의 긴 인터뷰들』이 되었다. 이 발표는 원래 시카고 대학 '젠더 스터디 센터'의 오찬회에서 하도록 되어 있었고, 90분 정도에 강연할 수 있었다.

● **침실의 리더십: 성적 의사소통에 대한 워크샵.** 섹스에 대해 분명히 의사소통하는 법을 가르치는 현실적인 팁과 아이디어들. 이 워크샵은 처음 시카고의 일리노이 대학 측에서 요청한 것이지만, 나는 다른 장소에서도 다른 버전으로 이 워크샵을 열었다. 이것은 내가 처음 개발한 워크샵이었고, 현재에는 그것을 더 간소화하고 상호작용을 활발하게 만드는 데 힘쓰고 있다. 나는 이 워크샵을 한 시간 안에 끝낼 수 있지만, 두 시간을 들여 열수 있다면 훨씬 더 좋을 것이다.

● **BDSM 개관.** 본디지, 훈육, 지배, 복종, 그리고 사도마조히즘(BDSM)에서 나온 이미지가 매우 흔해지고 있다. 그리고 우리는 모두 펨돔이 무엇인지 안다(혹은 안다고 생각한다). 그러나 대부분의 사람들은 BDSM이 실제로 어떤 것인지 잘 알지 못한다. 점점 더 대안적인 성적 지향으로 받아들여지고 있지만, BDSM은 낙인과 스캔들, 때때로 법적인 소송에 둘러싸인 채 남아 있다. 이 발표는 BDSM의 기본을 다룬다(그러나 'BDSM을 하는 법'에 대한 강의는 아니다. 채찍을 어디서 찾아야 할지 배울 수는 있어도, 채찍을 사용하는 법을 배우게 되지는 않을 것이다). 나는 청중이 자기가 가장 원하는 주제를 여론조사로 고르는 것을 좋아한다. BDSM 역사? 문화적 랜드마크? BDSM과 페미니즘? 법적인 문제? 나는 모든 주제를 다룰 수 있다! 나는 이 강의를 가장 많이 했다. 한 시간 안에 할 수 있지만 두 시간짜리 강의를 더 좋아한다.

● **모든 사람을 위한 섹스긍정성! 남성도 포함합니다!** 운동으로서의 남성성이나 남성 옹호는 무엇이며, 그것은 현대의 페미니즘과 어떤 대화를 나눌 수 있을까? 그런 것이 페미니즘에 포함될 수 있을까? 혹은 섹스긍정적 페미니스트 커뮤니티의 가치가 그런 관심사에 말을 걸 수 있을까? 남성성에 대한 긍정적이고 생산적인 이야기는 어떻게 들릴까? 나는 이 모든 주제를 짧게 강의한 다음 킨키 남성 섹슈얼리티, 픽업 아티스트 커뮤니티의 남자들, 섹스를 사는 남자들에 대해 소규모 토론을 할 수 있다. 이 워크샵은 원래 시카고 대학에서 요청한 것이고, 시카고 대학 워크샵의 경험과 다른 경험들에서 받은 피드백에 기반해 수정해 왔다. 90분 정도 걸린다.

●제인 애덤스 헐 하우스 박물관에서 연 섹스+++ 영화제와, 연관된 영화들 상영.

나는 섹스긍정적 다큐멘터리 상영을 매우 많이 감독해 보았고, 그 후 뒤따르는 논의도 개최했다. 과거에는 나 스스로 활동가적 교육 목표를 성취하거나 기관의 기금을 모금하기 위해 주로 이런 일을 했지만, 요청을 받고 영화를 한두 편 상영할 수 있게 되면 좋을 것이다. 그러나 나에게는 내가 상영하는 모든 영화에 대한 권리가 없기 때문에, 만약 영화 상영을 바란다면 상영권을 얻기 위해 추가 예산이 필요할 수도 있다는 것을 기억해 주기 바란다. 나는 시카고의 제인 애덤스 헐 하우스 박물관에서 섹스+++ 영화제를 시작했고, 이 글을 쓰는 2012년 그 영화제는 4년째를 맞았다. 영화제 일정은 여기서 볼 수 있다. http://clarissethorn.com/blog/2011/03/17/the-sex-positive-documentary-film-list-2011-2012

요청한다면 나는 기꺼이 새로운 워크샵이나 강연을 설계할 것이다. 사실, 위의 행사 중 두 가지는 나를 초청한 기관의 요청에 따라 만들어졌다.

후주

이 링크들은 전부 2012년 초에 검토한 것이다.

1부

사랑은 아프다: 어느 SM 커밍아웃 이야기

1. Kink Aware Professionals: https://ncsfreedom.org/resources/kink-aware-professionals-directory/kap-directory-homepage.html

자유주의적, 섹스긍정적 성교육: 무엇을 놓치고 있는가.

1. 유니테리언 유니버설리스트 '우리의 온전한 삶' 커리큘럼: http://www.uua.org/re/owl
2. 신판 「섹스의 즐거움」에 대한 뉴요커 리뷰: http://www.newyorker.com/arts/critics/books/2009/01/05/090105crbo_books_levy
3. 보수적인 책 「현대의 섹스」의 시놉시스: http://www.manhattan-institute.org/modern
4. 커들 파티: http://current.com/shows/max-and-jason-still-up/89557966_first-time-cuddle-party.htm
5. 스칼레틴의 성 인벤토리 검토목록 : http://www.scarleteen.com/article/advice/yes_no_maybe_so_a_sexual_inventory_stocklist
6. 〈예스 민스 예스〉 블로그의 '긍정적인 의사소통으로 강간과 싸우기'에 대한 글 : http://yesmeansyesblog.wordpress.com/2009/01/16/the-words-that-come-after-i-want

SM에서 유래한 성적 의사소통 전술: 검토 목록

1. BDSM 검토목록의 예: http://www.thebrc.net/check_list/default.htm
2. 스칼레틴의 섹스 검토목록: http://www.scarleteen.com/article/advice/yes_no_maybe_so_a_sexual_inventry_stocklist

SM에서 유래한 성적 의사소통 전술: 일기 쓰기

1. 서브미시브의 일기 대본: http://bdsm-sexperts.blogspot.com/2010/07/submissive-journaling-prompts.html

성적 의사소통의 사례 연구

1. 실제 문제를 겪었던 관계에 대한 그 전 포스트: http://clarissethorn.com/blog/2011/03/01/storytime-how-my-life-wasnt-always-happy-fun-boundaries-are-perfect-land

나의 섹스긍정적 페미니즘 수업 기초반

1. 트랜스 활동가 애셔 바우어(Asher Bauer)가 쓴 '시스젠더'라는 말에 대한 훌륭한 정의와 논의: http://carnalnation.com/content/49458/1067/word-day-dis
2. Kink.com에서 '처녀' 사냥의 분석: http://missmaggiemayhem.com/2011/01/12/virginity
3. 대부분의 여성들은 질삽입성교만으로는 오르가즘을 느끼지 못한다: http://www.scarleteen.com/article/advice/i_cant_orgasm_from_intercourse_and_its_ruining_my_relationship
4. 에이섹슈얼 작가가 섹스긍정적 페미니즘에 대해 논한다: http://www.feministe.us/blog/archives/2012/02/07/an-asexual-map-for-sex-positive-feminism

SM 초능력

1. 연구는 BDSM 욕망이 학대에서 생겨나지 않는다는 것을 증명한다: http://www.news.com.au/top-stories/bondage-lovers-normal-maybe-even-happier/story-e6frfkp9-1111117296864
2. 창녀 낙인이라는 맥락에서, 터무니없는 낙인에 대한 내 포스트: http://clarissethorn.com/blog/2010/12/17/whore-stigma-makes-no-sense
3. 심리학 논문 "특별한 연인들에게서 배우기", 페기 클라인플라츠: http://www.ncbi.nlm.nih.gov/pubmed/16803770
4. 연구는 합의 하의 SM이 친밀감을 증가시킨다는 것을 밝혀낸다: http://www.ncbi.nlm.nih.gov/pubmed/18563549

BDSM도 '사랑의 섹스'가 될 수 있다
1. 레이철 래빗 화이트의 '여성 포르노의 날': http://rachelrabbitwhite.com/ladypornday

몸의 케미스트리와 SM
1. 애프터케어에 대한 훌륭한 페이지: http://www.leatherrnroses.com/generalbdsm/chrismaftercare.htm
2. 에듀킨크(EduKink)는 샌프란시스코의 SM 교육자 두 명이 운영하고 있다: http://www.edukink.org

오르가즘의 통일장이론
1. '가스라이팅'이라는 전술은 감정적 학대자들이 사용하는 흔한 전술이다: http://www.heministe.us/blog/archives/2011/11/21/one-abuse-script-with-many-faces
2. 킨크 어웨어 프로페셔널스: http://ncsfreedom.org/resources/kink-aware-professionals-directory/kap-directory-homepage.html
3. 베티 도슨의 비디오 "내가 오르가즘을 느꼈나?": https://www.youtube.com/watch?v=rkCihT1mkmc&feature=youtu.be
4. 오르가즘에 대한 우리의 정의는 아주 좁다: http://sexuality.about.com/od/anatomyresponse/a/what_is_orgasm.htm

내가 섹스에서 제일 좋아하는 부분은 오르가즘이 아니다, 나의 정절 충동
1. 더욱 색정적인 관계를 위해 의도적으로 오르가즘을 제한하기: http://goodmenproject.com/featured-content/too-many-orgasms
2. 스칼레틴은 여성과 '분출' 오르가즘에 대해 논의한다: http://www.scarleteen.com/article/advice/squirt_on_female_ejaculation

성 개방을 격려하는 두 가지 방법
1. 콤스톡 영화사는 실제 커플들을 다루면서 그들이 어떻게 섹스하는지 보여주는 다큐멘터리를 만든다: http://comstockfilms.com
2. 시네킨크(CineKink), "정말로 대안적인 영화제": http://cinekink.com

공포와 혐오, 그리고 샌프란시스코에서 헤픈 SM 여성으로 지내던 시절
1. 내 블로그 포스트 "이것뿐이다": http://clarissethorn.wordpress.com/2010/10/28/litquote-storytime-there-it-is
2. 서트로 배스(The Sutro Baths), 샌프란시스코에 있는 특별한 유적: http://www.flickr.com/photos/vicster/2816355231/in/set-72157607093679758
3. '바닐라지만 그게 궁금해' 타입의 사람들이 갖는 위험에 대해 내가 쓴 블로그 포스트: http://www.clarissethorn.com/2010/11/05/bdsm-vs-vanilla-part-1-why-i-pretend-i-dont-date-vanilla-but-questioning-men
4. 〈시계태엽 오렌지〉의 '사라진' 21장: http://www.visual-memory.co.uk/amk/doc/0062.html

성적 지향으로서의 BDSM과 지향 모델의 복잡성
1. 급진적인 페미니스트 블로그에 달린 BDSM 포비아적 글타래: http://rageagainstthemanchine.com/2009/02/07/please-somebody-come-and-defend-kinkcom
2. 찰스 모저가 쓴 BDSM 관계 차별 사건과 지향에 대한 짧은 글: http://www.xtra.ca/public/Vancouver/BDSM_lifestyler_unfit_to_drive_a_limo_police-6577.aspx

BDSM 대 섹스
1. '매춘'의 정의 변화와 뉴욕시티 펨돔들이 체포되다: http://sexinthepublicsquare.org/ElizabethsBlog/ncsf-statement-on-pro-dom-work-and-prostitution-statutes
2. 마티 클레인의 "킨키 섹스 같은 것이 있는가?": http://www.sexualintelligence.org/newsletters/issue128.html
3. BDSM에 국한되지 않은 '킨키'에 대한 메이메이의 글: http://maybemaimed.com/2010/10/05/honor-thy-language-kinky-is-an-adjective-not-an-activity
4. 사이비 보수조직 '테이크 인 핸드': http://www.takeninhand.com
5. 사우루스의 댓글: http://www.feministe.us/blog/archives/2011/10/09/bdsm-versus-sexpart-1-

divide—and—conquer/—comment—397105

6. '난폭한 섹스' 기사에 대한 〈페미니스테〉의 포스트: http://www.feministe.us/blog/archies/2011/07/12/violent—sex—writer—compromises—safety—of—rape—survivor

7. 제이디의 댓글: http://www.feministe.us/blog/archives/2011/06/27/the—best—most——thing—you—will—read—today/—comment—373440

8. 맥 매클러랜드의 '난폭한 섹스' 기사: http://www.good.is/post/how—violent—sex—helped—ease—my—ptsd

9. 나의 옛 포스트 "일상적인 섹스? 일상적인 킨크?": http://clarissethorn.com/blog/2008/12/26/casual—sex—casual—kink

BDSM 역할, "바텀에서 탑 노릇"과 "서비스 탑"

1. 토머스 매컬레이 밀러 '도미즘'에 대하여:

2. http://yesmeansyesblog.wordpress.com/2011/05/02/domism—role—essentialism—and—sexism—intersectionality—in—the—bdsm—scene

"복종은 여성의 역할": 잘못된 질문

1. 〈위상학〉 블로그에는 세 명의 도미넌트 여성 기고자들이 있다: http://topologies.wordpress.com/2009/11/07/shifting—the—discourse—on—female—dominance

2. 서브미시브 BDSM 여성들의 비율에 대한 연구: http://kinkresearch.blogspot.com/2009/10/sex—role—ratio.html

3. 여성 도미넌트 블로거 비치 존스(Bitchy Jones)는 분노한다: http://bitchyjones.wordpress.com/2009/03/14/bondage—awards—not—actually—sexist—on—purpose

4. 남성 서브미시브 블로거 메이메이는 분노한다: http://maybemaimed.com/2007/08/04/what—sexuality—might—taste—like—if—you—were—a—submissive—man—in—2007

『그레이의 50가지 그림자』, 〈파이트 클럽〉, 남성 지배의 복잡성

1. 섹스 저술가 바이올렛 블루(Violet Blue)는 〈50가지 그림자〉에 대한 매우 재미있는 주석과 링크들을 제공한다: http://www.tinynibbles.com/blogarchives/2012/04/fifty—shades—of—linkbait.html A.V.플록스(Flox)도 〈50가지 그림자〉가 SM을 얼마나 형편없이 다루고 있는지 멋진 분석을 했다.: http://blogher.com/troubling—message—fifty—shades—grey

2. 페퍼 민트의 블로그: http://freaksexual.wordpress.com

대안적 반(反) 성학대 드림 팀

1. 〈SM 페미니스트〉에 있는 포스트, 커뮤니티에 만연한 학대에 대해서: http://sm—feminist.blogspot.com/2007/11/wut—about—abuuuuuuuuuuzers.html

2. 〈SM 페미니스트〉에 있는 포스트, BDSM을 통해서 경계선을 세우는 법과 자기 자신을 보호하는 법을 배운 학대 생존자: http://sm—feminist.blogspot.com/2008/01/not—your—usual—bdsm—and—abuse—story.html

2. 토머스 매컬레이 밀러의 기사 "우리가 하지 않는 것": http://yesmeansyesblog.wordpress.com/2010/09/21/not—what—we—do

3. BDSM 속의 학대에 대한 팸플릿의 앞면 이미지: http://www.flickr.com/photos/35620214@N02/3488055736

4. 같은 팸플릿의 뒤쪽 이미지: http://www.flickr.com/photos/35620214@N02/3487239893

5. BDSM과 학대에 대한 성명서, 레더 리더십 컨퍼런스(Leather Leadership Conference)에서 나왔다: http://www.leatherleadership.org/library/diffsmabuse.htm

5. 레즈비언 섹스 마피아(Lesbian Sex Mafia)에서 나온 BDSM과 학대에 대한 성명서: http://lesbiansexmafia.org/msmnyc/bdsm—is—not—abuse

6. 킨크 어웨어 프로페셔널스: http://ncsfreedom.org/resources/kink—aware—professionals—directory/kap—directory—homepage.html

2부

페미니즘, SM, HIV, 그 외 모든 풀뿌리 활동 조직하기

1. 〈비치 매거진〉의 〈페미니스트 커밍아웃의 날 블로그 축제〉: http://bitchmagazine.org/post/feminist-coming-out-day-blog-carnival
2. 나의 섹스긍정적 다큐멘터리 영화 목록: http://clarissethorn.com/blog/2011/03/17/the-sex-positive-documentary-film-list-2011-2012
3. 평등주의적이지만 잘 조직된 그룹을 만드는 법 팸플릿: http://struggle.ws/hist_texts/structurelessness.html
4. 시카고의 강간 희생자 대리 단체들: http://www.rapevictimadvocates.org
5. 킨크 어웨어 프로페셔널스: http://ncsfreedom.org/resources/kink-aware-professionals-directory/kap-directory-homepage.html
6. 아프리카에서의 활동에 대한 나의 충고: http://clarissethorn.com/blog/2010/01/31/clarisses-advice-column-arises-again-masculinity-african-activism
7. 내가 협동주택에 대해 쓴 전반적인 개관: http://www.rolereboot.org/sex-and-relationships/details/2012-04-housing-co-ops-arent-just-for-hippies
8. 북미 협동 학생회: http://nasco.coop

〈섹스 긍정〉의 주연이자 '더 안전한 섹스 운동'의 아이콘인 리처드 버코비츠(미국의 게이 활동가) 인터뷰

1. 영화에 대한 나의 원래 리뷰: http://clarissethorn.com/blog/2009/02/11/sex-positive-documentary-report-2-sex-positive
2. 게이 남성 SM 활동가들은 최초로 SM을 옹호했던 조직 중 하나였다: http://www.gmsma.org

활동가의 사회적 책임감

1. 감옥의 문제점들: http://www.newyorker.com/arts/critics/atlarge/2012/01/30/120130crat_atlarge_gopnik?currentPage=all

시스 헤테로 남자에게 내가 묻고 싶은 질문

1. 남자다움에 대한 토머스 매컬레이 밀러의 글: http://yesmeansyesblog.wordpress.com/2009/05/27/things-cis-het-men-are-afraid-to-talk-about
2. "위태로운 남자들" 논문: Vandello et al. "Precarious Manhood", Journal of Personality and Social Psychology, Vol. 95, No. 6, 1325–1339.
3. '가장 차별받는 자들: 남성 권리 활동가들' Kustur, Elizabeth, 〈Exorcising Your Ex〉 Fireside, 1996. 에서 인용. 또한, 내 블로그 포스트가 실리고 나서 한참 후에, 정치 웹사이트 AlterNet에서는 남성권리활동 운동의 개요를 작성했다: http://www.alternet.org/teaparty/154617/Leader's_Suicide_Reveals_Frightening,_Violent,_Organized_Misogyny_Movement
4. BDSM에서의 성차별주의: http://maybemaimed.com/2009/10/02/dont-you-fret-sexism-is-alive-and-well-in-bdsm
5. 진심으로, 이 포스터들은 매우 뛰어나다: http://www.reachandteach.com/store/index.php?1=product_detail&p=506
6. 토머스 매컬레이 밀러와 함께 남성들을 소외시키기: http://yesmeansyesblog.wordpress.com/2009/01/26/who-is-bidding-on-natalie-dylans-virginity

아프리카 섹스의 ABC, 1부: 금욕

1. 크리스 홀의 블로그: http://literateperversions.com
2. 나의 카날네이션 기사 모음: http://carnalnation.com/users/clarisse-thorn
3. 유니테리언 성교육: http://uua.org/religiouseducation/curricula/ourwhole
4. 성적 만족을 부인하고, 그것이 어떻게 로맨틱한 감정에 기여할 수 있는지 다룬 다른 기사: http://www.marginalrevolution.com/marginalrevolution/2009/08/against-satiation.html

아프리카 섹스의 ABC, 2부: 지조 지키기

1. 헬렌 엡스타인의 2004년 기사 "지조 지키기": http://www.nytimes.com/2004/06/13/magazine/13AIDS.html

부록

565

2. 보츠와나의 일부다처제에 대한 2007년 워싱턴 포스트 기사: http://www.washingtonpost.com/wp-dyn/content/article/2007/03/01/AR2007030101607.html

아프리카 섹스의 ABC, 3부: 콘돔

1. 콘돔 사용을 장려하면 자신들의 메시지가 희석된다고 말하는 종교적 교육자들: http://www.thinkingfaith.org/articles/20090325_1.htm
2. 혜택을 받지 못하기 때문에 HIV에 걸리기를 '선택하는' 인구: Ticktin, Miriam. "윤리와 정치가 만나는 곳: 프랑스에서의 인도주의의 폭력(Where Ethics and Politics Meet: The Violence of Humanitarianism in France)" American Ethnologist volume 33, number 1, 2006. 틱틴 자신이 2005년 4월 6일 니콜라이 내트러스(Nicoli Nattrass)가 진행하는 National Public Radio의 이야기를 인용한다. 그것은 남아프리카에서 스스로 HIV에 감염되는 사람들의 사례를 개괄하고 있다. 스스로 일부러 감염되는 개인적 이야기의 잊히지 않는 사례로는, Sylvie C. Tourigny의 "어떤 새로운 죽음의 속임수: HIV/AIDS를 '선택하는' 아프리카계 미국인 청년들(Some New Dying Trick: African American Youths 'Choosing' HIV/AIDS)" Qualitative Health Research volume 8, number 2, 1998. 이 있다.
3. 헬렌 엡스타인의 2004년 기사 "지조 지키기": http://www.nytimes.com/2004/06/13/magazine/13AIDS.html
4. 성 노동을 규제하는 합리적인 법안이 월드컵 기간 즈음 남아프리카에서 논의되고 있었다.: http://www.guardian.co.uk/world/2009/oct/11/legalise-world-cup-sex-trade

식민화된 리비도

1. 명복을 빕니다, Pitseng Vilakati: http://carnalnation.com/content/44250/1133/rest-peace-pitseng-vilakati
2. 아프리카에서 호모섹슈얼리티가 가장 강하게 처벌받는 지역들은 실제로 게이로 살기 가장 좋은 곳들이라는 논의: http://chrisblattman.com/2010/03/10/is-uganda-a-good-place-to-be-gay
3. 서구의 영향을 받기 전에는 아프리카의 많은 부분이 덜 호모포빅했다는 논의: http://isnblog.ethz.ch/culture/gay-rights-and-wrongs-in-africa
4. 이른바 '가부장제'가 나를 킨키로 만들었다: http://sm-feminist.blogspot.com/2008/10/why-bdsm.html

픽업 아티스트 추적자의 사탕발림

1. 킨제이 호프의 활동가 유형 분류 체계: http://genderbitch.wordpress.com/2009/10/03/a-m-o-communication
2. '타협자'로 캐릭터화된 활동가 유형, 더하기 전술적 논의: http://www.amptoons.com/blog/2011/02/18/response-to-clarisse-thorns-backlash-2-nuke-and-appease-please-be-a-bothhand-blogiverse
3. 프리 비건 입문 가이드: http://www.veganoutreach.org/guide
4. 비건 요리책 목록: http://vegan.com/cookbooks
5. 공장형 농장에서 동물들에게 일어나는 일: http://www.veganoutreach.org/whyvegan
6. 혹은 이 비디오: http://www.mercyforanimals.org/farm-to-fridge.aspx
7. 비건 FAQ: http://vegan.com/articles/faq
8. '인도적인' 농장들에 대한 〈살롱〉 기사: http://www.salon.com/2005/04/13/milk_3
9. 오트밀 초콜릿 칩 쿠키 요리법 출처: http://www.essortment.com/unbeatable-vegan-chocolate-chip-oatmeal-cookie-recipe-13-43.html
10. 두부 껍질이 잘 익도록 튀기기: http://www.tastehongkong.com/recipes/how-to-pan-fry-tofu-with-crust-is-simple

모노가미 찬양

1. 〈뉴스 속의 폴리아모리〉에서 폴리아모리 대 스와퍼들: http://polyinthemedia.blogspot.com/2009/12/polys-vs-swingers-as-viewed-from-2010.html
2. 폴리아모리 관계 계약: http://scarletletters.com/current/021403_nf_rk.html
3. 폴리아모리에서 '새로운 관계 에너지'를 경영하는 법에 대한 다른 사람의 블로그 포스트: http://www.adrienneparker.com/2010/07/nre-in-polyamorous-relationships.html
4. 오르가즘 억제 선택이 커플의 유대를 어떻게 증진시킬 수 있는가: http://goodmenproject.com/

featured-content/too-many-orgasms

5. 40%의 젊은 커플들은 자신들이 모노가미라는 데 동의하지 않는다: http://www.charlieglickman. com/2011/02/new-research-young-couples-disagree-about-whether-theyre-monogamous

6. 동성 결혼에 반대하는 '미끄러운 비탈' 주장: http://www.slate.com/articles/news_and_politics/jurisprudence/2004/05/slippery_slop.html

7. 모노가미 특권 검토목록: http://www.eastportlandblog.com/2011/04/05/monogamous-privilege-checklist-by-cory-davis

8. 백인 특권 검토목록: http://www.nymbp.org/reference/WhitePrivilege.pdf

성 노동의 흐릿한 경계: 슈가 베이비의 초상

1. SeekingArrangement 블로그 포스트 "슈가 베이비와 슈가 대디: 현대의 공주와 왕자?": http://www. seekingarrangement.com/blog/?p=5456

2. SeekingArrangement에 대한 2009년 뉴욕 타임즈 매거진 기사: http://www.nytimes. com/2009/04/12/magazine/12sugardaddies-t.html?pagewanted=all

원조교제를 그만두는 어느 슈가 베이비

1. SeekingArrangement 블로그 포스트, "슈가 베이비와 슈가 대디: 현대의 공주와 왕자?": http://www. seekingarrangement.com/blog/?p=5456

2. SeekingArrangement 블로그 포스트, "슈가 베이비들은 사랑에 빠진다.": http://www.seekingarrangement. com/blog/?p=5561

3. 성 노동과 감정 노동에 대한 미스트리스 마티스의 글: http://www.thestranger.com/seattle/ Content?oid=26113 그리고: http://mistressmatisse.blogspot.com/2011/01/im-expecting-bit-of-heat-from.html

4. 포르노 스타로서 겪는 감정적인 괴로움에 대한 타일러 나이트의 글: http://tylerknight.com/2011/12/18/ oneironaut-at-wrest

3부

케미스트리

1. 악명 높은 기사 "그와 결혼하라: 충분히 좋은 남자와 정착하는 경우": http://www.theatlantic.com/ magazine/archive/2008/03/marry-him/6651

언제나 자기 마음을 제대로 알지는 못한다

1. "학대의 안개"에 대한 어텀 화이트필드-마드라노의 글: http://www.feministe.us/blog/archives/2011/08/08/ i-can-handle-it-on-relationship-violence-independence-and-capability

2. 내 옛날 포스트 "내가 모노가미에서 진화하고 있는가?": http://clarissethorn.com/blog/2010/05/11/ am-i-evolving-away-from-monogamy

BDSM과 학대에 대해 더 분명히 사고하기

1. 페퍼 민트의 에세이 "BDSM과 권력의 일반이론을 향하여": http://freaksexual.wordpress. com/2007/06/11/towards-a-general-theory-of-bdsm-and-power

2. '권력과 통제 조종대'의 기원: http://www.theduluthmodel.org/training/wheels.html

3. '권력과 통제 조종대'의 이미지: http://www.theduluthmodel.org/pdf/PowerandControl.pdf

4. '권력과 통제 조종대'와 다른 연관된 조종대들의 텍스트: http://dhs.state.il.us/page.aspx?item=38490 '평등 조종대'의 이미지: http://www.theduluthmodel.org/pdf/Equality.pdf

애프터케어일까 세뇌일까?

1. 친밀감에 대한 연구 재인용: http://www.ncbi.nlm.nih.gov/pubmed/18563549

2. 훌륭한 애프터케어 페이지 재인용 http://www.leatherroses.com/generalbdsm/chrisaftercare.htm

3. 내 포스트에 대한 포머와일드차일드의 댓글: http://www.feministe.us/blog/archives/2010/10/18/ there-it-is/-comment-332491

4. 폭행을 당하는 도중 오르가즘을 경험한 사람들에 대한 논문: http://www.ncbi.nlm.nih.gov/pubmed/15261004

5. 강간 중의 오르가즘에 대한 체험자의 설명: http://www.net-burst.net/hope/rape_orgasm.htm

6. 학대의 주기: http://www.uic.edu/depts/owa/cycle_of_violence.html

7. SM 중의 실수에 대한 토머스의 포스트: http://yesmeansyesblog.wordpress.com/2012/04/30/theres-a-war-on-part-5-wallowing-in-the-sl-op

픽업 아티스트 공동체에서 받은 페미니스트 SM 수업

1. 픽업아티스트 용어목록. 715개가 넘는 픽업아티스트 용어가 있다: http://www.pualingo.com/pua-terminology-list

2. 크리스라는 이름을 가진 남자의 픽업 아티스트 내부 비판. 나는 이 글을 내 블로그에 중복게시했고, 또한 내 책 『픽업 아티스트 추적자의 고백』의 부록에서도 볼 수 있다: http://clarissethorn.com/blog/2011/04/18/guest-post-detrimental-attitudes-of-the-pickup-artist-community

3. '네그'의 정의: http://www.sosuave.com/articles/neghits.htm

4. 닐 스트로스의 '네그'에 대한 글: http://www.neilstrauss.com/neil/what-separates-a-winner-from-a-loser-is-2

5. '네그'에 대한 타일러 더든의 글: http://www.bristollair.com/2011/pua-seduction-methods/examining-different-pua-methods-pt-2

6. 이 남자는 정말 개새끼이고, 나는 그가 처음부터 끝까지 어떻게 하나도 안 맞는지 설명하느라 내 책 한 장의 대부분을 할애했다. '네그'에 대한 로이시의 글: http://heartiste.wordpress.com/2011/09/26/the-subtle-art-of-the-insidious-neg

7. "만약 보지가 달려 있지 않다면, [여자들에게] 현상금이 걸려있을 것이다.": http://heartiste.wordpress.com/2011/08/07/what-are-you-thinking-about/-comment-267855

8. 비참한 픽업 아티스트 녀석들에 대한 마크 맨슨의 글: http://postmasculine.com/pickup-artist

9. 닐 스트로스와 나의 인터뷰: http://timeoutchicago.com/sex-dating/12914409/neil-strauss-interview

10. 픽업 아티스트들을 해체하는 페미니스트 글타래에서, 페미니스트가 클라리스에게 왜 스트로스에게 그렇게 관대하냐고 묻는다: http://www.feministe.us/blog/archives/2011/03/25/i-totally-interviewed-the-worlds-most-famous-pickup-artist/-comment-357169

11. 반페미니스트들도 스트로스를 좋아하지 않는다: http://inmalafide.com/blog/2011/04/12/kill-your-game-idols-part-2-strauss-schwyzer-and-spengler

12. 〈미즈 매거진〉의 역사에는 BDSM을 삭제했던 장면이 있다: http://nymag.com/print/?/news/features/ms-magazine-2011-11

13. 동의는 왜 전등 스위치와 다른가에 대한 재클린 프리드먼의 글: http://amplifyyourvoice.org/u/Yes_Means_Yes/2010/11/9/Consent-Is_Not-A-Lightswitch

14. 〈살롱〉이 트레이시 클라크-플로리와 한 인터뷰: http://www.salon.com/2011/10/30/a_sex_guide_for_todays_girls/singleton

15. 페미니스트 BDSM 블로그에서 솔직한 커뮤니케이션의 강요에 대한 논의: http://pervocracy.blogspot.com/2011/07/how=to-not-be-creepy.html?showComment=1310928149621-c6917844665418677680

16. 성폭력에 대한 페미니스트 사이트는 비언어적 의사소통을 강조한다: http://www.uwyo.edu/stop/GetEducated/sexualviolence.html

17. 페미니스트는 '픽업아티스트들이 여자들을 강간한다'고 주장한다: http://www.feministe.us/blog/archives/2011/03/25/i-totally-interviewed-the-worlds-most-famous-pickup-artist/-comment-357951

18. 픽업 아티스트는 '처음 두 번 〈싫다〉는 것은 별 의미가 없다'고 주장한다: http://thesocialsecrets.com/2009/04/5-easy-ways-to-over-come-lmr-last-minute-sexual-reservations

19. LMR에 대한 데이비드 셰이드의 글: The Secrets of Female Sexuality, by David Shade. David Shade Corporation, 2007.

20. 마크 맨슨은 LMR을 존중하라고 충고한다: http://www.practicalpickup.com/the-cheerleader

21. 픽업아티스트 디톡스: http://practicalpickup.com/the-guide-to-a-pua-detox

지배와 복종이라는 이상한 이진법

1. 내가 서브미시브 기술과 그것의 가치에 대해서 쓴 기사: http://clarissethorn.com/blog/2012/01/16/submissive-skills

우리 엄마의 강간 이야기와, 페미니즘과 맺은 혼란스러운 관계

1. 수잔 팔루디가 쓴 페미니즘의 '엘렉트라 콤플렉스'에 대한 기사: http://harpers.org/archive/2010/10/0083140
2. 연구는 에세머들이 다른 사람들보다 학대를 더 많이 경험하지는 않았다는 사실을 보여준다: http://www.news.com/au/top-stories/bondage-lovers-normal-maybe-even-happier/story-e6frfkp9-1111117296864
3. 클라인 플라츠의 논문, "특별한 연인들에게서 배우기": http://www.ncbi.nlm.nih.gov/pubmed/16803770
4. SM과 정신질환 시설: http://clarissethorn.com/blog/2012/05/07/the-psychology-of-sm
5. 〈미즈 매거진〉의 역사: http://nymag.com/news/features/ms-magazine-2011-11
6. 반동을 불러온 글: http://clarissethorn.com/blog/2011/12/22/on-change-and-accountability
7. 윗글에 대한 반응글: http://www.amptoons.com/blog/2011/12/28/on-change-and-accountability-a-response-to-clarisse-thorn
8. 사우루스가 〈페미니스테〉에 남긴 훌륭한 댓글: http://www.feministe.us/blog/archives/2011/10/17/call-out-culture-and-blogging-as-performance/-comment-399410
   그리고 http://www.feministe.us/blog/archives/2011/12/31/on-change-and-accountability-a-response-to-clarisse-thorn/ - comment-424091
9. 페미니스트들의 분열에 대한 애리얼 레비의 2009년 기사:http://newyorker.com/arts/critics/books/2009/11/16/091116crbo_books_levy?currentPage=all

용어사전

서문에서 말했듯이, 나는 가능한 한 접근하기 쉽게 글을 쓰려고 한다. 그런 방법 중 하나는 은어를 피하고 가장 많은 사람들이 알아볼 만한 용어들을 쓰는 것이다. 예를 들어, 나는 "BDSM" 대신 "SM"을 쓸 때가 많다. 그리고 '탑'이나 '바텀', '씬' 같은 전문적인 SM 용어를 사용할 때는 글 안에서 그 단어들을 정의하려고 한다. 그러나 어쩌다가 은어로 빠질 때도 있다. 또, SM 용어들 중에서는 매우 유용한 것이 많고, SM 용어를 빠르게 개괄하면 SM 문화를 서술하는 데 큰 도움이 될 수 있다. 그래서 여기 용어 사전을 붙인다. 이 용어 사전의 용어들 중에는 내가 이 책에서 사용하지 않은 것들이 많다. 그러나 독자는 그 용어들이 쓸모 있거나 흥미롭다고 느낄 수도 있다. (폴리아모리나 퀴어 이론, 페미니즘 같은 다른 서브컬처에서 온 용어도 몇 가지 포함시켰다. 그러지 못할 이유가 없으니까.)

***

애프터케어(BDSM): SM 만남 후 갖는 진정기간. 그동안 안심을 시키고 플레이의 흐름에 대한 논의를 할 때가 많다. 애프터케어는 이 책에서 논의되며, 특히 3부의 "애프터케어인가 세뇌인가" 부분에서 많이 논의된다.

피해자 비난하기(페미니즘): 폭행 생존자가 폭행을 유발했거나 폭행의 원인이 되었다는 잘못된 추정.

바텀(BDSM): 마조히스트나 서브미시브에 대한 포괄적 용어. 마조히스트가 전부 서브미시브는 아니고, 그 역도 마찬가지다.

시스젠더(퀴어 이론): '트랜스젠더가 아니다'를 뜻하는 용어. 예를 들어, 클라리스는 시스 여성 혹은 시스젠더 여성이다. 여기 트랜스 활동가 애서 바우어가 쓴, 왜 "시스젠더"라는 말이 중요한지 이야기하는 훌륭한 에세이가 있다. http://carnalnation.com/content/49458/1067/word-day-sis

커밍아웃(퀴어 이론): 자신의 성적 정체성을 자기 자신, 부모, 친구, 그리고 커뮤니티의 다른 사람들에게 공개적으로 인정함.

도미넌트(BDSM): SM 만남에서 명령하는 것을 즐기는 사람.

던전(BDSM): 던전은 두 가지 유형으로 나뉘는 경우가 많다. 직업적 전문가들이 소유하거나 직원으로 일하는 곳들이 있고, 금전적이지 않은 이유로 SM에 끌린 사람들이 소유하는 곳이 있다. 두 그룹이 겹칠 때도 있지만, 생각보다 별로 겹치지 않는 경우가 많다. 직업적

BDSM은 비직업적 던전에서 금지될 때가 많다. 그리고 비직업적 던전은 비영리조직일 때가 많다. 사실, 많은 비직업적 던전은 비디에세머를 위한 '커뮤니티 센터'로 부를 수 있다. 그것들은 기본적으로 BDSM을 지원하기 위한 중앙집권적 교점(node)들이고, 그곳에서 강연, 워크샵, 토론그룹, 공개 파티, 혹은 다른 만남들을 주최할 수도 있다.

열성적 동의(페미니즘): 파트너가 그냥 동의할 뿐 아니라 열성적이고 흥분에 차서 동의할 것으로 기대되는 윤리적 섹스의 표준.

젠더 경찰 노릇(페미니즘): 젠더 역할은 문화에 의해 정의되므로, 어떤 사람이 자신의 젠더 역할 밖으로 나가면 그 문화의 다른 구성원들이 그를 감시하거나 공격할 것이다. 예를 들어, 머리를 기른 미국 남성은 조롱당하거나 구타당할 위험이 있다.

하드 리미트(BDSM): 미리 논의하는 강하고 부정적인 BDSM 선호. 예를 들어, 애널 섹스를 전혀 원하지 않는 사람에게는 애널 섹스가 하드 리미트. 참조: 소프트 리미트.

이성애규범적(퀴어 이론): '정상적인' 이성애 관계에 대한 문화적 기대를 가리키는 용어. 예를 들어, 로맨틱한 상호관계 동안 남자가 여자를 추구해야 한다는 기대는 이성애규범적이다.

킨크(BDSM): 특정한 선호. 예를 들어, 클라리스가 채찍질당하는 것을 좋아한다면, 그녀는 채찍질에 킨크가 있다. 클라리스는 "난 채찍질을 킨크해요." 같이 말할 수도 있다.

킨키(BDSM과 다른 관련 분야): 많은 비디에세머가 "킨키"를 "BDSM을 한다"는 뜻으로 사용한다. 그러나, 그 용어를 더 넓게 사용해서 보통 BDSM으로 간주하지 않는 폴리아모리나 스와핑 같은 실천까지 포함하는 사람들도 있다.

지뢰(BDSM): 우연히 BDSM 플레이 중에 건드려지는 매우 민감한 심리적 지점. 이 책의 "SM 접촉이 '잘못되면' 일어나는 일"(3부)에서 더 논의된다.

마조히스트(BDSM): 고통받기를 즐기는 사람.

새로운 관계 에너지(폴리아모리): 새롭고 멋진 파트너와 관계를 시작했을 때 느끼는 강박적이고 비합리적인 즐거움. 이것에 대한 글이 여기 있다. http://aphroweb.net/articles/nre.htm

[벽장 밖으로] 나오다 (퀴어 이론): 성적 서브컬처 바깥의 사람들에게 자신의 성적 정체성을 공개한 사람을 묘사하는 형용사.

플레이(BDSM): SM 만남을 갖는다는 동사. 예를 들어, 클라리스가 어떤 남성에게 채찍질을 당했다면, 그녀는 "그와 플레이했다"고 말할 수 있다. 클라리스는 가죽 문화 기록 보관소 겸 박물관(Leather Archives & Museum)에서, '초창기 가죽 문화'(Old Guard Leather Culture, 즉 1950년대 즈음 시작된 게이 남성들의 SM 문화)에서는 '플레이'보다 '작업(work)'이라는 말을 더 자주 썼다고 주장하는 전시를 본 적이 있다. 하긴, SM 토이도 보통 '도구'라고 불렸다.

플레이 파티(BDSM): SM이 공개적으로 일어날 수 있는 파티. 어떤 플레이 파티는 삽입성교를 금지하고, 다른 파티는 금지하지 않는다.

폴리아모리: 여러 명의 연인을 갖고 싶어 하고 관련된 모든 사람에게 정직하게 대하고 싶은 사람들을 지원하는 커뮤니티. 보통 폴리아모리는 스와핑보다 감정적 관계에 더 집중하지만, 언제나 그렇지는 않다. 저술가 프랭클린 보는 좋은 '폴리아모리 기초반' 글을 써

놓았다. http://xeromag.com/fvpoly.html 그리고 '뉴스 속의 폴리아모리' 블로그에는 폴리아모리와 스와핑 사이의 여러 가지 구분이 담긴 좋은 포스트가 있다. http://polyinthemedia.blogspot.com/2009/12/polys-vs-swingers-as-viewed-from-2010.html

주 관계(폴리아모리): 다른 관계보다 더 헌신과 기대가 따르는 관계. 예를 들어, 주 관계는 참여자들이 함께 살거나 결혼한 것일 수도 있다. 폴리아모리스트들은 관계 위계가 바람직한가 하는 문제에 서로 동의하지 않을 때도 있다.

강간 문화(페미니즘): 강간이 지배적이고, '강간 신화'를 포함해서 젠더, 섹슈얼리티, 폭력에 대한 기본적 태도와 믿음을 통해 유지되는 문화.

강간 신화(페미니즘): 강간을 인식하고, 고발하고, 강간에서 치유되는 것을 더 어렵게 만드는 문화적 개념들. 예를 들어, 많은 사람들은 강간이 보통 젊고 '섹시한' 여자들에게 일어난다고 믿는다. … 그러나 강간범과의 인터뷰를 보면 그들은 보통 상대가 얼마나 '섹시'한가보다 얼마나 약한지에 근거를 두고 우선순위를 매긴다는 것을 알 수 있다.

새디스트(BDSM): 고통을 가하는 것을 즐기는 사람.

세이프워드(BDSM): 어떤 SM 참여자라도 행동을 멈추기 위해 언제든 말할 수 있는 용어. 이 책의 "주석 달린 세이프워드"(1부) 부분에서 폭넓게 분석된다.

씬(scene; The Scene), (BDSM): "씬"이라는 용어는 SM 만남을 가리키는 데 자주 쓰인다. 예를 들어 클라리스가 어떤 남자에게 채찍질을 당했다면 그와 '씬을 가졌다'(어떤 사람들은 그와 '씬을 했다'고 할 것이다.)고 한다. '현장'은 때때로 공개 SM 커뮤니티를 가리킬 때 사용되기도 한다. 많은 지역에서 비디에세머들의 공개 네트워크를 만드는 던전, 워크샵, 토론그룹, 만남 등을 통틀어 말한다.

이차 관계(폴리아모리): 다른 관계보다 헌신과 기대가 덜한 관계. 폴리아모리스트들은 관계 위계가 바람직한가 하는 문제에 서로 동의하지 않을 때도 있다.

소프트 리미트(BDSM): 미리 논의하는 약하고 부정적인 BDSM 선호. 예를 들어, 어떤 사람은 애널 섹스를 매우 싫어할 수도 있지만, 정말로 달아올랐을 때 같은 맥락에서는 기꺼이 애널 섹스를 할 수도 있다. 그 경우 애널 섹스가 소프트 리미트이다. 하드 리미트 참조.

스퀵(squick, 불편한, 이상한) (BDSM): 다른 사람이 어떤 행동을 하는 것은 상관없지만 그 행동에 참여하고 싶지는 않은 감정. 예를 들어, 어떤 비디에세머는 피를 보면 토할 것 같지만 혈액 페티쉬스트들에게 그런 혐오감을 표현하고 싶지 않을 때, 자기가 피에 '스퀵'되었다고 표현할 수 있다. BDSM 서브컬처는 일반적으로 어떤 사람이 어떤 행동을 나쁘다고 판단하지 않고 스퀵되는 것을 인정하는 데 높은 가치를 둔다.

서브미시브(BDSM): 명령을 받거나 아니면 파트너가 정한 경험을 받아들이는 것을 즐기는 사람.

스와핑: 여러 사람과 섹스를 하고 그에 연관된 모든 사람에게 정직하게 대하고 싶은 사람을 지원하는 커뮤니티. 폴리아모리스트들과 달리, 스와퍼들은 보통 2차 관계에서 감정적인 관계를 발전시키는 것을 강조하지 않는다. 그러나 늘 그렇지는 않다. 클라리스는 스와핑보다 폴리아모리가 더 익숙하지만, 어떤 스와퍼들이 '스와핑 기초반'을 이메일로 보내주었다. http://www.swingersboard.com/forums/faq.php?faq=swinger_faq 그리고 '뉴스 속의 폴

리아모리' 블로그에는 폴리아모리와 스와핑 사이의 여러 가지 구분이 담긴 좋은 포스트가 있다. http://polyinthemedia.blogspot.com/2009/12/polys-vs-swingers-as-viewed-from-2010.html

스위치(BDSM): 탑이나 바텀 역할 양쪽이 다 편한 사람.

탑(BDSM): 사디스틱하거나 지배적인 파트너를 가리키는 포괄적 용어. 사디스틱한 사람이 모두 지배적인 것은 아니며, 그 역도 성립한다.

바닐라(BDSM): BDSM을 하지 않거나, BDSM으로 인식되지 않는 성적 행위를 하는 사람들을 가리키는 용어. 어떤 사람들은 소위 '약간 BDSM'인 사람들이나 행위를 '프렌치 바닐라'라고 묘사한다. 때때로, 비-비디에세머들은 바닐라로 불리면 기분 나빠하지만, 클라리스는 그것이 바보 같다고 생각한다. 그러나 어쨌든 클라리스는 그 용어를 피하고 대신 'SM을 하지 않는다'고 말할 때가 많다.

　SM이라는 행위가 있다는 것을 처음 알게 된 때가 1990년대인 20대 중반이었다. 생각해 보면 이상한 일이다. 80년대 말부터 이미 마광수 교수님이 적극 추천하신 『O의 이야기』가 은근히 읽히고 있었고, 나도 그 책을 읽었다. 그러나 나는 그 책을 구체적인 성행위의 이야기라기보다는 '야설'이나 '포르노'에 가까운, 일종의 성적 판타지로 읽고 잊어버렸던 것 같다. 그 후 대학에서 전공과 관계없는 소설책에 파묻히다 그때로서는 빠른 나이인 20대 중반에 등단을 했고, 『성교가 두 인간의 관계에 미치는 영향에 대한 문학적 고찰 중 사례연구 부분인용』이라는 제목으로 소설책을 엮어냈다. 지금 보면 현학적 허세와 치기가 들여다보이는 제목이지만 그때는 꽤나 도발적인 제목이었기에, 신문 인터뷰와 TV 프로그램까지 나가 '젊은 여성 작가의 성에 대한 관점'을 밝혀야 했다. 그때마다 나는 "성인들 간에 합의해서 이루어지는 성행위라면 무엇이든 괜찮지 않습니까."라고 대답했다. 딱히 순결 이데올로기에 사로잡혀 있지 않았던 나에게는 너무나 당연한 대답이었는데, 그 당시에는 그 말조차도 상식적인 이야기로 받아들여지지 않았다.

　TV 프로그램에 나가 그렇게 말하고 나서 며칠 뒤 내게 전화가 왔다. 어떤 남성이었는데 방송국에 전화해서 내 전화번호를 알아냈다고 했다. 개인정보에 대한 보안 개념이 별로 없던 시절이었다. 무슨 일이시냐고 물으니 '성인들 간에 합의해서 이루어지는 성행위는 다 괜찮다'

는 말을 감명 깊게 보았다고 말하면서, 언제 자기를 만나 종아리를 때려달라는 것이었다. 아니, 이게 무슨 황당한 소리야! 그는 SM은 지적인 상류 계급의 도락이며 아무런 도덕적 문제가 없다고 집요하게 나를 설득했으나, 나 역시 완강하게 거절했다. '변태'라는 혐오감이나 반감 때문이 아니라, 그때 나에게는 남자친구가 있었고 SM이 성적인 의미를 띠고 있다면 남자친구를 두고 내가 그 행위에 합의할 수 없다는 생각 때문이었다. 논리적으로 설명할 수는 없었지만 '이건 합의가 아니다'라고 느끼고 있었던 것 같다. 그리고 또, 잊어버렸다. 젊은 여성 작가이다 보니 겪게 되는 별난 일화 정도로만 생각했다.

그런데 30대 후반에 SM과 또 마주쳤다. BL 소설을 자주 보는 친구가 빌려준 BL 중에 『앙앙』이라는 책이 있었다. 딱히 BL을 기피하거나 선호하는 편이 아니었기 때문에 남성과 남성의 판타지적 사랑에 놀라거나 하지는 않았다. 내가 충격을 받았던 지점은 SM이 '판타지'나 '돌출적인 개인'이 아니라 기반이 되는 커뮤니티가 있는 체계적인 서브컬처로 세세히 그려져 있다는 점이었다. '이런 세상이 정말 있어?' 같은 느낌이랄까. 나는 그 세상에 매료되고 그것을 배경으로 소설을 써 보고 싶었다. 그래서 SM 커뮤니티에 들어가 보고, 이런저런 자료도 구해 보려고 애썼다. 하지만 낯선 서브컬처와 자료의 방대함에 압도되어 오히려 소설의 구상은 날아가 버리고 말았다.

그러다가 한참 후 게일 루빈의 『일탈』을 읽었다. 게일 루빈은 저명한 문화인류학자이자 레즈비언 페미니스트, 그리고 스스로가 사도마조히스트인 세계적인 학자이다. 그의 책을 읽으며 놀랐던 것은, 그가 레즈비언으로 커밍아웃할 때보다 사도마조히스트로서 커밍아웃할 때 훨씬 더 두려워하고 불안해 했다는 점이었다. 그의 책을 읽은 뒤 나는 사도

마조히스트들이 당연히 성소수자라고 생각했다.

그런데 몇 년 전 내가 하는 유일한 SNS인 트위터에서 '페미니스트 섹스 전쟁' 같은 것이 발발했다. 성 담론에 적극적인 트위터리안들이 '에세머들은 성소수자가 아니다' '에세머들은 가부장제의 부역자이다' '에세머들은 성소수자이다' 등등의 의견으로 나뉘어 갑론을박을 벌였다. 나는 다시 혼란에 빠졌고 이런저런 책을 찾아보았다. 그때 발견한 것이 클라리스 쏜의 『S&M 페미니스트』였다.

『S&M 페미니스트』는 제목과는 달리 도발적이거나 선정적인 책이 아니고, 특별한 정체성을 선언하는 책도 아니다. 오히려 BDSM 성향을 가진 젊은 페미니스트가 자신의 생각을 가다듬어 나가는 여정에 가깝다. 그러나 이 책에서는 한국의 성교육 담론이 간과해 온 두 가지 사실을 끊임없이 강조하고 있다.

첫째로는 '성인 간의 합의 하에 이루어지는 성적 행위는 무엇이든 괜찮다'는 것이다. 말로는 쉬워 보이지만, 어렸을 때부터 다른 주체와 합의하는 법과 자신의 경계선을 세우는 법을 알고 배워야만 가능한 일이다. 생식과정이나 성폭행 예방법을 중심에 둔 성교육 담론으로는 '성인 간의 합의'도, '합의 하에 이루어지는 성적 행위'도 제대로 배우기 어렵다.

둘째로, '동의는 계속 변화하며 진행되는 협상 과정'이라는 점이다. 이성에게 스킨십을 허용했다고, 키스에 동의했다고, 그 외의 다른 행위까지 동의하는 것은 아니다. 섹스는 스킨십으로 시작해서 삽입으로 끝나는 선형방정식이 아니다. 사랑한다고 상대의 모든 행위에 동의하는 것이 아니다. 이 두 가지를 명시적으로 이야기하고 있다는 점만으로도 『S&M 페미니스트』는 자신의 섹슈얼리티를 탐구하기 시작하는 모든 청소년과 성인의 필독서가 되어야 하지 않을까.

그리고 BDSM이 있다. 뭔가 기대했던 사람이 있다면 실망하겠지만, 클라리스 쏜은 BDSM을 하는 구체적인 방법에 대해 특별히 이야기하지 않는다. 이 책에서 이야기하는 BDSM의 원칙은 관계에 폭력과 고통, 권력이 개입되기 때문에 합의는 더욱 조심스럽고 예민해야 한다는 것이다. BDSM을 하는 주체들 사이에서 의사소통은 명확해야 하고, BDSM 플레이는 자아의 경계선을 해치고 약하게 만드는 것이 아니라 더 굳건하게 만들어 모든 플레이어가 더 강한 사람이 되도록 도와주어야 한다. 그것이 BDSM과 학대 사이를 가르는 구분선이고, 널리 받아들여지는 BDSM의 원칙인 <Safe, Sane, Consensual(안전하게, 제정신으로, 합의에 따른다)>의 정신일 것이다.

BDSM은 이미 우리 생활 속에 깊이 들어와 있다. '~ 플레이'라든지 '너 사디스트/마조히스트냐?' 같은 말이 일상적인 농담으로 사용되고, 특수한 플레이들이 포르노나 에로티카에 실려 파편적으로 퍼져 있기도 하다. 그러나 성적 담론이자 실천으로서의 BDSM을 대중에게 소개하는 번역서는 이 책이 처음이라고 생각한다. 독자들 모두, 클라리스 쏜과 함께 '안전하게, 제정신으로, 합의에 따라' BDSM의 세계로 다녀오시기를.

2020년 3월

송 경 아